新世纪高等学校教材 | 中国语言文学系列教材

U0646236

语言学基础理论

YuYanXue
JiChuLiLun

岑运强　主编

北京师范大学出版集团
BEIJING NORMAL UNIVERSITY PUBLISHING GROUP
北京师范大学出版社

图书在版编目(CIP)数据

语言学基础理论/岑运强等编. —北京：北京师范大学出版社，1994.3(2025.2重印)

ISBN 978-7-303-03463-5

Ⅰ. ①语… Ⅱ. ①岑… Ⅲ. ①语言学－基础理论－高等学校－教材 Ⅳ. ①H0

中国版本图书馆 CIP 数据核字(94)第 06849 号

出版发行：北京师范大学出版社 https://www.bnupg.com
　　　　　北京市西城区新街口外大街 12-3 号
　　　　　邮政编码：100088
印　　刷：北京虎彩文化传播有限公司
经　　销：全国新华书店
开　　本：730 mm×980 mm　1/16
印　　张：22
字　　数：370 千字
版　　次：1994 年 3 月第 1 版
印　　次：2025 年 2 月第 24 次印刷
定　　价：32.00 元

策划编辑：景　宏　　　　　　　责任编辑：景　宏　赵月华
美术编辑：李向昕　　　　　　　装帧设计：李向昕
责任校对：段立超　　　　　　　责任印制：马　洁

组 编 者 言

时钟不停。

新世纪已经迅速走过五年，放眼打量中国现代高等教育的发展，百年也不过弹指之间。

在中国高校的时间刻度上，教材，特别是文科教材的编写历程呈现着极为曲折的发展路线。近 20 年，学术背景的大变革首先影响了高校文科教材编写状态，改革开放，学术开放，高校文科教材编写走出了意识形态统一管理体制下的"统编"时代；出版机构的市场化转型、高校教师晋升职位评价体系调整又使高校文科教材编写进入"联编"时代；世纪之交，教育部及各地方教委甚至各出版社纷纷频频启动"面向新世纪"教材建设、精品教材建设等资助奖励项目，又使高校教材走进"工程"时代。这样的发展历程中高校教材编写一直有两种形态，一是"修订"，一是"重写"。而二者选择大致源于"校本教材本位"、"讲坛本位"、"出版机构本位"等多重原因。

然而，高校教材编写的"时流"中，始终有三种努力：一、国家殷切希望持续保持并逐渐完备一大批最优秀的教材；二、各层次教学单位和出版单位苦心经营努力建设一套既符合本单位教学实际又有大面积辐射力度的精品教材；三、站在讲台上的教师则孜孜不倦努力编写出一套最理想的讲义。

应该说，所有这些因素的演变都在积极地推进着中国高校教材朝着健康的方向发展。也正是这个积极力量的推动，北京师范大学文学院和北京师范大学出版社呈献出这一套新编"中国汉语言文学专业"教材。

流水不腐。

一座大学，本科生教材的编写和修订总是一项必做的常项任务。

就文学院建设的两个本科专业来说，这项常规任务目前又有两个新目标。

首先，在近几年汉语言文学专业的教学实践与学术研究中，锐意创新的努力和守正固本的呼声不约而同。汉语言文学专业是社会科学中的基础学科，是传承中国优秀文化遗产的主要阵地之一，是融会中国各民族语言文学文化、融会世界各民族语言文学文化的"专业"管道，是通过这个"专业"管道在全社会保持语言文学文化良好状态的主要责任承担者。正是在这个意义上，汉语言文学专业的教学更要注意锐意创新和守正固本的平衡。中外传统基础学科的教学经验也反复提醒我们，面对各种新境况的变化和冲击，传统学科既要不断更新，又要坚守中外古今的优秀遗产的基石。北京师范大学中文学科每一轮教学、每一次教材的修订都清楚地认识到这个特别的社会责任。新编"中国汉语言文学专业"教材基于这样的共识。

世纪之交，本科教学有两次大型的教学计划修订。1998年教育部师范司启动教学计划修订工程，北京师范大学中文学科有五项专项课程改革、一项中文综合课程改革项目参与该工程，项目研究成果获得好评，有五项获得省部级以上教学成果奖，这些成果有些已经转化成教材。2002年北京师范大学启动新一轮教学计划教改工程，2003～2004年新教学计划已经全面实施。两度教学改革提出了一系列老问题、新问题，比如：中文专业整体知识结构和知识体系、各门课程核心知识构架和基本理论体系、基础课程和专业方向课程的相互连接和课时安排等，这些问题在全国高校中文学科本科教学中有很大普遍性。北京师范大学文学院启动新编"中国汉语言文学专业"教材计划，是积极应对跨世纪的教学改革呈现出的新老问题，努力实现本科教学整体的合理布局和每一门课程教学的合理安排，并在编写过程中创造性地表现出近几年的教学改革成果。

学而不厌。

北京师范大学中文学科有百年积淀，教学科研并重，精益求精；本科课程所在学科的学理、该课程教学方法和普遍教学规律三理贯通，学行有范，这样的优良传统使北京师范大学中国语言文学学科在全国高校同专业中保持着领先地位。思索这个传统，可以很容易看到北京师范大学文学院教师心中横亘着的学术理想和大学教育精神。我们的教师甘心做人梯，不甘心做教书匠，学而不厌，孜孜不倦，在教学工作极其繁重的情况下不放松自己的学术研读。学术心得、研究新获总是不断地充实到我们的教学当中。因此，北京师范大学中文专业的讲坛是渗透着老师们科研创建的，而我们的教材也应该在这些不断的创新中不断更新。我们希望这一套新编"中国汉语言文学专业"教材更能体现北京师范大学文学院的人才培养理想，也希望通过它在教学中，在与兄弟院校的交流中使我们的学术理想和大学教育精神得到检验。

诲人不倦。

世界各种文明历来把教育视为神圣事业，夫子所言"诲人不倦"是一种行为，是一种态度，是一种原则。用"披星戴月""废寝忘食"表述北京师范大学文学院教师的教学行为，已经不是修辞手段，而是写实。我们的老师不倦于讲坛耕耘，不倦于教学改革，自觉地把人才培养当作第一要务，方式方法各有不同，尽心尽责，这几乎已经成为我们的生活惯性。不倦的态度表现在教学上是韧性和耐性，我们的教师在教学中不断调整自己，不断充实自己，又不断地将自我的调整转化为教学实践。参与新编"中国汉语言文学专业"教材的教师，大多有长期的教学经验，某种方法、某套讲义已经经过几轮、几十轮的教学尝试，新编教材是我们的教师不倦努力的新境界。北京师范大学的学生（其实全国所有大学的学生）都是几经筛选的优秀学子，不倦地建设、完善教学各个环节是我们应尽的责任和始终坚守的原则。教材建设是整个教学事业中极为重要的一项，必须要根据时代的演变、学术的演变、个人研读的精进而不断完善。

感谢北京师范大学出版社大力支持出版这一套新编教材，使我们有机会把我们文学院教师在本科生教学上的努力提高到一个新的阶段，也使我们有机会将我们文学院的教学工作以教材的方式就教于国内外同行。

北京师范大学文学院

目录

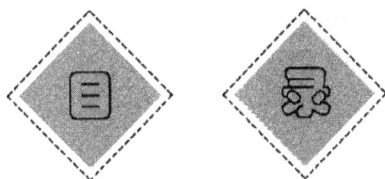

新世纪高等学校教材

新
世
纪
高
等
学
校
教
材

0. 绪 论

语言可以把死人从墓中叫出来，也能把活人埋入地下；语言可以把侏儒变为巨人，也能将巨人彻底打倒。

——海涅

语言真有海涅说的那么大的魔力吗？语言不就是我们平常"司空听惯"的声音吗？其实，语言真不是我们想象得那样简单。这里有一门值得我们为之献身一辈子的学问——语言学。在这一章里，我们将弄清什么是语言学，什么是狭义语言学和广义语言学、语言学的内涵和外延、语言学概论与其他课的关系；在这一章里，我们将回顾语言学发展的历史，这样就可以为全书的内容提供一个总背景；在这一章里，我们将初步了解为什么语言学被认为是一门领先的科学；在这一章里，我们将宏观地介绍什么是索绪尔说的语言的语言学和言语的语言学。

你想了解语言学吗？那就请跟随我们走进这个既平常又神秘的殿堂吧！

0.1 语言学的性质、任务、研究方法

0.1.1 语言学的性质和任务

语言对于我们人类来说真是太重要了。我们天天都要讲话，天天离不开语言。可以设想人类一旦没有了语言，那将是什么样子；语言对我们来说又太平常了，就像人天天都要呼吸，天天都要睡眠一样，不易引起人们的注意。对这个既重要又平常的语言能否进行研究呢？回答是肯

定的。专门研究人类语言的学科就叫语言学。语言学是一门多边缘、多层次的立体学科。由于语言本身具有社会属性，同时又具有自然属性，同时还和思维活动有密切的关系，因此，语言学和社会科学、自然科学、思维科学都有着紧密的联系。在交叉科学日益发展的今天，语言学显得越发重要。在教育界，语言学是各高等学校中文系和外语系的必修课程。一般说来，大学中文系的语言学课程包括古代汉语、现代汉语、语言学概论等。古代汉语课程主要研究中国古代的语言，包括上古、中古、近代等若干阶段；现代汉语课程主要研究中国"五四"以来的语言；语言学概论的交叉性最为明显，它不但涉及以上两门课的内容，还涉及大量的外语知识，并着重从理论上去研究语言。语言学概论是一门普通语言学（详见后）的入门课，属于狭义语言学（见《中国大百科全书》语言文字分册，480页），我们即将要学习的就是这样的一门课。语言学概论和上述的古代汉语、现代汉语以及外国语三门课程既有区别，又有联系；它着重在理论上对人类语言的共同规律进行研究，而这种研究又必须建立在个别的、实际的语言研究的基础上。在这门课里我们将学习到语言学的基础理论，了解语言学性质、功能以及它的结构，掌握语言的现状、变化以及一般的发展规律。

语言不但可以研究，而且应该全面、深入地研究！

0.1.2　语言学研究的方法和分类

从研究的对象上，可把语言学分为个别语言学和普通语言学。个别语言学的研究对象是某一种语言，如研究汉语的语言学、研究英语的语言学；普通语言学的研究对象是人类语言，着重从理论上探讨语言的共同特点和一般规律，也叫一般语言学。

从研究的侧重面上，可把语言学分为理论语言学和应用语言学。理论语言学研究语言的一般理论，狭义的理论语言学就是普通语言学，广义的理论语言学也包括个别语言学的理论部分；和理论语言学相对，应用语言学是侧重研究语言在各个领域中实际应用的学科。它也可分成狭义和广义两种：狭义应用语言学指语言教学的理论和方法研究；广义应用语言学的范围较广，除了语言教学外，还包括词典编纂、文字制定、机器翻译、人工智能、情报自动检索、失语症治疗、信息传达处理等。有人把社会语言学、心理语言学、数理语言学也都算在广义应用语言学之内。[1]

很明显，语言学概论属于普通语言学和理论语言学。此外，根据"现代语言学之父"索绪尔的观点，语言学还可以分为以下几种：

第一种，语言的语言学和言语的语言学。语言的语言学是以"语言"为唯一对象的语言学。这种语言学的"语言"是指音义结合的词汇和语法系统，它是一种静态的、同质的纯语言学。索绪尔认为应该首先研究这种语言学。言语的语言学在索绪尔当时看来只是一种以后再研究的设想，根据索绪尔有关论述，言语的语言学应该是一种动态的、异质的、涉及方方面面的语言学。

第二种，共时语言学和历时语言学。共时语言学研究语言在某一时期的、集体意识感觉到的各项同时存在并构成系统的要素之间的关系，它是只有一个展望的静态事实。例如，截取某一历史阶段的语言，对其语音、词汇、语法等结构要素进行观察、描写，这种共时语言学也叫描写语言学；历时语言学研究不为同一个集体意识所感觉到的连续的一个代替另一个的成分间的关系，它是有前瞻与回顾两个展望的演化事实。历史语言学和历史比较语言学都属于历时语言学。历史语言学是用历史的方法研究语言短期或长期的变化规律，如汉语史、英语史。历史比较语言学是运用历史和比较两种方法发现多种语言在历史演变中的对应规律，从而确定语言的亲属关系，构拟产生这些亲属语言的原始母语。

第三种，内部语言学和外部语言学，也就是微观语言学和宏观语言学。"一切在任何程度上改变了系统的都是内部的。"[2]内部语言学、微观语言学是对语言系统内部各结构要素进行研究，如语音学、语义学、词汇学、语法学；外部语言学、宏观语言学是指与语言学边缘相关的学科，如跟社会、文化、人种、政治、历史有关的社会语言学、人类语言学、文化语言学等。

索绪尔认为，在他当时主要研究语言的语言学、共时语言学和内部语言学。但是我们认为，在今天，后几种语言学也应该加以重视。本书就是全面运用这三对语言学作为全书的框架的。

---

〔1〕吕叔湘：《把我国语言科学推向前进》，见《中国语言学会成立大会报告集》，湖北人民出版社，1981年。

〔2〕索绪尔：《普通语言学教程》，46页，商务印书馆，1980年。

新世纪高等学校教材

0.2 研究的回顾与意义

普通语言学是对人类的语言从理论方面进行研究的一门学科。理论是从实践中来的，离开对历史的总结和现实的归纳就没有理论，所以对语言研究进行一番回顾与小结是十分必要的。它既可以使我们对语言研究有一个大致的了解，也可以为今后学习的内容提供背景和线索。

纵观人类对语言的研究，大致可以用"五段两线三解放"来概括。所谓"五段"是指语文学、历史比较语言学、结构主义语言学、形式语言学、交叉语言学五个阶段；所谓"两线"是指"整齐论"与"参差论"两线之争；所谓"三解放"是指历史比较语言学、索绪尔的《普通语言学教程》、社会语言学为代表的三个里程碑。

0.2.1 回顾

"五段"：

1. 语文学阶段

语文学是一门研究古文献和书面语的学问。大家知道，文字的发明标志着人类社会步入了文明时代。千百年来，人类的祖先用文字给后人留下许许多多光辉灿烂的文献，它们都是些极其宝贵的财富。但是，随着时间的流逝，后人读起这些文献，越来越感到困难了，这就需要有人专门对古文献做些讲解、注释工作，目的是让后人读懂文献，而不是在于研究语言，这就是语文学的起源。印度、希腊与罗马、中国，被认为是语文学的三个源头。公元前4世纪，印度学者巴尼尼在整理、注释梵语诗歌集《吠陀》时，写出了杰出的《梵语语法》。古希腊学者亚里士塔尔库斯对荷马史诗进行编辑与整理，他的学生狄奥尼修斯·特拉克斯写出了第一本被称为"语法最伟大的权威"——《希腊语法》。古罗马学者借鉴希腊人的经验研究拉丁语，代表人是瓦罗和多纳图斯。瓦罗的名作《论拉丁语》一直被公认为权威著作。多纳图斯是《圣经》翻译家杰罗姆的老师，著有《语法术》，长期被当作标准课本。中国的语文学有着自己独特的道路。中国是一个重文字的国家，自秦代以来，虽然方言纷杂，但文字基本保持同一。要研究古文献，必须围绕汉字的字形、字音、字义来进行，于是便产生文字学、音韵学、训诂学，通称为"小学",出现了《说文解字》、《广韵》、《尔雅》等许多不朽文献。古阿拉伯的语文学相对出现较晚,大约 7 到 8 世纪,围绕对《古兰经》的研究,也出现了不少学者与学派。

2. 历史比较语言学阶段

19 世纪初,西方语言学学者开始运用历史比较法研究语言本身,产生了历史比较语言学(早期也叫"比较语法")。英国人威廉·琼斯最先发现希腊语和拉丁语、梵语有惊人相似的地方,于是大胆地提出"印欧语假设",成为历史比较语言学的先驱。德国学者施列格尔也看到梵语和欧洲许多语言有着不可否认的共同点,第一个提出"比较语法"。他是历史比较语言学的草创者。这以后,丹麦的拉斯克、德国的葆朴、格里木(即格林)、俄国的沃斯托可夫等人进一步奠定了历史比较语言学的基础。他们以及他们之后的学者,如古尔替乌斯、施莱歇尔、维尔纳、梅耶等建立了一套科学的历史比较方法,找出不同语言的亲属关系。他们的研究使语言学摆脱了附庸地位,标志着语言学已成为一门真正独立的学科。

历史比较语言学由于涉及多种语言,这就为普通语言学的研究奠定了基础。

19 世纪中,从理论上研究人类语言一般规律的普通语言学诞生了。奠基人先后分别是德国的洪堡特与瑞士的索绪尔。洪堡特(Wilhelm Freiherr Von Humboldt)被公认为普通语言学的奠基者,他的许多语言学观点被后代学者不断继承与发挥;索绪尔(Ferdinand de Saussure)被称作"现代语言学之父",在他死后由他的学生于 1916 年编辑出版的《普通语言学教程》集中体现了他的语言学思想,如:严格区分语言和言语、共时和历时、内部语言学和外部语言学、组合关系与聚合关系等。该书在语言学发展史上起到了划时代的作用。

普通语言学的理论是从个别语言学的实践中概括、总结出来的,反过来又对个别语言学起到指导性的作用,因此,研究的对象不限于语言的某一阶段。

3. 结构主义语言学阶段

"现代语言学之父"索绪尔也是结构主义的鼻祖。他认为在语言学领域里,存在着两种语言学:语言的语言学和言语的语言学,在当时应主要研究语言的语言学;他认为,语言实质上是一种符号体系,语言学应该研究这种体系的内部结构;他指出:语言有共时和历时两种状态,前者是静态，后者是动态，传统语法既研究前者也研究后者，历史比较语言学研究后者。他不同意当时历史比较语言学者"只有研究语言历史的语言学才是科学"的说法，号召把当时的研究重心转向共时语言学。在索绪尔的影响下，出现了两大学派。一派叫心理社会学派，以梅耶、格拉蒙、房德里耶斯、巴利、薛施蔼等为代表。他们认为语言既是社会事实，也是心理现象。另一派是结构主义语言学派。结构主义语言学派又分三派：〈1〉布拉格学派。以马泰休斯、特鲁别茨柯依、雅柯布逊等为代表。他们发挥了索绪尔的语言社会观，重视语言的社会功能，在音位和音位区别特征理论方面取得重大突破，被称为"功能派"。〈2〉哥本哈根学派。以布龙达尔、叶尔姆斯列夫为代表。该派将索绪尔的语言符号说发展到极端，认为语言只是一种内容形式和表达形式所构成的符号。这种符号不依赖语音和现实世界而存在，因此他们研究的不是语言结构，而是抽象的关系结构。他们常常用一些同数学符号很相近的符号系统来代表传统的术语。他们的描写方法讲究精密。这一派被称为"符号派"。〈3〉美国学派。代表人物有博厄斯、萨丕尔、布龙菲尔德。美国学派重视记录实际语言，重断代描写。其极端派排斥语言的意义。他们在描写中注重分布，并在其基础上对语言各单位进行切分、归并分类和组合。这一派被称为"描写派"。以上三派，影响最大的是美国描写语言学派。结构主义语言学派推崇直接成分分析法。结构主义语言学对中国的语言研究产生过巨大的影响。

4. 形式语言学阶段

结构主义语言学称雄西方几十年，直到 20 世纪 50 年代中后期，转换生成语法的崛起，才打破它一统天下的局面。转换生成语法的创始人是乔姆斯基。乔氏认为，语言描写和分析的目的不在于分类，而在于建立一种理论，研究人的语言生成能力，即怎样用有限的成分和规则生成无限的句子。乔氏的目标是一个能产生所有句子的语法系统，它主要包括生成和转换两个方面。生成规则又包括一套短语结构规则和词汇插入规则。前者用一套符号表示，如：$S \rightarrow NP + VP$，$NP \rightarrow D + N$，$VP \rightarrow V + NP$（S 代表句子，NP 代表名词短语，VP 代表动词短语，D 代表限定词，N 代表名词，V 代表动词）。例如：

```
                    S
              ┌─────┴─────┐
             NP           VP
           ┌──┴──┐      ┌──┴──┐
          D      N     V     NP
          ┆      ┆     ┆    ┌─┴─┐
                            D   N
        The    boy  posted the  letter    （这个男孩把那封信寄走了）
```

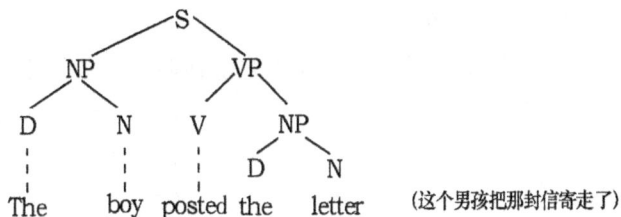

  词汇规则是生成合格句子的保证，即对一个句子内各成分加以限制。如上例，"post"前的名词一定是生物名词（一般指人）。违反这个限定，就会生成不合格的句子，如"石头寄信"之类。"转换"主要指句式和结构的转换，开始时，乔氏指的是核心句与非核心句的转换，如肯定与否定，陈述与疑问，主动与被动等句式之间的转换，并制定了一套转换程序，如换位、添加、省略、替换、复写等。后来又提出表层结构和深层结构的转换。由于乔氏在转换与生成句子的过程都采用形式化的符号表达，所以可以把他的学说称为"形式语言学"。围绕着语义的作用，形式语言学经历了若干个阶段，如古典模式阶段、标准理论阶段、扩展的标准理论阶段、修正的扩展的标准理论阶段、GB 理论阶段和最简方案理论等。这种学说适合计算机的应用，克服了结构主义语言学只重表层结构忽视深层结构的不足，但也暴露了脱离社会语境，操作手续烦琐等缺点。

  5. 交叉语言学阶段

  随着当代社会的飞跃发展，语言学同社会科学和自然科学的关系越来越密切。它们之间相互渗透，形成一些交叉性、边缘性学科。例如语言学和社会学交叉，产生了社会语言学，克服了结构主义语言学和形式语言学孤立地研究语言的内部结构与形式的缺点，被称为语言学的"第三次解放"。再如，语言学和心理学、人类学、数学、病理学交叉，产生了心理语言学、人类语言学、数理语言学、病理语言学。此外，语言学和模糊理论、应用理论、文化理论交叉，产生了模糊语言学、应用语言学、文化语言学。目前，人们不但重视微观语言学，而且更加重视宏观语言学；不但重视语言的语言学，而且开始重视言语的语言学。我们的时代，正如科学家预言的那样——21 世纪是交叉科学的时代。和这个时代相适应，交叉性、边缘性是新时期语言学的最大的特点。

  "两线"：

1. 上古时期的两线之争

围绕着"名与实"的问题，两线斗争之源在西方和东方几乎同时涌现。在西方，大约是公元前469～公元前399年，苏格拉底的两个学生赫尔摩根与克拉底洛展开了第一次争论。赫尔摩根主张名由人定的习惯约定论，克拉底洛则主张名实相应的本质论。苏格拉底开始支持克拉底洛的本质论，后来又支持赫尔摩根的约定论。第二次的争论比第一次的争论长得多。以亚里士多德（公元前384～公元前322）为代表的一方坚定支持"约定论"并提出"类比论"，他与赫尔摩根一样，实际上主张"整齐论"，重类似与规则性。与此相反，以芝诺（约公元前315年）创立的斯多葛学派为另一方，偏爱"本质论"。他们的理论被称为"不规则论"。他们与克拉底洛一样，实际上主张"参差论"，重驳杂与不规则性。我国关于"名与实"的问题的讨论开始得更早。从孔子（公元前551～公元前479）、老子、墨子到荀子（公元前313～公元前238），各家都有不少论述。

2. 中古时期的两线之争

第一次体现在7～8世纪巴施拉学派与苦法学派的争论。巴施拉与苦法是古阿拉伯两个城市，以西巴维西为代表的巴施拉学派偏重古典阿拉伯语法，强调整齐、严谨；以基塞为首的苦法学派着重研究许多活的游牧部落的语言，强调参差与差异。第二次体现在13～14世纪的摩迪斯泰学派与普利西安语法的争论。摩迪斯泰学派面向理论，重程式化形式，不考虑实际言语情境；普利西安语法则面向语言材料，立足文学文献，重实际用法。

3. 近古时期的两线之争

第一次体现在17世纪的唯理论与经验主义之间的斗争。波尔·罗瓦雅尔修道院的普遍唯理语法是唯理论的突出代表，他们认为语言是思想的表现，思想是普遍的，所以语法也是普遍的。他们把语言看作人的天赋，看作人类理性的表现，是从语言内部研究人类语言。与此相反，被人尊为现代欧洲语义学鼻祖的洛克发扬了培根、休谟的经验主义哲学思想，他们认为人类的一切知识都来自外部、感官的印象。第二次体现是以赫尔德的唯理论和哈里斯的普遍唯理论为一方与孔狄亚克的洛克理论和霍恩图克的经验主义为另一方的争论。

4. 现当代时期的两线之争

现代语言学的两线之争首先表现在"谱系论"与"波浪说"之间，

以及青年语法学派与方言地理学派之间的斗争。"谱系论"的典型代表是德国的施莱歇尔。他认为，世界上有不同的语系，每个语系都有它的原始语。这种原始语好像一条树干，所有同系的语言都是由这树干生长出来的枝条，所以每种语系都可以画出一棵完整的谱系树。他的学生施密特不完全同意老师的观点，他提出"波浪说"来补充。他认为语言之间的关系不是像树干与树枝那样整齐的关系，只要它们之间有接触，就会形成各种波浪的关系，包括音变在内的语言变化便会在特定地区的方言甚至语言之间不断扩散。青年语法学派把历史比较语言学带入高峰期。他们的口号之一是"语音规律无例外"，充分体现了"整齐论"的精神。与此相反，以舒哈尔德为代表的"词与物"学派、浮士勒唯美学派和新语法学派站在"参差论"的立场顽强表现他们自己。舒哈尔德的学生吉耶龙提出与"语音规律无例外"相对立的口号："每一个词都有自己的历史。"普通语言学的两个奠基人索绪尔和洪堡特有他们的共同点，即：善用两分法，比较全面、深刻地论证了语言学的各个领域。他们的不同点是索绪尔在全面论述的基础上倾向"整齐论"，强调语言的、内部的、共时的语言学；洪堡特在全面论述的基础上较倾向"参差论"，强调语言的民族性、文化性、创造性。洪堡特与索绪尔之后，"整齐论"的继承者是结构主义语言学和形式主义语言学；"参差论"的宣传者是社会心理学派、伦敦学派、系统功能语法和社会语言学、心理语言学等交叉语言学。总的说来，语言学史"整齐论"一方偏重于超社会的、理论的、形式的、有规则的、整齐的、同质的、相对静态的语言的语言学和内部语言学，善于运用公式与推理；"参差论"一方则偏重于社会的、实际的、功能的、不规则的、差异的、异质的相对动态的言语的语言学和外部语言学，善于运用调查与统计的方法。

"三解放"：

吕叔湘在总结语言学史时说："回溯语言学的历史，最初是为读古书和学作文服务的，到了19世纪中期，历史比较语言学的兴起，才摆脱狭隘的使用目的，以寻求语言发展的规律为号召，这可以说是一次大解放。但语言学仍然被视为历史科学的一支。到了20世纪初，以索绪尔为代表，提倡为语言本身而研究语言，这是第二次解放。半个多世纪以来，虽然陆续形成许多流派，但目的只有一个，就是以语言本身为研究对象，以探讨语言的规律为唯一任务，直到50年代，尤其是60年代，才有一部分学者不愿意以此为满足，要求把语言作为一种社会现象来研究，这可以说是又一次解放。"

总结：语言学史的"五段两线三解放"，实际是点、线、面三结合的关系。"五段"是语言学史的五个断面；"两线"是贯穿语言学史的两条路线；"三解放"是语言学史上三个里程碑的起点。综观语言学的历史，是一否定之否定、不断前进的历史；每个阶段都取得了辉煌的成就，同时也暴露了存在的问题，促使人们不断地展开新的探索。同时我们再一次看到矛盾运动是推动事物发展的根本动力。两线斗争正是这种矛盾斗争的体现，我们必须对双方都给以充分的重视。我们一定要用马列主义唯物辩证法去检验各种学说、各种流派，即用对立面的斗争和统一的观点，实事求是地正确对待各个阶段的新旧学说与不同流派，结合中国的实际情况，汲取其精华以及一切合理的内核，反对绝对地排斥或盲目地照搬。当然，马列主义只能起指导作用而不是替代作用。语言学有自己的特殊的研究方法。对于历史上一切行之有效的研究方法，我们都应给以肯定和继承。本教材就是遵循这一原则编写的。在每个章节中，读者将会发现，语言学史上的各个较有价值的学说与流派，都留下了自己光辉的印记。至于在学习与研究中，我们特别强调要正确解决好外国语言与中国语言的共性与个性的问题。既要看到外语与汉语的共同点，又要看到外语与汉语的不同点。反对把外国语言理论机械、盲目地套用在汉语头上；也反对片面强调汉语的特殊性把汉语与外语人为、绝对地对立起来。

0.2.2　意义

如上所述，语言学是一门交叉性很强的立体性学科。一方面，它受到不同时代多种学科的影响；另一方面，它又曾在科学体系的某些领域起到领先的作用。例如历史比较语言学的比较方法，就被运用到文学、神话学、宗教与法学等领域；结构主义语言学研究方法被广泛运用到文学、哲学、美学、历史学、教育学、建筑学以及音乐等领域；形式主义语言学的转换生成方法不仅对神话学、民俗学有直接的影响，而且被运用到机器翻译中。

在交叉科学蓬勃发展的今天，语言学的作用和意义更为重大。首先，科学技术现代化需要语言学。众所周知，科学技术现代化的重要标志就是计算机的出现和运用。正是由于有了计算机，信息和信息处理问题从根本上得到长足的发展。我们的时代是计算机的时代。今天，情报资料检索、机器翻译、人工智能等现代化技术统统离不开计算机。计算机是离不开语言文字的，因为语言文字是信息和信息传递的载体。语言学可以为计算机提供语言文字方面的必要知识。其次，语言教学和研究离不开语言学。大家知道，理论来源于实践，正确的理论又反作用于实践，对实践起着积极的推动作用。同时，语言理论来源于语言教学和研究的实践，正确的语言理论又会对语言教学和研究有指导和推动作用。例如在我国，语言学家就曾引进西方的语言理论推动了我国音韵学和语法学以及外语教学的研究。中国不少语言学家在研究本国语言实践中，总结出不少理论，同样丰富了人类语言理论的宝库。中外语言学家总结出来的语言理论都对我们今天的语言教学和研究起着重大的指导作用。再有，制定和理解语文政策都离不开语言学。世界上任何一个独立的国家都有自己独立的语文政策，中国也不例外。今天的汉字应如何简化？普通话应如何推广？汉语应如何规范化？这些都需要语言学的知识。此外，语言学对文学的创造、欣赏和翻译，对语言的特殊运用或一般现象的解释，都有重大的作用和意义。特别是，语言和社会科学、自然科学、思维科学都有密切的联系，因此，语言学对于社会学、心理学、人类学、医学、数学……都是不可忽视的学科。

值得一提的是，语言学作为一门与自然科学有交叉的人文社会学科，其研究和发展是我国社会主义文化建设的重要方面。本教材坚持马克思主义理论的指导，全面贯彻党的教育方针，扎实推进习近平新时代中国特色社会主义思想进课程教材，以中国文化立场和文化眼光审视与梳理了语言学发展的重要方面。我们寄望于这本教材能为阅读和学习它的青年后辈提供一点入门的指引，希望这些后备力量能立足当代中国语言学的现实课题，为推动这一学科的发展做出贡献。

1. 总 论

这就是我们在建立言语活动理论时遇到的第一条分叉路（按：指区分语言和言语）。两条路不能同时走，我们必须有所选择；它们应该分开走。

如果有必要，这两门学科都可以保留语言学这个名称，我们并且可以说有一种言语的语言学。但是不要把它和固有意义的语言学混为一谈，后者是以语言为唯一对象的。

——索绪尔

1.1 语言和言语的对立统一

任何学科都有自己的杰出的代表人物，他们用自己的睿智为人类留下了宝贵的财富。他们的意见特别值得重视。研究语言应如何下手？"现代语言学之父"索绪尔告诉我们：要区分语言和言语。索绪尔提出语言的语言学和言语的语言学两种语言学，认为当时首先应研究前者。我们应当用历史唯物和辩证唯物的观点看待索绪尔的意见。在这一节里，我们将了解什么是语言和言语、什么是语言的语言学和言语的语言学；语言的社会功能、语言的内部结构；语言运用的原则与理论；语言为什么能够既保持稳定又能随着历史的发展而发展。

我们天天都要和语言打交道，但未必人人都能说清语言到底是什么，至于如何能够在各种场合中恰当、熟练、准确地驾驭与运用语言，更是人们努力追求的梦想。让我们为了实现这个梦想不断奋斗吧！

1.1.1　语言和言语的定义

语言和言语是瑞士语言学家索绪尔首先明确提出来的，他称之为"建立言语活动理论的第一条分叉路。"这就是说，要研究语言学，第一步需要把语言和言语区分开。然而，在日常生活中，我们似乎并不认为两者之间有什么不同，例如：

> 这篇文章的语言不错。
> 说话要注意语言美。
> 语言是人类最重要的交际工具。

日常生活中，我们没有必要严格区分语言和言语，但在语言学里，则必须严格区分，不能混淆。那么，什么是言语呢？所谓言语，有两方面的含义。其一，言语就是讲话（包括写作），是一种行为动作；其二，言语就是所讲的话（包括所写的话），是行为动作的结果。概括起来，言语就是个人讲话（写作）的行为和结果。一个人，一生中到底说过多少话，写过多少东西，是无法统计的，更不要说全民族，乃至全人类了。这样的状况，给人们的研究带来了难题，因为任何科学研究的第一步都是尽量详尽地占有原始资料。语言学界经过长期的研究后发现，在人们说话和所说的话中存在着一个系统，这就是语音、语义、词汇、语法的规则系统，或者叫音义结合的词汇系统和语法系统。语言无非就是一套规则系统，任何语言都不例外。当然，不同语言的规则系统有不同的具体内容，例如汉语、英语、俄语……在语音、语义、词汇、语法方面都有自己的特点。总而言之，言语是说（写）和所说（所写）。语言是人们用以说（写）和存在于所说（所写）中的音义结合的词汇系统和语法系统。

1.1.2　语言和言语的关系

应该用对立统一的观点来观察语言和言语的关系。一方面，语言和言语有本质的区别；另一方面，语言和言语又有密切的联系。语言和言语的关系，犹如工具和工具运用的关系。应该指出，这里的工具并非一般物质意义的工具，而是一个特殊的存在于一个民族集体内的音义结合的词汇系统和语法系统。从来源上看，语言系统是从言语活动中抽象出来的；从存在上看，语言系统又存在于言语活动中。

1．二者的区别

语言和言语之间的区别有以下几点：其一，语言系统是社会共有的交际工具，因而是稳定的，具有相对的静止状态；言语是人们运用这个工具进行交际的过程和结果，是自由结合的，具有运动状态。当然，用辩证的观点看问题，动中可以有静，静中又可以有动。例如，言语的说（写）是动态的，而所说（所写）的结果又具有相对的静态；语言如前所说，具有相对的静态，但由于不断地被运用，因此又具有绝对的动态。总的来说，静止是相对的，运动是绝对的。其二，语言是个系统，是社会共有的交际工具。人们不但要用这个工具去说（去写），而且要遵循这个系统的规则去说（去写），因此，社会因素是它的本质因素。言语是人们运用这个工具说（写）的过程和结果，因此，除了具有社会的因素外，还具有个人的因素。例如，每个人都有自己独特的嗓音和自己独特的表达习惯。不同作家的作品具有不同的风格，等等。其三，语言系统的各个结构成分是有限的，但我们每个人都可以用它们说出无限多的句子来。

2．二者的联系

语言和言语的区别是明显的，语言和言语的联系也是紧密的，正如索绪尔所说："毫无疑问，这两个对象是紧密相连而且互为前提的：要言语为人所理解，并产生它的一切效果，必须有语言；但是要语言能够建立，也必须有言语。从历史上看，言语的事实总是在前的。""语言和言语是相互依存的，语言既是言语的工具，又是言语的产物。"[1]归结起来，语言和言语的联系有以下两点：第一，言语是第一性的，语言是第二性的。哪里有言语，哪里就有语言；哪里没有言语，哪里就没有语言。语言是存在于言语之中的。第二，语言来源于言语，又反作用于言语。语言虽然是第二性的，但它绝不是消极的。相反，它对第一性的言语起着积极的、巨大的作用，即强制性的规范作用，使得任何一个说话的人（写作的人）都必须遵照一定的规则进行，否则，就不能被人们理解，得不到社会的承认。

1.1.3　区分语言和言语的意义

语言和言语的区分，已被语言学界广泛接受。它的重大意义之一，

---

[1]索绪尔：《普通语言学教程》，41页，商务印书馆，1980年。

就是明确了语言研究的不同领域。索绪尔在茫茫的言语中，提炼出语言这个系统来，这是一个重大的创举。他提出的语言的语言学和言语的语言学，更具有深远的历史意义。他主张集中研究语言的语言学，在当时也是必要的。结构主义语言学家和形式主义语言学家在语言的语言学这块领域辛勤耕耘，培育出了丰硕的果实。但是时代的前进要求语言学也要不断地发展。事实证明，对语言单从内部结构分析是远远不够的，于是，社会语言学、心理语言学、言语交际学等新兴学科把研究的重点放到言语的语言学领域。语言和言语的区分，确实是语言研究的"第一个交叉路口"！一般认为，句子以下的静态单位，如：音素、音位、音节、义素、义位、语素、词、词组等模式，可属于语言范畴；句子以上的动态单位，如：语流、句群、篇章等，可属于言语范畴；研究说话的行为、过程等内容，也可以属于言语范畴。句子模式属于语言范畴，具体的句子属于言语范畴。语言演变既涉及语言范畴，又涉及言语范畴（正如索绪尔说的，"促使语言演变的是言语"[1]），本教材的一些内容就是根据这样的区分进行安排的。

区分语言和言语的重大意义之二，是为语言的学习和研究提供了一个模式，即"言语—语言—言语"的模式。这是每个婴儿学习的必经途径，也是学习外语的有效途径。学习任何一门外语，往往是从只言片语入手，模仿外国人说话，这就是言语阶段。我们决不能停止在这一阶段上，而应该尽量掌握该语言的系统，这就是语言阶段。然而，掌握一种语言的系统，并不是我们的目的。我们应当运用这个系统去说（去写），这就又回到言语阶段。（当然，这几个阶段有时并不是截然分开的。）

此外，区分语言和言语对澄清日常用语中语言和言语两个词的模糊用法以及研究不同作家、不同作品的不同风格，都有巨大的意义。

1.2 语言的社会功能

语言不同于言语，它是一种相对稳固的词汇系统和语法系统。从社会功能的角度看，语言无非是一种工具。对外，它可以帮助人们进行交

---

[1] 索绪尔：《普通语言学教程》，41 页，商务印书馆，1980 年。

新世纪高等学校教材

际；对内，它可以帮助人们进行思维。我们可以这样说，语言是人类独有的交际工具和思维工具。能否掌握与运用语言这一工具进行社会活动，和能否掌握与运用生产工具进行生产活动一样，都具有极其重大的意义。能否掌握和运用语言这一工具，也是人和动物的根本区别之一。

1.2.1　语言是人类独有的最重要的交际工具

1. 语言是交际工具

语言的社会功能并不止一个，但交际功能是它最根本的功能。我们可以从语言的起源和消亡两方面去观察。

语言的起源是一个十分有趣而复杂的问题。在神话传说里，语言的起源蒙上一层光怪陆离的浪漫色彩。神话固然好听，但不能当作科学根据。于是，出现了模声说、感叹说、契约说、手势说。模声说认为语言起源于模仿大自然的声音，如：风声、鸟声……感叹说认为语言起源于原始人由于激动如：欢乐、悲伤、惊吓……而发出的感叹，契约说认为语言起源于原始人事先的规定；手势说认为语言起源于原始人的手势。在有声语言出现之前，存在着手势语阶段，这是有可能的。直到今天，手势语不是仍然作为有声语言的补充而存在吗？但是，手势语不是有声语言的直接渊源。契约说是不能成立的，在语言没有诞生之前，原始人是不可能事先规定的。模声说和感叹说应该说有一定的道理，但没有抓住问题的根本。马克思主义的语言起源说则是紧紧抓住"劳动创造人，也创造了语言"这一根本原则进行阐述的。我们已经知道，语言是存在于言语之中的，研究语言的起源也应首先研究言语的起源。原始人为什么要言语，原始人又是怎样开始说话的呢？模仿自然发声和感叹发声固然可以改善发音器官，但真正可以提炼出语言的言语是在集体劳动的交际中产生的。由于地壳的变迁，热带丛林的减少，类人猿开始由丛林走向地面生活，完成了"从猿转变到人的有决定意义的一步"[1]——直立行走。从此，手脚分开，脚专管走路，手被腾出来制造和使用工具。在长期的生存斗争中，原始人越来越迫切地需要有另一种特殊的工具，即在集体社会中起交际作用的工具。因为人一开始就是集体的动物。自从人离开丛林来到地面后，环境更加危险，不集体劳动，就无法生存，而集体劳动，必然有一个交流与协调的问题。这就是到

---

[1] 恩格斯：《自然辩证法》，《马克思恩格斯选集》，第三卷，511 页，人民出版社，1972 年。

了"彼此间有什么东西非说不可的地步了。"[1]再加上劳动改善了人的大脑和发音器官，由于交际的需要，在大脑的指挥下，"口部的器官也逐渐发出一个个清晰的音节。"正如鲁迅在《门外文谈》中所说："我们祖先的原始人原是连话也不会说的，为了共同协作必须发表意见，才渐渐发出复杂的声音了。"[2]人就是这样开始言语的，也由此产生了语言。语言是一种交际工具，它来源于集体的劳动。集体劳动的交际需要，是语言产生的决定因素。

语言的诞生，反过来又可促进人类的交际活动，使得社会经验的传授、领会、积累、保存成为可能。但是，并不是任何语言都"长生不老"的。语言产生后，一般有两种前途：一是逐渐发展，不断完善；二是停止发展，渐渐消亡。决定一种语言是发展还是消亡，唯一的标准就是看这种语言有没有交际价值或交际功能。有交际价值或交际功能的语言，就能存在；没有交际价值或交际功能的语言，就只能消亡。汉语、英语等语言属于前者；巴比伦语、鲜卑语等语言属于后者。用语言和言语的观点分析，语言的消亡有两种情况：一种是真正消亡；一种是假性消亡。真正消亡的两个先决条件是：第一，人们已完全不用这种语言说话和写文章；第二，用这种语言写的文章已全部、彻底地丢失了。所谓假性消亡，是指人们已不用这种语言说话，但用这种语言写的东西还存在于世。假性消亡的语言在一定的条件下可以复活，它的交际价值还没有完全丧失。而真正消亡的语言则永远不能复活了，因为它的交际价值或交际功能已完全丧失，而且没有留下任何资料与信息。

2. 语言是最重要的交际工具

人类社会的每一个成员无不生活在一定的客观社会条件中，人与人之间的交际活动是社会生活一个极其重要的组成部分。人用来交际的工具，除了语言之外，还有许多种。大致可以分为三类：第一类是文字；第二类是旗语、灯光语、电报语……第三类是身势语。文字的出现，标志人类进入文明社会，具有重大的意义。文字的主要功能是记录语言，它是在语言基础上产生的一种最重要的辅助交际工具。但无论从历时上看，还是从共时上看，文字都不能和语言相比。旗语之类是在语言和文字基础上产生的特殊领域的辅助交际工具，更不能和语言相比。身势语

---

〔1〕恩格斯：《自然辩证法》，《马克思恩格斯选集》，第三卷，511页，人民出版社，1972年。

〔2〕参见《鲁迅全集》卷6，100页，人民文学出版社，1981年。

具有悠久的历史和广泛的用途，但由于受到各种限制，容易误会，也不能和语言相比。语言是所有交际工具之中最重要的一种。

3．语言是人类独有的交际工具

应从两方面去理解"人类独有"的真正含义：其一，动物的所谓"语言"和人类的语言有着根本的区别；其二，动物掌握不了人类的语言。

（1）动物的所谓"语言"和人类的语言有着根本的区别。

俗话说"人有人言，兽有兽语。"动物之间也存在一定的"交际"。在交际的时候，不同的动物会运用不同形式的动物"语言"，大致可以分为用声音的和不用声音的两类：飞禽（如雀鹊之间、鸡鸭之间……）有着多种声音的信号（昆虫里也有不少这样的例子）；走兽（如猴子之间、猩猩之间……）有着不同形式的喊叫。这样的交际形式属于动物的"有声语言"。至于蚂蚁的所谓"香味语言"、蜘蛛的所谓"震波语言"、蜜蜂的所谓"舞蹈语言"、萤火虫的所谓"闪光语言"，则是属于动物的"无声语言"。但是，动物之间无论有声还是无声的所谓"语言"都是和人类的语言无法相比的。第一，人类语言具有社会性。人类语言具有社会属性、心理属性和物理属性。社会属性是其最根本的属性。语言起源于人类集体劳动的交际需要，是人类社会最重要的交际工具。人类运用这个工具的目的不仅在于适应自然界，而是在于集体地改造自然界。动物的所谓"语言"仅仅是为了适应自然界，是在某种情绪和欲望的引发下产生的生理现象。第二，人类语言具有单位明晰性。人类语言是一种音义结合的词汇系统和语法系统。语音、语义、词汇、语法等各个要素都可再分析出明确的单位。动物的所谓语言则分析不出来。第三，人类语言具有任意性。语言是一种规则的系统，人们用它来规范自己的言语。但是语言系统本身的最基本的音义结合单位——语素和词，用什么音表达某一个意义，从根本上说，是任意的。例如，各种语言对同一个义就可用不同的语音表达。动物的所谓"语言"除了分析不出单位外，不同地方的动物表达同一情绪和欲望时所发出的声音和动作也没有什么太大的区别。第四，人类语言具有能产性。人类语言虽然是一个相对稳固的系统，各个结构成分是有限的，但是人们能运用这个系统，产生出无限多的句子，传递出无限多的信息。动物的所谓"语言"所传递出的信息则是固定、有限的。第五，人类语言具有传授性。人先天具备一种特殊的语言能力，但是，真正掌握某种语言，必须要靠后天在一定的言语环境中学习。如果脱离了这种实践，没有得到传授，人也不能认识和运用任何一种语言。动物的所谓"语言"不需要任何传授，是生来具有的。

(2) 动物学不会人类语言。

动物能不能学会人类的语言？如果能学会，则不能说语言是人类独有的，而只能说语言是人类和动物共有的。不错，飞禽里如鹦鹉、乌鸦之类，能模仿人的某些声音；走兽里如马、狗之类，能"听懂"人的某些言语。但这不能证明动物能掌握人类的语言。鸟类的某些成员"说人话"，只是模仿，鹦鹉学舌只能学到人的只言片语，属于言语，而不是语言。它不可能像人一样，运用语言说出无限多的话。兽类的某些成员"听人话"，往往经过刺激与训练，通过第一信号系统产生一定的条件反射。一些动物有一定初级思维的能力，能够通人性，但它们仍然学不会人类的语言，不能和人自由交谈。即使是智商较高的黑猩猩，也没有掌握人类语言的记录。不少科学家都对黑猩猩进行过严格的训练和实验，希望在这方面有所突破，但都没有成功。迄今为止，在黑猩猩的"学习成绩册"上，最出色的记录是：懂得人类语言的十几个语词，掌握手势语言的一二百个语词，仅此而已。由此，我们得出结论：语言是动物不可逾越的鸿沟，语言是人类独有的工具。能否掌握语言，仍然是人和动物的根本区别之一。

4. 语言是人类的、全民的交际工具

语言是音义结合的词汇系统和语法系统，它作为一种交际工具，首先是一视同仁地为本民族的各个阶级、阶层的各种人服务的，同时也一视同仁地为全人类的各个社会集团、各个民族服务的。从语言的形成和划分上看，语言首先是属于民族的，不同的民族有不同的语言。但是，随着国际交流的不断扩大，不少重要的民族语言已成为国际交际语，说明语言并不局限于民族内部使用。从这一角度上说，语言又是全人类的。正如汽车这一交通工具，各个国家都能生产和使用具有本国特色的汽车，但也完全可以使用别国的汽车，我们不好说汽车这一交通工具只是属于某一国家的，而应该说汽车是人类共有的交通工具。语言和汽车不同，汽车虽然不属于某个国家，但还是有发明专利的。语言不是某个人发明的，是没有专利的。在某一社会集团如某一民族中，不同阶级、阶层的内部或不同阶级、阶层之间，用的是同一种语言。这种全民的语言当然也可以被其他任何一个社会集团、任何一个民族的人所学习和运用。例如在英国、美国，老板和雇员之间、企业主和工人之间用的是同一种语言。同时，英语作为国际上通用的交际语言，当然也可以被任何一个社会集团、任何一个民族的人所学习和运用。世界上任何一种有交际价值的语言都是如此，汉语也不例外。很明显，如果语言不是属于全民族的，那么，不同的阶级和阶层就无法对话。同样，如果语言只属于民族而不属于全人类，那么，操不同语言的不同民族就难以交往，因为他们没有共同的语言。因此，我们可以说，"各民族的语言和文字是全世界人民的共同财富"。[1] 当然，我们说语言是属于全人类的，并不是抹杀语言本身鲜明的民族特点。例如，它们都有自己特殊的语音、语义、词汇、语法内容，这是由操该语言的社会集团和民族"约定俗成"的；同样，语言是没有阶级性的，但也必定受到阶级和阶层的影响。每一种语言除了具有自己特殊的地方变体之外，还具有自己特殊的社会变体如阶级变体、职业变体、宗教变体。然而，这一切，并不能改变"语言是人类的、全民的交际工具"这一论断。

1.2.2　语言是思维工具

在语言和思维的关系上存在着两种极端的观点：一种观点认为，语言和思维完全是毫无关联的两种现象，思维无须语言作为载体；另一种观点认为，语言是思维的唯一载体，只有唯心主义者才会谈到没有语言的思维。应该说，这两种观点都是片面的。正确的观点应该首先对思维进行具体的分析，将其分成不同的类型，然后再根据不同的类型作出不同的结论。

1. 思维的定义和类型

所谓思维，是人脑在表象、概念的基础上进行分析、综合、判断、推理等认识活动的过程。思维和感性知觉不同，它揭露的是事物的本质特征和内部联系。

思维的类型有不同的分法。总的来说，可以分为两类：一类是形象思维；一类是抽象思维。形象思维主要依靠形象进行思维，根据形象在现场和不在现场，又可分为直观动作思维和表象思维两种。抽象思维主

---

〔1〕启功为 1992 年在新加坡召开的首届汉语语言学会议题词，见《国外社会科学》，1992 年，第 11 期。

要依靠语言进行思维。（除此之外，有人认为还有灵感思维（潜思维）或发散思维。"灵感实际上是潜思维，是潜在意识的表现。潜思维是怎么工作的？采取什么方式？原则上恐怕也不外是抽象思维和形象思维。"[1]至于发散思维是以多端性与变通性为特点的创造性思维方式，要求人对问题从不同角度、不同层面进行分析，当然也离不开形象思维和抽象思维。）我们平常说的广义的思维包括以上各种思维，狭义的思维专指抽象思维。

（1）直观动作思维。

是指思维时能直观思维对象（能直接感知真实在场的形象），并通过思维者自身的动作去影响思维对象的思维。如不会说话的儿童只能在动作中思考，他们在拆装玩具时，用的是直观动作思维。动作一停止，他们的思维也就停止了。直观动作思维的高级阶段叫技术思维。如工人修理机器时、杂技演员表演杂技时、球类运动员打比赛时用的思维。

（2）表象思维。

是指思维时在头脑中唤起表象（感知过的客观事物在脑中再现的形象，事物本身并不在现场），并在想象中对表象进行加工改造的思维。如儿童想象自己在大森林里和小动物玩耍，就是用的表象思维。表象思维的高级阶段叫艺术思维。如画家作画时、作曲家作曲时、诗人作诗时就可用表象思维。

（3）抽象思维。

是指运用概念、判断和推理的形式进行的思维，即逻辑思维。由于抽象思维运用的是抽象理论，而不是具体形象，所以也叫理论思维。它必须在语言的基础上进行。人掌握了语言，也就掌握了这种思维的能力。

2. 语言与思维的关系

思维的类型不同，和语言的关系也不同。形象思维（直观动作思维和表象思维）的低级阶段是人和动物共有的。在这个阶段上，思维可以依靠具体形象来进行，是非语言思维，也就是说，思维除了语言之外，还可以有别的载体。形象思维的高级阶段（技术思维和艺术思维）往往属于掌握了语言的人所具有。这时人的思维呈现复杂的情形，各种类型

---

〔1〕钱学森论三种思维，见《文艺研究》，1985年，第1期。

常常是有所侧重或交替使用。语言不但可以参加而且可以在无形中起着主导的作用。可以肯定，在人类的思维中，非语言思维不占主导地位，占主导地位的是语言思维。至于抽象思维与语言的关系是：一方面，抽象思维与语言是不同的两个概念，二者之间存在着对立的关系；另一方面，抽象思维又是一种语言的思维，在人类的思维中占主要地位。抽象思维必须以语言为工具，二者之间存在着统一的关系。

3. 抽象思维必须要以语言为工具

这要从抽象思维的特征上观察。抽象思维具有的第一个特征是概括性。我们已经知道，思维揭露的是事物的本质特征和内部联系，而要做到这一点，就要对个别现象和外部特征进行概括。形象思维可以用形象来进行概括，抽象思维则不行。这是因为抽象思维是要用概念、判断和推理的形式进行概括的，而概念、判断、推理是靠语言来完成的。具体说来，概念要靠词或词组固定、表达；判断要靠句子固定、表达；推理要靠复句固定、表达。例如，我们要给"人"下一个定义，就不能停留在人的表面特征上，而应该通过一个个具体的"人"抓住他的本质特征：所谓"人"就是"能制造工具和使用工具进行劳动的动物"。在这个概念里"制造"、"使用"、"工具"、"劳动"等各种概念都是靠词固定、表达的；整个判断是靠句子固定、表达的；如果在上述判断后继续推理："我们是人，所以我们能运用工具进行劳动。"这就是所谓的推理三段论。不难看出，其中的大前提、小前提、结论都是靠句子完成的。可见，抽象思维的概括性离不开语言。抽象思维具有的第二个特征是社会性。这是因为人的抽象思维必须要在社会的交际中才能产生和发展。一个人，如果没有在一定的社会交际环境中生活，如不亲自参加社会实践并直接与别人交流，就不可能有正确的概念、判断和推理（狼孩就是这样的例子）。抽象思维要在交流中才能发展，但抽象思维又是看不见、摸不着的。必须要借助一种大家都能具备的物质形式，这就是语言。语言是思维的工具，也是思想交流的桥梁。抽象思维的社会性也离不开语言。

4. 抽象思维和语言的区别

抽象思维虽然是一种语言的思维，但它毕竟不是语言。两者之间存在着重大的区别。首先，语言是思维的工具，属于物质的范畴；抽象思维是运用工具的主体，属于精神的范畴。其次，语言的构成要素是语音、语义、词汇、语法；抽象思维的构成要素是概念、判断、推理。再次，抽象思维是一种语言思维，抽象思维的概念、判断、推理分别由语言的词、单句、复句来固定与表达。然而，它们之间并非是一对一的关系。可以有一词多概念，也可以有一概念多词；可以有一判断多句，也可以有一句多判断；推理可以省略大前提，也可以省略小前提或结论。最后，语言虽然属于全人类，但具有鲜明的民族特点，而抽象思维的形式各个民族之间并没有什么本质的差别。

1.3 语言的内部结构

和不少伟人一样，列宁曾一语道破语言的社会功能——"语言是人类最重要的交际工具。"[1]但是，语言的内部结构是什么呢？这个重要的问题是由语言大师索绪尔解决的。索绪尔认为，语言其实是一种符号系统。他们指的都应该是语言而不是言语。

1.3.1 语言是一种符号

1. 符号的定义和种类

所谓符号就是被约定用来指代某种事物的标志。例如，在某些国家人们用红色标志革命；用戒指标志订婚或结婚……符号应具备两个特点：其一，任何一种符号都必须具备形式和内容两个基本部分。没有形式的内容和没有内容的形式都不能存在，符号是形式和内容的统一物。其二，符号和符号指代的事物之间没有必然的联系，是人为约定的。在自然界中，满山红叶预示着秋天的到来；"风满楼"预示着"山雨欲来"；人的脸红、心跳标志着紧张和激动；气色不好标志着失意或生病……这些形式和它们预示的内容之间有着天然的联系，因而不是我们所说的符号。

人为的符号是丰富多彩的：〈1〉视觉符号，如：文字、旗语、信号灯、手势……〈2〉听觉符号，如：乐曲、鼓声、号声、笛声、说话声……〈3〉触觉符号，如：盲文……〈4〉嗅觉符号，如：烧香的味道、熏房的味道……

语言是一种音义结合的符号。人类的语言和其他符号一样，是一种形式和内容相统一的符号。其形式就是语音，其内容就是语义。语言符

---

[1] 参见《列宁选集》第2卷，508页，人民出版社，1972年。

号形式和内容两部分结合得十分紧密。正如索绪尔所说："比较正确的是把它（语言符号）比作化学中的化合物，例如水。水是氢和氧的化合，分开来考虑，每个要素都没有水的特征。""语言还可以比作一张纸，思想是正面，声音是反面，我们不能切开正面而不同时切开反面，同样，在语言里，我们不能使声音离开思想，也不能使思想离开声音"。[1]

2. 语言符号的特点

语言是一种音义结合的符号。要知道语言符号的特点，最好从语言的最基本的、能独立使用的单位——词入手。人类语言的每一个词都是一个音义结合符号。我们可以从两方面对词进行观察：〈1〉对词的本身进行相对静态的分析；〈2〉对词与词的组合进行相对动态的分析。

从词的本身，特别是一种语言的根词来看，语言符号音义之间并没有什么必然、本质的联系。什么音和什么义结合完全是任意的、不可论证的，是由不同的社会集团约定俗成的。例如汉语中的"马"、"鹿"、"牡丹"、"玫瑰"等词，为什么普通话用"ma"、"lu"、"mudan"、"meigui"等声音表示，是说不出什么道理的。至于为什么不同的方言、不同的语言又用不同的声音表示同一个词义，就更是无可论证了。此外，同一事物的名称，不但不同语言、不同方言可以有不同的叫法，即使是同一语言、同一方言在不同的时代又可以有不同的叫法。所有这一切，只能从语言的任意性上去解释。语言中存在着一些象声词和感叹词（例如汉语中的"喵"、"布谷"、"滴答"、"叮咚"等象声词；"哎"、"哎呀"等感叹词）。这些词的音义之间似乎存在某种联系。应该说，这些词不是绝对任意的。但是，即使存在这些词，也不能否定人类语言符号的任意性。这是因为：第一，这些词的数量很少；第二，这些词在不同的语言中又可以有不同的声音表示，所以，说到底还是任意的。语言符号的任意性不是说我们可以任意地改变语言符号的音义关系。相反，"一个符号在语言集体中确立后，个人是不能对它有任何改变的"（索绪尔），具有强制的不变性。语言符号的任意性的可变性和强制不变性形成了语言符号一个矛盾体的两个方面，在语言系统中同时起着各自的作用。如果进一步探讨的话，每种具体语言到底为什么是这样的约定俗成而不是那样的约定俗成，就必然牵涉到具体语言的民族、文化传统，这

---

〔1〕索绪尔：《普通语言学教程》，158 页，商务印书馆，1980 年。

就涉及语言符号理据性的问题了。语言符号的理据性也是有重要意义的。语言符号的任意性和语言符号的理据性具有普通语言学与个别语言学对立统一的关系：任意性是指各种语言音与义之间的关系；理据性是指个别语言具体的命名关系。任意性是普通语言学大厦的基石；理据性是个别语言学的重要原则。任意性和强制不变性永远起作用，是世界语言多样化的根本原因，也是各种语言既能稳定又能发展与变化的根本原因；理据性的作用是揭示具体语言的词源，展示语言变化的历史。任意性与理据性是不同层面的两个重要的概念，我们不能强调其中一个而否定另外一个。借人类语言的任意性否定个别语言的理据性容易滑入神秘主义的不可知论；借个别语言的理据性否定人类语言的任意性则容易落入唯心主义的形而上学。总之，普通语言学语言符号的"任意性"有着自己独特、丰富、严谨的含义：它既包括任意性与强制性、可变性和不变性，也包括绝对任意性与相对任意性（相对任意性主要体现在后面提到的具体语言符号组合与聚合的关系中），同时也包括约定性、民族传统性、理据性。正如索绪尔所说："因为符号是任意的，所以它除了传统的规律之外不知道有别的规律；因为它是建立在传统的基础上的，所以它可能是任意的。"[1]

从词与词的组合上看，语言符号还具有线条性。语言符号只能一个挨着一个随着时间的推移展开长度，形成线性链条，正常情况下排除同时出现两个符号的可能。我们可以从语言的记录——文字上清楚地看到这个特征。文字虽然不是语言，但它可以把听觉符号转化为视觉符号。一行字，实际上就是一串语言符号的线条性记录。应该指出，从根词本身上看，音义结合是任意的、不可论证的，但从派生词、合成词以及词与词的组合上看，是相对任意的和相对可论证的。例如，我们说"黑板"不说"白板"，说"玫瑰花"，而不说"玫瑰草"。这都是非任意的和可论证的。然而，"黑"、"白"、"板""玫瑰"、"草"和"花"这些根词在共时上仍然是任意的、不可论证的。所以，非任意的、可论证的符号组合是建立在任意的、不可论证的单个符号基础上的，符号组合的非任意和可论证只能是相对的。

---

[1] 索绪尔：《普通语言学教程》，111页，商务印书馆，1980年。

1.3.2 语言是符号系统

语言不但是一种音义结合的符号，而且符号与符号间不是孤立的，是紧密联系并形成一个系统的。如前所说，语言是一个音义结合的词汇和语法系统。语音是词汇和语法的形式；词汇意义和语法意义就是语音形式表达的内容。因此，我们可以说，语言是由语音、语义、词汇、语法四大因素组成的系统，每一个因素又有自己的小系统。对每一个小系统我们都可以分析出不同的结构单位（见下面和以后的各章）。语言就是这样一个具有不同结构单位的小系统组合的符号大系统。

此外，语言符号的系统性还表现在语言符号的层级性和组合关系与聚合关系上。

1. 语言的组合关系和聚合关系

语言符号具有线条性，人在说话的时候，只能一个符号一个符号地说。语言符号与符号之间组成的言语链条关系叫组合关系。例如，"我们爱劳动"就是一个组合关系。如果每个符号是一个链环，那么这句话就是一条在时间顺序上延伸的言语链。言语活动是人类的基本活动，所以我们天天都在运用组合关系制造各种言语链。在言语链条的每一个环节上，人们可以通过联想找到具有同等性质的符号替换。例如上述的组合中，"我们"可用"你们"、"他们"、"大家"……替换；"爱"可用"想"、"喜欢"……替换；"劳动"可用"和平"、"生活"、"艺术"……替换。可见人在制造言语链时，对每一个符号都是经过选择的。这种在链条某一环节上能够相互替换的，具有相同作用的符号聚积成类的关系就叫聚合关系。

语言的组合关系和聚合关系是两种不同的关系。组合关系是一种现实的、有顺序、可数的横向关系；聚合关系是一种联想的、无顺序、不易精确数出来的纵向关系。用语言和言语的观点检验，组合是一种说（写）的过程和结果，可归入言语的范畴。组合后的模式有的进入语言系统，可归入语言的范畴；聚合是一种备用的系统，可归入语言的范畴。

语言的组合关系和聚合关系又是两种不可分割的关系。它们互为存在的前提。哪里有组合关系哪里就有聚合关系。聚合关系为组合关系提供了可供选择的"货源"。

语言的组合关系和聚合关系可以作为一个纲，语言系统的各个结构单位都可在这个纲上找到自己的位置。例如，语音系统中，音素间、音位间、音节间、语流间，都可以有不同的组合关系。上一级的单位往往是由下一级单位组合而成，例如，语流是由不同的音节组合而成，音节是由不同的音位组合而成……其中每一个单位的本身又可以有不同的聚合类，如辅音聚合类、元音聚合类、各种音位聚合类、各种音节聚合类……语义系统中，每个义项都是若干个义素的总和，义素和义项本身也可以组成不同的聚合类；词汇系统中，词和词之间、固定词组和固定词组之间可以有不同的组合关系，固定词组又是由不同的词组合而成，词和固定词组本身又有不同的聚合类（词也是语法的单位），如同义词、反义词、单义词、多义词的聚合……语法系统中，语素间、词间、词组间、句子间、句组间可以有不同的组合关系。语素可横向组合成词，语素的纵向又有词根、词缀、词尾的各类聚合（见上）；词组可横向组成句子，词组的纵向又有简单词组、复杂词组、名词性词组、动词性词组各类聚合；句子可横向组合成句组，句子的纵向又有主谓句、非主谓句、陈述句、祈使句、命令句、感叹句的各种聚合；句组可横向组合成篇章，句组的纵向又有不同的聚合……

语言的组合与聚合关系是对语言符号任意性的制约。我们在组合符号时，不但要求每个符号都要符合强制不变性，而且符号与符号之间也要符合一定的语法规则。根据索绪尔的观点，组合与聚合都具有相对可论证性。

这两种关系对我们的言语活动也有重要的指导意义，它启示我们在说话和写文章时，要根据不同的语言环境，在诸多"货源"中选择最佳的词语去进行说、写的具体组合。

2. 语言符号的层级性

我们每天都要说话，都要进行符号的组合。语言符号的组合是如何实现的呢？这就要靠语言符号的层级装置了。该装置备有两层三级。底层是一套音位的聚合类，有音而无义。上层是语素以及语素组合成的词，词组合成的句子三级。它们都是音义结合的符号的聚合类。聚合类虽然不容易数出精确的数目，但大概的比例是清楚的。各种语言底层的音位数目不同，但最多不超过几十个。上层的三个聚合类（语素、词和句子）的比例是成千→成万→无穷。汉语中，音位组成的音节不算声调大概有400多个。这样，在汉语系统中，从音位到句子的比例是：几十→成百→成千→成万→无穷。人们就是运用这个神奇的装置进行符号组合，说出无数的话语。

此外，语言还是一种文化载体，这方面的内容我们将放在交叉语言学的文化语言学中介绍。

1.4 对言语的研究——言语的语言学

自从索绪尔明确区分语言和言语两个概念，并呼吁分开研究语言的语言学和言语的语言学以来，结构主义语言学和形式主义语言学的学者们在走到索绪尔所说的"第一个交叉路口"时，都毫不犹豫地向语言的语言学这块领地进军。经过一段辛勤的劳动，他们尝到了丰收的喜悦，进一步认清了语言工具的内部结构，但同时，也尝到了脱离社会、忽视使用工具的人和场合所带来的苦果。人们意识到，在继续深入研究语言的语言学的同时，应尽早开垦索绪尔早已指出的另一块语言学领地——言语的语言学。当然，言语的语言学目前还没有一个统一的疆界。我们认为，既然言语包括说（写）和所说（所写）两部分内容，那么言语的语言学也应该在这两方面有所建树。例如，在一定的语境中对语言系统有目的地运用过程及其结果都可属于言语的语言学范畴。当前比较流行的话语语用分析和篇章分析也可以归入言语的语言学范畴。总之，言语的语言学的任何分析都应该结合交际过程、交际双方和语言环境动态地、异质地进行。

1.4.1 言语的交际过程

言语的交际过程就是人运用语言这一交际工具进行说（写）的过程。从消息传输的角度看，言语交际过程就是交际的双方（说者和听者）发出与接受信息的过程，包括编码、发出、传递、接受、译码五个阶段。

1. 言语编码

编码是一种整理思路的活动，属于内部言语的范畴。人在说话之前，一定要有一个说话的动机。动机一旦形成，人脑内部的"黑箱装置"——言语机制就会自动为这个动机在词语的聚合类中寻找恰当的信息符号，并把它们按照一定的规则把框架大致排列好。所谓"大致排列"就是说要抓住主要信息，思路可以省略、跳跃，但必须清晰。当一个人还没有说话的动机，或思路还是一团乱麻时就开始说话了，那是不正常的。

2. 言语发出

有了动机，理清思路后，人脑便指挥发音器官把想说的语义内容用语音形式表现出来，成为可感知的外部言语形式。我们知道，人的思想是看不见、摸不着的，要想把自己的思想告诉别人，必须借助语言的物质外壳——声音。古人说的"言为心声"就是这个道理。在这个阶段，编码最终完善，发音器官根据编好的信息码发出相应的语音形式。该语音形式要求准确、清晰；否则就不能把想说的话顺利地传达出去。这个阶段的主要矛盾是语音和发音器官的矛盾。

3. 言语传递

说者经过编码与发出后，语音形式装载着相应的语义内容通过空气或电路向听者方面（也同时向说者本身）传递。这个阶段的主要矛盾是语音和各种干扰的矛盾。如果干扰太大，声音光传回说者耳朵里，传不到听者耳朵里，就无法进行下一阶段的交流。

4. 言语接收

语言形式传到听者和说者的耳朵里，在音波刺激下，听者和说者的听觉神经开始接收工作。这个阶段的主要矛盾是语音和接收器官的矛盾。如果接收者的接收器官出毛病，就不能准确地完成接收任务。

5. 言语译码

听者和说者的接收器官接收到传递来的音波后，开始通过语音载体辨析语义内容，于是理解了说话人的意思。

以上的五个阶段常常是一瞬间完成的，言语编码和言语发出属于说者一方；言语传递属于说者和听者之间，传递的方向可以是说者→听者，也可以是说者→说者；言语接收和言语译码属于听者也属于说者。听者得到的是新信息，说者得到的是自己编码的信息的反馈。当说者发现信息有误，便会重新编码和发出。听者经过接收和译码，如果认为有必要做出反应，便会开始新的编码与发出，由听者转换为说者。言语交际实际上就是以上五个阶段的反复。

1.4.2 语用分析

专门对话语进行语用分析的学科叫语用学。它研究特定情境中的特定话语，特别是研究特定语境中如何理解与运用语言。语用学和语义学是不同的但又互补的两个平面。严格地用语言和言语的观点分析，语用学属于言语的语言学；语义学属于语言的语言学。但由于两者有着十分密切的关系，很难把它们截然分开，所以人们又常常把它们结合起来研究。我们准备把语用学的某些内容（如语境、预设、蕴含等）放到语义一章，这里只介绍语用学的几个总的原则。

1. 言语行为理论

言语是说（写）的过程和结果，是一种行为。英国哲学家奥斯汀对人的言语行为进行研究，建立了言语行为理论。起先，他把人们日常用语中最常用的句子——陈述句分为表述句和施为句两种。表述句指"有所述之言"，目的在于陈述；施为句指"有所为之言"，目的在于实施行为。例如，"花是美丽的"是表述句；"我叫他去打球"是施为句。施为句的特点是主语是说者的第一人称陈述句，并带有施为动词，如"命令、建议、警告、要求"……后来，他进一步划分言语行为：〈1〉说话行为（locutionary act）是一种以言指事的言内行为，主要强调言语的发出。〈2〉施事行为（illocutionary act）是一种以言行事的言外行为，主要强调说者话中的用意，如要求、命令、询问、祝愿、感叹、断定、承诺等。〈3〉取效行为（perlocutionary act）是一种以言成事的言后行为，主要强调听者受到的影响。例如"走过来"这句话在以下三个环境中受到不同的言语行为的作用。

A. 他对我说："走过来。"——说话行为

B. 他命令我走过来。 ——施事行为

C. 他说服我走过来。 ——取效行为

用言语交际五阶段的划分理论来观察，说话行为主要发生在言语行为的发出阶段；施事行为在说者的编码阶段就已酝酿形成；取效行为则必须在听者的译码阶段后才能完成。

2. 言语会话原则

言语会话是涉及言语双方的行为，在会话中，交谈的双方为了使谈话得以顺利进行，从而达到谈话的目的，常常遵守一些谈话的合作原则。美国语言哲学家格赖斯把会话的合作原则归纳为以下四条准则：

（1）质量准则。要求说者说的话必须是真实的，不要说明知是虚假的或缺乏足够证据的话，反之则是违反了质量准则。例如孩子吃了苹果，却对妈妈说："不是我吃的。"

（2）数量准则。要求说者说出能提供会话所需的足够的信息量，不要减少，也不要过量，否则就是违反了数量准则。例如有人问你："明天的飞机几点起飞?"你却说："大概是明天上午吧。"你的话虽然遵守了质量准则，但没有提供足够的信息量，违反了数量准则。

（3）关联准则。要求双方的对话要有关联。避免所答非所问，或离题万里，否则就是违反了关联准则。例如有人问你："明天你来吗?"你却回答："你这个人真好。"你的回答显然和人家的提问没有什么关联。

（4）方式准则。要求说者说得清楚、明白、精练、有条理，避免晦涩、啰唆、混乱，反之就是违反了方式准则。例如你的上级命令你："明天派车去接三个医学院的学生。"你一定感到迷惑：是三个在医学院学习的学生呢，还是三个医学院的许多学生呢?

质量准则、数量准则和方式准则强调说者和听者某一方的编码与发出，关联准则强调说者和听者双方的关联。

格赖斯的四条会话原则确实是言语交际应该遵守的原则，但是，人们由于礼貌的需要，常常有意地违反以上的原则。这是允许也是必需的。于是英国著名学者利奇等人提出了下述礼貌原则来补充会话原则。

第一，得体准则　在会话中尽量让别人少吃亏，多得益。

第二，宽宏准则　在会话中尽量使自己少得益，多吃亏。

第三，赞许准则　在会话中对别人少贬低，多赞许。

第四，谦虚准则　在会话中对自己少赞许，多贬低。

第五，赞同准则　在会话中尽量减少双方的分歧，增加双方的一致。

第六，同情准则　在会话中尽量减少双方的反感，增加双方的同情。

不难看出，得体准则和宽宏准则是一个问题的两个方面，赞许准则和谦虚准则也如此。所以，以上六条准则实际上可以归为四条。例如：

A. 一位贵宾对负责接待的小刘说："刘先生，这几个月你跑前跑后，真太辛苦了。"小刘回答："一点儿都不辛苦，您从国外那么远来到中国，那才叫辛苦。只要您吃得好，住得舒服，那就是我最大的荣幸。"小刘的回答故意违反了质量准则，"一点儿都不辛苦"绝不是真话。在这里，小刘运用了礼貌原则中的得体准则和宽宏准则。

B. 甲："请问您尊姓大名?"

新世纪高等学校教材

乙："不敢，鄙人姓张、名云、字子强，外号'小迷糊'。有空请到寒舍一叙。"

这段对话的双方有意识地运用了赞许准则和谦虚准则，虽然在量上有多余的信息。

C. 甲："您所提的条件，有一些，我是同意的，只是对其中的某些条款我还要回去和同事们研究研究，再向上级请示一下。"

乙："我很高兴您能表示同意，希望能早日达成协议。"

会话中的甲采用了婉转和晦涩的方式讲话，故意违反了方式准则，但为了礼貌，有意识地运用了赞同准则，减少了双方的分歧，增加双方的一致。

D. 甲："主任，您看我的请调报告能批准吗？"

乙："咱俩可是老交情了，我很同情，走，我请你喝两杯去。"

乙的回答没有说明到底有没有批准，故意违背了方式准则和关系准则，但运用了同情准则。

会话原则和礼貌原则是会话的基本原则，无论说者还是听者都应该遵守。

应该指出，以上的各条准则具有普遍意义，但也不是千篇一律地存在于人类的言语行为之中。会话原则和礼貌原则会因民族文化和语言习俗的不同而有所差异。例如，赞许准则和谦虚准则在东西方就有很大的不同。我国是一个历史悠久的礼仪之邦，在汉语中保存着大量尊称与谦辞。对别人，常用"贵"、"宝"、"大"……对自己，常用"鄙"、"寒"、"小"……在西方的言语中，很难一一对应地找到这样的对等词语。在西方，当你听到别人夸你能干时，你只要说声"谢谢"就可以了，而在中国，人们常常说："哪里，还差得很远呢。"

1.4.3 篇章分析

篇章也叫语篇。和话语语用分析一样，篇章也是研究句子以上的言语。在不同学者的著述中，篇章有不同的含义。有的学者认为篇章只指书面言语，不包括口头言语；有的学者则认为，篇章既可包括书面言语，也可包括口头言语。有的学者认为篇章是句子单位；有的学者认为，篇章是一个意义单位。不管怎样，篇章分析或篇章语言学应归入言语的语言学。粘连性和连贯性是篇章的两大特点。这两大特点是所有语言共有的，不具备这两个特点，就不能称为篇章，最多只是一组句子的杂乱堆砌。具体内容我们将放到语法一章阐述。

1.4.4 言语规律

言语规律是指人们为了一定的目的，在一定的语境中使用语言的规律。我们天天都要说话或写文章，也就是说天天都要组合语言符号。选择什么符号，不选择什么符号？如何在诸多的聚合类中选择最佳符号？如何把这些最佳的符号用最佳的形式组合起来？这些都是值得研究的言语规律。违背言语规律，就不能取得言语交际的最佳效果，甚至会导致言语交际的失败。以上提到的话语语用分析和篇章分析，都可以认为是对言语规律所作的有益探讨。

言语规律是客观存在，但又是错综复杂的。要想掌握言语规律，必须掌握言语交际的四要素。由于言语活动是言语的双方在一定的语境中进行的活动，所以，人们进行言语时，无论是说话还是写文章，都必须注意自身的因素、对方的因素以及双方所处的语境因素，当然还有语言系统这一工具的因素。无论你操何种语言进行言语交际，言语四要素都是不可忽视的。这就是说，在言语活动时要充分考虑自身与对方的各种因素，如年龄、性别、爱好、经历、职业、文化修养、社会地位、家庭背景以及交际时的心情、身体状况、生理与心理特点、交际的目的等；同时也要注意言语时的上下文、交际场合以及时代与社会的背景，以便在语言符号聚合类中选择最佳的符号进行组合。专门研究言语交际的语言学叫言语交际学。它和上述的话语语用分析和篇章分析都可归入言语的语言学。加强对言语的语言学进行研究，对语言现象进行多角度地交叉研究，是语言学发展的必然趋势。

1.5 语言在言语中发展

1.5.1 语言是个既稳定又发展的体系

索绪尔提出的语言的语言学和言语的语言学具有重大的历史意义。但是，这两种语言学的区分只能是相对的，因为语言和言语的关系是如此的密切，很难把它们截然分开，研究语言系统的发展就更是如此。如前所说，语言是一个相对稳定的系统，言语是说（写）的过程和结果。由于语言存在于言语之间，所以语言又处在绝对的运动状态里。人类社

新世纪高等学校教材

会的言语不但带动着语言一起运动，而且促使语言系统发生演变，使得语言成为一个既稳定又发展的系统。

1. 语言能够稳定和发展的客观条件

人类社会是语言稳定和发展的客观条件。大家知道，人类社会要生存就要有交际活动，要交际就要有言语，要言语就要用语言。所以，语言归根结底是受社会制约的。

（1）语言的稳定是社会的需要。交际活动是人类社会最基本的活动之一，语言是这种活动最重要的工具，因此绝不能经常变化，使人无法掌握。设想一下，假如语言系统中的语音、语义、词汇、语法天天都在变化，那么人们还能进行正常的言语交际吗？社会的交际生活需要有一个稳定的语言系统。

（2）语言的发展也是社会的需要。这是因为社会本身并不是一成不变的；相反，它处在不断的发展之中。社会的发展使得人们的言语交际方式发生变化，言语的发展要求语言也要随之发展。从历史的角度观察，语言确实处在不断地发展变化之中。例如，古文是古人用当时的语言写成的古代言语。我们今天读起来，会发现其中的语音、语义、词汇、语法都和现在的语言有着或多或少的区别。这就是语言随着社会的发展而发展的结果。

2. 语言能够稳定和发展的内部因素

语言之所以能够适应社会的需要，在人类的言语交际中既保持稳定又能不断地发展，它的内部因素起着决定性的作用。

第一，从语言系统的内部看，语言之所以呈现稳固状态，主要是由语言的基础——基本词汇和语法构造的稳固决定的。仍然拿一篇古文来说，我们今天之所以能够看懂其中一些内容，就是因为这两个因素在起作用。

当社会需要语言系统稳固时，语言符号任意性的强制不变性就成为矛盾的主要方面，使得语言能够稳固。

第二，从语言系统的内部看，语言之所以能够不断发展，是由于语言结构各要素之间的矛盾斗争所造成的。语言系统是一个以差别为基础的相对平衡的系统，语言结构的各要素以及每一要素的各单位都在这个系统中取得自己相应的"价值"，承担一定的功能。如果其中的某一要素或某一单位发生了变化，破坏了原有的平衡，语言系统内部的有关部分就会发生相应的变化，重新调整各要素及各单位在系统中的"价值"，达到新的平衡。例如语音要素的变化有时会引起词汇、语义、语法的变化。同样，词汇、语义、语法的变化也可能会引起其他要素的变化。下面试举汉语语音变化引起词汇变化的例子。

汉语的语音系统曾经过简——繁——简的变化过程，汉语词汇也随之经过由少到多以及由单音节为主到多音节为主的过程。例如在语音系统较复杂的中古时期，"机"和"基"、"交"和"骄"、"尖"和"艰"这三组词的读音是不相同的。每个词都能单独承担一定的交际功能，"价值"较高。后来由于语音系统的简化，音位组合的方式减少，出现大量同音词，上述三组词就是这样。由于价值改变，不宜单独运用，所以人们用双音节词对它们进行区分，如"基础"、"机会"、"交际"、"骄傲"……

当社会需要发展时，语言符号的任意性的可变性就起主要的作用，使语言能够发展。

总之，语言在言语中变化与发展着。语言符号的任意性与强制性在其中起着重要作用，正如索绪尔所说："关于这一点，我们试看看语言怎么发展就能一目了然。情况是最复杂不过的：一方面，语言处在大众之中，同时又处在时间之中，谁也不能对它有任何的改变；另一方面，语言符号的任意性在理论上又使人们在声音材料和观念之间有建立任何关系的自由。结果是，结合在符号中的两个要素以绝无仅有的程度各自保持着自己的生命，而语言也就在一切可能触及它的声音或意义的力量的影响下，变化着，或者无宁说，发展着。"[1]

1.5.2　语言发展规律

语言随着社会的变化在人们的言语交际活动中发展，语言的发展是有规律的。语言发展规律可以分为两大类：一类是个别语言发展规律，一类是普遍语言发展规律。个别语言发展规律是指某种语言的发展规律，其规律只适应于某一两种语言，不具有普遍意义。例如汉语的"平分阴阳、入派三声、浊上归去"的规律只适合汉语声调从中古到现在的发展规律，其他的语言则不一定具有这种规律。普遍语言发展规律是指人类所有的语言都遵循的发展规律。它具有普遍性。普遍语言发展规律又可包括两个特点：渐变性和参差性。

---

[1] 索绪尔：《普通语言学教程》，113－114页，商务印书馆，1980年。译文据法文原文有个别改动。

所谓渐变性，就是指语言结构系统只能按照量变到质变的规律逐渐地变化，采取渐变的而不是突变的方式。语言的渐变性说明：〈1〉语言系统是变化的；〈2〉这种变化是缓慢的，而不是爆发的。这两点都是由语言的发展与稳定决定的；即一方面是由于社会的需要，另一方面是由于语言系统内部的原因。语言符号的任意性和强制不变性在不同的时期起着不同的作用。

所谓参差性是指语言结构系统的各要素发展的速度是不整齐的。语言是一个相对平衡的差异系统，各结构要素的各个单位都在这个系统中取得一定的价值。但这个系统并非是一成不变的，其中的各个结构要素会显出参差不齐的变化：非基本词汇（一般词汇）及其词义发展得最快，社会上有什么风吹草动，几乎都可以从中得到反映；语音发展较慢，最慢是语法。语言系统内的各要素的相互作用，使得语言系统不断地由平衡到不平衡再到新的平衡，从而不断地发展下去。

语言的渐变性是从语言的外部宏观地考察；语言的参差性是从语言的内部微观地考察。这两个特点存在于一切既稳定又发展的语言之中。

1.5.3 语言发展的相互关系及其结果

人类的各种语言按照渐变性和参差性规律向前发展。语言的发展绝不是孤立地发展，而是相互联系、相互制约地发展。从语言发展的过程和结果看，这种关系表现在语言的分化和整化、混合与融合上。无论哪一种变化，都和社会的变化分不开。

1. 语言的分化

语言在发展过程中，一种语言逐渐分化为几种语言或方言的现象叫语言的分化。语言是随着社会的分化而分化的，例如部落与国家的分化、战争中的人口迁移、不同地区发展的差异……都有可能引起语言的分化。方言和亲属语言就是语言分化的结果。

（1）方言。是指某种语言的地方变体。例如我国就有北方方言、吴方言、湘方言、赣方言、闽北方言、闽南方言、粤方言、客家方言八大方言。[1]英语也可以分为东部、西部、南部、北部、中部和苏格兰六个方言区。美国英语一般认为是英语的一种方言。俄语大致分为南部和北

---

〔1〕有人把闽北和闽南方言合为闽方言。还有人增加了晋、平、徽等方言。

部两个方言区。确定某种语言方言的区分标准是比较困难的。一般认为，除了考虑该语言结构的标准外，还要考虑社会历史文化的标准，如是否从属于一个统一的社会；有无共同的标准语的书面形式；有无共同的民族心理；有无共同的汇合方向等。方言有三个发展前途：消亡、与共同语长期共存（如我国的八大方言）、发展成独立的语言（如乌克兰语、白俄罗斯语）。

（2）亲属语言。指由同一共同语分化而成的独立语言。它们是由不同方言发展形成的，在历史上具有亲缘般的特殊联系。经过历史比较的研究，大致可以把世界的语言分为几大语系。常见的有：汉藏语系、印欧语系、乌拉尔语系、阿尔泰语系、闪－含语系、高加索语系、南亚语系等。每种语系下又分为若干语族。如汉藏语系一般认为包括汉语、侗台语、苗瑶语、藏缅语四个语族；印欧语系包括印度、伊朗、斯拉夫（如俄语、波兰语、捷克语、保加利亚语）、波罗的、日耳曼（如英语、德语、荷兰语、丹麦语、瑞典语、挪威语）、罗曼（又称拉丁，如法语、西班牙语、意大利语、拉丁语）、凯尔特语等若干语族。语族下又分为若干语支。语言谱系的研究还在进行，一些语言如日语、京语（越南语）、朝鲜语的谱系还待确定。（详见附录）

2. 语言的整化

语言在发展过程中，几种语言或几种语言因素逐渐接近和统一起来的现象叫语言的整化。语言是随着社会的统一而整化的。语言整化的前提是社会的经济、政治、文化的接近和统一。共同语、民族交际语、国际交际语是语言整化的结果。

（1）民族共同语。在一个民族或部族内共同使用的语言。例如我国汉民族使用的汉语有八大方言，大家选择了以北京语音为标准音，以北方话为基础方言，以典范的现代白话文著作为语法规范的普通话作为民族共同语。政治、经济、文化中心的方言往往成为民族共同语的基础。如英吉利民族共同语是在伦敦方言基础上发展起来的；法兰西民族共同语是在以巴黎为中心的法兰西岛方言基础上发展起来的；俄罗斯民族共同语是在莫斯科方言基础上发展起来的；希腊民族共同语是在雅典方言基础上发展起来的。

（2）民族交际语。在多民族国家里各民族间共同使用的语言。例如我国的汉语，前苏联的俄语。在有些国家里，存在着"双语现象"或多语现象。新加坡把英语、华语、马来语、泰米尔语作为国家通用的语言，其他如瑞士、荷兰、以色列也存在这种现象。

（3）国际交际语。不同国家间由于交际的需要，选择一种或数种语言作为共同使用的交际工具，并在国际会议上确定为共同交际的语言。例如汉语、英语、俄语、法语、西班牙语、阿拉伯语就是联合国的工作语言。它们都是国际交际语，"世界语"是波兰眼科医生兼学者格·柴门霍夫于1887年创造的一种人工辅助交际语。它不是自然的国际交际语，但具有重要的影响。

3. 语言的混合和融合

（1）语言的混合。

几种语言系统混合成一种语言的现象叫语言的混合。长期混合并形成为稳定系统的语言有克里奥尔语。暂时混合不成为系统的有萨比尔语。还有一种被称为"洋泾浜"的语言，也可以看作是不同语言混合的现象。语言的混合是社会相互影响的结果。

（2）语言的融合。

一种语言战胜另一种语言或一种语言被另一种语言吞噬的现象，叫做语言的融合。如历史上汉语和拉丁语都融合过不少语言。语言的融合有自愿融合与被迫融合两种。历史上鲜卑族的魏孝文帝所谓"断诸北语，一从正音"的改革就是自愿融合，金朝的女真语则是被迫融合的。被融合的语言遗留下的因素，被称为"底层"。语言的融合也是社会相互影响的结果。

⊙本章小结

语言学是以语言为研究对象的科学。广义的语言学包括的范围很广，狭义语言学主要指普通语言学，普通语言学是对人类语言从理论上研究它们的共同特点和一般规律的学科。我们这门语言学基础理论就是普通语言学的入门课。洪堡特和索绪尔是普通语言学的创始人，尤其是索绪尔被称为"现代语言学之父"，他对语言学的分类如：语言的语言学和言语的语言学、共时语言学和历时语言学、内部语言学和外部语言学，至今仍有重要意义。索绪尔在他的《普通语言学教程》中有一句话："语言现象总有两个方面，这两个方面是互相对应的，而且其中的一个要有另外一个才能有它的价值。"[1]我们认为这是贯穿索绪尔语言

---

〔1〕索绪尔：《普通语言学教程》，28页，商务印书馆，1980年。

学思想，也是贯穿整个语言学史的一条红线，应该认真体会。语言学史大致可以用"五段两线三解放"来概括。"五段"是指语文学、历史比较语言学、结构主义语言学、形式语言学、交叉语言学五个断面；"两线"是指"整齐论"与"参差论"两条路线的斗争；"三解放"是指历史比较语言学、索绪尔、社会语言学三个里程碑。从点、线、面三结合来观察语言学史，我们不难看出一些带有规律性的东西：一方面语言学始终处在"两线"的矛盾斗争中，因此具有无穷的生命力；另一方面，语言学无时不在灵敏地反映着时代的要求，及时地配合该时代最重大的科技理论，迅速形成自己一套独特的、对其他学科富有启迪性的系统理论，有的语言理论甚至走在某些科技理论的前列，语言学过去和将来都是一门领先的科学。在交叉科学占主流的今天，语言学的作用正显得越来越重要了。

区分语言和言语是语言学的第一条分叉路。我们应当运用辩证唯物主义和历史唯物主义的观点认识这个重大问题。在当时索绪尔强调研究语言的本体，即语言的语言学是完全正确的，因为研究语言的本体是语言学"永恒的话题"，它使得语言学得到一个可靠的支点，并逐渐成为一门能与自然科学相媲美的精密的学科。为了强调语言的语言学，索绪尔对言语的语言学采取了矛盾的态度。他在贬低言语的同时又对言语的语言学无限向往，甚至对他的学生许下愿：在他将来的讲课中，言语的语言学"无疑将占有一个光荣的地位"。[1]我们认为，历史发展到今天，语言学不但要继续研究语言的语言学，而且要大力发展言语的语言学。我们甚至可以这样说：只有把言语的语言学研究透了，语言学的总体框架才能最终形成。

本章本着继承与发展的精神重新认识索绪尔关于语言和言语的论述，并对语言的语言学和言语的语言学分别进行了宏观的分析。语言是音义结合的词汇和语法系统，言语是对语言的应用的过程与结果。语言和言语的关系是工具与工具运用的关系。语言的语言学主要研究语言工具内部结构。语言是人类独有的最重要的交际工具与思维工具；语言工具是一套符号系统，是靠组合与聚合关系运转的层级体系，也是一种文化载体。语言音义符号的任意性是普通语言学的重要原则，有着独特、

---

〔1〕索绪尔：《普通语言学教程》，14 页，商务印书馆，1980 年。

丰富而严谨的含义。任意性包含任意性与强制性、可变性与不变性、绝对任意性（单个的根词）与相对任意性（组合聚合关系）、人类语言的任意性与具体语言的约定性、民族传统性和理据性等概念。关于言语的语言学我们学习了言语交际过程的一些总原则。最后我们在言语运用中观察了语言的稳定与发展的各种现象。语言所以能够既稳定又发展，归根结底是由语言符号的任意性与强制性决定的。分化、整化、混合、融合是语言系统在言语活动中不断演变的过程与结果。

□思考与练习□

1. 名词解释

语言学　语文学　历史语言学　历史比较语言学　描写语言学　历时语言学　共时语言学　个别语言学　普通语言学　语言的语言学　言语的语言学　内部语言学　外部语言学　宏观语言学　微观语言学　理论语言学　应用语言学　结构主义语言学　形式语言学　交叉语言学　整齐论　参差论　语言　言语　思维　符号　组合关系　聚合关系　语言的层级性　言语规律　渐变性规律　参差性规律　语言的分化　语言的整化　语言的融合　语言的混合

2. 填空

（1）人类对语言的研究大体上可分成_____阶段、_____阶段、_____阶段、_____阶段、_____阶段。

（2）语文学的三个源头在_____、_____、_____。中国语文学的特点是_____。

（3）历史比较语言学的先驱是_____；草创者是_____；奠基人物是_____。

（4）历史比较语言学不但宣告_____真正独立，而且为_____的研究奠定了基础。

（5）普通语言学的奠基人物是_____和_____。《_____》在语言学发展史上起到了划时代的作用。

（6）结构主义语言学派可以分成三派。它们是_____、_____、_____。

（7）形式语言学的主要代表人物是_____，他认为对语言进行描写和分析的目的在于_____，他的目标是_____。

（8）新时期语言学的最大特点是_____。

（9）从语言的社会功能上看，语言是＿＿＿＿＿＿＿；从语言的内部结构上看，语言是＿＿＿＿＿＿＿＿＿＿＿。

（10）文字是建立在＿＿＿＿＿＿＿＿基础上的＿＿＿＿＿＿＿＿工具；旗语之类是建立在＿＿＿＿＿＿＿＿＿＿基础上的＿＿＿＿＿＿＿＿＿＿工具。

（11）思维类型可分为＿＿＿＿＿＿＿＿、＿＿＿＿＿＿＿＿、＿＿＿＿＿＿＿＿，抽象思维的三种形式是＿＿＿＿＿＿＿＿、＿＿＿＿＿＿＿＿、＿＿＿＿＿＿＿＿。

（12）符号的种类有＿＿＿＿＿＿＿＿＿＿。语言是＿＿＿＿＿＿＿＿＿＿的符号。

（13）语言的结构系统是由＿＿＿＿＿＿＿、＿＿＿＿＿＿＿、＿＿＿＿＿＿＿、＿＿＿＿＿＿＿四要素构成的。

（14）奥斯汀的"三种言语行为"是指＿＿＿＿＿＿＿、＿＿＿＿＿＿＿、＿＿＿＿＿＿＿。

（15）格赖斯的言语合作原则是＿＿＿＿＿＿＿、＿＿＿＿＿＿＿、＿＿＿＿＿＿＿，利奇等人的礼貌原则有＿＿＿＿＿＿＿＿＿＿＿＿＿＿＿＿＿＿＿＿＿、＿＿＿＿＿＿＿＿＿＿＿＿＿＿＿、＿＿＿＿＿＿＿＿＿＿＿。

（16）言语交际的四要素是＿＿＿＿＿＿＿、＿＿＿＿＿＿＿、＿＿＿＿＿＿＿、＿＿＿＿＿＿＿。

（17）语言的稳定是由语言的基础＿＿＿＿＿＿＿＿＿＿和＿＿＿＿＿＿＿＿决定的，语言变化的决定因素是由于＿＿＿＿＿＿＿＿＿＿。

（18）语言发展规律可分为几种：一种是＿＿＿＿＿＿＿＿＿＿＿，一种是＿＿＿＿＿＿＿＿＿＿。后一种有＿＿＿＿＿＿＿和＿＿＿＿＿＿＿＿两大特点。

（19）＿＿＿＿＿＿＿和＿＿＿＿＿＿＿是语言分化的结果；＿＿＿＿＿＿＿、＿＿＿＿＿＿＿＿＿、＿＿＿＿＿＿＿是语言整化的结果。

3. 选择

（1）言语是（　　）

　　A. 言论和语言

　　B. 音义结合的符号系统

　　C. 说话（写）和所说的话（所写）

（2）语言是一种（　　）

　　A. 形式和内容相统一的视觉符号

　　B. 音义结合的听觉符号系统

C. 用来交际的触觉符号系统

(3) 抽象思维的一般特征是 （　　）

    A. 概括性、民族性

    B. 概念、判断、推理

    C. 固定、再现、改造

    D. 概括性、社会性

(4) 语言是思维的工具指的是 （　　）

    A. 一切思维必须由语言完成

    B. 主要是指抽象思维和直观动作思维、形象思维的高级阶段离不开语言

    C. 主要指直观动作思维和形象思维离不开语言

(5) 思维的三种类型是 （　　）

    A. 直观动作思维、表象思维、抽象思维

    B. 概念、判断、推理

    C. 固定、再现、改造

(6) 语言符号的任意性是指 （　　）

    A. 语言符号的创造和使用总是任意的

    B. 我们可以任意理解语言的符号

    C. 语言符号音义之间没有本质的联系

(7) 语言符号的线条性是 （　　）

    A. 语言符号的排列没有层次，像一根线条排列在一起

    B. 语言符号只能一个跟着一个依次出现，随着时间的推移，不分层次地逐渐延伸

    C. 语言符号在时间的线条上逐个出现，同时不排除层次性

(8) "他肯定不会来了"这句话强调了说者的 （　　）

    A. 说话行为

    B. 施事行为

    C. 取效行为

(9) 汉语声调从中古到现在的"平分阴阳、入派三声"的规律是 （　　）

    A. 个别语言发展规律

    B. 一般语言的发展规律

    C. 各民族各种方言的发展规律

(10) 一个民族内部共同使用的语言称为（　　）

　　　　A. 民族共同语

　　　　B. 民族交际语

　　　　C. 国际交际语

(11) 克里奥尔语是语言的（　　）

　　　　A. 混合

　　　　B. 融合

　　　　C. 分化

　　　　D. 整化

(12) 语言融合的"底层"现象是（　　）

　　　　A. 语言装置的最下面一层，即语音部分

　　　　B. 被融合的语言的某些遗留下来的因素

　　　　C. 被压迫的阶层

4．简答

(1) 简述语言学概论与现代汉语及其古代汉语的关系。

(2) 简述语言学史"两线"之争的主要内容及其对我们的启发。

(3) 简述语言学的作用和意义。

(4) 简述语言和言语的关系。

(5) 如何理解语言是一种交际工具？

(6) 如何理解语言是最重要的交际工具？

(7) 如何理解语言是人类独有的交际工具？

(8) 如何理解语言是全人类的交际工具？

(9) 举例说明语言符号的任意性和强制不变性。

(10) 举例说明语言系统的组合关系与聚合关系。

(11) 举例说明语言发展的渐变性和参差性。

(12) 为什么说抽象思维必须以语言为工具？

(13) 简述语言和思维的区别。

5．运用

(1) 下列各句中的"语言"相当语言学中的语言还是言语？

　　　　A. 毛泽东是运用语言的模范，他的语言很值得我们学习。

　　　　B. 这部作品的语言真美。

　　　　C. 语言美是四美之一。

D. 对敌人要用刺刀的语言。

E. 语言是人类最重要的交际工具。

（2）现在不少人把"风波（fēng bō）"读成"fēng pō"，"入场券（rù chǎng quàn）"读成"rù chǎng juàn"，"塑料（sù liào）"读成"suò liào"，大家觉得这些人发音不太正确，但也没有大错，如果把"滑稽（huá jī）"读成"gǔ jī"，"撑腰（chēng yāo）"读成"zhǎng yāo"，"挑衅（tiǎo xìn）"读成"tiǎo bàn"，大家就会觉得这个人的发音有严重的错误。请说明其中的原因。

（3）在日常生活中，人们有时故意违反会话的原则，由于建立在双方都能察觉的基础上，便产生出弦外之音，请指出下列的会话故意违反了哪条会话合作原则。

A. 甲：我的炸鱼哪里去了？

乙：那只猫看起来挺满意的。

B. 甲：我们都会想念王民和李强，是吧？

乙：是的，我们都会想念李强。

C. 甲：不知今年的百米冠军是谁？

乙：李健是匹好马。

D. 甲：生活里什么情况最悲惨？

乙：孩子没有了爹娘最悲惨。

（4）用你掌握的语言学理论分析下列日常生活中的趣闻：

A. 一个地方口音浓重的军官在分配任务："一班杀鸡，二班偷蛋，我先给你们做稀饭。"原来他是说："一班射击，二班投弹，我先给你们作示范。"

B. 某君去花圈店为病逝的亲人预订花圈。事后花圈店老板恭恭敬敬地把他送到门口连声说道："谢谢，走好，有空常来！"

C. 某公学习英语，自以为有小成，一日行街上，意外与一老外相碰，忙说："I am sorry."老外回答："I am sorry too."某公听后忙说："I am sorry three."老外不解，问："What are you sorry for?"公回答："I am sorry five."

◁ **阅读与参考** ▷

1. 索绪尔：《普通语言学教程》，商务印书馆，1980 年

2. 岑麒祥：《语言学史概要》，北京大学出版社，1988 年（修订本）

3. 伍铁平：《语言与思维关系新探》，上海教育出版社，1990 年（增订本）

4. 伍铁平主编：《普通语言学概要》，高等教育出版社，1993 年

5. 刘伶、黄智显、陈秀珠主编：《语言学概要》，岑麒祥审定，北京师范大学出版社，1984 年

6. 叶蜚声、徐通锵：《语言学纲要》，北京大学出版社，1981 年

7. 戚雨村主编：《语言学引论》，上海外语教育出版社，1985 年

8. 何自然：《语用学概要》，湖南教育出版社，1988 年

9. 岑运强：《趣味实用语言学讲话》，北京师范大学出版社，1998 年（修订版）

（后面各节均可参考，不再一一列出）

新世纪高等学校教材

2. 语 音

语言在本质上是人类发出的声音。这些声音是造成语言的
材料……语言是为了影响听者的行为这一特殊目的而发出的声
音，而我们假定听者能够了解这声音。事实上语言就是有意义
的声音。

——L.R. 帕默尔

2.1　语音和语音学

语音是由人类发音器官发出的，能载负与传达一定的语义信息并能
被别人理解的语言的物质外壳。语音既具有自然特性又具有社会特性。
它是一种特殊的生理和心理现象，也是一种特殊的物理现象与社会现
象。研究语音的学科叫语音学。

语言是音义结合的词汇系统和语法系统，语音在这个系统中起着重
大的作用。从语言的层级装置上看，不用说这个层级装置的基础部分完
全是语音组成，就是语言装置上层的每一个级也离不开语音（见总论）。
从言语交际的过程上看，言语交际编码、发出、传递、接收、译码五个
阶段都和语音有关，特别是发出、传递和接收三个阶段更是语音学的三
个分支学科：发音语音学（着重语音产生的生理研究）、声学语音学
（着重语音传递的物理研究）、听觉语音学（着重语音感知的心理研究）。
作为人类最重要的交际工具的物质外壳，人们更要研究在具体语言中的
语音是如何载义与辨义的，于是出现了音位学，后来 20 世纪后叶，随
着系统论的产生，人们开始将一种语言的音位看作一个系统，这种系统

的学科叫做音位系统学，简称音系学。音系学着重从语音的社会功能上研究语音。

2.1.1 语音的生理特性

要想了解语音的生理特性就要了解人的发音器官的部位及其活动、配合的方法。人的发音器官可分为三大部分：

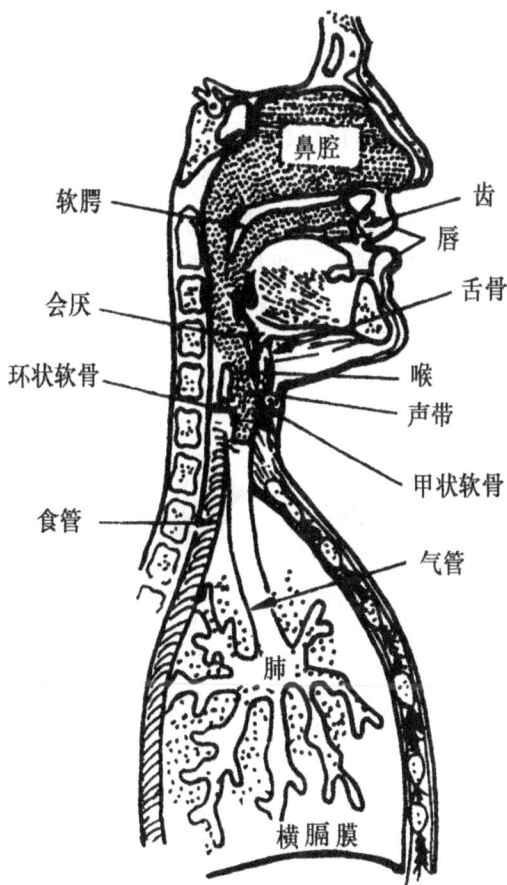

◁ 图1 人的发音器官 ▷

（1）动力器官。语音的动力器官主要包括肺和气管。它们位于喉部的下方。肺是为发音提供原动力的"风箱"。它的呼气和吸气都是由胸

腔肌、腹肌和横膈膜控制的（见图1）。肺包藏在胸腔的肋骨里面，肋
骨由肋间外肌和肋间内肌相连，肋间外肌扩大时带动肋骨向外提起，胸
腔因而扩大，肺随之扩张，吸进空气；肋间内肌收缩时，带动肋骨向内
收拢，胸腔因而缩小，肺随之缩小，挤出胸腔内的空气。此外，腹肌与
横膈膜对呼吸也有重要作用。腹肌紧张，横膈膜下拉，胸腔扩大，肺随
之扩张，吸进空气；腹肌松弛，横膈膜上推，胸腔缩小，肺随之缩小，
肺呼出气流。说话的时候，主要利用肺部呼出的气流发音，只有少数吸
气音如搭嘴音和缩气音是利用吸气发出的。

（2）发音器官。语音的发音器官主要是喉头内的声带，此外还有喉
头的几块软骨如甲状软骨、环状软骨、勺状软骨、会厌软骨以及连接它
们的肌肉。声带是为语音提供主要声源的发音体。

声带是两片富有弹性的韧带皱褶，前端连接在甲状软骨的内侧上，
后端分别连在两块勺状软骨上，两片声带之间的间隙叫做音声门，两片
勺状软骨之间的间隙叫气声门，音声门与气声门合起来叫声门（也叫喉
门）。声门的开闭由勺状软骨的活动来控制，声门的开闭状态有四个典
型的位置（见图2）。

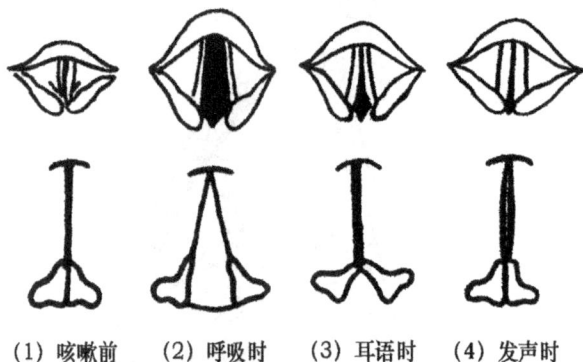

(1) 咳嗽前   (2) 呼吸时   (3) 耳语时   (4) 发声时

◁ **图2 声带和声门的几种状态** ▷

（此图采自罗常培、王均《普通语音学纲要》图12，商务印书馆，1981年。）

（3）共鸣调节器官。共鸣调节器官主要指口腔、鼻腔和咽腔，它们
位于喉部的上方。动力器官和发音器官解决了发音的问题。但是气流使
声带振动而发出的声音只是很小的像蜂鸣一样的嗡嗡声。如果声带不振

动，光是空气扰动的声音就更小了。如何把这些微小的声音放大并调配成能载义的各种声音呢？这就要靠共鸣器以及共鸣器内（主要是口腔内）各部分器官活动配合的方法了。在共鸣器的"三腔"里最重要的是口腔。它是各种音素主要的"制造工厂"。口腔的"大门"是上下唇，双唇音、唇齿音都是由它们参加"制造"的。紧挨着双唇的是上下齿。一些唇齿音和齿间音以及舌尖前音就是有牙齿参与发出的。牙齿由齿龈固定，齿龈也能参加一些音如舌尖中音的发音。口腔的"天花板"是上腭，它和上齿龈相连。上腭又分为硬腭和软腭两部分。软腭能活动，像地道战的隔板，控制气流通道。软腭的后端有一个小肉球叫小舌。硬腭能参与舌面前音等音的发出，软腭可参与舌面后音等音的发出。口腔的下部最重要的是舌头，它是发音的"主力军"。舌头可分为舌尖、舌叶、舌面三部分，舌面又分为前、中、后三部分。舌尖音（包括前、中、后）、舌叶音和舌面音（包括前、中、后）都有舌头参与（以上各种声音的具体例子见后）。

鼻腔是鼻音的共鸣器。发鼻音时软腭下降，气流从鼻腔和口腔同时流出。咽腔是少数咽喉音的共鸣器（见图3）。

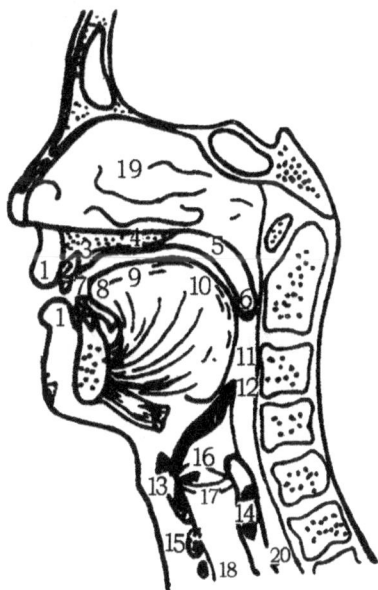

1. 上下唇　2. 上下齿　3. 齿龈　4. 硬腭
5. 软腭　6. 小舌　7. 舌尖　8. 舌叶
9. 舌面前部　10. 舌面后部　11. 咽腔
12. 会厌　13. 甲状软骨　14. 环状软骨
（后板）15. 环状软骨（前弓）16. 假声带
17. 声带　18. 气管　19. 鼻腔　20. 食道

◁ 图3　发音器官部位图 ▷

2.1.2 语音的物理特性

语音具有人的生理特性和社会心理特性，这是语音和自然界声音的不同，但语音和其他一切声音又有共同的地方，那就是它们都具有物理特性。所谓物理特性是指物体受到外力的作用，发生振动，使周围的空气也发生震荡形成一种音波，音波传到人的耳朵刺激听觉神经，人就听到了声音。语音的物理特性是声带振动或声腔里空气扰动引起的，它也有音波形成、传递与刺激的过程。语音和其他声音一样具有音高、音强、音长、音质四个要素。

（1）音高。指声音的高低。它决定于发音体振动的频率。频率是发音体每秒振动的次数。每秒钟振动一次叫一赫兹，振动 100 次叫 100 赫兹。频率快，声音就高；频率慢声音就低。发音体振动频率的快慢又跟发音体粗细、厚薄、长短有关。粗、厚、长的物体振动起来频率慢，声音低；细、薄、短的物体振动起来频率快，声音高。人耳能听到频率范围大概在 16 到 2 万赫兹之间。

（2）音强。指声音的强弱。它决定于发音体振动的振幅。振幅是发音体振动的位移幅度。振幅大，声音就强；振幅小，声音就小。振幅的大小又跟发音体受到的作用力有关。发音体受到的外力大，其振幅就大，声音就强；发音体受到的外力小，其振幅就小，声音就弱。我们说话时用力大，气流强，声音就强，反之则弱。

（3）音长。指声音的长短。它决定于发音体振动时间的长短，振动持续的时间长，声音就长，反之则短。

以上三个要素又称为非音质要素。

（4）音质。指声音的个性或特色，也叫音色。音质是四要素中最重要的一个。它取决于声波的形式。我们平常听到的大多数是由若干个单纯音组成的复合音。频率最小、振幅最大的单纯音叫基音，其余的叫陪音。当基音的频率和陪音的频率之间存在着整倍数的比例关系时，就会形成有周期性重复的复合波，持这种波形的音叫乐音。反之，基音的频率和陪音的频率不存在整倍数的比例关系，则呈杂乱无章的形状，持这种波形的音叫噪音。语音中的元音属于乐音；清辅音属于噪音；浊辅音属于混合音（见图 4）。

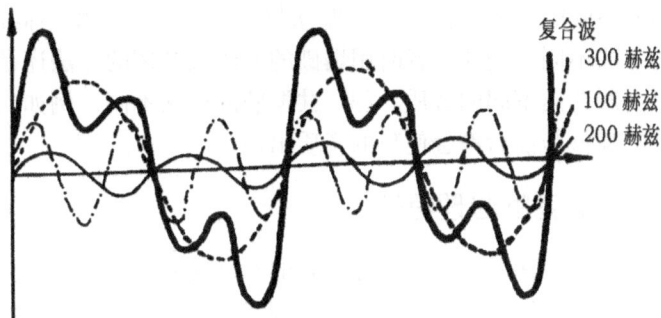

◁图 4　复合波形▷

　　从实验语音学的角度看，乐音中元音的音质是由于元音的共振峰决定的。人的声腔是一些形状复杂的管道，各个部分都有自己的固有频率。当肺气流激励声带而产生的声带音通过声腔时，某个陪音的频率与管道某个部分的自然频率相合时，就会产生共振，微弱的声带音就会变成响亮的共鸣音。我们说话时，不断改变声腔的管道形状，从而得到不同的共鸣声。反映在实验图纸上，这种因共鸣作用而能量变强的频率成分就叫共振峰。一个元音的音色是由头两三个共振峰频率决定的（见图 5）。

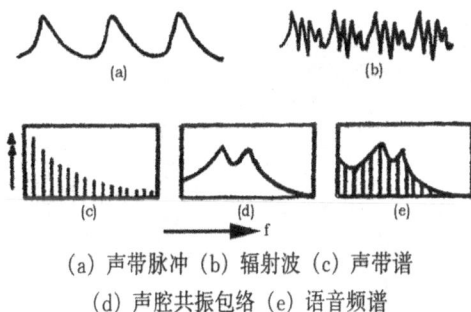

(a) 声带脉冲　(b) 辐射波　(c) 声带谱
(d) 声腔共振包络　(e) 语音频谱

◁图 5　语音的声腔调节示意图▷

图采自 G. Fant，Acoustic Theory of Speech Production

　　浊辅音有乐音成分，所以也能跟元音一样能找到它的共振峰值。清辅音虽然没有明显的共振峰，但我们可以根据它们在频表上显示的不同的强频率区域来识别。

　　从声音产生的角度看，造成语音音质的不同的原因有：〈1〉发音体

新世纪高等学校教材

不同，例如不同的声带或同一声带振动与不振动都会产生不同的音质。〈2〉发音方法不同，例如发音时用爆破的方法或摩擦的方法还是其他什么方法也会制造出不同的音质。〈3〉共振腔的形状不同，例如口腔的开闭，舌位的高低与前后都会使新的音质出现。

2.1.3 语音的心理特性

语音发出和传递后人们是怎样接收的？这就要研究人的耳朵如何听到声音，大脑如何理解声音。语音的心理特性是对语音生理特性与物理特性的感知。人的听觉器官由外耳、中耳和内耳三部分组成。外耳可见部分叫耳廓，主管收集与放大声波。声波沿着耳道传到鼓膜，使鼓膜产生振动。中耳在鼓膜里面，是头颅骨中的一个腔，内有三块听小骨：锤骨、砧骨和镫骨。镫骨覆盖着内耳的卵形窗。中耳可以保护内耳并对声波有筛选与继续放大的作用。内耳是颅骨腔内的一个小腔。内耳也叫耳蜗，呈蜗牛状。耳蜗能把外界传入的机械振动转换为神经冲动。经过有传入和传出信息功能的神经细胞——神经元的传导，传到大脑皮层内能理解语义的维尔尼克区即听觉神经中枢，通过舍去语音的多余度，捕捉语音间的区别特征，完成感知（见图6）。

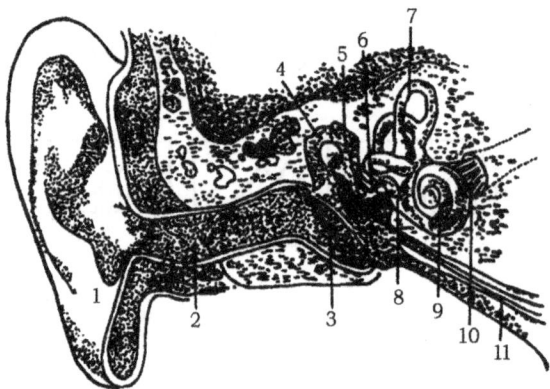

1. 耳廓 2. 外耳道 3. 鼓膜 4. 锤骨 5. 砧骨 6. 镫骨
7. 半规管 8. 前庭窗 9. 耳蜗 10. 听觉神经 11. 咽鼓管

◁ **图6 人耳示意图** ▷

听觉语音学是最近十几年才发展起来的边缘学科，很多问题还需深入研究。

2.1.4 语音的社会特性

语言是一种交际工具，具有社会功能。语音是语言的物质外壳，是能表达一定的意义的声音。社会特性是语音的本质特性。语音的社会特性，首先表现在音义结合的任意性上。一种语言或方言用什么音表达什么义是由社会约定俗成的；其次表现在语言的音位体系上，例如送气与不送气音在汉语普通话中能区别不同的词或词素，在俄语和英语中却不能。清浊对立在俄语和英语能区别不同的词或词素，在汉语普通话中则不能；最后，还表现在音位体系的演变上。例如入声为什么在普通话中完全消失，却完整地保留在粤语中，其原因不能从自然特性上找，而只能从社会特性上找。语音的音位理论集中表现出语音的社会特性，我们将在后面的章节中介绍。

2.2 语言的声音

语言和言语的区分是语言研究的"第一个交叉路口"，我们在研究语音的时候，也可以分成语言的声音和言语的声音。语言是一个结构成分有限、相对稳定的静态系统。语言的声音部分也应是一个结构成分有限、相对稳定的静态系统。我们可以把这个系统切分为音素符号、音位、音节等若干个子系统。当然，它们又是存在于言语的声音里，不断被运用着的。

2.2.1 音素

音素是人类语言在一次发音中从音质角度切分出来的最小的语音单位。所谓"最小的语音单位"是从语音组合关系上切分到不能再切分的单位，如 yin su（音素）就可切分出 y－i－n－s－u 5 个音素。但不要把音素和字母等同起来，例如英语 foot（脚）中是 f－u－t 3 个音素，汉语拼音 zui（最）中是 z－u－e－i 4 个音素。切分音素时我们可以不考虑非音质要素，即只考虑某个音的音质而不必考虑其音高、音长和音强。由于人在发音时嘴张开的程度，舌头的位置不可能做到绝对一样，所以每一次发音都是不同的音素，人类发出的音素可以说是无穷的。当然我们不能给它们一一命名，一个音素符号实际上代表了一个范围的音素，即音域而不是音点。如果需要严格而准确地描写某一点音素时，常常要添加各种符号。

音素可以分成两大类：元音音素与辅音音素。从生理学的角度看，它们的主要区别是：看声门以上的发音器官有无阻碍（元音无，辅音有）；看气流的强弱（元音弱，辅音强）；看发音器官的各部分均衡紧张还是部分紧张（元音均衡紧张，辅音部分紧张）；看声带振动与否（元音和浊辅音振动，清辅音不振动）。从物理学的角度看，它们的主要区别是有无噪音。

记录音素的书写符号叫作音标，目前在国际上最为通行的是国际音标。国际音标是国际语音协会于 1888 年公布的一套记音符号。大部分符号采用拉丁字母，少数用希腊字母，还有采用大小写、正反写、合体写或添加符号与改变符号等方法。它的优点是形体简便，记音准确、灵活、完备。

国际音标可以分为宽式音标和严式音标两种。著名语言学家赵元任把宽式音标叫做音位音标（音位的概念见后）；把严式音标叫做音质音标。宽和严是一种相对说法，宽式记音指较为宽松的音位记音，只要区别不同的词和语素就可以；严式记音指尽可能精确地记录到不同音位变体以及各种音质要素和非音质要素的细微变化，必要时还要用添加符号。

（1）元音音素。具有自己的共性，即声门以上的发音器官没有形成阻碍；气流较弱；发音器官各部分均衡紧张；声带振动。每个元音又具有自己的特性，元音的特性是由共鸣器的形状（主要是口腔的形状）的不同决定的。根据口腔里舌头起作用的部位，可把元音分为舌面元音和舌尖元音两大类。

舌面元音是舌面起主要作用，改变共鸣器形状而发出的音。根据舌位的高低、前后、唇形的圆展我们可以区分出不同的舌面元音。其中的 [i] [e] [ɛ] [a] [ɑ] [ɔ] [o] [u] 是 8 个基本元音（也叫标准元音）。19 世纪末，英国语言学家丹尼尔·琼斯（D. Jones）用 X 光从口腔的左侧面拍摄了这 8 个基本元音的近腭点（舌面离上腭最近点）的舌位图。8 个基本元音就像 8 根定点的柱子，挑起了元音的大厦，其他所有的元音都可参照它们的位置找到自己的处所。从元音舌位图中我们可以看到横向的四根线分别代表高、半高、半低、低等元音的位置；纵向的 3 根线分别代表前、央、后等语音的位置。纵线的左侧代表不圆唇的位置；纵线的右侧代表圆唇的位置。

根据舌位图我们可以对每个元音进行描写，例如对 8 个基本语音我们可以这样描写：（见下图）

[i]高、前、不圆唇 　　　　　 [u]高、后、圆唇

[e]半高、前、不圆唇 　　　　 [o]半高、后、圆唇

[ɛ]半低、前、不圆唇 　　　　 [ɔ]半低、后、圆唇

[a]低、前、不圆唇 　　　　　 [ɑ]低、后、不圆唇

掌握舌面元音的描写方法是十分重要的，对于汉语拼音里可能遇到的元音如 [i] [e] [ɛ] [a] [o] [u] [ɑ] [y] [ɤ] [ʌ] [ə] [ɐ] 以及自己所学语种的元音要重点掌握。

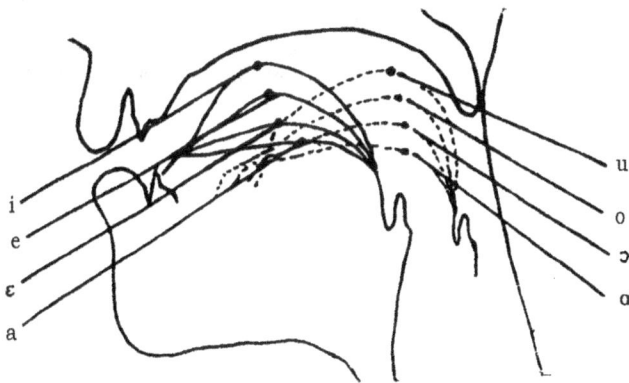

◁ 图7　元音舌位图（1）▷

舌尖元音是舌尖起主要作用改变共鸣器形状而发出的元音。根据发音时舌尖的不同状态，可把舌尖元音分为舌尖前元音、舌尖后元音和卷舌元音。

舌尖前元音有两个：一个是不圆唇 [ɿ]，一个是圆唇 [ʮ]。发音时舌尖上抬并前伸，接近上齿龈的前部，声带振动，如汉语普通话的资 [tsɿ]、雌 [tsʻɿ]、思 [sɿ] 的韵母 [ɿ]。[ʮ] 是圆唇的舌尖前元音，如苏州话“书”[sʮ] 里的 [ʮ]。

舌尖后元音也有两个：不圆唇的 [ʅ] 和圆唇的 [ʯ]。[ʅ] 发音时

新世纪高等学校教材

55

舌尖后卷靠近硬腭，声带振动。如汉语拼音的知［tʂʅ］、吃［tʂʻʅ］、诗［ʂʅ］里的［ʅ］。［ɥ］是圆唇的舌尖后元音，如湖北麻城话"树"［ʂɥ］里的［ɥ］。

前　　　　　　央　　　　　　后

i　y　————　ɨ　ʉ　————　ɯ　u

I　Y

e　ø　————　ɘ　ɵ　————　ɤ　o

E

ɛ　œ　—　3　ɞ　————　ʌ　ɔ

æ

ɐ

a　ɶ　————　ɑ　ɒ

A

◁ 图7　元音舌位图（2）▷

卷舌元音是舌面、舌尖同时起作用，即在发舌面元音的同时，舌尖向硬腭方向翘起，如普通话的"er"［ə˞］或［ɚ］。卷舌元音可用舌面元音后加上［˞］的办法标写，如"把儿"［pɐ˞］。

舌面元音和舌尖元音都可归入口元音。口元音的特点是发音时软腭与小舌抬起，堵住鼻腔的通路，带音的气流只能从口腔流出。如果发音时软腭与小舌下降，带音的气流同时从口腔和鼻腔流出，这种元音我们称为鼻化元音。鼻化元音的标写方法是在元音音标上加上符号［~］，如［õ］、［ĩ］。

（2）辅音音素。辅音音素的共性是发音时声门以上的器官的某些特定部位形成阻碍；气流较强；浊辅音声带振动，清辅音声带不振动。每个辅音的特性是由形成阻碍的具体部位和具体的发音方法两方面决定的。

①按发音方法分类，可分为塞音、鼻音、擦音、塞擦音、边音、颤音、闪音、半元音，此外还有清音与浊音、送气音与不送气音。

塞音是发音器官某两部分首先形成完全的阻塞状态，然后忽然打开，被阻的气流随即冲出，爆破发声，所以也叫爆破音，如汉语拼音的 [p]、[t]、[k]。

鼻音的发音方法与塞音相似，不同的是发鼻音时软腭下降，气流从鼻腔和口腔同时流出，如 [m]、[n]、[ŋ]。

颤音是舌尖、小舌或双唇连续颤动发出的音。俄语有舌尖颤音 [r]，法语有小舌颤音 [R]。

闪音是颤音的一次颤动，如英语 very（很）中的 [r]。

擦音是发音器官某两部分进行不完全的阻塞，即两部分之间留有一条缝隙，气流从缝隙中挤出摩擦出声，如 [f]、[s]、[x]。

塞擦音是塞音与擦音的结合，即先堵塞然后松开一条缝，气从该缝挤出，如 [ts]、[tɕ]。

边音是口腔之间的通道堵住，气流从两边或一边出来而发出的音，如 [l]。

半元音是介于辅音和元音之间的音，带有轻微的摩擦，如汉语以 [i] 和 [u] 开头的音节，一般要用半元音 [j] 和 [w]，如"一"[ji]、"五"[wu]。

清音是声带不振动的音，浊音是声带振动的音，如 [p]、[t]、[k] 是清音；[b]、[d]、[g] 是浊音。

送气音是用很强的气流冲破阻碍的音。一般说来，辅音呼出的气流要比元音的强，尤其是送气辅音气流更强。为了标明送气辅音这一特点，我们在它们的右上角加上"h"或"'"的符号，如 [p']、[t']、[k']。不送气辅音的气流相对的要比送气辅音的弱，它们的右上角没有符号，如 [p]、[t]、[k]。

②按发音部位分类，可分为双唇音、唇齿音、齿间音、舌尖前音、舌尖中音、舌尖后音、舌叶音、舌面前音、舌面中音、舌面后音、小舌音、咽头音、喉音 13 类。我们可以从各类音的名称中找到发音时进行阻碍的部位。如双唇音是上下唇并拢进行阻碍；唇齿音是下唇向上齿靠拢进行阻碍；齿间音是上下齿咬住舌尖进行阻碍；舌尖前音是舌尖顶住上齿背进行阻碍；舌尖中音是舌尖顶住上齿龈进行阻碍；舌尖后音也叫翘舌音，是舌尖翘起顶住前腭进行阻碍；舌叶音是嘴唇略敛圆向前突，由舌叶靠近前腭进行阻碍；舌面前音是舌面前部贴近前硬腭进行阻碍；舌面中音是舌面中部隆起靠近前硬腭进行阻碍；舌面后音也叫舌根音，

是由舌面后部即舌根向软腭靠拢进行阻碍；小舌音是舌面后部向小舌靠拢进行阻碍；咽头音是舌面后向后靠近咽壁进行阻碍；喉音是喉部的声门紧闭或留一条小缝进行阻碍。

当我们选择好所需要的发音部位并形成正确的阻碍，再运用一定的发音方法进行发音便会得到我们所需要的辅音。

辅音的发音过程一般可分为三个阶段：成阻，即发音器官从开始动作到形成阻碍的阶段；持阻，即发音器官发生障碍的阶段；除阻，即发音器官解除障碍的阶段。（一些以 [p]、[t]、[k] 收尾的广州音和古入声没有除阻阶段。）

每一个辅音都可以从发音部位和发音方法两个方面进行描写，如辅音 [p] 的描写是双唇、不送气、清、塞音。反之，当我们知道某个辅音的发音部位和发音方法，就能确定这是一个什么辅音。下面是我国通行的辅音表，有些音标是我国语言学家根据汉语的具体情况添加的。

附：国际音标元音、辅音及字母声调表。

元 音 表

腔开闭	舌位高低	类别	舌尖元音（前后）					舌面元音 前（不圆/圆）		舌面元音 央（不圆/中性/圆）			舌面元音 后（不圆/圆）	
			不圆	圆	不圆	中性	圆	不圆	圆	不圆	中性	圆	不圆	圆
闭	高	最高	ʅ	ɥ	ɿ		ʮ	i	y	ɨ		ʉ	ɯ	u
		次高						ɪ	ʏ					ʊ
半闭半开	中	高中（半高）						e	ø	ə		θ	ɤ	o
		正中				ɚ		ᴇ			ə			
		低中（半低）						ɛ	œ	ɜ		ɞ	ʌ	ɔ
开	低	次低						æ			ɐ			
		最低						a	Œ		ʌ		ɑ	ɒ

辅 音 表

发音方法 \ 发音部位			双唇	唇齿	齿间	舌尖前	舌尖中	舌尖后	舌叶	舌面前	舌面中	舌面后(舌根)	小舌	咽头	喉
塞	清	不送气	p				t	ʈ		ȶ	c	k	q		ʔ
		送气	pʰ				tʰ	ʈʰ		ȶʰ	cʰ	kʰ	qʰ		ʔʰ
	浊	不送气	b				d	ɖ		ȡ	ɟ	g	ɢ		
		送气	bʰ				dʰ	ɖʰ		ȡʰ	ɟʰ	gʰ	ɢʰ		
鼻	浊		m	ɱ			n	ɳ		ȵ	ɲ	ŋ	ɴ		
颤	浊		ʙ				r						ʀ		
闪	浊						ɾ	ɽ					ʀ		
擦	清		ɸʍ	f	θ	s		ʂ	ʃ	ɕ	ç	x	χ	ħ	h
	浊		β	v	ð	z	ɫ	ʐ	ʒ	ʑ	j	ɣ	ʁ	ʕ	ɦ
边擦	清						ɬ								
	浊						ɮ								
边通	浊						l	ɭ			ʎ				
塞擦	清	不送气		pf	tθ	ts	tʂ	tʃ	tɕ						
		送气		pfʰ	tθʰ	tsʰ	tʂʰ	tʃʰ	tɕʰ						
	浊	不送气		bv	dð	dz	dʐ	dʒ	dʑ						
		送气		bvʰ	dðʰ	dzʰ	dʐʰ	dʒʰ	dʑʰ						
无擦通音 半元音	浊		wɥ	ʋ			ɹ	ɻ			(jɥ)	ɯ (w)	ʁ		

附加符号：

~	两可，如 n~1		˜	鼻化，如 ã		˳	清音化，如 b̥ d̥ g̥
ˬ	浊音化，如 s̬		˒	较关，如 o̞		⊥	舌较高，如 o̝
T	舌较低，如 o̞		+	舌较前，如 t̟		—	舌较后，如 t̠ 或 t-
ɔ	唇较圆，如 o̹		c	唇较展，如 o̜		ˌ	成音节，如 m̩
˞	卷舌元音，如 ə˞，没有误会时可作 ɚ					w	圆唇化，如 ɫ
ʲ	(硬)颚化，如 tʲ		：	长一，如 ɑ：		¨	舌偏央，如 ë

韵 母 表

例字	汉语拼音字母	国际音标		例字	汉语拼音字母	国际音标	
		宽式	严式			宽式	严式
啊	a	[a]	[a, ʌ, ɑ, æ, ɐ]	衣	i	[i]	[i]
喔	o	[o]	[o, ɔ]	乌	u	[u]	[u]
鹅	e	[ɤ]	[ɤ, ə]	迂	ü	[y]	[y]
(欸)	ê	[ɛ]	[ɛ]				
哀	ai	[ai]	[ai]	安	an	[an]	[an]
欸	ei	[ei]	[ei]	恩	en	[ən]	[əne]
熬	ao	[au]	[ɑu]	昂	ang	[aŋ]	[ɑŋ]
欧	ou	[ou]	[əu]	(亨)	eng	[əŋ]	[ʌŋ]
呀	ia	[ia]	[iʌ]	烟	ian	[ian]	[iæn]
耶	ie	[ie]	[iɛ]	因	in	[in]	[in]
腰	iao	[iau]	[iɑu]	央	iang	[iaŋ]	[iɑŋ]
优	iou	[iou]	[iəu]	英	ing	[iŋ]	[iŋ]
蛙	ua	[ua]	[uʌ]	弯	uan	[uan]	[uan]
窝	uo	[uo]	[uə]	温	uen	[uən]	[uən]
歪	uai	[uai]	[uai]	汪	uang	[uaŋ]	[uɑŋ]
威	uei	[uei]	[uei]	(轰)	ong	[uŋ]	[uŋ]
				翁	ueng	[uəŋ]	[uəŋ]
约	üe	[ye]	[yɛ]	(思)	-i	[ɿ]	[ɿ]
冤	üan	[yan]	[yæn]	(诗)	-i	[ʅ]	[ʅ]
晕	ün	[yn]	[yn]	儿	er	[ɚ]	[ɚ]
雍	iong	[yŋ]	[iuŋ]				

（例字中加括号的只指它的韵母）

声 调

声调	例字	汉字拼音方案	国际音标
阴平	妈	mā	ma˥ (ma^{55}, ꜀ma, ma^1)
阳平	麻	má	ma˧˥ (ma^{35}, ꞏ꜁ma, ma^2)
上	马	mǎ	ma˨˩˦ (ma^{214}, ꞏma, ma^3)
去	骂	mà	ma˥˩ (ma^{51}, ma꜄, ma^4)

2.2.2 音位

音位是具体语言或方言在一类发音中从能否区别词或语素的角度划分或归并出来的最小的语音形式。

音位和音素是迥然不同的两个概念：第一，研究音素可以超越具体语言或方言，着重从语音的自然属性上研究；研究音位则必须落实到某种具体语言或方言，不但要从语音的自然属性上，更要从语音的社会属性上研究。音素就像人类共有的制造语音外壳的原材料，操不同语言或方言的人从中取走不同的音素组成自己语言或方言的音位系统。例如汉语有汉语的音位系统；英语有英语的音位系统；俄语有俄语的音位系统……对于我们操汉语的人来说，[r]和[R]等音素可能是奇怪的声音，但[r]对于操俄语的人、[R]对于操法语的人却是天天要说和天天要听的声音。也就是说，汉语的音位系统里没有这两个音，操汉语的人不用它们区别词或语素，因而在讨论汉语普通话的音位时可以不予考虑。它们是存在于其他某些语言的音位系统中的。此外，一些音素在某种语言是不同的音位，在另一种语言可能就是同一个音位。例如一些清、浊音像[b]与[p]在英语中是两个不同的音位，而在汉语普通话里只是一个音位；不送气音[p]和送气音[pʻ]在俄语与英语里是一个音位，在汉语普通话里却是两个音位。第二，音素只能从音质角度上切分，音位却可以从语音四要素的任何一个要素上划分与归并。从音质要素上划分与归并的音位叫"音质音位"，从非音质要素上划分与归并的音位叫"非音质音位"。元论从哪一个要素看，音位的"精髓"在于区别词或语素。一般说来，在同一个语言或方言中，无论在音质要素上，还是在非音质要素上都可能存在着两种不同性质的关系：一种是对立性的关系，即某类音质要素或非音质要素出现在相同的语音环境时会引起意义的改变；另一种是非对立性的关系，即某类音质要素或非音质要素出现在相同的语音环境时不会引起意义的改变。凡是具有对立性关系音质要素和非音质要素必定分属于不同的音位；凡是具有非对立性关系的音质要素和非音质要素可以归并为同一音位。例如，汉语普通话 [p]、[p']、[m]、[f] 等音质音素出现在相同的语音环境 [A⁵¹] 前时，会引起意义的改变，如，[pA⁵¹]（爸）、[p'A⁵¹]（怕）、[mA⁵¹]（骂）、[fA⁵¹]（珐）。可见，[p]、[p']、[m]、[f] 是不同的音位（音质音位）。再如，汉语普通话非音质要素之一的四种音高 [⁵⁵]、[³⁵]、[²¹⁴]、[⁵¹] 出现在相同的语音环境的时候，也会引起意义的变化，如 [mA⁵⁵]（妈）、[mA³⁵]（麻）、[mA²¹⁴]（马）、[mA⁵¹]（骂）。可见伴随着音质音位的 [⁵⁵]、[³⁵]、[²¹⁴]、[⁵¹] 也是不同的音位（非音质音位）。可以归并为同一个音位的例子如汉语普通话的 [a]、[A]、[æ]、[ɑ]、[ɐ]，它们出现在相同的语音环境时并不引起意义的变化，如 [pa⁵¹]、[pɑ⁵¹]、[pA⁵¹]、[pæ⁵¹]、[pɐ⁵¹] 都是"爸"的意思。可见 [a]、[A]、[æ]、[ɑ]、[ɐ] 是同一个音位。总之，音位的"精髓"在于区别词或语素，而区别词或语素是离不开实际社会和具体语言的。音位理论集中体现了语言的社会属性。第三，音素是一次发音就可分析出来，音位则往往涉及一类发音。划分与归并音位时，确定音质要素或非音质要素是对立还是非对立往往要考察一类或几类音质或非音质要素，如上述的 [p]、[p']、[m]、[f]；[a]、[A]、[æ]、[ɑ]、[ɐ]；[⁵⁵]、[³⁵]、[²¹⁴]、[⁵¹] 等。第四，音素是从音质角度划分出来的最小的语音单位，音位则要具体分析。音质音位本身也是音素，但不是一般的音素，而是能区别词或语素的音素，它们当然也是最小的语音单位；非音质音位则是一些能区别词或语素的音高、音长、音强的最小形式。其中的音高和音强必须要附加在一个或几个音素音段上，在语音线性序列中不占有位置。

上面的分析已经说明，音位可分为两种类型：音质音位和非音质音位。

（1）音质音位。从音素的音质角度划分与归并出来的音位即元音音位和辅音音位叫做音质音位，由于音素在语音组合的线性序列中占有一个时段，所以也叫音段音位。

①划分与归并音位的基本原则　划分与归并音质音位一般应遵守以

下一些原则：

A 对立原则　即一定语言或方言中的两个或两个以上的音素，如果在同样的语音环境中能起区别词或语素的作用，那么它们之间的关系就是对立性的关系，就可以成为各自独立的不同的音位。确定一类音素是否有对立关系最有效的方法是替换法，例如：

a 组　　　　　　　　　　　　b 组

mA^{214}（马）　　　　　　　　mA^{214}（马）

nA^{214}（哪）　　　　　　　　mi^{214}（米）

pA^{214}（把）　　　　　　　　mo^{214}（抹）

lA^{214}（喇）　　　　　　　　mu^{214}（母）

替换的结果说明 [m、n、p、l、A、i、o、u] 出现在相同的语音环境中能起区别意义的作用，具有对立性关系，因而是各自独立的不同音位。

如果一类音素在相同的语音环境中不区别意义，不具备对立性关系，那么，这类音素就可归并为一个音位。"非对立原则"是归并音位的第一原则，但归并音位时还要同时考虑以下几条原则。

B 互补原则　即一类音素在正常的情况下从不在同一个语音环境里出现，音素甲出现在某一位置，音素乙就不在那儿出现。这种现象叫互补分布。典型的互补分布是汉语普通话的 [a]、[A]、[æ]、[ɑ]、[ɐ] 5 个音素。我们已经知道，这 5 个音素出现在相同的语音环境时并不区别意义。但在正常的情况下，它们有各自出现的位置：[a] 只出现在 [i] 或 [n] 之前；[A] 只出现在辅音后面或单独出现；[ɑ] 只出现在 [u] 或 [ŋ] 之前；[æ] 只出现在 [i] 和 [n] 之间或 [y] 和 [n] 之间；[ɐ] 只出现在儿化音之前。例如：[k'an⁵¹]（看）、[tɕiæn⁵¹]（见）、[tA⁵¹]（大）、[t'ɑu³⁵]（桃）、[xuɐ⁵⁵]（花儿）它们是互补分布的，就是说，它们对它们分布环境的总体是互相补充的。互补的现象是很多的，例如英语中的送气音与不送气音，汉语拼音的 [i]、[ɿ]、[ʅ] 以及 [f] 和 [ŋ] 都是互补的。

C 相似原则　如果一类音素是互补分布，而且在语音上相似或相近，不区别词或语素，那么这些音素就可以归并为同一音位。例如上面所说的汉语普通话 [a]、[A]、[æ]、[ɑ]、[ɐ] 5 个音素就符合"非对立"、"互补"、"相似"等原则，因而可以归并为同一个音位。但需要指出的是，有些音素虽然互补分布，但发音相差很大，如 [f] 和 [ŋ]，它们不能归并为同一个音位，而应分属不同的音位。由此可见，归并音位时，"非对立原则"和"相似原则"是最基本的原则。

除了以上三条主要原则之外还可以参考历史原则（看历史上有无共同来源）；经济原则（音位总数越少越好）；匀称原则（构成较匀称的体系）；土人感原则等。

音位理论是 19 世纪后半期才逐渐形成和发展起来的。现在，划分与归并音位的原则已被人们普遍接受，但由于不同的人对原则有不同的理解，因此，在运用这些原则进行分析的时候，并非会得出完全一致的答案。例如汉语语音到底有多少音位，目前仍有不同的看法。

②音位和音位变体　可归并为同一个音位的各个音素我们称之为音位变体。音位变体可分成以下几种：

A条件变体和自由变体　有各自出现条件的变体叫做条件变体。例如前面说的汉语普通话中互补的、可归并为同一个音位的［a］、［A］、［æ］、［ɑ］、［ɐ］5 个音位变体就是条件变体，因为它们有各自出现的条件。自由变体是在同一语音环境中可以自由替换而又不区别词或语素的变体。例如汉口、南京等长江中下游一些地区的话中，元音前［l、n］可以互换，东北某些地区［s］和［ʂ］、［ts］和［tʂ］可以互换。它们都可叫做自由变体。

B典型变体和一般变体　在属于同一音位的几个音位变体中，选择一个能代表所有变体的音位变体我们称之为典型变体。从不同的角度可能选择出不同的典型变体。例如汉语普通话［a］、［A］、［æ］、［ɑ］、［ɐ］5 个变体，如果选择能单独发音的则是［A］，如果选择最常出现、频率最大的则是［ɑ］或［a］。典型变体的代表符号是"／／"。典型变体之外的变体就叫一般变体。

从理论上说音素是无穷的，音位变体从理论上说也是无限的。人们不可能绝对重复地发出一个或几个音。人的耳朵也听不出那么多细微的差别，我们只需列出几个常听到的主要变体及其出现条件就可以了。

（2）非音质音位。利用音高、音强、音长这样一些非音质要素形成的音位我们称之为非音质音位，利用音高和音强构成的音位也叫超音段音位。因为它们在语音线性序列中不占有位置，可以超越一个音素音段作为几个音素音段的共时成分出现。非音质音位可分为调位、重位和时位三种。

A调位　指由音高特征构成的声调音位。在汉语普通话中有阴平、阳平、上声、去声四个调位。四个调位的典型变体的调值分别是 [55]、[35]、[214]、[51]。围绕典型变体，每个调位又可以有许多一般变体。汉语方言有不同的调位，如广州话一般认为有 9 个调位。

B 重位　指由音强特征构成的音位。例如俄语 замок 是"锁"的意思，如果把重音移到前面`замок，便是"城堡"的意思了。再如英语的 instinct [in'stiŋkt] 是"充满"的意思，把重音移到前面 ['instiŋkt] 就成了"本能"的意思了。汉语普通话里轻重音的变化有时也会引起意义的变化，如"火烧"、"大麻子"、"大爷"……轻重音不同，意义也有所不同（有人认为是轻音问题，也叫轻位）。假如把某重位典型变体的轻重对比定为 1:2，那么，1:1.8，1:1.9，0.9:2……都是一般变体。

C 时位　指由音长特征构成的音位。例如广州话 [kaːi]（街）和 [kai]（鸡）、[kaːu]（教）和 [kau]（救），拉萨话的 [laː⁵⁵]（麝）和 [la]（工钱）；勉语的 [faːi³³]（沙子）和 [fai]（西）都是靠长短音区别意义的。假如把某时位典型变体的长短对比定为 2:1，那么 1.9:1，2:0.9……都是一般变体。

（3）音位的区别特征。

①音位区别特征理论　音位是具体语言或方言在一类发音中从能否区别词或语素的角度划分或归并出来的语音的最小形式。随着研究的不断深入，人们又发现每个音位是由更小的语音形式组成的，这些语音形式有区别音位的作用，我们把它们称作音位的区别特征。一个音位实际上是一束区别特征的集合。

音位的区别特征是由对音位理论有着特殊的贡献的结构主义布拉格学派的代表人物之一雅柯布逊提出来的。雅柯布逊在考察了上百种语言材料之后，根据语言的声学特征，同时参考发音的生理特征，建立了 12 对区别特征分析人类语言各种音位对立，它们是：元音性/非元音性；辅音性/非辅音性；突发性/延续性；急煞性/非急煞性；粗糙性/柔韧性；浊音性/清音性；集聚性/分散性；沉钝性/尖锐性；降音性/平音性；升音性/平音性；紧张性/松弛性；鼻音性/口音性。这些区别特征的核心是二元对立，斜线的左边用"＋"号表示；斜线右边用"－"号表示。一个音位是其中若干个区别特征的总和。例如英语音位 [b] 由 [－非元音性]、[＋辅音性]、[－分散性]、[＋沉钝性]、[－口音性]、[＋紧张性]、[＋突发性] 等特征组成的。

雅柯布逊的音位的区别特征是从世界语言中概括出来的，每种语言的音位系统只可能具备其中一部分而不可能具备全部区别特征。后来有些语言学家又根据具体的情况进行修正补充与发展。例如美国语言学家乔姆斯基把区别特征发展到30多对。我国有的语言学家又把传统音韵学的一些概念如开/合、齐/撮、洪/细等进行区别特征分析。各国学者对音位区别特征的研究，进一步推动了音位系统学的发展。

音位的区别特征可以从声学特征上研究，也可以从生理特征上研究。对于非专业的学习者来说，从生理特征上解释比较容易接受，因为我们已经掌握了元音和辅音描写方法，而每个元音的舌位和唇形，每个辅音的发音部位和发音方法都可以作为确定区别特征的根据。例如辅音［p'］的描写方法是双唇＋送气＋清＋塞音。不难看出，正是双唇特征把音位［p'］与［t'］、［k'］等音位区分开来；正是送气特征把［p'］音位与［p］音位区别开来；正是双唇和送气特征把音位［p'］与［t］、［k］等音位区别开来；正是双唇和塞音特征把［p'］音位和［ɕ］等音位区分开来。由此可见，音位之间的对立，实际上是一对或几对语音特征的对立。

②音位区别特征矩阵把属于同一种语言的部分或全部音位横向排列，把区别特征纵向排列，然后对每个音位区别特征分别加以分析，用正号或负号加以回答，便得到一个音位区别特征矩阵图。下面是英语的部分辅音以及普通话部分元音和辅音从生理特征上分析的矩阵图。

英语塞辅音音位区别特征

区别特征 ＼ 音位	k	g	ŋ	p	b	m	t	d	n
唇/非唇	－	－	－	＋	＋	＋	－	－	－
齿/非齿	－	－	－	－	－	－	＋	＋	＋
软腭/非软腭	＋	＋	＋						
带音/不带音	－	＋	＋	－	＋	＋	－	＋	＋
鼻/口	－	－	＋	－	－	＋	－	－	＋

普通话辅音区别特征矩阵图

区别特征＼音位	p	pʰ	m	f	t	tʰ	n	l	k	kʰ	x	tʂ	tʂʰ	ʂ	ʐ	tɕ	tɕʰ	ɕ	ts	tsʰ	s
双唇/非	+	+	+	−	−	−	−	−	−	−	−	−	−	−	−	−	−	−	−	−	−
唇齿/非	−	−	−	+	−	−	−	−	−	−	−	−	−	−	−	−	−	−	−	−	−
舌尖中/非	−	−	−	−	+	+	+	+	−	−	−	−	−	−	−	−	−	−	−	−	−
舌面后/非	−	−	−	−	−	−	−	−	+	+	+	−	−	−	−	−	−	−	−	−	−
舌尖后/非	−	−	−	−	−	−	−	−	−	−	−	+	+	+	+	−	−	−	−	−	−
舌面前/非	−	−	−	−	−	−	−	−	−	−	−	−	−	−	−	+	+	+	−	−	−
舌尖前/非	−	−	−	−	−	−	−	−	−	−	−	−	−	−	−	−	−	−	+	+	+
送/非	−	+			−	+			−	+			+			−	+		−	+	
清/浊	+	+	−	+	+	+	−	−	+	+	+	+	+	+	−	+	+	+	+	+	+
塞/非	+	+	−	−	+	+	−	−	+	+	−	−	−	−	−	−	−	−	−	−	−
塞擦/非	−	−	−	−	−	−	−	−	−	−	−	+	+	−	−	+	+	−	+	+	−
擦/非	−	−	−	+	−	−	−	−	−	−	+	−	−	+	+	−	−	+	−	−	+
鼻/非	−	−	+	−	−	−	+	−	−	−	−	−	−	−	−	−	−	−	−	−	−
边/非	−	−	−	−	−	−	−	+	−	−	−	−	−	−	−	−	−	−	−	−	−

　音位区别特征矩阵图可以显示出某一个音位是由哪些区别特征组成的，也可以显示出整个语言系统音位区别特征的总体状况。它既具体，又深入；既对立，又联系；既客观，又全面。把对音位的研究推向新的高度，对揭示音位聚合类及运用计算机进行言语识别与合成具有重大意义。

　（4）音位体系。一个语言的音位体系的内容包括：该语言全部的音质音位和非音质音位；每个音位的全部变体；每个变体出现的条件；各音位在聚合关系与组合关系中所表现的规律。头三个内容前面已经有所论述，这里着重谈谈第四个内容。

　音位在聚合关系与组合关系所表现的规律有多种，最重要的是平行对称规律。所谓平行对称规律是某种语音的音位大都处在一个双向聚合的位置，音位之间存在着一种平行与对称的关系。辅音音位大都是两个方向的聚合：一个方向按发音部位排列，一个方向按发音方法排列，形成一种既平行又对称的关系。例如：

普通话		英语
ts ts's	p p'm	p t k
tʂ tʂ'ʂ ẓ	t t'n	b d g
tɕ tɕ'ɕ	k k'ŋ	

平行对称规律具有重要的意义，在同一个音位系统中，我们可以根据这个规律推断出其他音位的特点。假设我们不能知道音位的特点，但通过横向聚合类我们可以断定它是舌尖中音，通过纵向聚合类我们可以断定它是送气的清塞音；对不同的音位系统进行比较，我们可以根据这个规律了解不同语言音位体系的特点。如普通话有送气音与不送气音的对立，英语有清音与浊音的对立；在同一聚合中的音位一般具有相同的组合关系。如〔tɕ、tɕ'、ɕ〕只能与齐齿呼或撮口呼的韵母组合不能与开口呼或合口呼的韵母组合，其他聚合类〔ts、ts'、s〕〔tʂ、tʂ'、ʂ、ẓ〕则相反；平行对称规律的例外——单项聚合，如普通话的〔ẓ〕等，对于研究语言演变的历史提供了重要线索。

2.2.3 音节

音节是具体语言或方言的音位与音位组合起来的，从自然发音和听感的角度上得到的最小的语音结构单位。

音节理论不止一种，最能被人们普遍接受的是原苏联学者谢尔巴提出的"肌肉紧张度说"。简单说来，就是发音时肌肉紧张一次，就形成一个音节。例如普通话的这串音素，分别紧张一次、两次和三次，就会得到"歪"、"五爱"和"武阿姨"三种不同的音节形式。音节紧张的顶点叫音峰；音节紧张的最低点，即音节的交界处叫音谷。

音节的构造可分为领音、起音和收音三种。领音是指处在音峰阶段的音；起音是指处在渐强阶段的音，也叫后强音；收音是处在渐弱阶段的音，也叫前强音。

音节的构成方式有：领音、起音＋领音、领音＋收音、起音＋领音＋收音四种。由于领音可以由元音（v），也可以由辅音（c）充当，所以形成五种基本形式：v、c、cv、cvc、vc，如〔ʌ〕、〔m〕、〔mʌ〕、〔man〕、〔an〕。

音节的类型有开音节、闭音节、元音首音节、辅音首音节、复元音音节、复辅音音节等几种。开音节是以元音收尾的音节，如〔tʌ〕；闭音节是以辅音收尾的音节，如〔bin〕；元音首音节是以元音开头的音节，如〔an〕；辅音首音节是以辅音开头的音节，如〔bi〕；复元音音节是两个或三元音组合起来的音节。复合元音分为二合元音，如〔ai〕、〔ei〕和三合元音，如〔uai〕、〔uei〕，它们必须处在同一次紧张之中，并形成一定的过渡音；复辅音音节是两个或两个以上的辅音组成的音节。如俄语的 глаз〔glas〕（眼睛），英语的 strand〔strænd〕（海滨）。复辅音也必须处在同一次紧张之中，并位于同一个渐强或渐弱的阶段中。

2.2.4 音节的结构层次

1. 汉语音韵学

对汉语而言，一般一个字就是一个音节，一个音节写下来就是一个汉字，因而中国古代传统音韵学一直重视对字音结构的分析：

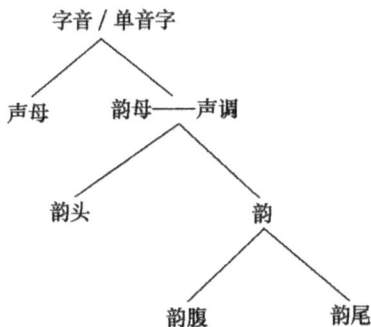

```
                    字音 / 单音字
                   /          \
              声母        韵母——声调
                          /        \
                       韵头          韵
                                   /    \
                                韵腹      韵尾
```

一般认为汉语音节具有以下特点：

（1）最多由四个音素成分组合，如"窗" cvvc、"揣" cvvv，其中韵腹不可少；

（2）无复辅音，声母只占一个位置；

（3）分声母、韵母，每个音节有音调；

（4）一个字为一个音节，音节界限分明；

（5）辅音韵尾比元音韵尾少。

2. 音段

克列曼（G. Clements）和凯瑟（S. J. Keyser）（1983 年）认为音节没有什么内在结构，同属一个音节的音段彼此关系相等：

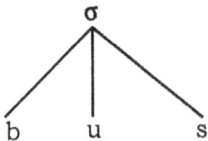

```
        σ
      / | \
     b  u  s
```

新世纪高等学校教材

3. 生成音系学

生成音系学认为音节由莫拉（mora）组成，莫拉则由音段组成。莫拉是对音节"轻重"而言的。

重音节：长元音或元音后有辅音跟随，由两个莫拉组成；

轻音节：由一个莫拉组成。

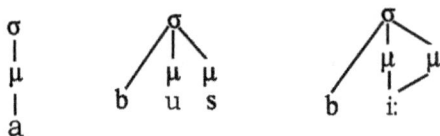

4. 非线性音系学

非线性音系学回到传统，认为音节内部存在等级，从而提出了新的音节结构模式：

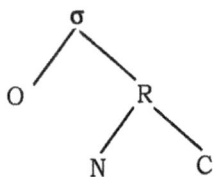

σ = syllable 音节
O = onset 首音
R = rhyme 韵
N = nucleus 韵核
C = coda 韵尾

音节中的韵腹必不可少，声母与韵尾往往可以没有。据此，有人仿造生成语法的表示方法把音节结构写成：

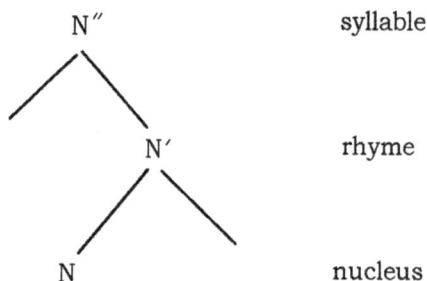

N″　　　syllable

N′　　　rhyme

N　　　nucleus

这样的结构强调了音节结构的层层二分，并说明了两个直接成分间哪个更重要。

一般认为一个音节中韵核是必不可少的成分，通常都由元音构成，但这样的看法也存在一些问题：

（1）英语中/l，n，N/是否能构成一个独立音节？

词尾鼻音与边音往往能与前面的塞音构成非重读音节，如：

sudden/sʌdn/　　　　　medal/medl/

（2）一些语言中存在辅音自成音节的情况。

汉语沪方言中的/m，ŋ/都可自成音节，如"五"［ŋ̩¹³］，粤语中也有类似的情况。

在北美洲太平洋海岸地区的一些语言中，辅音自成音节、成词的现象很普遍，比如在 Bella Coola 语（英属哥伦比亚地区的一种语言）中，用/Sˣ̩/表示"坏"，而"东北风"则是/ˌp̩i̯/。

对比我国传统音韵学和现代非线性音系学对音节结构的分析，不难发现其中惊人的相似性，都体现了层级性的特点，都把韵核（韵腹）当做音节中最重要的部分。相比较而言，西方现代的音节结构是一种更普遍的形式，在不同的语言中有不同的对应。

2.3　言语的声音

和相对静态的语言相比，言语是动态的，它是运用语言系统的各种单位表达意义的行为与行为的结果。语言的声音是从语言的语音系统中切分出来的语音单位，它们是一些相对固定与相对静态的语音模式。研究这些语音模式属于语言的语言学。和语言的声音相比，言语的声音也是动态的变化的，句子以上动态的语流、语流中的音变现象、语调以及具体说话时发音和以说话人的意志为转移的个人的组合可归入言语的声音里。研究言语的声音属于言语的语言学。

2.3.1　语流及语流音变

语流是具体语言或方言中由音节和音节组合起来的言语的语音形式。由音位组合起来的音节能负载的意义是极其有限的，只有用各种音节组合起来的语流，特别是句子以上的语流才能传达出无限多的意义。在语流这一活动的言语的声音里，有一种共时的变化的现象特别值得注意，那就是语流音变。所谓语流音变就是语言单位的读音进入言语之后，其中一个音由于受到前后音或者说话各种因素的影响而在发音上产生某种变化。常见的语流音变现象有：同化、异化、弱化、脱落、增音等。

1. 同化

语流中两个邻近的不同的或不近的音，其中一个受到另一个的影响变得跟它相同或相近，这种现象叫做同化。例如英语复数词尾 [s] 本是清辅音，可是"dogs"中，[s] 受到浊辅音 [g] 的影响而变成 [z]。这种同化音（如 [g]）在前，被同化音（如 [s]）在后的同化叫做顺同化。再如普通话 [liæn³⁵ məŋ³⁵]（联盟）读作 [liæm³⁵ məŋ³⁵]。这种同化音（如 [m]）在后，被同化音（如 [n]）在前的同化叫逆同化。

2. 异化

语流中两个相邻的相同或相近的音，其中一个受到另一个的影响而变得不同或不相近，这种现象叫做异化。例如俄语 прорубь [prorub]（冰窖）在个别方言中读成 [prolub]。这种异化音（如第一个 [r]）在前，被异化音（如第二个 [r]）在后的异化叫做顺异化。再如苗语养蒿话 [pu⁴⁴pu⁴⁴]（沸的重叠）读成 [pi⁴⁴pu⁴⁴]，这种异化音（如第二个 [u]）在后，被异化音（如第一个 [u]）在前的异化叫做逆异化。普通话上声＋上声→阳平＋上声的现象也是一种逆异化。

3. 弱化

语流中一个音由于所处的地位或受邻近音的影响而变成一个较弱的音，这种现象叫弱化。汉语普通话轻声音节的音会发生弱化，如元音向中、央元音靠拢；复元音变成单元音；浊化；声调失去调值等。例如：

[mɑ] ＋ [mɑ] → [mɑ mə]（妈妈）

[k'ou] ＋ [tai] → [k'outε]（口袋）

[pɑ] ＋ [kə] → [pɑgə]（八个）

再如，英语的 but [bʌt] 但是读成 [bət]，俄语 дорога（道路）读成 [dʌrɔgə]。

4. 脱落

语流中某一个音在发音时丢失的现象叫做脱落。如：

豆腐 [tou⁵¹fu²¹⁴] → [tou⁵¹f]

竹竿儿 [tʂu³⁵kan⁵⁵] → [tʂu³⁵kɐ˥⁵⁵]

英语中有较多语音脱落现象，如 I am→I'm；She is→She's；I shall→I'll；I have been→I've been；He is not→He isn't。英语的所谓的"失去爆破"的现象也是一种脱落，a great deal（许多）、white goose（白鹅）里的

形容词的"t"常常不发声。

5. 增音

语流中有时加进原来没有的音，这种现象叫做增音。汉语普通话语气词"啊"[A]跟前面音节连读时，会增加一个和音节尾音同部位的辅音。如：

[maŋ³⁵]（忙）+ [A]（啊）→ [maŋ³⁵ŋA]（忙啊）

[ʂuei³⁵]（谁）+ [A]（啊）→ [ʂuei³⁵jA]（谁啊）

[nan³⁵]（难）+ [A]（啊）→ [nan³⁵nA]（难啊）

英语冠词 a 用在元音之前要变成 an，如 an apple（一个苹果）。

2.3.2 语调

语调存在于一切言语之中，我们在读一篇文章或一段文字的时候，要根据不同的内容采取不同的语调。例如庆贺性的内容，我们要读得高亢而且热烈；宣布性的内容，我们要读得平稳而且严肃；悼念性的内容，我们要读得低沉而且悲痛；声讨性的内容，我们要读得急促而且激昂……

语调中最重要的是句调。

句调是句平面上的非音质要素，它和词平面上的调位、重位和时位等非音质音位的共同点是都属于韵位学或韵律学；不同点是词平面的非音质音位属于语言的语言学，句调和其他语调问题则可归入言语的语言学。

同一句子用不同的语调念，会得出不同的意思，它和词的非音质音位一样，具有区别意义的作用。为了与词的非音质音位相区别，有人把它叫做句位。研究句位的学问叫句位学。

1. 句调位

句调位由于在形式上变化很大，所以要比词调位复杂得多。词调位进入句调位后，要根据句调的要求进行调整。句调位主要指句子语气的高低升降。一般来说，降调多用在陈述句、祈使句和感叹句，升调多用于疑问句。例如：同样是"来"，如用不同的语气读成"来。"或"来!"或"来?"就表达了不同的意思。当然，具体的句子，有时要具体地分析。如一些表达肯定态度的反问句或选择疑问句就可用降调；在复句中如表示踌躇、迟疑、夸张、讽刺的时候往往采取有升有降的曲折的语调。

2. 句重位

句重位一般比词重位更强，而且受全句的中心意思制约。句重位既可以指句子的节律重音，也可以指句子的逻辑重音。多数语言的重音是

新世纪高等学校教材

综合性的，即音强、音高、音长都有所增加。

节律重音如："火烧真好吃。"与"《火烧圆明园》真好看"；"说起来话长。"与"说起来就起来。"——由于句中的"火烧"与"说起来"的语音轻重对比不同，句子的意思也大不相同。

逻辑重音如："我给你一杯酒。"如果重音落在"我"字上，那就是强调："是我而不是别人"；如果重音落在"酒"上，那就是强调："是酒而不是水或茶"。

3. 句时位

指全句时间的长短，一般分长句和短句，长句要慢说；短句要快说。有人把句时位分为快速、中速和慢速几种。同一个句子用不同的速度也可以表达出意义的差别，如询问义、激动义、强调义、讽刺义……

4. 句顿位

有的句子，由于停顿位置的不同，会引起意义的不同。如：

五加四乘以六减去三。

男人没有了女人就恐慌了。

北京劳模中青年居多。

第一句可以有这样一些不同的停顿："五加四，乘以六，减三"；"五加，四乘以六，减三"；"五加四，乘以，六减三"……

第二句我们可以有两种不同的读法：一种是"男人没有了，女人就恐慌了"；一种是"男人没有了女人，就恐慌了。"

第三句也有两种不同的停顿：一种是"北京劳模，中青年居多。"另一种是"北京劳模中，青年居多。"

2.4 语音的历史演变

语言在言语中演变，即语言在运用中才能变化。同样，语言的声音也会在言语的声音中发生变化。前面提过的语流音变就是一种共时的变化，它常常是历时演变的先导。

2.4.1 语音历史演变的现象

在总论中我们已经知道，人类的语言无不按照渐变性和参差性规律向前发展。作为语言的物质外壳，语音同样处在一定的演变中。语言的演变从共时上看是细微的，但从历时上看又是明显的。我们不可能穷尽人类语言的演变实例，但我们可以通过对汉语某些语音演变现象的分析，找到一些人类语音的某些共同的发展规律。

汉语语音历史演变的例子如下：

1. 浊音清化

中古时期的汉语在塞音、擦音和塞擦音都有清与浊的对立，如帮 [p]—并 [b]；端 [t]—定 [d]；见 [k]—群 [g]；心 [s]—邪 [z]；精 [ts]—从 [dz]……后来，浊音一律向相应的清音转化，这种转化显现出极强的规律性：原塞音和塞擦音在平声字里变为同部位的送气清音，在仄声字母里变为不送气清音；原擦音一般变为同部位的清擦音，无送气不送气之分。例如：

[b] ｛平声 [p']皮、旁、盆、平 ｜仄声 [p]倍、步、拔、弼

[d] ｛平声 [t']途、抬、提、同 ｜仄声 [t]独、队、弟、电

[z] ｛[s]寺、颂 ｜[ɕ]续、序、羡、祥

2. 新音位的出现

在语音的历史演变中，某几个音位或某几组音位在一定的条件下，通过合并与分化产生出一些新的音位。例如唇齿音是从双唇音中演化出来的（所谓"古无轻唇"），至今有些字还保留古音，如"阿房宫"的"房"念 [p'aŋ] 而不念 [faŋ]。再如 [tɕ、tɕ'、ɕ] 是从 [k、k'、x] 和 [ts、ts'、s] 两组音演化来的。[tʂ、tʂ'、ʂ] 则是从 [ȶ、ȶ'、ȡ]、[tʃ、tʃ'、ʃ、dʒ]、[tɕ、tɕ'、dʑ、ɕ、z] 三组音演变来的。

3. 旧音位的消失

在语音的历史演变中，一些音位会逐渐消失。例如汉语北方话鼻音韵尾本来有 -m（如"谈"、"蓝"）、-n（如"坛"、"兰"）、-ng（如"堂"、"郎"）三个，后来 -m 韵尾的字音全演变为 -n 韵尾，-m 韵尾在北方话中消失。再如汉语北方话非音质音位中的调位原来有平、上、去、入四个，后经过"平分阴阳、浊上归去、入派三声"的演变，即平声分为阴平和阳平，如"诗"、"时"；上声的浊声母归入去声，如"是"；入声字则"派"到平声、上声和去声中，如"湿"、"食"、"脚"、

"剧"。入声便在北方话中完全消失了。

2.4.2 语音历史演变的规律、特点及条件

上述汉语语音历史演变的现象说明，语音的历史演变不是杂乱无章的，而是有严格规律的，有的甚至可以概括出较为严整的公式（如浊音清化规律）。语音的历史演变必然会引起整个音位体系的演变。它是通过音位的合并与分化进行的，这种合并与分化不是分别地、平行地进行，而常常是同时地交错进行。如［p、p'、b］三个音位演变为［p、p'］两个音位，这是音位的合并；［b］演变为［p、p'］两个音位，这又是音位的分化。再如汉语调位"平分阴阳"是分化，而"浊上归去"和"入派三声"则是合并。音位交错的分合又会使音位体系的音位间的对立关系和组合关系发生改变。如中古汉语清音－浊音和送气音－不送气音这两组对立，变成现代汉语的送气音与不送气音一组对立；塞音音位［p、t、k］不在音节末尾出现；［k、k'、x、ts、ts'、s］不能再和［i、y］相拼等。

语音历史演变是有规律的，但语音规律又是有条件的。第一，是语音条件。即语音演变要受到演变音本身或其他相邻音的音质与非音质的限制。例如汉语浊音清化到底变成送气音还是不送气音，条件是看演变音是平声字还是仄声字（见前）；"平分阴阳"到底是变成阴声字还是阳声字，条件是看演变音是清音还是浊音：清声字变成阴平（如"诗"）；浊声字变阳平（如"时"）。再如，［k、k'、x］和［ts、ts'、s］两组音只有在遇到齐齿呼和撮口呼时才能变成［tɕ、tɕ'、ɕ］，跟别的韵母拼时不发生这种变化。第二，是时间条件。即语音演变规律只在某一段历史时期起作用。例如卷舌音［tʂ、tʂ'、ʂ］只能出现在近代和现代汉语中，而不能出现在上古和中古时期。－m韵尾并入－n韵尾只在近代汉语时期才起作用，在此之前没有这种变化。第三，是地域条件。即语音演变只在一定的地域内进行。例如广东话就没有出现［tʂ、tʂ'、ʂ、ʐ］等卷舌音，并完整地保留了入声和－m韵尾。

以上得出的语音演变规律性的原则结论同样适用于其他语言，不过各种语言又有自己特殊的内容。

⊙本章小结

语音学可以相对分为发声语音学、物理语音学、心理语音学、音位音系学等分支学科。索绪尔关于语言和言语的区分是语言研究、同样也是语音研究的第一个分岔路。语言的语音是指语言体系的物质外壳。我们对这种物质外壳可以相对地切分出音素符号、音位、音节等各种模式与单位。根据布拉格学派的意见，音素属于言语范畴，我们给音素下的定义是人类语言一次发音从音质角度切分出来的最小的语音单位，显然符合布拉格学派的精神。但是，音素是无穷的，因为我们每次发音都是动态的，嘴形和舌位都不可能一样的。我们不可能也没必要发明无穷的音素符号。目前通用的国际音标是有限的，记录了音素的典型位置，实际上代表了一个范围的音素，它们属于语言的范畴。具体的、严式的音素描写要添加符号。音素这一节体现了语音的生理属性，主要研究的是发声语音学。所谓音位是具体语言的一类发音从区别词或语素意义角度划分或归并出来的最小的语音形式。音位可以分为音质音位和非音质音位，后者又包括调位、重位和时位。划分与归并音位的原则是对立原则、互补原则、相似原则，此外还有历史原则、经济原则、匀称原则、土人感等原则。可归为同一音位的音素叫做音位变体。一种语言的音位是有限的，而音位变体原则上是无穷的。和音素符号与具体的音素一样，音位和音位变体的关系也是语言和言语的关系。音素符号和音位是典型的、抽象的、有限的模式；而音素和音位变体则是个别的、具体的、无限的 。对音位的微观研究是音位区别特征；对音位的宏观研究是音位系统。音位这一节集中体现了语音的社会属性和物理属性，主要研究的是音位音系学和物理语音学，当然，也涉及心理语音学。所谓音节是具体语言音位和音位组合起来的从自然发音和听感角度上得到的最小语音结构单位。言语的语音学主要研究和句子相应的语流、语流音变及语调、轻重音等。某些内容与国外所谓非线性音系学有一致的地方。语流音变是共时的变化，语音的历史演变是历时变化。语言和言语、共时与历时的框架再一次在这一章里得到体现。

□思考与练习□

1. 名词解释

语音　语音学　乐音　噪音　共振峰　音素　国际音标　音位　音

新世纪高等学校教材

位变体　音位区别特征　音位体系　音节　语流音变　句位学　语音规律

2．填空

（1）人的发音器官是由＿＿＿＿、＿＿＿＿、＿＿＿＿三大部分组成的。

（2）语音的四要素是：①＿＿＿＿决定于＿＿＿＿；②＿＿＿＿决定于＿＿＿＿；③＿＿＿＿决定于＿＿＿＿；④＿＿＿＿决定于＿＿＿＿。

（3）从声音产生的角度看，音质的不同是由＿＿＿＿、＿＿＿＿、＿＿＿＿决定的。

（4）人的听觉器官是由＿＿＿＿、＿＿＿＿和＿＿＿＿组成的。

（5）语音的社会属性可以从＿＿＿＿、＿＿＿＿和＿＿＿＿上体现。

（6）元音和辅音的主要区别是＿＿＿＿、＿＿＿＿、＿＿＿＿、＿＿＿＿。

（7）元音的分类标准是＿＿＿＿、＿＿＿＿、＿＿＿＿。

（8）辅音的分类标准是＿＿＿＿、＿＿＿＿。

（9）8个基本元音是＿＿＿＿、＿＿＿＿、＿＿＿＿、＿＿＿＿、＿＿＿＿、＿＿＿＿、＿＿＿＿、＿＿＿＿。

（10）央、中元音是＿＿＿＿；圆唇与不圆唇的前元音有＿＿＿＿；圆唇后元音有＿＿＿＿。

（11）普通话"洪"字的元音是＿＿＿＿；"哥"字的元音是＿＿＿＿；"之"字的元音是＿＿＿＿；"张"字的辅音是＿＿＿＿；"干"字的辅音是＿＿＿＿。

（12）普通话里可能出现的舌面前元音是＿＿＿＿、＿＿＿＿、＿＿＿＿、＿＿＿＿；可能出现的舌面后元音是＿＿＿＿、＿＿＿＿、＿＿＿＿；舌面央元音是＿＿＿＿、＿＿＿＿、＿＿＿＿。

（13）普通话的舌尖前辅音是＿＿＿＿、＿＿＿＿、＿＿＿＿，舌尖中辅音是＿＿＿＿、＿＿＿＿、＿＿＿＿。

（14）[t']的描写方法是＿＿＿＿，例如汉语的＿＿＿＿；[x]的描写方法是＿＿＿＿，例如汉语的＿＿＿＿；[g]的描写方法是＿＿＿＿，例如英语的＿＿＿＿；[tʃ]的描写方法是＿＿＿＿，例如英语的＿＿＿＿。

(15) 与 [ɕ] 发音方法相同的舌尖前音是_____；与 [t'] 发音部位相同的浊鼻音是_____；与 [t'] 发音方法相同的双唇音是_____；与 [tɕ] 发音部位相同的清擦音是_____。

(16) 非音质音位有_____、_____、_____。

(17) 语言音位体系的内容有_____、_____、_____、_____。

(18) 从音节构造的角度说，处在强峰阶段的音叫_____音；处在渐强阶段的音叫做_____音；处在渐弱阶段的音叫_____音。

(19) 复元音的特点是_____；复辅音的特点是_____。

(20) 常见的语流音变现象有_____、_____、_____、_____、_____。

(21) 句位包括_____、_____、_____、_____。

(22) 历史演变的条件是_____、_____、_____。

3. 选择

(1) 声调取决于（　　）

　　A. 音高

　　B. 音强

　　C. 音长

　　D. 音质

(2) [p，t'，b，k] 在发音方法上的共同点是（　　）

　　A. 清音

　　B. 不送气

　　C. 塞音

　　D. 擦音

(3) 舌尖后浊擦音是（　　）

　　A. [x]

　　B. [d]

　　C. [ʐ]

　　D. [z]

(4) [tA] 是（　　）

　　A. 开音节

B. 闭音节

C. 元音首音节

D. 辅音首音节

(5) [ɕyɛ]（血）中的 [ɛ] 是（ ）

A. 起音

B. 领音

C. 收音

(6) [kai]（盖）中的 [i] 是（ ）

A. 起音

B. 领音

C. 收音

(7) 普通话 [ɕin⁵⁵ kʻu²¹⁴]（辛苦）快读是 [ɕiŋ⁵⁵kʻu²¹⁴] 这种现象
是（ ）

A. 顺同化

B. 逆同化

C. 顺异化

D. 逆异化

E. 弱化

F. 脱落

(8) 普通话 [fən²¹⁴pi²¹⁴]（粉笔）快读是 [fəm³⁵pi²¹⁴] 这种现象是
（ ）

A. 顺同化

B. 逆同化

C. 顺异化

D. 逆异化

E. 弱化

F. 脱落

(9) 英语 instinct [ˈinstiŋkt] 是名词，意思是"本能"；[inˈstiŋkt]
是形容词，意思是"充满……着的"。这种现象是（ ）

A. 调位

B. 重位

C. 时位

D. 重音法

（10）普通话 [tou⁵¹fu²¹⁴]（豆腐）快读是 [tou⁵¹f] 这种现象是（ ）

    A. 同化

    B. 异化

    C. 弱化

    D. 脱落

    E. 增音

4. 简答

（1）从我国古代诗歌中找出有关描写声音的诗句，并说明哪些声音称得上是人的语音，它和其他声音有何异同？

（2）平时我们听人念书，即使同样的速度也能分出哪个是男的，哪个是女的；要是听音乐，即使是同样的声调，同样的快慢也能分成哪个是提琴，哪个是黑管。试从语音的物理特性的角度说明这种现象的原因。

（3）什么是音标，国际音标有何优点？

（4）什么是音位，它与音素有什么区别？

（5）举例说明划分与归并音位的基本原则。

（6）举例说明什么是条件变体和自由变体，什么是音质音位和非音质音位。

（7）[p]、[p‘]、[t]、[t‘]、[k]、[k‘] 这六个辅音在汉语拼音方案中用六个字母表示，在英语和俄语中只用三个字母表示，说说其中的原因。

（8）[i]、[ɿ]、[ʅ] 这三个音在普通话中到底归并为几个音位好？为什么？

（9）[k, k‘, x]、[ts, ts‘, s]、[tʂ, tʂ‘, ʂ] 和 [tɕ, tɕ‘, ɕ] 这几组音在普通话中到底分析为几个音位好？为什么？

（10）什么是音位的区别特征，它有什么优越性？

（11）什么是音节？它是如何划分的？举例说明音节的音峰和音谷。

5. 运用

（1）按普通话读音，给下面两段话注上宽式国际音标：

语言可以把死人从墓中叫出来，也能把活人埋入地下；语言可以把侏儒变为巨人，也能将巨人彻底打倒。

在科学的征途上没有平坦的道路可走，只有在那崎岖小路的攀登上，不畏艰险，勇于奋斗的人，才有希望达到光辉的顶点。

（2）给"坚持改革开放"标上严式音标，并对头三个音节的元音和辅音进行描写。

（3）给"看大剪刀把儿"、"老大爷看画儿"注上严式音标，并分别分析句中的元音是几个音位，为什么？

（4）用什么方法证明下列各音素在普通话中属于不同音位，或者是同一音位的不同变体？

[i] — [u]　　　　　[a] — [ɑ]　　　　　[ʌ] — [ɐ]

[t] — [t']　　　　　[k] — [k']　　　　　[m] — [n]

（5）舌位较前的 [k]、舌位靠后的 [k]、圆唇的 [k]、浊音的 [g] 四个音素分别能在下列哪一个语音环境里出现？它们是几个音位，为什么？

[ei²¹⁴]（给）　　[ɑŋ³⁵]（钢）　　[uo³⁵]（国）　　[pʌ⁵⁵ə]（八个）

（6）在下表中列出汉语普通话 [k, k', x, ts, ts', s] 的区别特征（用"＋"表示肯定，用"－"表示否定）。

区别特征 ＼ 音位	k	k'	x	ts	ts'	s
舌根音/非						
舌尖前/非						
塞音/非						
塞擦音/非						
擦音/非						
送气/非						
清/浊						

◁阅读与参考▷

1. 罗常培、王均：《普通语音学纲要》，商务印书馆，1981 年

2. 岑麒祥：《语音学概要》，科学出版社，1957 年修订版

3. 董少文：《语音常识》，文化教育出版社，1958 年

4. 王力：《汉语音韵学》，中华书局，1956 年

5. 周殿福、吴宗济：《普通话发音图表》，商务印书馆，1963 年

6. 唐作藩：《汉语音韵学常识》，上海教育出版社，1959 年

7. 林涛、王理嘉：《北京语音试验录》，北京大学出版社，1985 年

8. 曹剑芬：《现代语音基础知识》，人民教育出版社，1990 年

9. 周同春：《汉语语音学》，北京师范大学出版社，1990 年

3. 语　义

每个词都有一个意义。这个意义同这个词是相联系的。它是词所代表的东西。

——维特根斯坦

3.1　语义的本质

语义是语言的构成要素之一，它和人的认识活动以及人的意识有着十分密切的关系。因此，要想对语义这个要素有一个最基本的认识，首先要了解语义的本质，即语义究竟是什么，语义有什么特点等问题，还要了解语义的分类。

3.1.1　语义的定义

什么是语义？语义指的是语言形式和言语（语用）形式表现出来的意义。语言形式和言语形式主要由语言的载体——语音构成，所以，我们说的语义，是指语音形式表现出来的语言和言语的全部内容。

语义是人脑对客观事物或现象的概括反映。人类认识世界的过程，首先是通过自己的感官去感知客观世界，并在大脑中留下各种印迹，然后，大脑再对这些印迹进行加工、改造，这个过程不断地反复进行，人对世界的认识也就不断深化，从而形成明确的语义。比如"苹果"这个词，人们通过视觉、触觉等器官观察到每一个具体的苹果并在大脑中形成印迹，大脑再对此进行加工，得到关于"苹果"的概括性认识："一种落叶乔木的果实，味甜略酸，可以食用"。但这还不能成为语义，只有将这样的认识用一定的语音形式 [p'iŋ³⁵ kuo²¹⁴] 固定下来，这种认

新世纪高等学校教材

识才能形成语义。而且,人脑对客观事物或现象的"加工"并不是机械的,而是抽取主要的、本质的特征,并提取出事物的共性,再将其固定在相应的语音形式中。因此,语义是人脑对客观世界能动的、概括的反映,这种概括反映形成了语言的语义系统。但是,人们在使用语言单位时,这些单位还会在原有意义的基础上随着语言环境的不同产生一些具体的、临时的、特定的种种含义,这也是语义的一部分,正是有了这种意义,语言的语义系统才不断地丰富和发展。

3.1.2 语义的生成和理解

既然语义是人脑对客观事物和现象的概括认识,那么,语义是如何形成并被理解的呢?请看下面的公式:

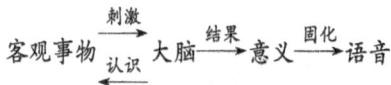

$$客观事物 \underset{认识}{\overset{刺激}{\rightleftharpoons}} 大脑 \overset{结果}{\longrightarrow} 意义 \overset{固化}{\longrightarrow} 语音$$

也就是说,客观事物刺激或作用于人的大脑,大脑便用自己的认识结构去认识、解释,经过多次反复,逐渐形成比较明确的认识成果,这个成果以一定的语音形式物化、固化下来,就形成了语义。从意义的角度看,人们把认识的成果寄寓在一定的语音形式中,意义才有了物质依托,才得以实现。至于用什么具体的语音形式去固定认识成果,则是不同社会集团约定俗成确定下来的。

语义用语音形式固化以后,二者便结合起来成为一个整体的语言符号储存在大脑中了。因此,在使用语言单位时,一个语音形式出现后,大脑会立即唤起该形式所固化的意义,于是,人们便以这个意义为参照,去指称、核实、比较客观世界的具体事物,从而理解语义并完成交际任务。所以,语义的理解过程恰恰与语义的生成过程相反,可用如下公式表达:

$$语音形式 \overset{作用}{\longrightarrow} 大脑 \overset{唤起}{\longrightarrow} 意义 \overset{指称、参照}{\underset{核实、比较}{\longrightarrow}} 客观事物$$

3.1.3 语义三角

语义是用语音形式固化下来的人脑对客观事物的反映,因此,它同语音、客观事物之间存在着密切的关系。关于这三者之间的关系,美国学者奥克登和理查兹在《意义的意义》（The Meaning of Meaning）一书中作过论述，他们首次提出了"语义三角"理论。所谓"语义三角"指的是：词义、语音、客观事物之间处于一种三足鼎立、相互制约、相互作用的关系之中，如图所示：

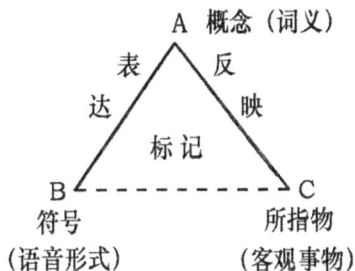

```
              A  概念（词义）
          表        反
       达              映
            标 记
      B - - - - - - - - C
     符号             所指物
   （语音形式）      （客观事物）
```

　　具体来看，"语义三角"理论的主要内容如下：A 与 B、A 与 C 之间具有直接联系，B 与 C 之间的关系是间接的。也就是说，语音和词义之间的关系是形式和内容的关系，语音形式表达语义内容，因此，也可以说二者是表达与被表达的关系；词义和客观事物之间是反映与被反映的关系，词义是对客观事物的概括反映；语音和客观事物之间没有必然联系（用虚线连接），语音形式只有通过词义才能成为客观事物的符号，去标记客观事物，因此，二者是标记与被标记的关系。举例来说："苹果"（C）的语义内容（A）是："一种落叶乔木的果实"，其语音形式或是汉语的［p'iŋ^{35} kuo^{214}］或是英语的［æpl］（B）等。B 是 A 的表达形式，A 是人们对 C 的认识和反映，B 通过 A 成为 C 的符号。
　　语义三角理论至今仍有很大的价值，它首次把这三个要素用三角形形象地联系了起来，直观地说明了三者的关系。但是，这还不够全面，它只是把三者作为一个平面上的三个要素来描述它们的静态关系，而没有把语义在人脑形成过程这个动态要素放进去考虑，而且没有明确强调语义是人脑对客观事物的概括反映。结合前面所讲的语义的生成过程，我们可以看出，语义、语音和客观事物之间还存在着如下的动态关系：客观事物 C 作用于人脑，人脑对之进行能动的反映，反映的成果成为意义 A，这种意义被固化在语音形式 B 中，使语音有了物质依托。只有从静态和动态两个方面去理解这个三角形关系，才能对三者的关系认识得更加全面。

3.2 语义的分类

从总论中我们已经知道了语言和言语的对立统一，这种对立统一也同样体现在语义这个要素上。一个语言单位所传递的语义是一个复杂的综合体：有言语单位固有的含义，也有语言单位在语境中所表达的特定含义，还有社会文化背景所赋予它的特殊意义等。这些意义从总的来看可以分为两大类：语言意义和言语意义。也可以说语义是语言意义和言语意义的对立统一。

3.2.1 语言意义

语言意义是指音义结合的语言系统固有的意义，是人脑对客观事物和现象的总体或属性或关系的概括认识。这种意义经社会集团的约定俗成后以一定的语音形式固定下来，具有抽象概括性、稳定性、多义性等特点。它不受具体语言环境的影响，摒弃了语言单位在使用中所产生的具体的、临时的意义。语言意义是语义的核心与基础，其他的意义都是在此基础上产生的。

在语言的符号系统中，无论是单个的符号还是由符号组成的语言符号系统中的各个单位，如语素、词、短语（词组）、句子，无一不是音义结合体。音和义是密不可分的。语言符号系统的各个单位，除了自己语音的一面外，还应具有语义的一面，它们分别是：语素义、词义、短语（词组）义和句义。其中最重要的是词义和句义。

词义在语义系统中有突出的位置。词义可直接或间接地表达句义。当我们掌握了词义和词义间的语法关系，我们就能掌握一句话的意义。例如，当我们听到某个北京人这样说："这玩意儿绝对是好东西。"只要我们掌握了"这"、"玩意儿"、"绝对"、"是"、"好"、"东西"这些词义，再懂得了它们之间的语法关系，我们就掌握了整句话的意义。可见词义在语义单位中是何等重要。

句义可以说是语言和语用的交叉点。一方面，它使得比它小的单位有了存身的场所；另一方面，它又是组成比它大的句群义、段落义、篇章义的基础。在某种语言的交际中，人们往往通过句义感受到语义的存在；对不同语言进行翻译时，人们往往以句义为单位对译。可见句义也是语义学中的一个关键问题。

　　除了以词义和句义为代表的单位意义外，把这些单位意义按照一定规则组织起来的语法关系也是有意义的，它们叫做语法意义。

　　综上所述，语言意义主要包括两部分：词语（汇）意义和语法意义。

3.2.2　言语意义

　　言语意义是在一定的语境中人们说的行为和说的结果所体现出来的具体意义，即在语言的使用中所产生的具体的、特定的、临时的意义，是对语言的具体运用和运用结果。所以，言语意义总是和特定的语言环境及社会文化背景相联系的，一旦离开了这些使用环境，言语意义便不复存在。以"我们"为例，在特定的语言环境中，这个第一人称复数代词可以被赋予特定的、临时的意义：在"我们三班赢了"这个语言环境里，"我们"指"三班"这个特殊群体。一旦离开了这个环境，这个特定的、临时的含义也就消失了。可见，言语意义是一种环境意义，与语言意义大不相同。

　　言语意义是具体的人、在具体的语境中、对语言意义具体运用的结果。因而由于客观言语环境千变万化，言语意义往往也是灵活多变的。每当进入一种言语环境时，概括和多义的语言意义就会转化为较具体和较确定的言语意义。比如，我们说出一句话："火！"在不同的场合会有不同的意义。如果疲劳的父亲回到家坐在沙发上拿出烟对孩子说："火！"那意思是要火柴；如果在森林里行走时，忽然有人喊："火！"那意思是"着火了"；如果有人问你的生意怎么样，你回答："火！火着呢！"那意思是"兴旺、兴隆"。至于《三国演义》中孔明和周瑜同时在手中写的"火"，那意思是"用火攻"……可见言语意义是灵活多变的。这种灵活多变的言语意义又是离不开具体的语境的，而相对凝固、稳定、概括、多义的语言意义一旦进入具体的言语环境就会转化成相对灵活、多变、具体、单一的言语意义。

3.2.3　语言意义和言语意义的关系

　　语言意义和言语意义具有对立统一的关系。一方面，它们互相区别，互相排斥。语言意义是抽象概括的、多义的、相对稳定的、静态的；言语意义则是具体个别的、单义的、相对复杂多变的、动态的。另一方面，它们又互相补充，互相联系。语言意义是从言语意义中提炼概括出来的系统意义。言语意义是第一性的，语言意义是第二性的。语言意义还会随着言语意义的变化而变化。但同时，语言意义又对言语意义起着制约与规范的作用，人们主要是根据语言意义去选择与实现自己的言语意义的。

3.3   语言意义

客观事物和现象是十分复杂的，因此，反映客观事物的语言意义也是十分复杂的、多方面的，表现为各种各样的意义类型。从语义的表现形式来看，语言意义可以分为词汇意义和语法意义两大类，前者主要由实词表达，后者主要由虚词、词缀和词尾等表达。这两种语言意义的性质完全不同，它们各自还可以分为不同的小类。

3.3.1   词汇意义

词汇意义简称词义，是以词汇形式（主要指实词）表现出来的语言意义。词义的内容包括：人对客观事物的性质和状态的认识及主观评价。

1. 词汇意义的类型

英国著名语义学家利奇把意义分成七种类型：概念意义、内涵意义、风格意义、感情意义、连带意义、搭配意义、主题意义[1]。我们可以把它们归为概念意义和非概念意义两大类型。概念意义就是利奇所说的第一种意义；非概念意义包括利奇所说的后六种意义，它们一般是附加在概念意义之上的，所以也可以叫做附加意义或附加色彩。其中最值得注意的是风格意义、感情意义、连带意义和搭配意义，而这些意义往往又和内涵意义交织在一起。

（1）概念意义。概念意义也称为理性意义，是指词中表达概念的部分，是人脑对客观世界的概括反映。概念意义是词义最基本的核心部分，是词义研究的主要对象。词典中解释的意义主要是概念意义。概念

---

〔1〕这七种类型也有人译为：理性意义、内涵意义、反映意义、社会意义、情感意义、搭配意义、主题意义。参见［英］杰弗里·N.利奇《语义学》，13页，李瑞华等译，何兆熊、华钧校，上海外语教育出版社，1987年。

意义具有高度的抽象性和概括性，它舍弃了客观事物的非本质特征，而只把客观事物的本质特征和本质联系作为自身的内容。例如"兽"这个语言单位，其概念意义为："有四条腿，全体生毛的脊椎动物"，它舍弃了个体动物的大小、形状、颜色、种类等内容，只抽象概括出"兽"的本质特征及"兽"与其他动物的本质区别，并将其作为这个语言单位概念意义的内容。

（2）内涵意义。内涵意义是和人的社会性紧密联系着的一种附加意义。不同的社会、阶级、阶层、集团或个人都可以给一个词附加上不同的内涵意义。不同的语言中，词语的内涵意义有可能不同，比如"喜鹊"在汉语中有"报喜"的内涵意义，在斯拉夫语言中却有"小偷"的内涵意义；"龙"在中国人看来是至高无上的象征，而在《圣经》中，龙却是"邪恶的动物"。但不同语言中某些词的内涵意义也可能相同，比如表示"羊羔"的词的语义中都有"温驯"的内涵意义，"狐狸"有"狡猾"的内涵意义。各人的不同经历等也会影响词语的内涵意义。例如"家"对于大多数人来说，带有温暖和舒适的内涵意义，但对某些家庭不幸的人来说，"家"就可能带有"烦恼"、"冰冷"等内涵意义。

（3）风格意义。风格意义即词的风格色彩，指语言单位在使用过程中由于交际环境的不同而产生的附加意义。语言风格包括各人的语言风格，也包括某一地区和社会阶层的语言风格，甚至包括某一世纪的语言风格。除了以上这样一些不以人们的意志为转移的较为持久的风格之外，还包括一些受主观能动性限制的较为短暂的风格，如行业用语、作家有意创造的特殊风格……它们都有一定的附加意义。

在风格意义里最为值得注意的是语体意义，根据其交际环境可以分为两大类：口语风格和书面语风格。前者通俗、活泼、生活气息浓厚，有时甚至是庸俗的、粗野的；后者则具有庄重、文雅等特点。通过下面这组词的对比，可以明显感到这两种风格的区别：

书面语风格——口语风格

书面语风格	口语风格
诞辰	生日
吝啬	小气
沐浴	洗澡
浴池	澡堂

每组词的概念意义分别相同，但其风格意义有明显的不同。

（4）感情意义。感情意义也称词的感情色彩。指附着于理性意义之上的人们对客观事物的主观评价和态度，主要包括喜爱、憎恶等。通常所说的词义的褒贬就是感情意义的重要体现。比如"团结"和"勾结"，理性意义基本相同，但附着在上面的感情意义却截然不同："勾结"指为了做坏事而联合起来，是贬义词；"团结"则指为了完成正确的事或实现美好的理想而联合起来，是褒义词。可见，感情意义具有强烈的主观性，是人们根据自己的价值观对客观事物和现象进行的功能评判。

（5）连带意义。连带意义是一种能引起听众或读者联想的附加意义。例如有些多义词，其中某一个意义会引起不好的"联想"，因此，人们在交际时都尽量避免使用这些"禁忌语"。在各种语言中，人体的某些器官、某些生理现象以及性行为甚至某些场所都可能成为"禁忌"的对象。在不得不说的时候，人们常常用一些委婉的说法来代替，这就是所谓的"委婉词语"。比如英语中用"wash-room"代替"water closet"，汉语中用"1号"来代替"厕所"。连带意义不一定只属于某些"禁忌词语"和应避免的词语，例如修辞中的比喻，有的就是运用连带意义取得效果的。

（6）搭配意义。在语言单位的使用中，有些单位经常与另一些固定的单位组合，而不与其他词组合，这种由固定的组合关系而产生的意义称为搭配意义。一些词尽管有共同的基本意义，但搭配能力不同，因而意义也有所不同。比如英语的"pretty"和"handsome"都有"好看"、"漂亮"的意思，但是和"girl"、"woman"等搭配时，常常用前者，而和"man""car""overcoat"等搭配时常常用后者。再如汉语的"姿势"和"姿态"，理性意义大致相同，但搭配意义不同，"姿势"强调的是"静止不动的样子"，"姿态"则强调动态的样子，因此，在下面的句子中："他写字的姿势不正确"和"他以普通劳动者的姿态出现在车间里"，这两个词是不能互换的。可见，掌握一个词，不仅要掌握理性意义，还应该掌握好搭配意义。只有这样，才能准确、恰当地使用这些词语。

（7）主题意义。主题意义是通过词序和各种强调方式表达出来的意义。例如"武松打死了老虎"和"老虎被武松打死了"这两句话传达的信息是不同的。第一句回答的问题是：武松干了什么？第二句回答的是：老虎怎么样了？可见，改变句子的句法结构或词序，就能改变句子的主题意义。

严格来讲，以上七种意义中真正具有稳定特征、完全属于语言意义的只有概念意义。其他六种非概念意义是对概念意义的运用结果，往往与言语环境有关联，具有一定的灵活、变动的特征，因此被视为言语意义更为恰当（见第7章的"模糊语言学"一节）。但有的非概念意义也会在经常性的使用中变得稳定，甚至成为一种模式进入语言意义的范畴。

2. 词汇意义的特点

在了解了词汇意义的类型后，我们还应该进一步了解词汇意义具有怎样的特点，只有这样，才能对语言意义有一个更全面、深入的了解。词义主要具有主观性、概括性、明晰性与模糊性、共同性与民族性等特点。

（1）主观性。既然词义是人脑对客观事物的概括反映，就说明它不可能完全等同于客观事物。"反映"本身就是第二性的，是人脑的主观活动。此外，客观并不存在的现象也可以成为一定的词汇意义的内容，如"天堂、地狱、魔鬼"。这类词义，是人脑主观臆造的结果。还有，客观事物没变，但随着人的认知能力的提高，代表这个事物的词义却可能发生很大的变化。如："心"，在古代，其词义是："心之官则思"，但是它现在的词义是"人和高等动物推动体内血液循环的动力器官。"这说明词义是主观的。当然，承认词义的主观性并不等于否认词义的客观基础。

（2）概括性。词义具有主观性，但也有其客观基础。词义是人脑对客观事物的概括反映，因此，词义的第二个特点就是概括性。词义的概括性就是指词义并非一对一地反映每一个具体的客观事物的个别特征，而是概括地反映某一类客观事物的共同特征。例如"人"的词汇意义，只抽取了"能劳动、能制造和使用工具，有发达的大脑和语言的高等动物"这样的本质属性，舍弃了人的种族、民族、性别等特征。从动态角度看，词义的形成过程表现为对客观事物属性的扬弃过程，是人脑对客观事物分析、选择、综合概括的过程。正是因为词义具有概括性，人们才能通过有限的词汇表达无限度的内容。如果词义只能表现个别的、具体的事物，那么就会出现无穷无尽的词，人们无法掌握它们，也就更谈不上有效的交际了。词义的概括性是词义最重要的特征。当然，每个词一旦进入某一语境后，就有可能获得相对具体的意义。

（3）明晰性与模糊性。所谓明晰性，是指词义概括的范围具有较明确的界限，例如数字：1，2，3…之间，时间：分、秒、时之间，可以测量出来的温度、重量、容量之间都可以有明确的界限。所谓模糊性，就是指某些词义概括的范围没有明确的界限，例如："早晨"、"上午"、"中午"、"下午"、"黄昏"，谁能明确地指出它们之间的界限是几时、几分、几秒？同样，我们不能规定一个准确的高度作为"高"与

新世纪高等学校教材

"矮"的分界线，也不能规定一个明确的重量作为"胖"与"瘦"的鉴定量。明晰性与模糊性是指概念的中心是明确的，只是它界限的边缘是不明确的。模糊性和明晰性互为补充，使得语言成为一种更为完善与灵巧的工具。

词义的明晰性与模糊性都是人脑用词概括反映客观事物时所带来的结果，因此，无论是明晰性还是模糊性都应从客观和主观两个方面去分析。客观世界存在许多界限明晰的现象，也存在许多界限模糊的现象，它们是造成词义明晰性和模糊性的客观原因。对一些客观事物之间的界限，人们由于交际或思维的需要必须要划清而且也可以划清；对于某些客观事物之间的界限，人们没有能力把它们划清，或者由于交际与思维的需要无须把它们划得那么清晰。这就是造成词义明晰性与模糊性的主观原因。

（4）共同性与民族性。语言具有民族性，它体现在语言的各个方面，自然也体现在词义上。因为不同民族生存的地理环境、历史、文化传统、社会心理及民俗风情是不同的，这必然导致认识上的差异，这种差异反映在词义上，造成了词义的民族性特点。词义的民族性特点首先体现在音义关系上。用什么样的语音形式固定词义，固定后词义的内涵、外延怎样，完全由不同民族约定俗成。因此，在两种不同的语言中，很少有音义关系完全对等的词。如英语的"brother"，其外延比汉语的"哥哥"和"弟弟"都要宽。因为英语的"brother"不分长幼。词义的民族性还体现在词的感情意义的差别上。比如汉语的"狗"和英语的"dog"，这两个词的理性意义基本相当，感情意义则有很强的民族特点。汉语中与"狗"有关的词语多含贬义：狗腿子、走狗、狗仗人势……而英语则相反，与"dog"有关的词语大多是褒义的：a big dog（大亨、要人）、a lucky dog（幸运儿）、a clever dog（聪明人）……另外，词义概括客观事物范围的大小、复合词的构成等也有很强的民族性特点。比如英语的"box"所概括的范围在汉语中要用"箱子"、"盒子"两个词去概括。从词的构成看，"银河"在英语中是"Milky Way"、"温室"是"greenhouse"等，这都能说明词义的民族性。

词义具有民族性的一面，这只是问题的一个方面；问题的另一个方面是词义又具有共同性，或叫可译性，即不同民族的词义有相通的一面，是可以互相翻译的。词义之所以相通，之所以可译，归根结底，是因为词义毕竟是固定概念的，而概念是人类共同的。词义的对译，在找不到相应的词时可以用词组或其他形式进行，例如英文"observable"这个词在英汉词典中就用"看得见的"、"值得注意的"等词组来对译。

3.3.2 义项、义素及义素分析

在了解了语义的本质及特点之后，就要对语义这个要素的内部进行进一步的分析。分析时首先遇到的问题就是语义单位是怎么划分的，语义有哪些单位，什么是语义的基本单位。只有阐明了这些问题，才能进一步分析语义系统，从而全面了解语言的语义系统。

1. 语义的基本单位

语义的基本单位是词的义项，是语义结构中最小的语义单位。只反映某一客观对象的词就只有一个概念意义，在词典上只列出一个词条，即只有一个义项；能反映多类客观对象的词，具有多个概念意义，在词典上应相应列出多个词条，即具有多个义项。例如："父"有两个义项：〈1〉父亲、爸爸；〈2〉对男性长辈的称呼，如伯父、叔父。为什么说词的义项是最小的语义单位呢？首先，词的义项能独立进入语义结构，成为其最基本意义的组成要素，只要把词的义项组合起来，就可以表达某种意思；其次，词的义项是语义结构的终极单位，不能再进行切分，否则将不是独立的单位。对义项的切分将得到一束语义特征的聚合。所以，从这两个方面看，词的义项都是最小的，最基本的语义单位，是由一束语义的区别特征聚合而成的。只要把词的义项组合起来，就可以形成各种句子，表达不同的含义。

2. 义素和义素分析

（1）义素的定义。义素是对义项进行分析所得到的最小的语义特征。它大致相当于"音位的区别特征"，是语义的区别特征。如同一个音位实质上是一束音位区别特征的总和一样，一个义项无非是若干义素的集合。义素不可能也没有必要包含一个词全部的语义特征，例如："父亲"的语义特征至少有"有生命、动物、人、亲属、直系、男性、长辈"这几项，但作为和其他亲属词的区别特征，前三个可以省略，因为对于"亲属"来说，前三个义素是不言而喻的，不起任何区别作用。因而可以说，义素的分析和寻找不免带有某些主观的色彩，不同的人在不同的时间、从不同的角度出发常常有不同的归纳方法。

（2）义素分析的原则。有了义素的概念，我们就可以把词的义项分析为若干个义素的聚合。义素分析的原则与音位区别特征分析的原则是

一致的，即"二元对立"。比如上述"父亲"这一义项，对它进行分析可以得到一系列不同层次的二元对立特征：父亲：无生命－有生命［植物－动物［非人－人［非亲属－亲属［非直系－直系［女－男［未成年－成年［非长辈－长辈［未婚－已婚［非生育－生育。将这些二元对立分析的结果形式化，"＋"表示肯定，"－"表示否定，我们可以这样描写："父亲"：［＋有生命＋动物＋人＋亲属＋直系＋男＋成年＋长辈＋已婚＋生育］。

（3）义素分析的方法和程序。原则确立之后，就要明确义素分析的具体方法和程序。义素分析的方法是用对比的方法。只有通过对比分析，才能找出义项的区别特征，即义素。

义素分析的程序大致如下：

首先，确定分析对比词群的范围。例如，我们不能把"狗"和"苹果"放在一起，因为二者不具备可比性。而"狗"可以和"猫、虎、狼"等放在一起分析，它们既有共同点"动物"，又有很大的区别。

其次，确定共同义素。确定了对比分析的词群的范围以后，我们首先要分析提取对比词群的共同义素。如上面说的"父亲"，如果把它和"母亲、儿子、女儿"放在一起分析，那么"有生命"、"动物"、"人"、"亲属"都是它们的共同义素。由于"亲属"一定是"人"、"动物"、"有生命"，所以它们可以提，也可以不提。"直系"也是这些词共同的义素。

第三，确定区别义素。同中有异，异中有同是义项关系的特点，所以提取了共同义素之后，我们还要观察义项与义项之间的区别义素。例如"父亲"和"儿子"有"男性"的共同义素，而"男性"又是"父亲""儿子"与"母亲""女儿"相区别的义素。"父亲"和"母亲"有"长辈""直系亲属"的共同义素，而这又是它们与"儿子"、"女儿"相区别的义素。

分析区别义素时要注意提取不同事物的本质特征，例如分析人或亲属名词时应从"人"、"亲属"、"辈分"、"性别"、"年长否"、"直系否"、"父系否"、"姻亲否"等几个语义特征上考虑，至于"高矮"、"胖瘦"、"双眼皮还是单眼皮"等则不必过多考虑。分析区别义素还要分析到"最小"，如上述"父亲、母亲、儿子、女儿"一例中，"直系亲属"是它们共同具备的语义成分，但是这不是最小的义素，应该再分析为"亲属"和"直系"两个义素。

第四，形式化描写。把符合条件的对比词群放在一起，确定了它们的共同义素与区别义素后，就应该按照一定的方式加以描写，把分析的结果形式化地表达出来。其方法主要有两种："矩阵式"和"方括号横排式"。

所谓矩阵式就是把要比较的词群在矩阵上方横向排列，把共同义素与区别义素在矩阵左方纵向排列。用"＋"表示肯定，"－"表示否定。共同义素栏肯定都是"＋"号；区别义素栏就会出现"＋"号或"－"号。例如：

义素＼名词	父亲	母亲	儿子	女儿
亲属	＋	＋	＋	＋
直系	＋	＋	＋	＋
男	＋	－	＋	－
长辈	＋	＋	－	－

我们也可以把矩阵中某一义位纵向的义素集合用横排列的形式表达，并加上方括号，这就是所谓的"方括号横排式"。例如：

"父亲"：［＋亲属＋直系＋男＋长辈］

"母亲"：［＋亲属＋直系－男＋长辈］

"儿子"：［＋亲属＋直系＋男－长辈］

"女儿"：［＋亲属＋直系－男－长辈］

（4）义素分析实例。前面主要是从理论上说明了义素分析的方法和程序，下面我们举几个实例来看看义素分析的优势。

首先，根据可比性原则，我们确立以下几组词的义项进行分析：

①男人、女人、男孩、女孩

②镰刀、锤子、斧子

③听、说、读、写

先看第一组，它们的共性是人，因此可以得出一个共同的义素。再比较其不同，可以找出性别、成年/未成年的不同。分析结果如下：

义素＼名词	男人	女人	男孩	女孩
人	＋	＋	＋	＋
男	＋	－	＋	－
成年	＋	＋	－	－

再看第二组，根据义素分析的程序进行分析，可以得出这样的结果：

义素＼名词	镰刀	锤子	斧子
工具	＋	＋	＋
有柄	＋	＋	＋
主要用于收割	＋	－	－
主要用于敲打	－	＋	－
主要用于劈砍	－	－	＋
头呈弧形	＋	－	＋
头呈圆方形	－	＋	－
头呈楔形	－	－	＋

再看第三组，这组比较特殊，是动词。对动词的义素分析没有名词那么完善。先看共同点，可以得出"与语言有关的动作"这一义素。再比较不同点，可以发现，这几个动作的使用器官不同，动作的方向也不同，结果如下：

义素＼动词	听	说	读	写
与语言有关的动作	＋	＋	＋	＋
用耳	＋	－	－	－
用口	－	＋	＋／－	－
用眼	－	－	＋	＋／－
用手	－	－	－	＋
发出／接收	－	＋	－	＋

从上面的例子可以看出，用义素分析方法去分析名词，尤其是像亲属词这样相对封闭的系统，比较科学；分析形容词、动词则有很大的局限性。因此，这种方法有待于进一步完善。

3.3.3　语义的聚合

我们说过，任何语言单位都存在着两种关系：组合关系和聚合关系。语义聚合在一起构成语义场。"场"是受到物理学的启发提出的概念。语义可以聚合为不同性质的语义场。因此，分析语义的聚合就是要分析语义场的性质、特点及类型。

1. 语义场的定义

以一个共同的义素为核心、彼此之间有密切关系的一群词聚集在一起构成语义场。比如以"水果"这个义素为核心，可以把"苹果、梨、橘子、桃、李子、杏、菠萝、荔枝、芒果"等词聚集在一起形成"水果"语义场。

2. 语义场的类型

按照语义场内词的不同特点，可以把语义场分为四种类型：

(1) 同义义场。也称同义词聚。指由语义特征基本相同的词义构成的语义场。同义义场又可以分为绝对同义义场和相对同义义场。绝对同义义场相当于我们说的等义词，如汉语的"离别—别离"、"年轻—年青"，英语的"motherland—fatherland"、"word formation—word building"等；相对同义义场相当于我们说的近义词，如汉语的"边疆—边境"、"取消—取缔"、"爱护—爱戴"、"果断—武断"，英语的"beautiful—pretty—handsome"等。其中，大部分是相对同义义场，即主要义素相同，附加义素略有不同。如"父亲"和"爸爸"，这两个词构成同义义场，对其进行义素分析发现，二者主义素相同，附加义素却不同：

"父亲"：［＋亲属，＋直系，＋生育，＋长辈，＋男性，＋书面语］
"爸爸"：［＋亲属，＋直系，＋生育，＋长辈，＋男性，－书面语］

(2) 反义义场。含有一个对立或相反义素的词义的聚合成为反义义场，也称反义词聚。从义素分析的角度看，反义义场中的词的大部分义素是相同或相近的，只有一个或两个义素是相反或对立的。比如"爱戴"和"轻慢"，其义素构成如下：

"爱戴"：［＋动作，＋喜爱，＋对人］
"轻慢"：［＋动作，－喜爱，＋对人］

反义义场又可以分为互补对立、两极对立和关系对立三个词义聚合场。

①互补对立义场。指的是由无中间状态的一对语义矛盾的词组成的义场，如"生—死"、"有—无"、"单—双"。

②两极对立义场。指的是有中间状态的一对语义相反的词组成的义场，如"左—右"、"大—小"、"冷—热"。

③关系对立义场。指的是两个语义相对的词，有了其中一个就会暗示另一个或几个，可以表现在行为、活动和社会关系上，有二元的，

如："买—卖"、"师傅—徒弟"、"丈夫—妻子"、"原告—被告"等；有多元的，如"进攻—防御—退却"、"敌军—友军—我军"。

（3）多义义场。指具有派生关系的一个词的各个义项聚合在一起形成的语义场。它不是由不同的词之间组成的，而是由一个词内部不同义项组成的语义场。这样的词有一个基本的义项，后来经过引申产生了一些与此相联系的词义，这些词义以基本义为核心，联系在一起，成为多义义场。比如"信"，其基本词义是"诚实"，由此派生出"可信、相信"。这些词义与"诚实"这个基本词义一起构成一个多义义场。

（4）联想义场。我们把以一个共同义素为核心形成的词义聚合叫联想义场。例如同属于一个属概念词（上义词）下的种概念词（下位词）或同属于一个整体的各个部分的词我们都可以通过联想，把它们聚合成为一个语义场。联想义场又可以分为：

①分类联想：是对同类事物的各种对象联想而形成的一种语义场。如各种动物、植物、星体、矿物、民族、国家、服装……各种现象、性质、行动……这是一种最多、最常见的语义场，各种类义词典都可以认为是这样的义场组成的。这种语义场最简单的分类是二元的，如："动物"—"植物"、"中药"—"西药"等；也有多元的，如："赤、橙、黄、绿、青、蓝、紫"、"交响乐"—"摇滚乐"—"民乐"等。

②部分联想：是对某一整体的各个组成部分进行联想而形成的语义场。它可包括两类：一类是有序类，如"星期"的语义场包含"星期一、星期二、星期三……星期日"；另一类是离散类，如"人体"的语义场包含"头、颈、肩、胸、腹、腿、臂、腕、手……"语义场内的各个义位无须按一定的次序排列。

③描绘联想：即围绕某一个中心词义从性质、行为或状态等不同角度进行联想式的描写所形成的语义场。例如"红彤彤、红扑扑、红艳艳……"；"笑嘻嘻、笑哈哈、笑吟吟……"；"傻呵呵、傻乎乎、傻愣愣……"等。

联想义场里词义关系主要是包含关系，上义词和整体词是包含部分，下义词和组成词是被包含部分。

3. 语义场的特点

语义场具有层次性、交错性、变动性、民族文化性等特点。

（1）层次性。语义场是有层次性的，它可以从上到下地观察。最高层次的标题词是一个大母场（一种语言的词汇场是一个总母场），大母场下面又包括一些子场。每个子场又可以成为低一层次的标题词，从而也就是该层次的母场，它又可以包括更小的子场，这样不断分析下去。如：生物（母场）——动物、植物（子场），动物（母场）——哺乳动物、非哺乳动物（子场），哺乳动物（母场）——人、兽（子场）。语义场也可以从下到上地观察它的层次性。例如"人、兽"，共同的标题词是"哺乳动物"，"哺乳动物、非哺乳动物"共同的标题词是"动物"。

（2）交错性。语义场有大量错综复杂的情况，从而具有交错性的特点。多义词本身可以组成一个多义义场，而多义词的每个义位又可以进入不同的语义场。例如"分"是一个多义词，本身可以是一个多义义场，然而它的每个义位又可以与其他词聚合成不同的语义场。如"分"与"合"等词组成反义义场；"分"与"掰"等词组成同义义场；"分"与"秒"、"时"等词组成联想义场。

（3）变动性。一种语言的词汇无论从历时还是共时的角度看总是在不断变化着的，特别是语言的一般词汇变化得最快，这些变化势必引起语义场结构的变化。语义场是词义的聚合系统，每个词义都占有一个位置，取得一定的价值并与其他词义互相联系、互相制约。当某个词义发生了变化，整个语义场就会进行适当的调整。比如"谷"，古代指粮食作物的总称，"价值"较高，是各种粮食作物母场的标题词，但现代的"谷"只是粮食作物其中的一类，"价值"较低，成为子场的成员了。又如"江"，古代只指长江，"价值"较低，现指一切江流，"价值"较高，由子场成员变成了母场的标题词。

（4）民族文化性。由于各民族有不同的文化风俗习惯，所以各种语言的语义场必定有自己的民族文化性。这和词义的民族性特点是一致的。比如颜色词各民族有可能不同，那么同样一个联想义场——颜色场在不同的民族语言里，其子场的成员就是不同的。各语言的同义义场和反义义场当然也会有不同。比如汉语里的"长处"和"短处"是一对反义词，而在英语里只有"shortcoming"，没有"longcoming"；英语里有"strong point"和"weak point"，而汉语里只有"弱点"，没有"强点"。这一切，都与语义场的民族文化性分不开。

3.3.4 句义

句义就是句子的意思。如前所说，句义在词语意义中占有重要的位置，是语言和语用的交叉点：在语言系统中，句子是最大的单位，在言语交际中，句子又是最基本的交际单位。我国古代训诂学是重视句子的具体意义的，而传统的语义学则不研究，现代语义学又开始研究了，但研究的不是具体句子的意义，而是研究句义结构模式的聚合关系和组合关系。由于研究还有待深入，所以这里只介绍一些较为成熟的知识。

1. 句义结构模式的聚合关系

句义结构模式的聚合关系有许多不同的类别：如话题与述题的聚合类、谓词与述项的聚合类等。每一个句义都是由这些句义结构模式按照一定规则组合起来的。

(1) 话题与述题的聚合类。

一个句子的意义一般都是由两部分组成的，即被说明的对象和对该对象的说明。前者叫做话题，后者叫做述题，它们是不同的两种聚合类。如：

句 义	
话题聚合类	述题聚合类
自学考试 他和莲莲 天才 世上 你这个人！	好。 都在上社会大学。 出于勤奋。 没有平坦的路。 走吧！

从语法角度看，话题相当于句子的主语部分，述题相当于句子的谓语部分。一个句子的意义基本上是由话题和述题两部分意义组成的。但是语法上存在着"非主谓句"的形式，即只有主语，没有谓语或只有谓语没有主语。如上表中的"你这个人！"只有主语，没有谓语，"走吧！"只有谓语，没有主语。但从语义角度分析，句义仍然包含话题和述题两个部分。比如："你这个人！"这个句子可能的述题就是："怎么这么马虎……""走吧"这句话的话题可能是"咱们"或"你们"……总之，话题和述题是不依赖语法形式存在于不同的句子中的两类句义聚合类。

(2) 谓词与述项的聚合类。

在句义中直接说明话题的成分，相应于在语法中充当谓语的动词或形容词，主要反映动作或情感的变化、性质或状态，这样的语义聚合类我们称之为谓词聚合类。句义中的话题与述题所涉及的对象，相应于语法中充当主语和宾语的名词，这样的语义聚合类我们称之为述项的聚合类。谓词与述项的聚合类是在话题与述题聚合类的基础上更为细致地划分出来的。我们把相当于主语、直接宾语、间接宾语的述项分别称为述项 1、述项 2、述项 3（项，也可称为向、价、论元）。例如：

句　义			
话题聚合类	述题聚合类		
述项 1	谓词	述项 2	述项 3
自学考试 鸣鸣（也在） 妈妈 你！	春分。 好。 看 送	 报。 莲莲	 （一本）书。

由上表可以看出，话题部分与述题部分进行组合时，谓词总是处在述题部分的开始。可以说述项是由谓词连接起来的。没有谓词的句义是很少的。谓词是句义的核心，谓词与述项的连接也是句义的组合。根据谓词连接述项的多少，我们又可以把谓词分为零项谓词，比如"春分"，一项谓词，比如"自学考试好"，二项谓词，如"鸣鸣看报"，三项谓词，如"妈妈送莲莲一本书"。句义除了话题聚合类与述题聚合类、谓词聚合类与述项聚合类外，剩下的就是附加成分（相当于语法的定语、状语、补语及一些连词等，如上表中的"一本"、"也在"等）聚合类。它们可以附在谓词或述项上一起进行义素分析。比如：

他	（正在）看	（一本）小说
＋人	＋用眼	－生物
＋男性	＋朝一定方向	＋读物
＋第三人称	＋阅读	＋单数
＋单数	＋进行状态	＋单数
爸爸	砍（完了）	（许多）木柴
＋亲属	＋用刀斧	＋植物
＋直系	＋猛烈	＋木本、草本
＋男性	＋断开	＋小块
＋长辈	＋完成体	＋复数

2. 句义结构模式的组合关系

我们在句义结构模式的聚合关系里，从纵向把句义结构模式大致分出了几种聚合类。句义结构模式的组合关系是一种横向的关系，它研究具体的句子各语义结构模式在具体连接组合时，述项在谓词的作用下产生不同的格变化。

述项在与谓词具体组合时产生不同的功能，人们把这叫做不同的格。现在把几种常见的格举例如下：

（1）施事格：发出行为、变化、状态的主体述项，是谓词行为动作的施动者。比如："他笑了"的"他"，"老虎被武松打死了"的"武松"。一项谓词一般只与施事格组合。

（2）受事格：受谓语动作支配的直接述项，是谓词动作行为的直接承受者。如："他在浇花"的"花"；"门被他关上了"的"门"。二项谓词一般既与施事格又与受事格组合。

（3）结果格：也是受谓词动作支配的直接述项，但必须是谓词行为动作的结果。如："妈妈煮饭"的"饭"，"工人盖房子"的"房子"。二项谓词也可与施事格和结果格组合。

（4）与格：谓词动作支配的间接述项，是谓词动作的间接对象。如："他给我一枝花"的"我"，"我欠他两块钱"的"他"。三项谓词一般与施事格、受事格或结果格以及与格组合。

（5）工具格：施事时用以实现行为动作结果的工具或手段。如："他用铅笔写字"的"铅笔"，"老王吃大碗"的"大碗"。

（6）方位格：谓词的动作行为发生的场所、方位或方向。如："把衣服挂在衣架上"的"衣架上"，"院子里种了两棵枣树"的"院子里"。

（7）时间格：谓词行为动作发生的时间。如："三个月后才知道结果"的"三个月后"，"他琢磨了好一阵子"的"好一阵子"。

工具格、方位格和时间格一般都是作为句义的附加成分出现。

3.4　言语意义

言语意义是对语言意义的具体运用和运用结果，它是语言意义的来源，也是语言意义的具体存在形式。相对于抽象的、稳定的语言意义，言语意义是具体的、复杂多变的。从语言意义到言语意义往往会发生许多临时性改变，这种临时性的变化是使用中的变化，是语义的共时性变化，因此，也可以说言语意义是语言意义共时变化的结果。

3.4.1　语境

既然言语意义是对语言意义的具体运用和运用结果，言语意义的出现就离不开一定的语言环境，语言环境是言语意义产生的前提。判断一个意义是语言意义还是言语意义，关键在于语言环境，脱离语言环境时所具有的意义就是语言意义，进入语言环境后所具有的意义就是言语意义。因此，有必要对语言环境进行分析。

1．语境的定义。

语境是语言环境的简称，指的是人们用语言进行交际时的具体环境。语境有狭义的和广义的两种，也叫小语境和大语境。狭义的语境（小语境）指一个语言单位出现的前后语音、词或短语等环境，即口语的前后语，书面语的上下文；广义的语境（大语境）指使用语言进行交际时的具体场合及语言交际的背景等，包括人的身份、场合、社会历史环境等各种因素。

言语意义的产生是这两种语境综合作用的结果。狭义的语境是言语意义产生的直接原因，广义语境是言语意义产生的背景，也是其产生的最深刻、最根本的原因。比如"太太"、"小姐"这两个词，在不同的时代背景和社会文化背景的制约下，其言语意义也有着不同的内涵：在封建社会是对有地位妇女的尊称；在"文革"时期则带有强烈的贬义，经常出现在"地主家大小姐"、"资本家阔太太"这样的上下文中。因此，言语意义的改变是由时代及社会文化背景决定的。

2．语境的作用。

语境对语义有着重要作用，主要体现在以下四个方面：

（1）限制作用。语境对于语义的限制作用主要体现在限制词语的选择、限定说话人的说话方式等方面。比如我们知道，"妻子"这个词有不少的同义词，比如"夫人"、"老婆"、"媳妇"、"屋里的"、"贱内"、"拙荆"等。不同的人、不同的时代、不同的场合，对于"妻子"这同一个意思有着不同的称呼，绝对不能乱用。这就体现了语境对于语义的限制作用。比如，在报纸上我们可以看到"某某人偕同夫人到京"这样的消息，其中的"夫人"就绝对不能换用"老婆"、"媳妇"这样的词。

（2）明确作用。语境能够使多义词和歧义句的意思得到明确。语言意义是语言系统中社会公认的、固有的意义，它是概括的、抽象的和相对稳定的，因而也常常是多义的。只有在一定的语境中，词句的意思成为言语意义，能够得到明确。比如"打"有许多义项，只要一进入上下文，我们就知道它是什么意义，如"打铁"、"打毛衣"、"打酒"、"打的"、"打点滴"……再比如"我要上课去"这句话，到底是说"我"要去听课，还是去讲课，仅从孤立的句子来看，是无法明确判断的。但如果加上具体的语境，"张老师一边拿起教案和粉笔走出办公室，一边说：'我要上课去。'"那么，这里的"我要上课去"的意思就明确了，是"我要去给学生讲课"的意思。

（3）变更作用。语境能够使词语获得临时的意义，并临时影响和改变词语的感情色彩。比如朋友们闹着小张请客时说："这次我们可要让你好好地出点血了。"这里的"出血"意思当然不是"让人流血"的本义，而是在语境的作用下获得了新的意义："出钱"。又如《白洋淀》中在描写几个女人惦念自己丈夫的时候用到了"各人在心里骂着自己的狠心贼"这样一句话，其中的"狠心贼"本含痛斥憎恨之义，但用在这里不但没有贬义，反而有了真挚爱恋的意思。

（4）添补作用。语境对于交际有着重要的提示作用，因此，在一定的语境中，一些省略的、简单的，甚至是不完整的语言形式都可以变得完整、丰富，甚至具有特殊的韵味。比如《红楼梦》中黛玉临死前那一句："宝玉，你好……"就因为具有丰富的语境因素，从而给人留下了广阔的想象空间。

3.4.2　语境中的语义组合

语义的组合指人在具体言语活动中两个以上的语义按一定的规则组合的过程以及组合形成的语义结构。这里我们主要从组合方式和组合规律这方面来讨论这个问题。语义的组合与语义的聚合不同，要受到语言符号线性规律的制约，组合中的义项有一种很强的顺序关系，而不像语义聚合中的语义的关系那样松散。

语义的组合之所以有很强的制约关系，是因为语义的组合不仅要受到语言线性规律的制约，更要受到语义搭配的选择限制规律的制约，也就是说，什么语义能组合，什么语义不能组合，具有一定的选择限制性。而且，这种选择限制是双向的，是语义之间的互相选择。比如

"吃、喝、吸"这三个义项，在与其他义项组合时，就有很强的选择限制性，有的只能跟"吃"组合，有的只能跟"喝"组合，有的只能跟"吸"组合。通过下面的义素分析可以很清楚地看出：

"吃"：［＋动作，＋口腔，＋进食，＋咀嚼］，与之搭配的义项必须有［＋食物，＋固体］的语义特征；

"喝"：［＋动作，＋口腔，＋吞咽］，与之搭配的义项必须有［＋食物，＋液体］的语义特征；

"吸"：［＋动作，＋口腔，或＋鼻腔，＋抽进］，与之搭配的义项应该具有［＋气体，或＋液体］的语义特征；

一般来说，这三个词是不能互换的，在语义系统中各有其固定的搭配。

语义的组合往往是在语境中发生的，没有语境，没有交际的需要，就没有必要将语义组合起来。

3.4.3 语义在语境中的变化模式

语言意义在语境中会发生丰富的变化，但是语义的变化并非是随心所欲的，而是具有一定规律性。我们可以对语义在语境中的变化模式总结如下：

1. 具体义。

具体义是指语言单位的意义在一定语境的作用下，内涵变得具体、丰富或增加一些附加意义。语言意义一般具有抽象概括性，外延较宽，内涵比较概括、空灵，它所反映的是事物的共性；进入语境后，因为与特定的事物联系起来，所指事物的外延缩小，内涵具体、丰富了。比如"油"的语言意义是"各种碳氢化合物的混合物，一般不溶于水，容易燃烧"，这个意思是十分概括的，抽象出了"煤油、汽油、石油"等所有油的特征。但是，当一个司机对乘客说"我的车没油了"，这句话中的"油"的意义就具体化了，指的是"汽油"。

2. 虚化义。

与具体义相反，虚化义指的是语言单位进入语境后，内涵变得概括、空洞甚至完全消失的变化形式。比如："这个周末咱们要玩他个畅快淋漓"，这句话里的"他"，语言意义就已经完全虚化了，不再具有内涵意义，完全只表达一种语气。又比如，在歌词"九九那个艳阳天"中，"那个"也不再有"指示代词"的内涵，而变成音节性陪衬成分。

这样的语言单位只有形式，意义已经虚化到最少或完全消失的程度，因而虚化义也可以叫"减义"。

3. 反义。

反义是指语言单位的感情色彩临时发生改变的模式。这种改变有两个方向：由褒变贬或由贬变褒。当然，这也是语境起作用的结果。如一妻子怒斥其丈夫："就你英雄!"这句话中的"英雄"就由褒义变成了贬义，含有"不识时务，乱出风头"之意。又如鲁迅《藤野先生》一文中的"清国留学生""也有解散辫子，盘得平的，除下帽来，油光可鉴，宛如小姑娘的发髻一般，还要将脖子扭几扭。实在标致极了"，这里的"标致"也由原本的褒义变为了贬义，含有"愚蠢、可笑"之意。

因此，反义模式是把一种两极对立的语言单位颠倒过来使用，使交际更加生动活泼，曲折有致，从而起到正面使用这些语言单位所起不到的作用。

4. 转义。

转义是指语言单位进入语境后，所指对象发生改变，产生的字面以外的含义的模式。比如："他真是个事后诸葛亮"，这里的"诸葛亮"的意思就发生了变化，不再指真正的三国人物诸葛孔明，而是指善于出谋划策的人。

转义与前几种模式不同，前几种模式一般只影响一个语言单位，转义则往往使整个句子或段落发生整体性变化，产生字面以外的隐含意义。

语义在语境中变化的模式是动态的，也可以说是语义变化的方式、手段或途径。语言意义通过几个途径发生变化，其结果产生各种言语意义。

3.4.4 语境中句义之间的关系

语境能使词语的语义发生各种临时性变化，同样，语境也可以使句子在意义上产生各种各样的联系。这种联系主要有以下几种：

1. 预设。

是指利用语言进行交际时双方所共知的常识或根据句子的语境推断出来的信息。比如：A校园湖边的柳树绿了，可以预设B校园湖边有树，或预设C校园有湖。或者说，B、C是A的前提。预设和句子之间存在着逻辑——语义关系。因此，预设有如下特点：

（1）预设决定于人们普遍接受的逻辑规律。比如"我看见了一个小伙子"这句话，根据逻辑规律，人们可以推断出"有一个小伙子"这样一个前提。

（2）预设必须是客观真理，否则句子就毫无意义了。比如"当今法国国王很聪明"这句话就没有意义，因为它的预设"当今法国有位国王"不是客观真理，法国现在并没有国王。

（3）对句子进行提问或否定不影响预设的正确性。比如"我看见了小王。"预设"有一个人叫小王"，把句子变成否定形式或疑问形式"我没看见小王"，或"你看见小王了吗"都不能否认"有一个人叫小王"的预设。

2．蕴涵。

两个句子中如果有一个对应的语言单位是上下位概念，这两个句子之间的关系就是蕴涵关系，含有下位概念的句子蕴涵含有上位概念的句子。因为上下位概念之间存在着一种包含关系，比如"小伙子"和"人"就是上下位概念，下位概念"小伙子"包含了"人"的上位概念，因此，含有这两个概念的句子具有蕴涵关系。"我看见了一个小伙子"蕴涵了"我看见一个人"。

蕴涵和预设是不同的：如果句子 B 预设句子 A，则无论 B 是否成立，A 永远是真实的；如果 B 蕴涵句子 A，则 B 成立或不成立时，A 无所谓真假。所以，对"我看见了一个小伙子"进行否定或提问："我没看见一个小伙子"和"你看见了一个小伙子吗？"时，它的蕴涵"我看见了一个人"无所谓真假，"我没看见一个小伙子"也可能是"我没看见一个人"，也可能是"我看见了别的人"。从下面的公式中可以看出预设和蕴涵的区别。

若：B 预设 A

则：真 真
    假 真

若：B 蕴涵 A

则：真 真
    假 真/假

3．矛盾。

如果两个句子中有一个语言单位是在意义上对立的，那么，这两个句子之间的关系就是矛盾的。所谓语言单位意义上的对立是指，这两个

新世纪高等学校教材

单位必定有一个语义特征是相反的。这个对立的单位可以是谓语，也可以是述项，比如下面的矛盾关系的句子：

谓语对立：小张喜欢老王。

小张讨厌老王。

述项对立：前面来了一群人。

后边来了一群人。

老张说她生了个男孩。

老张说她生了个女孩。

总的看来，矛盾比预设和蕴涵关系相对简单一些，判断两个句子是否有矛盾关系，只需判断这两个句子中有没有意义上互相对立的词：有，是矛盾关系；没有，就是其他关系。

3.4.5　言语意义的类型

语言意义在语境中的变化虽然丰富多彩，但所形成的言语意义仍然具有一定的系统性。根据言语意义的性质的不同，我们把言语意义划分为四种类型：

1. 上下文义

指在狭义的语境中语言单位产生的临时、特殊的意义，这种意义一般通过具体义、虚化义、转义、反义等途径实现。比如恋人之间经常说的"你真坏"，"瞧你那傻样"这种贬义词的变化，就是在语境中增加的临时意义。这种在语境中增加的特殊的、临时的意义都是上下文意义。

2. 言外之意

在交际中人们有意利用语境，使语言单位产生字面意义之外的隐含意义，这便是言外之意。和上下文意义不同，上下文意义往往是词义在狭义语境中所增加的临时、个别意义，而言外之意往往是一个句子甚至整个段落的意义发生的整体性的变化。语境是千变万化的，言外之意因此也是复杂多样的。在交际中，人们经常利用语境，人为地制造言外之意，从而把不便于直说的内容曲折委婉地表达出来。这时的语言单位同时具有两种含义，一种是表面意义，具有掩饰性；另一种是隐含意义，即言外之意，是交际者要表达的真正意图，是实质性的意义。比如《红楼梦》中写黛玉讽刺宝玉听宝钗的话，表面上她说丫鬟不听她的话："平时我说的话你全当耳边风，她的话怎么比圣旨还快？"实则讽刺了宝玉。这种言外之意由于有表面意义的掩饰，当事人以外的人往往理解的是表面意义，只有当事人才心照不宣，理解的是言外之意。

3．共现义

也称相关义，是由于交际中的共现成分的作用使语言单位产生的临时意义。比如《红楼梦》中写到凤姐讽刺贾琏对漂亮女人的态度："我们看着像外人，他看着倒像'内人'。"这里的"内人"由于和"外人"共现，意义发生了变化，既可理解为"自己人"，又可理解为"妻子"，因此产生了讽刺的效果，这就是这个语言单位此时产生的"共现义"。这里的"内人"与"外人"互相衬托，相映成义。此外，同一个语言单位和不同的语言单位搭配，可以产生不同的共现义。比如"胖"这个词，本来是中性的，但在下面的不同搭配中，其感情色彩明显不同：

胖女人　　　　　胖小子

胖局长　　　　　胖老头儿

左边的"胖"由于与"女人、局长"共现而产生贬义，右边的"胖"与"小子、老头儿"共现而产生褒义。

4．主题义

也称焦点义。在交际中，交际者在一句话中要表达的语义重心的意义显得比较突出，这便是主题义。比如"墙上挂着画儿"，其中，"画儿"是交际者要表达的语义重心，因此，"画儿"的含义便是此句的主题义。而在"墙上挂画儿，门上贴对联"中，"墙上"和"门上"是表达的中心，因此主题意义在这两个单位上。在一个句子中，含有主题意义的单位因为是要表达的中心，是交际者予以重视和强调的，因此，在读音上往往用逻辑重音表达。

3.5　语义指向

3.5.1　语义指向的源起

语义指向，最早是由吕叔湘提出的，"论结构关系，A 应该属于 B，但在语义上 A 指向 C"[1]。研究语义指向，有助于分析句子中几个语义结

---

〔1〕吕叔湘：《汉语语法分析问题》，60 页，商务印书馆，1979 年。

构间错综复杂的关系，从而有利于更深刻地理解句子的深层意义。通过语义指向分析，使句子更具有解释力，并赋予句法研究以更加深刻的内涵。我们认为，语义指向不能孤立研究，必须结合上下文小语境进行，而且语义指向非常灵活多变，应该归入言语意义，属于言语的语言学。当然语义指向也可归纳出一些结构模式，有的也可以在句子里进行分析。为了系统论述，在这里单成一节。

3.5.2 语义指向的定义和主要内容

语义指向是从语义平面揭示句法成分之间的关系，是指向句法结构中某一成分在语义平面上支配或说明的方向。通过分析句中某一成分的语义指向来揭示、说明、解释某一语法现象，这种分析手段就称为语义指向分析法。我们来看下面3个句子：

（1）他早早地写了一副对联。
（2）他漂漂亮亮地写了一副对联。
（3）他急急忙忙地写了一副对联。

这三句话，就格式上看完全相同，所差只在作状语的词不同：例（1）用"早早地"，例（2）用"漂漂亮亮地"，例（3）用"急急忙忙地"。然而其语义指向各不相同：例（1）"早早地"在语义上指向谓语动词"写"，例（2）"漂漂亮亮地"在语义上指向"写"的受事"对联"，例（3）"急急忙忙地"在语义上指向"写"的施事"他"。

具体说来，语义指向分析包括以下几个专题：〈1〉对状语、补语位置上的某些词语的不同语义指向的描写研究；〈2〉对状语、补语位置上的某些词语的语义指向规律的研究；〈3〉对由不同的语义指向所造成的句子的歧义现象的研究；〈4〉对语义指向给词语、结构的句法功能的影响的研究；〈5〉对语义指向给相关句法结构配价的制约的研究。由于语义指向是句子中某些词语之间的语义联系，因而它与句子结构，甚至句子之外的很多因素相关。比如状态词、形容词状语的语义指向就涉及它们自身的语义特征、它们的名词性被指成分的语义特征、述语动词与它们的语义关系、主语与谓语动词的格关系、它们与名词性被指成分之间的语序以及句型等多种因素。再如，"不、也"的语义指向就涉及语境、预设、焦点、已知信息、新知信息等语用方面的因素。挖掘这些因素及其之间的关系对词语的语义指向的制约就使得汉语语法研究逐渐向语言结构的纵深挺进。因此，20世纪80年代以来出现的语义指向分析，构成了汉语语法研究的一个重要的组成部分。

3.5.3　语义指向的结构模式

由于人类认知和语言表达的多维特点，所以语义指向的结构模式也不尽单一。从不同的角度，语义指向的结构模式可以概括为前指与后指、内指与外指、专指与兼指、单指与多指等几种。

1. 前指和后指

即是指向它前面的成分，还是指向它后面的成分。例如：

a 小张小心翼翼地端着茶杯。

b 小张稳稳当当地端着茶杯。

同是状语，a 的"小心翼翼"前指"小张"，而 b 的"稳稳当当"则是后指"茶杯"。

2. 内指和外指

一个语义指向结构体的指向成分和被指成分应是同时存在于一个句子中，叫做语义内指，如前述各节讨论的语义指向模式。但在一定的语境中，被指成分也有可能不在句中出现，这叫做语义外指。例如：

a 哥哥把饭菜吃光了。

b 剩下的钱统统买了书。

例 a 句谓语中心"吃"在语义上指向其施事"哥哥"，补语"光"在语义上指向"吃"的受事"饭菜"，所指都在句内。而例 b 句中，状语"统统"在语义上是指向"买"，买指向买的施事，而这个施事没有在句中出现。

3. 专指和兼指

某个指向成分只跟一个被指成分发生语义关系，我们把它叫作专指。有的指向成分可以同时跟两个或两个以上的被指成分发生语义关系。这种一个指向成分同时可以指向多个被指成分，从而同时构成多个语义指向结构体的指向方式，叫做语义兼指。例如：

a 孩子吵醒了父母。

b 妹妹在院子里逗小猫。

在句 a 中，"醒"只指向"父母"，这是专指。而句 b 中，"在院子里"兼指"妹妹"和"小猫"。

3.5.4 状语和补语的语义指向

前面已经说到，到目前为止，现代汉语的语义指向研究得比较深入细致的是补语和状语的语义指向问题。因此在这里，我们专门将补语和状语的语义指向提出来，加以简单介绍。

1. 补语在语义上可以指向多种句法成分，它可以指向主语、谓语动词、宾语，还可以指向其他成分。

（1）老王喝醉了。

（2）我们准备好行李，即将出发了。

（3）那个孩子摔断了胳膊。

上述例（1）的补语指向主语，指的是"老王醉"；例（2）中的补语指向动词本身，"好"指向"准备"；（3）中的补语指向宾语，指的是"胳膊断"。

此外，补语的语义还可指向其他成分，如"把"字的宾语，"她把钱包弄丢了"一句中，补语"丢"指向"钱包"，指的是"钱包丢"。

2. 状语的语义多数指向谓语动词或形容词。

（1）他回来的时候，妻子已经睡了，于是他轻轻地洗漱。

（2）他背上的伤口一阵一阵地痛。

上述例（1）的状语指向谓语动词；例（2）中的状语指向谓语形容词。

此外，状语的语义也可以指向宾语和主语等。例如：

（1）阿Q圆圆地画了一个圈。

（2）他笑嘻嘻地跟我聊天。

上述例（1）状语语义指向宾语，指"圆圆的圈"；例（2）的状语指向主语，语义"笑嘻嘻"的是"他"。

3.5.5 语义指向的确定

要确定语义指向，首先必须确定"语义指向对象"，即将要研究的语言单位，同句子中哪个词语存在语义指向关系。一旦确定了这个对象，那么我们可以通过移位变换这一手段，在不改变句子的原意的条件下，来确定该词语的语义指向。下面我们以作状语的形容词为例，在 NP＋A＋VP＋O/R 格式中（其中 NP 为作主语的名词或名词性短语；A 为形容词状语；VP 为作谓语的动词或动词性短语；O 为作宾语的名词或名词性短语；R 表示补语。）来讨论如何确定作状语的形容词 A 的语义指向。

1．A 指向 NP。例如：

"头发湿漉漉地搭在脑后"，通过移位变换，我们可以得到以下这样的句子：

a 湿漉漉的头发搭在脑后。

b 头发湿漉漉的，（头发）搭在脑后。

原句中的"湿漉漉地"在句法结构上是动词"搭"的修饰成分，作状语。通过变换，a 中的"湿漉漉的"为"头发"的定语；b 中的"湿漉漉的"为谓语，也是用来描写、说明"头发"的。所以，从语用角度来看，变换后的句子保留了原句的意思，因而我们可以说，原句中的"湿漉漉"的语义指向是主语"头发"。一般来说，只要满足其中的一种变换形式，我们就可以断定某个句法成分的语义指向。

以上变换可形式化为：若 NP＋A＋VP＋O/R 可以转化为 A＋NP＋VP＋O/R 或 NP＋A，（NP）＋VP＋O/R，则 A 指向 NP。

2．A 指向 O。例如：

"他脆脆地炸了一盘花生米"，可以转换为：

a 他炸了一盘脆脆的花生米。

b 他炸了一盘花生米，（花生米）脆脆的。

原句中的"脆脆地"，在句法上作"炸"的状语；a 中的"脆脆的"为定语，修饰宾语"花生米"；b 中"脆脆的"作谓语，描述、说明"花生米"的性态。a 和 b"脆脆的"经过变换，没有改变原意，因此，我们可以说句中"脆脆"的语义指向宾语"花生米"。可以形式化为：若 NP＋A＋VP＋O 可以移位转换为 NP＋VP＋A＋O 或 NP＋VP＋O，（O）＋A，则 A 指向 O。

3．A 指向 VP。例如：

"海鸥高高地飞在海面上"，可以转换为：

a 海鸥（啊），高高地飞在空中。

b 海鸥飞在空中，飞得高高的。

原句中"高高地"作状语，修饰动词"飞"。a 中的语音停顿，不改变原意，说明"高高地"与"飞"结合紧密，因此可以断定"高高"的语义只指向谓语。b 中的"高高的"作补语，补充说明"飞"的状态。从语用角度看，a 和 b 中的"高高地（的）"变换没有改变句子的原意，因此，我们完全有理由把谓语动词"飞"看作"高高"的语义指向。

可形式化为：若 NP＋A＋VP＋O/R 可以移位变换成 NP（啊），A＋VP＋O/R或 NP＋VP＋O/R，VP＋得＋A，则 A 指向 VP。

4．其他情况。

作状语的形容词的语义有的还可以指向介宾短语中的宾语。例如：

"他把教室干干净净地打扫了一遍"，可以转换为："他把教室打扫了一遍，教室干干净净的"，句中的"干干净净"的语义指向"教室"。

此外，作状语的形容词有时还可能为隐性指向，即语义指向在句中未出现。例如，"师傅被恭恭敬敬地请了过去"，句中"恭恭敬敬"的语义指向则为空指，即隐性指向。

3.5.6　语义指向分析法的价值和不足

1．理论价值

（1）分化歧义。在语用平面上产生歧义的句子，也可以通过分析导致歧义产生的某个词语的不同语义指向，从而消除歧义。例如：

老张有一个女儿，很骄傲。

这是个复句，它有歧义，它既可表示（a）"老张有一个女儿，他很骄傲"的意思（指老张很骄傲）；也可表示（b）"老张有一个女儿，她很骄傲"的意思（指那女儿很骄傲）。层次切分法和成分定性法都无法分化这一歧义句，变换分析法虽然能分化这一歧义句，但手续复杂。当然，我们也可以从省略、隐含或主题链等角度去说明其歧义。但是也可以用语义指向分析法来分化，而且比较方便。只需指出后一分句"很骄傲"不同的语义指向就行了。当它表示（a）意时，后一分句在语义上指向前一分句的主语"老张"；当它表示（b）意时，后一分句在语义上指向前一分句的宾语"女儿"。证明是，如果将后一分句的主语补出来，既可以是"老张"，如："老张有一个女儿，所以老张很骄傲"；也可以是"女儿"，如："老张有一个女儿，那女儿很骄傲"。

总之，语义指向分析法为分化歧义句式又提供了一种新的方法。如果说层次切分法、成分定性法和变换分析法是属于形式方面的分析方法，那么语义指向分析法则是属于意义方面的分析方法，二者是互为补充的。

（2）为语法研究的精细化提供前提，为其他分析法提供语义上的支持和依据。语义指向作为一种在语义平面进行语法分析的方法，与其他建立在语义分析基础上的研究理论和研究方法有着一定的联系。特别在配价研究中，不论是动词的配价研究，还是形容词或其他词类的研究，都是分析某个句法成分与结构中其他成分之间的支配、陈述或系联等关系，而语义指向分析正好为此提供了语义上的支持和依据。

2. 应用价值

目前人工智能研究正面临的一大难题是，如何让计算机准确识别不同语境下成分与成分间的语义关系问题。语义指向研究的深入势必会给计算机信息处理和人工智能研究一定程度的启示。语义指向研究及其理论的建设，对语言教学，尤其是对外汉语教学也是大有裨益的。语义指向表面看来变化不拘，其实有其自身的表现形式，有自己独立的体系。在教学中可以遵循人类一般的认知规律，根据不同的语义指向结构模式或语义指向类型安排教学内容。鉴于此，语义指向研究可以为语言教材的编写，课程大纲的设计以及具体的教学过程提供语言学的理论依据。同时，语义指向分析还可以帮助解释语言教学中出现的一些问题。

对句子各层次上的成分如何构成信息结构进行规律性的揭示，这正是语义指向研究的目的。然而就目前来看，语义指向的研究还远未达到令人满意的程度：研究的范围囿于一些典型结构和典型词类上，有待拓宽；对一些理论性问题的认识还存在较大的分歧，更不用说建立一个完整的语义指向理论体系。

3.6 语义的历史演变

语义的历史演变和语义在语境中的共时变化是语义的两种不同性质的变化，但二者又有内在的联系。前面我们已经分析了语义在语境中的变化，这里，我们再分析语义的历史演变。

3.6.1 语义演变的性质

1. 语义的历史演变指语义在不同历史时期所发生的变化。这种变化是语义的历时性变化，不受一时一地特定的语境的制约，而且，这也是语义的系统性变化。只要我们对比一个语言单位在不同共时平面的意义，就可以看出其历史演变的脉络。

2．语义的历史演变既然是语义系统性变化，因此不是一种临时性变化，是语义的长久性改变，它不会随语境的变化而变化或消失。这种历史演变一旦发生，就进入了语义系统，成为用语音形式固定下来的语义内容，短时间内不会再发生大的改变。因此，语义的历史演变是语言性变化而不是言语性变化。

3．语义的变化一般先从语义在语境中的临时性变化开始，这种变化反复出现，它一旦被使用语言的社会集团承认并接受，就再也不是语义的个别的、临时性变化了，而成为长久的、固定的变化。这时，语义的历史演变就发生了。所以，从根本上说，促使语义发生历史演变的还是言语意义。

3.6.2　语义演变的原因

语义的历史演变原因很复杂，既有社会的、历史的原因，也有语言系统自身的原因，还有使用语言上的原因。大致说来有以下几个：

1．社会生活的发展变化

人类社会的进化发展对于人类社会最重要的交际工具——语言有着重要的影响。语言必须随着社会的发展而发展，以满足交际的需要。社会的发展变化首先使得语言符号的内容——语义发生变化。比如"计算机"一词的语义演变就和社会生活的变化有密切关系。这个词刚产生的时候含义是"用来进行高速计算的电子仪器"，因为产生之初的"计算机"只能进行高速计算，没有其他功能。经过数十年发展，在科技日新月异的今天，"计算机"指的是能进行各种文件操作和软件运行的电子仪器，其语义内容由此而发生了变化，但这个名称却保留了下来。又如"马路"一词，最初的意义是"马走的土路"，因为古代马是最主要的长途交通工具。到了现代，汽车、自行车已经代替了马车，路也变成用柏油铺成的，可是仍叫"马路"，但其语义内容早就变成了"道路"的意思。

2．人的认识能力的提高

随着社会的进步，人们认识世界和改造世界的能力不断提高，使语义发生了变化。如"地"一词，东汉《说文解字》里的解释为"元气初分，轻清阳为天，重浊阴为地。"这代表了当时人们对"地"的一种认识，和现在人们对于"地"的认识相比就有了很大的差距。再如"死"一词，原来认为人的心脏停止跳动是"死"，而现在则认为人的脑死亡是"死"的真正含义。

3．语言单位内部的矛盾

语言系统内部相对稳定的时候，单位与单位之间存在着相互联系、相互制约的关系，呈现一种平衡的状态。这种平衡一旦被破坏，单位与单位之间便会出现矛盾。为了恢复平衡，单位与单位之间的关系势必要进行调整，这样语言就会不断地发展变化。比如古汉语"走"原意为"跑"，后来产生了"跑"一词，抢走了"走"的含义，于是"走"又抢走了"行"的含义，使"行"只作为不成词语素，所以如今"走"、"跑"、"行"的意义格局，就是语言单位内部的互相制约关系形成的平衡。可以说，这是语言发展的直接原因。前两个原因只是间接地作用于语言系统，通过这个因素起作用。

3.6.3　语义演变的途径

语义的演变不仅有很多原因，也要沿一定的途径来进行。可以以语言单位的一个义项为核心，由此引申出与之相关的新的义项。核心的义项叫基本义，引申的意义叫引申义。通过引申，一个语言单位可以由单义的变为多义的，由只有一个义项变为拥有多个义项。

词义引申的途径主要有两个：比喻和借代。

1．比喻

比喻是指用具体形象的词比喻与之有联系的抽象性质的途径。通过这个途径，有些原来只表达具体形象性质的词可以增加一个表达与之相关的抽象性质的含义。比如"栋梁"，原意为"房屋的脊檩"，由于它能够承负重量，坚实有力，人们就用"栋梁"来比喻像栋梁一样坚定有力、能够担负国家重任的人。又如英语的"sweetheart（'情人'，字面表义是'甜蜜的心'）"的意义和"honeymoon（蜜月）"中的语素 honey（蜂蜜）的意义也都是通过比喻产生的。比喻的基础是甲乙两种事物性质或状态相同。

2．借代

借代是指利用事物之间的某种联系，用表示甲事物的词指代乙事物的途径。比如，可以用特殊借指一般，用"葛朗台"指代吝啬鬼，用"诸葛亮"指代有智谋的人，用"西施"指代美女；可以用事物的部分来指代整体，比如"红领巾"本来只是指少先队员系在脖子上的标志，因为总是和少先队员一起出现，因而"红领巾"就产生了新的意义，指

"少先队员"，又如用"须眉"指代男人，用"丹青"指代绘画等；还可以因为甲事物与乙事物有一定的联系而用指甲事物的词转指乙事物，如英语的"dish"指"盘子"，由于盘子经常装菜，dish 又有了"菜"的含义。

3.6.4　语义历史演变的结果

语义演变的结果是语义历时变化的结果，因此，只有对比同一语言单位在不同共时层面的含义才能看出这种变化。通过对比，我们可以发现，语义演变的结果有三种：语义所指概念的扩大、缩小和转移。

1. 扩大

语言单位概括和应用的范围由小变大，这就是语义的扩大。语义的扩大有两种类型：一是词所指概念的外延扩大。比如"江、河"原来只指"长江、黄河"，是专有名词，后来扩大指所有内陆水域，外延变大了。又比如英语的"pipe"，原意为一种管乐器，后来泛指各种管子。二是词由单个义项变为多个义项。比如"信"本义是"诚实"，由此派生出"可信、相信"，由单个义项变为多个义项。

2. 缩小

语言单位所概括和应用的范围由大变小，这就是语义的缩小。比如汉语"臭"的本义是指一切气味，现在变为专指难闻的气味，词义缩小了；"汤"原来指"热水"，现在变成了"食物煮熟后所得的汁水"，词义缩小了；英语"hound"原义是指"狗"，后来变为专指"猎狗"，词义也缩小了。也有的语言单位由多个义项缩小到单个义项，如"姑和舅"，原来除了有"父亲的姐妹和母亲的兄弟"这样的意义外还有"公公、婆婆"的意义，后来就只剩下前者的意义而没有后者的意义了。

3. 转移

语言单位的意义由指称一个范围内的事物变成指称另一个范围内的事物，这就是语义的转移。语义的转移主要有两种类型：

（1）通过比喻和借代等途径产生的转移。比如"风雨"本来指自然界的现象，后来比喻"考验、磨难"；"心腹"本来是人体的器官，后来比喻"关系十分密切、得到信任重用的下属"；"葛朗台"本来是小说中一个吝啬鬼的名字，后来用来借代"吝啬鬼"。

（2）语言单位感情义的转移。比如"喽啰"原指"伶俐能干的人"，是褒义，现在概念意义和感情意义都发生转移，指"坏人的仆从"，变成了贬义。英语的"nice"原来是"无知"的贬义，后来转为"好"的褒义；"pretty"原来是"狡猾"的意思，后来成为"漂亮"的意思。

语义演变的三个结果中，语义的扩大最为值得注意。因为语言符号的数量同客观事物相比毕竟有限，而且客观事物之间又存在着普遍的联系，所以，人们没有必要总是创造新词，而只需利用事物之间的联系，通过比喻、借代等方式使词义扩大，以满足社会发展和交际的需要。

⊙本章小结

本章从语义的定义与分类入手，介绍了语言意义和言语意义二者的区别和联系，随后又分别从语言意义和言语意义两个角度介绍了语言学中有关的语义理论。在语言意义部分，词义与句义是两个重点。词义可以分为概念意义和非概念意义，概念意义是最基本、最典型的语言意义。非概念意义又可分为内涵意义、风格意义、感情意义、连带意义、搭配意义、主题意义等类型；词义有概括性、明晰性与模糊性、共同性与民族性等特征；语义场、义位和义素是对词义进行研究所必须掌握的三个概念；可以用义素分析对词义作深入的研究。句义部分的内容包括句义结构模式的聚合关系和组合关系，涉及话题、述题、谓词、述项以及多种语义格的概念。言语意义的研究离不开语境，语境对于语义有限制、明确、变更、添补等作用，语义可以反映语境，语义在语境中有各种变化模式；我们还可以利用上下文语境对句义组合作出语义推断。语义指向是从语义平面揭示句法成分之间的关系，是指句法结构中某一成分在语义平面上支配或说明的方向。语义在语境中的变化是共时变化，语义的历史演变是历时变化。语义演变的原因，来自语言系统内部和外部各个方面；语义沿比喻、借代等途径发生扩大、缩小、转移等变化。

通过学习本章，学生应该掌握语义的定义与分类，领会语言意义和言语意义的区别与联系，掌握词义部分的语义场、义位、义素等概念以及义素分析的原则、程序，能够完成简单的义素分析；领会句义结构模式的组合与聚合关系，掌握话题、述题、谓词、述项以及多种语义格的概念；掌握语境与语义的相互依存及语义指向关系；了解语义的历史演变原因、途径、结果。

□思考与练习□

一、名词解释

语义、语言意义、言语意义、义素、义项、语义场、语境、词汇意义、概念意义、语法意义、话题、述题、谓词、述项、预设、蕴涵、语义指向

二、填空

1. 我们说的语义，是指语音形式表现出来的_____和_____的全部内容，它包括_____和_____两大类。

2. 语言意义最大的特点是_____。语言又是一种社会交际工具，所以语言意义必须是相对_____和_____的。

3. 英国著名语义学家利奇把意义分成七种类型：_____、_____、_____、_____、_____、_____、_____。

4. 语义场的类型有_____、_____、_____、_____。

5. 义素分析的原则是_____。

6. 句义结构的聚合关系有_____、_____。句义结构的组合关系格有_____、_____、_____、_____、_____、_____。

7. 言语意义的类型有_____、_____、_____。

8. 语境对语义的作用是_____、_____、_____。

9. 语义在语境中的变化模式是_____、_____。

10. 语义指向的结构模式有_____、_____。

11. 语义演变的性质是_____、_____、_____。

12. 语义演变的途径是_____、_____。

13. 语义的历史演变有_____、_____、_____三种结果。

三、选择

1. _____是指语言单位的意义在一定语境的作用下，内涵变得具体、丰富或增加一些附加意义。（   ）

A. 具体义

B. 反义

C. 虚化义

D. 转义

2. 下列各组语义场中属于分类义场的是（　　）

A. 正、负

B. 师傅、徒弟

C. 交响乐、摇滚乐、民乐

D. 边疆、边境

3. 义素这个概念是（　　）

A. 自然的语义单位

B. 理论上分析出来的语义区别特征

C. 相当于语音的音素

D. 相当于词汇的语素

4. 汉语"闻"在古汉语是用耳"听"的意思，在现代汉语是用鼻子"闻"的意思，这种词义演变现象是（　　）

A. 扩大

B. 缩小

C. 转移

D. 比喻

四、判断正误并改错

1. 语言意义是第一性的，言语意义是第二性的，没有语言意义就无所谓言语意义。

2. 如果 A 蕴涵 B，则无论对 A 提问或否定都不影响 B 的正确性。

3. 词汇意义主要是用实词表达的，语法意义是用虚词、词尾、词缀、词序等表达的。

4. 一个词的全部词义构成最小的语义单位。

5. "老张是单身汉"与"老张是鳏夫"的语义相同。

五、简答

1. 简述语言意义和言语意义的区别和联系。

2. 举例说明词义的特点。

3. 举例说明词汇意义有哪些类型？

4. 举例说明言语意义有哪几种类型？

5. 举例说明语义场及其类别。

6. 语义三角理论的内容是什么？

7．举例说明话题与述题的聚合类。

8．举例说明谓词与述题的聚合类。

9．举例说明句义结构组合格。

10．举例说明语境对语义有哪些作用及语义在语境中的变化模式。

11．举例说明怎样区分蕴涵和预设。

12．举例说明语义历史演变的性质是什么？与语义的共时演变有何不同？

13．举例说明语义演变的原因、途径、结果是什么？

六、运用

（一）对以下各组词作义素分析。

1．父、母、儿、女

2．兄、弟、姐、妹

3．煎、炒、烹、炸

4．伯父、伯母、舅父、舅母

（二）用义素分析法分析下列各组同义词和反义词

1．废除——破除　　　要求——请求——恳求

边疆——边境　　　爱护——爱戴

取消——取缔　　　果断——武断

鼓励——纵容　　　周密——严密——精密

2．死——活　　　正确——错误

男——女　　　前进——后退

黑——白　　　开始——结束

高——矮　　　明白——糊涂

（三）指出下列各词的搭配意义

啸、吟、鸣、吠、啼、嚎、吼、嘶

（四）分析下列句子中状语的语义指向

1．他的裤子皱巴巴地贴在小腿上。

2．那位男士潇洒地跳着华尔兹。

3．他浓浓地泡了一杯黑咖啡。

（五）分析下列带线的词的语义指向

1．砍光了

2．砍累了

3．砍钝了

4. 砍<u>快</u>了

5. 他吃<u>饱</u>了饭

6. 他吃<u>光</u>了菜

7. 他吃<u>完</u>了饭

◁ 阅读与参考 ▷

1. 叶蜚声、徐通锵:《语言学纲要》,北京大学出版社,1981 年

2. G.Leech:《语义学》,上海外语教育出版社,1987 年

3. 贾彦德:《语义学导论》,北京大学出版社,1986 年

4. 贾彦德:《汉语语义学》,北京大学出版社,1992 年

5. 孙维张、刘富华:《语言学概论》,吉林大学出版社,1991 年

6. 刘伶、陈秀珠、黄智显主编:《语言学概要》,岑麒祥审定,北京师范大学出版社,1984 年

7. 伍谦光:《语义学导论》,湖南教育出版社,1988 年

8. 徐烈炯:《语义学》,语文出版社,1990 年

9. 何自然:《语用学概要》,湖南教育出版社,1988 年

10. 岑运强主编:《语言学概论》,中国人民大学出版社,2003 年

11. 岑运强:《词义类型与句义模式》,见《北京师范大学学报》,1996 年第 4 期

12. 石安石:《语义研究》,语文出版社,1994 年

13. 沈开木:《论"语义指向"》,见《华南师范大学学报》,1996 年第 1 期

14. 卢英顺:《语义指向研究漫谈》,见《世界汉语教学》,1995 年第 3 期

15. 王红旗:《论语义指向分析产生的原因》,见《山东师大学报》,1997 年第 1 期

4. 词 汇

语言是由词组成的，因此要研究语言的历史，必须研究词的历史。

——舒哈尔特

4.1 词汇和词汇学

作为语言的建筑材料，词汇是语言又一个重要的要素。它同前两个要素（语音和语义）不同。语音和语义的构成成分是单一的，而词汇这个要素本身既有语音属性，又有语义内容，而且除了自身规律以外，同时还要受语法规律制约。因为没有语法规则，只有建筑材料是无法建构语言这座大厦的。所以，在讲其他要素时，也会涉及许多词汇的问题。本章主要从词汇自身的规律来论述词汇的基本问题。

4.1.1 词汇

词汇是一个集合概念，指词和词的等价物——固定词组的总和。词汇不能用来指单个词或单个的固定词组，因为它是集合概念。单个的词或固定词组只能称为词汇单位，每一个词汇单位都是词汇这个集合的成员。如"汉语的词汇很丰富"、"英语词汇教学要循序渐进"，这里的"词汇"所表达的就是一个集合的概念；而如"方言词汇"、"文言词汇"、"外来词汇"、"《红楼梦》的词汇"，其中"词汇"的范围虽然小一些，但也是就整体而言的，而不是指个别的词或短语。

4.1.2　词汇的分类

词汇有语言的词汇和言语的词汇。

语言的词汇，是指一种语言中全部词和固定词组的总和，如汉语词汇就是指汉语中全部词和固定词组的总和，英语词汇则是指英语中全部词和固定词组的总和。言语的词汇是指个人运用语言的词汇，它允许存在偏离语言规范、不同于语言词汇。

言语的词汇可以就某个个人和一部著作而言，也可以就一个特定的言语环境而言。如鲁迅的词汇指他著作中所使用的全部词和固定词组，《红楼梦》的词汇指这部书的全部词和固定词组的总和，网络词汇指人们在网络上使用的全部词和固定词组。我们说，任何一个人一方面不可能把一种语言中的所有词语都变成他言语中的词语。另一方面，大多数人，甚至每一个人又都在运用着语言中所没有的词语，即都有一些特有的言语的词语。

言语的词汇是个人运用语言的词汇说与写的结果，往往只占全民语言词汇的一小部分，而且常常带有个人成分与特色。而个人创造的某些词，一旦被社会承认也就进入了语言的词汇之中。如同语言和言语的关系一样，我们说语言的词汇对各种言语词汇起着强制的规范性作用，而言语的词汇无时无刻不在丰富着语言的词汇。

4.1.3　词汇学

词汇学是以词汇为研究对象的语言学学科。一般认为，词汇学研究词的性质，词的构成，词义的本质，词义的发展，词的各种关系，以及词汇的划分、关系、发展等。

词汇学又分具体词汇学（也叫一种语言的词汇学，即研究一种语言的词汇）和一般词汇学（研究词汇的一般理论），历史词汇学（研究词的本义，最早的形式和它的发展）和描写词汇学（研究一个时期的词汇），还有历史比较词汇学（比较有亲属关系的语言的词，以构拟它们在共同的母语中的形式和意义）。

一般来说，传统意义上的词汇学属于对语言词汇的研究范畴，对言语词汇的研究较少。随着语言学向交叉科学发展的趋势不断显现，对言语词汇的研究也越来越重要。它是新时期语用学的一种体现，也对了解语言词汇的丰富和发展、了解语言词汇的语用状况有着重要的意义。

4.2 语言的词汇

4.2.1 语言词汇的性质和功能

语言的基本功能是交际。现实交际中人们说的话，写的文章都是用词汇这个建筑材料构成的。人们说的话和所写的文章（言语作品）就可以看作语言的建筑物。在这个建筑物中，性质和功能不同的词汇单位所起的作用并不相同。有的是言语作品的主体，有的起连接作用，有的起修饰作用，有的附着在主体之上。尽管它们的作用不同，但其总体性质是一样的，它们都是言语作品不可缺乏的构件。所以，充当语言的建筑材料是语言词汇的基本属性。

但是，各种词汇单位随意堆加在一起并不能构成言语作品。词汇的各种单位必须在语言的结构规律——语法规律支配下，有目的地组织排列起来，才能成为现实交际中的言语作品。所以，如果说词汇是建筑材料，语法就好比是建筑规则，二者相互作用、相互配合，才能使语言这个交际工具运转起来。

4.2.2 语言词汇的特点

1. 词汇的系统性

语言是一个由多种要素构成的多层面的系统，词汇是其中一个子系统。词汇的特点之一就是其系统性。词汇系统不像语音和语法系统那样清晰严密，但其内部依然是有规律的。词汇的系统性是潜在的，它主要通过词汇单位的聚合体现出来。我们可以依据不同的标准把词汇划分为不同的系列，各系列以某一相同的特点聚合在一起。比如，以语体特点为标准，可以划分出口语词汇和书面语词汇；以使用频率为标准，可以划分出常用词汇和非常用词汇。这样，不同层次的不同词汇聚合构成了整个词汇系统。

2. 词汇的绝对任意性和相对理据性

语言符号的任意性，体现在词汇中，即就词本身看，音与义的结合是任意的、不可论证的。任何语言的词汇，特别是意义单一的词，发什么音表示什么意思都是任意的，如汉语把"人"叫做"人[$z_i\partial n^{35}$]，把

"狗"叫做"狗〔kou²¹⁴〕",这都是任意的,它们的音和义之间没有什么必然的联系,而英语中把"人"叫做"person〔pə:sn〕",把"狗"叫做"dog〔dɔg〕",同样也是任意的。词汇的相对理据性则体现在具体语言语素与语素的组合、词与词的组合是非任意的、相对可论证的。如表示"玫瑰花"之所以用"玫瑰花"而不是"玫瑰草",这是非任意、可论证的,又如汉语中的"雨衣"、英语中的"raincoat"表示"下雨的时候穿的衣服"也是相对可以论证的。

3. 词汇的普遍性与民族性

语言中的词汇,特别是实词,与逻辑上的"概念"往往密切相关,因为概念是对客观事物的反映,而词汇则标记了概念。因此可以说,只要客观事物存在某种概念,就一定会有相应的词来表达它。这对于所有语言都一样,这就是词汇的普遍性。例如客观存在着"日、月"的概念,那么无论哪种语言中都会有反映这些概念的词语,如汉语中有"日(太阳、日头),月(月亮)",英语中有"sun,moon"。但不同民族反映相同概念的词语往往是不同的。这体现在词的音义关系的差别上,就是词汇的民族性。词汇的民族性还体现在词语搭配关系和感情色彩上,它反映了不同语言词语组合功能和感情义的差异。如汉语中的"狗"往往表示贬低的含义,有"狼心狗肺、狗眼看人低"等,而英语中的"dog",则有表示亲密、可爱的感情色彩,如可以称呼自己的爱人为"my dog";汉语的"高、低、矮、长、短",和英语的"high,tall,long,low,short"的搭配也存在很大差异:

汉语	英语
高(指物)←→低(指物)	high(高,指物)←→low(低,指物)
高(指人)←→矮(指人)	tall(高,指人)←→short(矮,指人)
长(指物)←→短(指物)	long(长,指物)←→short(短,指物)

4. 词汇的变化性与稳定性

与语音、语法比较起来,词汇与社会生活的关系更加直接。因此,社会生活的发展变化,都会很快地反映到词汇中。这就使得一些旧词语逐渐从人们口中消失,而很多新词语又不断在交际以及传播媒体中出现,这就是词汇的变化性。如早年的"斗私批修、红卫兵"等词,在现在基本已经不使用了,而"上网、电子邮件、VCD"等词都是近年来出现并大量使用的。同时，词汇的变化并不是随心所欲的，它要受到词汇系统的影响和严格制约，有着极强的稳定性。所谓词汇系统的制约一方面是指很多词语的声音、意义和结构形式一旦形成就基本固定下来，不能随意改变。例如，无论社会如何发展变化，一种语言的基本词汇往往是极其稳定的，像"山、河、天、地、日、月"这样的词，中国人沿用了几千年，至今没有改变过；一些熟语和固定用法也是如此，如"半斤八两"，尽管现在的 1 斤不再是古代的 16 两，可我们也没有把这个词语说成"半斤五两"。词汇系统的影响和制约另一方面体现在一些新词的出现往往是根据现有的词汇、固定的词汇结构造出来的，如上面说的"电子邮件"。我们说，词汇的变化性使语言单位不断增减、更替，满足了社会发展的需要，而词汇的稳定性保证了语言系统的稳定和平衡，使交际能够正常进行。

4.2.3　语言词汇的单位

语言词汇的单位有两种：一种是词，一种是由词的固定组合构成的固定词语。二者功能相同，但形式不完全一样。固定词语从表面看是比词大的单位，但在造句中的作用相当于词，是词的等价物。

1. 词

词是词汇中最基本的单位，它的数量远远超过固定词语。同时，词还是语法分析的基本单位之一。从其自身规律来看，要想掌握词这种语言单位，首先要澄清两个问题：一是"词究竟是什么"；二是"词和非词的界限"。

（1）什么是词？词是语言中可以独立运用的最小音义结合单位。所谓独立运用，是指这个语言单位可以单独做句子成分、单独回答问题或单独起语法作用。例如，敲门时的一问一答："谁？""我。"这两个最小的语言单位就是能独立运用的，因而是词。再比如"他来过北京"中的"他"、"来"、"北京"都能够单说，单独做句子成分，因而都是词；而"过"虽然不是单独做句子成分，但能单独起语法作用，这也算"独立运用"，我们称之为虚词，跟"过"相似的还有"和"、"跟"、"了"等。

既然词是音义结合单位，又要受语法规律支配，那么每个词就是由语音、语义、语法三个要素凝聚而成的。也就是说，每个词都有一定的语音形式、语义内容和语法属性。如：

"玫瑰" 语音：$[\text{mei}^{35} \text{kuei}^{\cdot \mid}]$

　　　　语义：蔷薇属的一种植物或花，植物茎通常有皮刺，叶互生，奇数羽状复叶。

　　　　语法：名词，可以做主语、宾语、定语。

　　词有两种功能：指称功能和组合功能。指称功能是指词是表示客观事物、现象、关系概念的符号；组合功能是指词的语法功能，词是句法结构的基本单位，可以根据自身的语法属性和语法功能组成短语和句子。

　　（2）词和非词的界限。如何把词从自然语句中分离出来，是语言学理论和应用中的一个重要问题。根据前面给词下的定义，我们可以原则上把词和非词区分开来。词和非词的界限主要有两个方面：一个是词和语素的界限，一个是词和词组（即短语）的界限。

　　词与语素的区分。语素是语言中不能独立运用的最小的音义结合体，而词是可以独立运用的音义结合单位。二者的区分点就在于：能否独立运用。语素是不能独立运用的，它不能直接用做句法结构的成分，而必须与其他语素一起组合成词，才能充当句法结构的成分。如现代汉语中的"览"，必须和其他的语素组成"游览、博览、展览、阅览"等词，才能充当句子成分。但是，我们可以看到，有些语素可以直接进入句法结构，如"天、人、走"等。这些语素从不同的层面来说具有两种身份，一种是语素，一种是词；当它们进入句法结构时，它们是词，是由一个语素构成的词。

　　词与词组的区分。词和词组的界限则在于：是不是"最小单位"。词可以独立运用，词组也可以独立运用，但词组不是最小的独立运用单位，也就是说词组还可以进一步拆分为词。如：

　　　　美丽的玫瑰花盛开了。
　　　　她头上插着一朵美丽的玫瑰花。
　　　　他送给情人一束美丽的玫瑰花。

　　"美丽的玫瑰花"作为一个词组，是可以独立运用的，但它并不是独立运用的最小单位，它还可以拆分为"美丽/的/玫瑰/花"四个最小的独立运用单位。那么，如何判断一个独立运用的单位是最小的也就是词呢？要用扩展法判断。如果一个独立运用的单位能够扩展，那么它不是最小的独立运用单位，是词组；如果不能扩展，则是最小的独立运用单位，是词。但是，扩展法并不能随便使用，只有符合以下三个插入条件的扩展才是成功的扩展，而只有能进行成功扩展的单位才是词组，否则是词。这三个条件是：第一，扩展后的语言单位的意义基本不变；第二，扩展后组合关系不变；第三，一次扩展后还可以继续扩展。举例来看，"白菜"如果扩展成"白的菜"，则原意改变了，不符合第一个插入条件，因此，扩展是不成功的，所以"白菜"是词，不是词组。再如"看书"，可以扩展为"看一本书"，原意组合关系都没有改变，符合第一、二个插入条件，还可以继续扩展为"看一本巴金写的书"，也符合第三个条件，可见"看书"是词组，而不是词。

2. 固定词语

固定词语是指构成成分和结构关系固定，具有完整意义的词语，是一种特殊的词汇现象。它之所以成为词汇系统中另一种词汇单位，是因为它具有和词相同的功能：做句法结构的成分，成为构成句子的最小单位。因此我们说固定词语是词的等价物。从形式上看，固定词语虽然是由词组合起来的短语或句子，是比词大的单位，但在语言运用中，它却相当于一个词，是句法结构分析中一个固定的成分。

固定词语在语言的运用中逐渐形成两个特点：

（1）结构的定型性。所谓结构的定型性是指固定词语是一种特定的组合形式，词与词的组合关系和前后顺序已经固定了，不能改变其结构形式。具体来说，包括：〈1〉不能随意替换原有成分，哪怕意义相近的成分也不行，如"泼冷水"不能说成"浇冷水"或"泼凉水"、"拍案叫绝"不能说成"拍桌叫绝"；〈2〉不能随意颠倒原有成分的次序，如"颠三倒四"不能说成"颠四倒三"、"朝思暮想"不能说成"暮思朝想"；〈3〉不能随意插入或删减成分，如"世外桃源"不能说成"世外的桃源"、"非亲非故"不能说成"非亲故"。

（2）意义的完整性。所谓意义的完整性是指固定词语的意义并不是构成成分意义简单相加，而是经过约定俗成，有一个整体性的意义。这种意义的完整性主要表现在固定词语往往有特殊的引申义和比喻义。如前面说的"泼冷水"并不是"把冷水泼向某个人"的意思，而是比喻"打击人的热情"，英语中的"break the ice"也不是"打碎冰块"的意思，而是表示"打破沉默、打破僵局"。固定词语意义的完整性还表现在往往需要了解形成固定词语的文献典故、历史事件才能理解其意义，如"四面楚歌"不是"四面都唱楚国的歌"而是"四面受敌、陷入困境"的意思，"一枕黄粱"表示"好事成空"。

固定词语有两种类型：一类是专有名词，如"The New York Times（纽约时报）""中华人民共和国""亚洲太平洋地区经济合作组织"。这类专有名称无论多长，其作用都相当于一个词。值得注意的是，专有名词常常有简缩现象，如前面说的"亚洲太平洋地区经济合作组织"简缩为"亚太经合"、"人民大学"简缩为"人大"、"Test of English as a Foreign Language"简缩为"TOEFL（托福）"。另一类固定词语是熟语性组合，即人们常用的定型化了的词语，包括成语、惯用语、歇后语、俗语、谚语、格言等。如"一箭双雕"、"破釜沉舟"属于成语；"背黑锅"、"领头羊"属于惯用语；"哑巴吃黄连——有苦说不出"是歇后语；"女大十八变"是俗语；"瑞雪兆丰年"是谚语；"三人行必有我师"则是格言。

4.2.4 词的构成

前面我们主要是从宏观角度，即从基本性质和特点上，分析了什么是词汇，什么是词。下面，我们将主要从内部构造的角度分析词的内部结构及词的构成成分。

1. 词的构成成分——语素

（1）语素的定义。

从独立运用的角度看，词是最小的音义结合体，但抛开独立运用这一点，词并不是最小的音义结合体，还可以进一步分解为最小的音义结合体——语素，所以，我们可以把语素定义为：语言中最小的音义结合单位。它不能独立运用。语素必须要有意义，只有语音形式的成分不能称为语素，比如"葡、萄"单独拆开后并没有意义，因此，"葡萄"是一个语素，而不是两个语素。另外还有一些音译词如"法西斯、可口可乐"也都是由一个语素构成的词，这些成分在这些词中单个拆开后并没有意义，因此，这些词不是由多个语素构成的，而是由一个语素构成的。像这样的例子还有很多，如"徘徊、彷徨、歇斯底里"等。

（2）语素的分类。

①根据语素能否独立运用，可以把语素分为成词语素、不成词语素。

新世纪高等学校教材

成词语素是指可以直接成为词，即可以独立使用的语素，如"灯、笔、好、忽然、再"等；与成词语素相反，不成词语素则是指不能单独成词，即不能独立使用的语素，如"光荣"中的"荣"，"桌子"中的"子"。

②根据语素在构词中的作用，可以把语素分为三种：词根、词缀和词尾。

●词根。词根是词的核心部分，它决定词的主要词汇意义。一个词可以没有其他成分，但是不能没有词根。词根还是词的结构中心，其他语素是附着在词根之上的，如汉语中的"喜子、喜儿、可喜、喜滋滋"等，"喜"是中心，不可缺少，它体现了这几个词的基本意义，其他语素如"子"、"儿"都是依附在词根"喜"之上的。又如英语中的"work·er（工人）、work·able（可用的）、work·ing（工作的）、re·work（重做）"等词中"work"是词根，是词的中心，体现了每个词最基本的词汇意义。

●词缀。词缀指附着在词根之上的语素，它对词义的构成起附加作用。如英语的"-er"就是词缀，其作用是表示动作的主体。不少动词后面加上"-er"就变成了名词，表示该动作的动作者，如 work（工作、劳动）→worker（工人、劳动者）、teach（教）→teacher（教师）等。根据词缀在词的结构中的位置，可以把词缀分为前缀、中缀、后缀三种。

前缀是附着在词根前面的语素，如汉语中的"老～"，可以与词根构成"老师、老虎、老乡"等词；英语中的"co～（共同的）"可与词根构成"cohabit（同居）、cooperate（合作）、coact（协作）、coexist（共存）"等词。

中缀是嵌入词根中间的词缀，这种词缀用得较少，马来语有这种词缀，如"-el-"插在词根"patuk（啄）"中间构成"pelatuk"（啄木鸟）。

后缀是附着在词根后面的词缀，如汉语中的"～家"，可以与词根构成"画家""作家""音乐家"等词；英语中的"-er"也是后缀，可以与词根构成"worker、teacher、writer、speaker"等词。

●词尾。词的结构可分为词干和词尾两部分，词干由词根或词根加词缀构成，词尾是附加在词根或后缀后面只表达语法意义的语素，一般属于词的形态变化部分。比如英语"books"中的"s"、德语中的"Studenten（大学生）"中的"en"就是词尾，表示语法上"复数"的语法意义。一种语言并非所有词都有词尾，也并非所有语言都有词尾，汉语中一般的词都没有词尾，而印欧语中大多数语言如英语、俄语、德语、法语等都有词尾。一个词干加上不同的词尾可以形成该词的不同的词形变化，即形态变化。

③根据语素在构词中的能力，可以把语素分为自由语素、不自由（黏着）语素。

自由语素指既能够独立成词又能够单说的语素。许多自由语素也能与其他语素自由组合成词，如"书、好、看"等。不能够独立成词，或者成词但不能单独说出来就是不自由语素，即黏着语素。如"企业"中的"企"、"技术"中的"技"就属于不能成词的黏着语素，而一些虚词如"了"、"吗"则属于不能独立运用的的黏着语素。

④根据语素在构词中的位置，可以把语素分为定位语素、不定位语素。

定位语素指在构词中位置固定的语素，或前置，或后置。如"子"总要后置构成"桌子、椅子、筷子"等，而"老"则必须前置构成"老师、老虎、老鼠"等。不定位语素则是在构词中位置不固定的语素，既可能前置，又可能后置。如"体"既能后置构成"身体"、"文体"等，又能前置构成"体育"、"体能"等。

2．词的结构类型

根据词干的构成情况，可以把词分为单纯词、复合词和派生词。由一个词根语素构成的词称为单纯词。由两个或两个以上的词根语素构成的词，称为合成词。

（1）单纯词。单纯词有单音节的，如"天、地、看、好"等，也有多音节的，多音节单纯词中又以双音节为主，可分为：

①联绵词 指两个音节连缀成义而不能拆开的词。其中有双声的、叠韵的、非双声叠韵三种：

●双声联绵词。指两个音节声母相同的联绵词，如：

参差、仿佛、蜘蛛、崎岖、忐忑、尴尬、玲珑、吩咐

●叠韵联绵词。指两个音节的韵相同的联绵词，如：

彷徨、窈窕、逍遥、蟑螂、哆嗦、烂漫、叮咛、匍匐

●非双声叠韵联绵词。如：

芙蓉、蝴蝶、蝙蝠、鸳鸯

②叠音词。指由两个相同音节重叠而成的单纯词，如：猩猩、姥

姥、蝈蝈、蛐蛐。

③音译外来词。如：咖啡、沙发、巧克力、可口可乐、歇斯底里。

（2）合成词。合成词包括复合词、派生词和重叠词。

①复合词。复合词由两个或两个以上的词根复合构成。复合词在各种语言中都有。在汉语中，复合词是最主要的构词类型。构成复合词的可以是成词语素，也可以是不成词语素。如英语中的"black - board（黑板）"、"rail-way"（铁路），法语中的"cure-dent"（牙签），汉语中的"火车、心疼"等就是成词语素和成词语素构成的复合词；而汉语中的"端详、审视"就是包含不成词语素的复合词。对于复合词要注意两个问题：

第一，复合词的词义与语素意义的组合并不完全对应。一般来说，语素与语素组合成词的意义就是语素义与语素义的组合，如"感人"的意思就是"感动人"。但有的复合词词义就不等于语素义的组合，其中有些是语素义比较模糊，像"麻利、大方"等；有些是语素义组合后意义较难理解，如"中肯、染指"等，如果不了解历史典故、没有丰富的语言知识，是很难从语素义推知整个词义的；有些则是一部分语素义脱落，如"忘记"、窗户"等词，这类复合词又叫偏义复合词。

第二，复合词的词类与语素的词类也不对应。一般来说，复合词的词类与组成成分的语素一致。比如作为组成成分的语素是名词性的或中心语素是名词性的，组合后的词也应该是名词性的，如"铅笔、白菜、朋友"等。但汉语中也有大量复合词词类与语素功能类组合不一致的情况，如"开关、裁缝"是名词，"司机、导游、领队"也是名词。

②派生词。派生词又叫附加词，由词根语素附加词缀语素构成。派生词在汉语中不多，但在形态丰富的语言中大量存在，是词的主要构造类型，如英语中以前缀"un-""in-"（非）构成的词数以千计。

③重叠词。重叠词是由相同的词根相叠构成的。重叠词在其他许多语言中不太多见，要注意的是在汉语也并不是所有成分重叠的形式就是重叠词。重叠词首先要注意与叠音词区分，如我们前面说过的"猩猩"、"蝈蝈"等，它们的意义不能再分解，本身就是一个语素，属于单纯词。重叠词还要注意与重叠形式的词组或语法的重叠形式区分，如"看看、试试""朵朵、个个"等。一般来说，重叠词既不像语法上的重叠形式可以增加某些语法意义，也不改变重叠语素本身的词类。汉语中的重叠词包括：名词性重叠词，如"爸爸、姐姐、星星"等；副词或形容词性

重叠词，如"刚刚、常常、仅仅"等。

3．词的构成方法

词的构成方法就是构词法。构词法有广义和狭义两种理解：广义的理解指一切新词的构造方法；狭义的理解指由语素组合成词的方法。狭义的构词法与语法的关系更加密切。广义的构词法涉及很多方面，与词汇学的关系更加密切。广义的构词法，从总的来看包括语音构词、语义构词和语法构词三种方法。

（1）语音构词。语音构词主要指由模拟自然的声音构词的方法。如汉语中的"蛐蛐、蝈蝈"等表示动物名称的词，又如表示动物叫声的词"哞、咩"，以及纯粹模拟自然声音的拟声词"呼呼、哗啦"等象声词。英语中的 bomb（炸弹、轰炸）、tick、ticktack（钟表等走时的声音）、patter（嗒嗒声）、tinkle（叮当声）等也是语音构词。

（2）语义构词。语义构词是指新词产生是由于旧词的语义孳生、分化，即由于词义的比喻、借代等方式产生的，或者是由于词义的联想而产生。这是一种历时的造词方式，如汉语的信（诚实）引申为书信、信息；由"杜鹃（鸟名）"联想到"杜鹃（花名）"等。由古英语"boc（榉木）"通过借代（用材料代指物品）引申为现代英语的"book（书）"，由原始日耳曼语"［tu：naz］（篱笆、围墙）"引申为现代英语的"town（市镇）"等。

（3）语法构词。用语法手段来构成新词，是狭义的构词法。这种方法主要有四种类型：复合法、派生法、转化法与缩略法。

①复合法。两个词根语素以句法关系为手段组合起来，所以这种方法又叫句法构词。根据语素组合关系的不同，复合构词又分为五种类型：

●主谓式，又叫陈述式，如：英语的"earthquake（地震）、sundown（日落）"，汉语的"性急、地震、年轻、日食、雪崩、胆寒"。

●述宾式，又叫支配式，如：英语的"pickpoket（扒手）、breakwater（防洪堤）"，汉语的"司机、刺耳、干事、拍板、动人"。

●偏正式，又叫修饰式，如：英语的"boyfriend（男朋友）、greenhouse（温室）"，汉语的"回顾、地毯、火车、热爱、公审、积雪"。

●并列式，如：英语的"bitter-sweet（半苦半甜）、deaf-mute（又聋又哑）"，汉语的"开关、是非、起伏、光明、温柔、建设"。

●述补式，如：提高、杜绝、割断、加深、落实。

②派生法。又叫附加法，加缀法，即在词根上附着词缀构成新词的方法。派生法根据词缀位置不同又可分为：

●前缀＋词根，如：英语的"unfair（不公平的）、dislike（不喜欢）"，汉语的"老虎、初一、阿姨、非党、反作用"。

●词根＋后缀，如：英语的"teacher（老师）、realism（现实主义）"，汉语的"桌子、木头、读者、绿化、作家、原则性"。

●前缀＋词根＋后缀，如：英语的"unfriendly（不友善的）、international（国际的）"，汉语的"反马克思主义、泛美主义、超导电性"。

③转化法。指词的结构不变而词类功能发生变化的构词方法。在印欧语中的情况是，词的基本形式不变，但其语法形态要随词类的不同而变化，因此也可以看成是新词的构成。如英语的 telephone（电话）→to telephone（打电话），taxi（出租车）→to taxi（乘出租汽车），to tramp（流浪）→tramp（流浪汉）。在汉语中，因为大多数词没有形态变化，所以有人不看成是新词的构成，而看成是词的兼类，如：（一把）锁——锁（门）。

④缩略法。把词组简略成词的方法，也称为缩合法，比如汉语中的"土地改革"→"土改"，"中国共产主义青年团"→"共青团"；英语中的"APEC（亚太经合组织）"、"FBI（美国联邦调查局）"等。

4.2.5　词与词之间的关系

词汇是一个系统，在这个系统中，词与词之间存在着各种各样的联系：包括语音联系、语义联系、书写形式上的联系、语源联系等。词与词之间的语义联系在前面的语义场一节里已经论述过，这里我们只分析词与词的其他几种关系。

1. 词与词的语音形式与书写形式的关系

词的语音形式表现为词的音节结构，词的书写形式表现为词的文字形式。从理论上说，每个词都应该有自己的语音形式和书写形式，这样词与词之间才能彼此相互区别。但无论是语音形式和书写形式就其数量来讲毕竟是有限的，而它们表达的意义却是无穷的，因此任何语言中都存在着形式相同而意义和语法特征不同的词。

（1）同音关系和同音词聚。两个语音形式相同而意义上没有任何联系的词是同音词。所有的同音词聚合在一起形成的词群称为同音词聚。比如汉语中的"攻势、公式、公事、宫室、工事"都读作［kuŋ⁵⁵

§ı⁵¹]。词的同音关系有两种类型：一种是同形同音关系；一种是异形同音关系。

①同形同音关系，是指两个词的书写和语音形式完全相同而意义不同。如：

英语的"book（书）"和"book（预订）"
　　"well（井）"和"well（好）"
汉语的"花（植物）"和"花（花费、使用）"
　　"成人（长大成人）"和"成人（成年人）"

②异形同音关系，是指两个词的语音形式相同，意义和书写形式不同。如：

英语的"right（正确）"和"write（写）"
　　"there（那里）"和"their（他们）"
汉语的"会议"和"会意"　　"条理"和"调理"
　　"蜜蜂"和"密封"　　"规格"和"闺阁"

（2）同形关系和同形词聚。两个书写形式相同而意义不同的词是同形词。具有同形关系的词聚合在一起形成同形词聚。同形词聚有两种，一种是同形同音关系，也就是前面所说的同音同形关系。另一种是同形异音关系，即两个读音不同，意义不同而书写形式相同的词之间的关系。如：

汉语的"应声［jiŋ⁵¹ şəŋ⁵⁵］（出声回答）"和"应声［jiŋ⁵⁵ şəŋ⁵⁵］（随着声音）"
　　"登场［təŋ⁵⁵ tşʻɑŋ³⁵］（运到打谷场上）"和"登场［təŋ⁵⁵ tşʻɑŋ²¹⁴］（出现在舞台上）"
英语的"tear［tʻiə］（眼泪）"和"tear［tʻɛə］（撕开）"
　　"minute［ˈminit］（分钟）"和"minute［maiˈnjuːt］（微小的）"

2．词与词之间语源上的关系

每个词都有一个来源，即该词最开始被创造出来的源头。但这种源头有时往往无法考察。所以，我们现在所讲的词源主要是指一个词比较早期的古代的情况及其同别的词的联系，尤其是指古词语的分化、发展。一个古词语经过分化、发展，到今天就可能变成不同的词，因此，由单个古词语分化而来的几个词自然就有了语源上的联系。此外，由同一个词根派生出来的派生词以及同其他词根组成的复合词也有语源上的联系。

（1）同源关系和同源词聚。

如果现在的词是由较古阶段的词分化而来的，那么这些词之间的关系就是同源关系。具有同源关系的词聚合在一起形成同源词聚，一般称为同源词。词的分化首先表现为出现词的语音形式、语义内容或语法性质的变体，然后，经过一段漫长的时间，这些变体独立成为新词，于是较古阶段的词就分化为同源词了。根据同源关系形成的主要原因，可以把词的同源关系分为如下两种类型：

①由书写形式或语音形式的分化而形成的同源关系。随着语言的发展，词的意义也有了变化，由单义变为多义进而引起书写形式或语音形式的分化。最后形成一组同源词。比如汉语的"受"本来有"接受"和"给予"两个含义，后来，"给予"这一含义的书写形式分化为"授"，"受、授"就成了同源词。又如英语的"sample（样品）、example（例子）"则是由于语音的改变而形成的同源词。

②由语义的分化而形成的词的同源关系。许多词都是由语义的分化而产生的，从构词法角度看，语义构词所形成的新词与原词都有同源关系。也就是说，一个词由单义词变成多义词，再由多义词分化为两个或几个词，这几个词就是同源词。比如汉语的"刻"：

$$\text{刻（用刀在竹、木、石上雕刻）}\begin{cases}\text{刻}_1\text{（刻度）}\\\text{刻}_2\text{（15 分钟）}\end{cases}$$

再如，英语的 hospital（医院）、hostel（学生宿舍或招待所）、hotel（旅馆）也是词义分化引起语音分化产生的同源词。

（2）同根关系和同根词聚。

语言中有许多词根语素有很强的构词能力，它可以与其他许多词根组成复合词，也可以与词缀组成派生词。含有同一个词根的各个词之间的关系称为同根关系，这些词聚合在一起形成同根词聚，也称同根词。如：

汉语的"读"——读本、读物、读者、攻读、借读、精读、泛读、朗读、领读、通读、宣读、研读、阅读、走读、可读性……

英语的：social（社会的）、socialism（社会主义）、socialist（社会主义者）、sociality（社交，社会性）、sociable（好交际的）、sociability（善于交际，社交性）、sociology（社会学）、antisocialism（反社会主义）、biosociology（生物社会学）、sociocultural（社会与文化的）、unsocial（非

社会的，不合群的）……

4.2.6 词汇系统

词汇系统是由不同层次的词的聚合构成的。词的聚合又是由一个个词汇单位以不同的身份，从不同的角度相互联系而构成的集合。每个词汇单位如同词汇系统这张网上的结，它的触角伸向四面八方，同其他词汇单位有种种联系。因此词汇系统可以从不同角度分成不同的子系统，这些子系统即各种不同的词聚。而且由于分类角度不同，子系统之间会产生交叉的情况。

1. 基本词汇和一般词汇

根据词汇单位在语言及词汇系统中的作用，可以把词汇分为两个大的子系统：基本词汇和一般词汇。

（1）基本词汇和基本词。基本词汇是语言中词汇的核心部分，它和语言中的语法一起构成语言的基础。基本词汇是由基本词构成的。基本词指语言中产生较早而又比较稳定、使用频率高的词。基本词所标记的概念大多是与人类生存和人类社会生活密切相关的事物、现象和行为。一般认为基本词汇包括以下八种词：表示人类生存的自然环境和自然现象的词，如“天”、“地”、“风”、“云”、“火”、“水”；表示人类基本物质生产和生活资料的词，如“房”、“碗”、“米”、“灯”、“刀”；表示人体自身结构的词，如“心”、“手”、“头”；表示最基本的性质、状态的词，如“好”、“坏”、“大”、“小”、“甜”、“苦”；表示最基本的动作变化的词，如“走”、“跑”、“吃”、“生”、“死”；表示数量的词，如“一”、“十”、“百”、“斤”、“两”；表示人称和指代关系的词，如“我”、“你”、“他”、“这”、“那”、“什么”；表示时令、方位概念的词，如“年”、“月”、“春”、“夏”、“上”、“下”。总的来看，基本词汇有以下特点：

①全民常用性。这是从共时角度说的，绝大多数基本词汇是普遍常用的，它们在交际中频繁出现，不分行业、社会阶层，不分地域，广泛地为各阶层各地区所使用。

②稳定性。这是从历时角度说的，基本词汇大都产生较早，而且在长期历史发展过程中变化很少。如“山、水、大、小、一、二、吃”等。

③能产性。基本词大多数可以作为词根构词，有很强的复合和派生能力。同根词聚大多是以基本词为核心词根构成的。如汉语的“天”可

以构成"天才"、"天鹅"、"天敌"、"天体"、"天平"、"天堂"、"苍天"、"今天"、"春天"等同根词；英语的"meat"可以构成"meatball（肉丸）、meatchopper（绞肉机）、meatman（屠夫）、meatpie（肉馅饼）……"等同根词。

（2）一般词汇与一般词。词汇中基本词汇以外的词的总汇构成一般词汇。一般词汇由一般词构成。相对于基本词而言，一般词的数量非常大、变化也很快，总有新词产生和旧词消亡。所以，它的稳定性较差；一般词的使用频率比基本词低，使用范围较小；一般词也很少能做词根，构词能力不强。但是，一般词汇所包括的范围很广，从来源的角度可分为如下五种：

①新造词。指新创造出来的词。随着新事物、新观念的出现，标记这些新事物的词也就产生了，比如"快餐店、电脑、互联网"；英语的"AIDS"（艾滋病）等。

②古语词。古语词包括历史词和文言词两类，因为它们可以表达特殊的意义或感情色彩、语体色彩，所以被普通话吸收。

历史词指表示历史上曾经存在过，现在已经不存在的事物、现象、行为的词，还包括历史上出现过的神话传说中的事物的名称。历史词在日常交际中很少应用，只是在涉及历史现象、事件、人物时，特别是在历史学的学术著作中运用。如："宰相、太尉、共工、精卫、鼎、阙"等。

文言词是指古汉语文言著作中的词，如"余、其、若干、如此"，虚词"之、而、亦、甚、及"。文言词所表示的事物现象和观念，现实中大都还存在。但它们在口语中不常用，多用于书面语或正式的场合。

③方言词。指通行于某些特定地区的词。对于这些地区的人来说，这些词可能使用频率很高，但对于全社会来说，它们仍然属于一般词汇。汉语方言很多，方言词因此也很复杂。比如"阿拉（我）、侬（你）、白相（玩）"（吴方言词）；"阳婆（太阳）、婆姨（妻子）、后生（小伙子）"（西北语）；"褒仔（沙锅）、靓（漂亮）、埋单（结账）"（粤方言）。

④社会方言词。指专用于不同社会行业的词，也称行业语，如"蒙太奇、剪辑"，为电影业所专用；"课时、及格率、周学时、学分"为学校所专用。社会方言中占很大比重的是术语，即来自科学、文化或专业技术部门的词。如"患者、诊断、临床"来自医学；"气温、暖流"来自气象学；"比重、瓦特、欧姆、卡路里"来自物理学。术语的特点是

单义性、准确性和严密性。

⑤外来词。外来词也叫借词，即从外族语言中连音带义借用来的词。随着国际交往日益增多，外来事物大量涌入，外来词也越来越多，成为汉语词汇不断丰富的重要途径，如"沙发、夹克、巧克力、蒙太奇"就是典型的外来词。外来词可以分为三种形式：

a. 完全音译，如"雷达、拷贝、沙龙、咖啡、奥林匹克"等；

b. 音译兼意译，如"绷带、俱乐部、香波"等；

c. 半音译半意译，即音译后加上表意义类属的语素，如"卡车、啤酒、芭蕾舞、沙丁鱼"。

（3）基本词汇与一般词汇的关系

a. 基本词汇中的词复合、派生构成的新词大多是一般词汇；

b. 一般词汇中有些词，随着社会生活的发展，它们所表示的事物和概念在很长的历史时期与人们的生活关系密切，具有了基本词汇的特点，就进入了基本词汇，如"党"；

c. 随着社会生活的发展，某些属于基本词汇的词所表示的事物、概念，在人们的社会生活中已显得不甚重要，或者过时，这个词就退出了基本词汇，成为一般词汇中的词，如"朕"。

2. 常用词汇和非常用词汇

根据词汇的使用频率，可以把词分为常用词汇和非常用词汇两大类。在语言中使用频率高的词语称为常用词，出现频率低的词为非常用词。词语的使用频率不是主观臆造的，而是经过一定的量化标准进行科学统计的结果。

（1）常用词和常用词汇。常用词的总和构成了常用词汇。常用词是根据四个标准确定的：一是词次，即在较大的使用范围（百万字以上的各种语体的供统计用的语料）中该词出现的次数；二是频率，即该词在这个范围内出现的次数占全部语料总词次的百分比；三是分布，即该词在什么语体、什么言语作品中出现；四是使用度，即把词次与分布情况结合在一起，按一定公式计算出的使用指数。根据汉语实际使用情况和抽样统计的数据，人们把使用度在6以上的词作为常用词。这样，现代汉语有8 548个常用词。

从内容上看，常用词有两类：一类是构成语句不可缺少的虚词；一类是表达基本概念的代词、数词、动词、形容词和部分名词。从统计上看，常用词的覆盖率占全部统计语料的95%以上。

(2) 非常用词和非常用词汇。非常用词的总和构成非常用词汇。这些词在使用中出现的频率很低，分布的语体也很窄。汉语的统计中把使用度在 5 以下的词定为非常用词。《现代汉语词频词典》的 180 万字的统计语料中有 22 446 个，占统计语料中全部 31 159 个词的 72％多，但其覆盖率不到 5％。当然，非常用词的数目远不止这些，除了 8 000 多个常用词外，其他一律都是非常用词。

3. 口语词汇和书面语词汇

语言交际有两种形式，口头形式和书面形式。二者各用于不同的交际场合，适用于不同的交际关系。这两种形式对于词语的使用有着不同的选择限制：一些词只适用于口语交际；另一些词只适用于书面文字交际。久而久之，用于不同交际形式的词语便形成了自己的语体风格，也就是前一章所讲的语体义。

一般说来，口语词汇的特点是比较通俗、活泼、生动、形象，重复较多。有些人在有些场合使用的口语词汇不免有些庸俗、粗野；而书面语词汇的特点是比较文雅、庄重、严密、准确，有些人在有些场合使用的书面语词汇，可能显得冗长或过于简练。

实际上，在许多情况下，口语词汇和书面语词汇的划分不像常用词和非常用词那样有明确的量化标准。相反，口语词汇有时可以用于书面语，而书面语词汇有时也可用于口语，不是绝对的。

4.2.7 语汇系统

我们已经知道词汇不仅包括词，还包括固定词语。一些特殊的词语构成了一个语汇系统，我们把它们分为成语、惯用语、俗语、谚语、歇后语、格言，这种定性化的固定词语又叫熟语。

1. 成语

成语是一种相沿习用具有书面语色彩的固定词语，成语一般是四音节的，是汉语最大量使用的熟语。成语来源于以下几个方面：〈1〉神话寓言，如"叶公好龙"、"开天辟地"；〈2〉历史故事，如"完璧归赵"、"四面楚歌"；〈3〉诗词文句，如"学而不厌"、"舍生取义"；〈4〉社会口头语和流行语，如"狼子野心"、"过河拆桥"。也有个别成语不是四个字，如"莫须有"、"醉翁之意不在酒"、"螳螂捕蝉，黄雀在后"。成语作为特殊的固定词语，具有稳定性，但也不是一成不变的。有的意义改变了，如"明目张胆"在古代是用来形容有胆略有气概，含褒义，现在则指公开大胆地干坏事；有的则是形式改变了，如"揠苗助长"多改为"拔苗助长"，因为"揠"是古词，一般人不理解。

2. 惯用语

惯用语是指活跃在口语中表达习惯性比喻含义的短小固定词语。汉语的惯用语多为三音节词语形式，如动词性的"背黑锅"、"走后门"、"戴高帽"、"碰钉子"，名词性的"老油条"、"领头羊"、"铁饭碗"、"定心丸"。也有一些非三音节形式的惯用语，如"打退堂鼓"、"你一言我一语"。惯用语的主要特征是简明生动，通俗有趣。英语中也有类似惯用语的固定词语，称作"俚语"，如"a jack of all trades"（杂而不精的人）、"to carry the house"（获得全场喝彩）、"to kiss the hare's foot"（姗姗来迟）。

3. 谚语

多年流传，包含深刻的社会经验、生产经验的简练形象的语句叫谚语。谚语有的是反映生产和生活经验，如"瑞雪兆丰年"、"黄梅无雨半年荒"；有的是表达讽诵或劝诫，如"富人四季穿衣，穷人衣穿四季"、"要打当面鼓，莫敲背后锣"；有的是揭示一些道理，如"磨刀不误砍柴工"、"众人拾柴火焰高"；有的是概括地方风土人情，如"东北有三宝：人参、貂皮、乌拉草"、"上有天堂、下有苏杭"；有的是总结衣食住行知识，如"饭后百步走，活到九十九"、"坐北朝阳，冬暖夏凉"。英语中也有许多谚语，如"no pains, no gains"（不劳不获）、"a friend in need is a friend indeed"（患难见真情）。

4. 俗语

流传在群众中表达某种客观现象或意义的形象精练的句子叫俗语。俗语不像谚语那样内容深刻，如"清官难断家务事"、"敬酒不吃吃罚酒"、"跑得了和尚，跑不了庙"、"三天打鱼，两天晒网"。俗语与谚语向来界限不清，《国语·越语》中说："谚，俗语也。"《汉书·五行志》颜注："谚，俗所传言也。"现在要把俗语和谚语严格划分开来也是不可能的，有人则认为俗语是谚语的一种。

5. 歇后语

歇后语是一种特殊的熟语形式，由两部分组成，前一半是对形象的表述，类似于谜面，后一半是对这个形象表述的解释和说明，类似于谜底，这两部分之间有间歇，在具体运用中，后一半常常可以不说出来。歇后语形象风趣，在口语和文艺作品中经常运用。歇后语可分为两类：

新世纪高等学校教材

一是喻意，一是谐音。喻意的歇后语前半部分是一个比喻，后半部分是解释，如"大路上的电线杆——靠边站"、"洗脸盆里扎猛子——不知深浅"；谐音的歇后语，后一部分要借助音同或音近手段来表达全句的真实含义，是一种双关，如"韭菜拌豆腐—— 一青（清）二白"、"外甥打灯笼——照舅（旧）"。

6. 格言

格言又叫警句，指揭示深刻道理、具有警醒作用的语句，往往来自名人话语或名家作品。如"三人行，必有我师"、"书山有路勤为径，学海无涯苦作舟"等。

4.3 言语的词汇

4.3.1 名家、名著词汇

我们前面已经说过言语词汇是就一个人、一部作品或一个特定使用环境而言的，名家名著的词汇是最具代表性的言语词汇。一个作家、一部优秀的作品往往会形成特定的风格，而其词汇则是其风格的重要体现。下面我们将集中考察几位名作家几部名著词汇的风貌。

1. 鲁迅

鲁迅（1881—1936），原名周树人，浙江绍兴人。鲁迅在创作中形成了鲜明的个人特点，如语言犀利、思想深刻等，鲁迅言语词汇的特点是其个人风格的重要组成部分。

（1）文言词语的使用。

有些人读鲁迅的作品，有生涩的感觉，部分原因是因为鲁迅作品中使用了一些文言词语的缘故，比较固定的有：用"愈"代替"越"，用"么"代替"吗"，用"倘"代替"如果"，用"日"代替"天"等。如：

> "然而这故事却于阿Q更不利，村人对于阿Q的'敬而远之'者，本因为怕结怨，谁料他不过是一个不敢再偷的偷儿呢？这实在是'斯亦不足畏矣'。"

——鲁迅《阿Q正传》

这句话中所用的文言词语有"于、者、本、料、斯亦不足畏矣"。

（2）绍兴方言词的使用。

鲁迅的作品的语言中带有许多方言的影响，绍兴方言词则集中体现在《阿Q正传》、《孔乙己》和《故乡》中，这些作品虽然是当时整个中国农村的缩影，但多以浙东为背景。其中的绍兴方言词包括：事物名称及人称，如"狗气杀"（养鸡的器具）；生活用语，如"不道/弗道/勿道"（想不到）；词序颠倒的，如"和暖"；地方风俗，如"做阴寿"；地方熟语，如"丢俏眼"（抛媚眼）；古代文学作品中使用的，但现在只保留在方言中的，如"劳什子"（见《红楼梦》）。

（3）口语词的使用。

鲁迅在刻画人物时，往往使用一些口语词，达到了生动、形象的效果。如：

> "伙计本来是势力鬼，眼睛生在额角上的，早就努撅着狗嘴的了……"
>
> ——鲁迅《肥皂》
>
> "阿Q，这不是儿子打老子，是人打畜生，自己说：人打畜生！"
>
> ——鲁迅《阿Q正传》

（4）凝练的词汇运用。

在鲁迅的作品里，简练的词汇运用是一大特色，我们看看下面的例子：

> "先生，——我家的宝儿什么病呀？"
>
> "他中焦塞着。"
>
> "不妨事么？他……"
>
> "他喘不过气来，鼻翅子都扇着呢。"
>
> ……
>
> "这是火克金……"
>
> ——鲁迅《明天》

这段对话只有寥寥数语，所运用的词也都是最简单的词，但把单四嫂子的淳厚、老实、慈爱、焦虑，何小仙的冷漠、麻木、故作高深描绘

新世纪高等学校教材

得淋漓尽致。

2．老舍

老舍（1899—1966），原名舒庆春，字舍予，北京人。老舍以长篇小说和剧作著称于世，他的作品大都取材于市民生活，为中国现代文学开拓了重要的题材领域。他所描写的自然风光、世态人情、习俗时尚，运用的群众口语，都呈现出浓郁的"京味"。优秀长篇小说《骆驼祥子》、《四世同堂》便是描写北京市民生活的代表作。老舍的作品中有着丰富的京味口语词，这形成了老舍词汇的主要特点。京味口语又有如下体现。

（1）大量儿化词的使用，如"门脸儿、死心眼儿、随手儿、自个儿"等；

（2）大量后缀的使用，如形容词后缀"白花花、臭烘烘、气哼哼、傻不噔、蔫乎儿乎儿"等；

（3）大量熟语的使用，如：

"羊群里出骆驼，哪个学校收你？"（老舍《方珍珠》）

"我妈妈说：售货员呀？癞蛤蟆想吃天鹅肉！"（老舍《女店员》）

（4）北京方言词语的使用。如"言语、咱"，又如"个"的使用：

"妈妈一动气就对她说：'买卖了你个小丫头！'"（老舍《方珍珠》）

"所长滚出来，爬进车去，呼——一阵尘土，把清冷的街道暂时布下个飞沙阵。"

（老舍《茶馆》）

我们再来具体分析一下以下这段话：

"你这小子不懂好歹！……这儿有你的吃，有你的穿；非去出臭汗不过瘾是怎着？老头子管不了我，我不能守一辈子女儿寨！就是老头子真犯牛脖子，我手里也有两体己，咱俩也能弄上两三辆车，一天进个块儿八毛的，不比你成天满街跑臭腿去强？"

（老舍《骆驼祥子》）

这段话是虎妞对祥子所说的话，里面用到的北京口语词有"怎着、体己、块儿八毛、咱俩"等，熟语有"守女儿寡、犯牛脖子"，这些极具生活化的词语一下子把虎妞大胆、泼辣的性格活灵活现地表现了出来。

3. 钱钟书

《围城》是钱钟书（1910—1999）先生唯一的长篇小说，也是一部家喻户晓的现代文学经典，有论者认为是现代中国最伟大的小说之一。《围城》内涵充盈，兼以理胜于情，是小说中的宋诗。其语言风格幽默，妙譬可人，读之颇可领略汉语的丰赡粹美。《围城》是典型的文人小说，其词汇体现出典型的文人色彩，具体表现在：

（1）词语的书面化。

"红海早过了。船在印度洋面上开驶着。但是太阳依然不饶人地迟落早起侵占去大部分的夜。夜仿佛纸浸了油，变成半透明体；它给太阳拥抱住了，分不出身来，也许是给太阳陶醉了，所以夕照霞隐褪后的夜色也带着酡红。到红消醉醒，船舱里的睡人也一身腻汗地醒来，洗了澡赶到甲板上吹海风，又是一天开始。这是七月下旬，合中国旧历的三伏，一年最热的时候。在中国热得更比常年厉害，事后大家都说是兵戈之象，因为这就是民国二十六年【一九三七年】。"

这是《围城》开篇的段落，其中"侵占、仿佛、隐褪、酡红、红消醉醒、兵戈之象"等书面词语的使用，一下子便使小说的文人色彩彰显出来。这种特点一直持续并蔓延在小说中的各个角落，即使是人物对话也不例外。

（2）词语的讽刺化。

《围城》中采用了大量比喻、象征的手法进行讽刺和反嘲，而有的词语则采取玩弄文字游戏的办法赋予了讽刺意味。如：

"那些男学生看得心头起火。口角流水，背着鲍小姐说笑个不了。有人叫她'熟食铺子'（charcuterie），因为只有熟食店会把那许多颜色暖热的肉公开陈列；又有人叫她'真理'，因为据说'真理是赤裸裸的'。鲍小姐并未一丝不挂，所以他们修正为'局部的真理'。"

（3）文言词的运用。

《围城》中经常使用各种典故、格言，或引经据典地来写人物的言语，为了达到讥讽、幽默的效果，文言词随处可见，如：

"吾不惜重资，命汝千里负笈，汝埋头攻读之不暇，而有余闲照镜耶？汝非妇人女子，何须置镜？唯梨园子弟，身为丈夫而对镜顾影，为世所贱。吾不图汝甫离膝下，已渝染恶习，可叹可恨！且父母在，不言老，汝不善体高堂念远之情，以死相吓，丧心不孝，于斯而极！当是汝校男女同学，汝睹色起意，见异思迁；汝拖词悲秋，吾知汝实为怀春，难逃老夫洞鉴也。若执迷不悔，吾将停止寄款，命汝休学回家，明年与汝弟同时结婚。细思吾言，慎之切切！"

"顷得汝岳丈电报，骇悉淑英伤寒，为西医所误，遂于本月十日下午四时长逝，殊堪痛惜。过门在即，好事多磨，皆汝无福所臻也。"信后又添几句道："塞翁失马，安知非福，使三年前结婚，则此番吾家破费不赀矣。然吾家积德之门，苟婚事早完，淑媳或可脱灾延寿。姻缘前定，勿必过悲。但汝岳父处应去一信唁之。"

以上是方老先生给方鸿渐的书信，是《围城》中最集中使用文言词的地方。这些文言词的使用十分清晰地刻画了当时文人的代表——方老先生的自矜、褊狭、保守和迂腐。

（4）夹带外文词。

《围城》中偶尔夹带有外文词，主要都是讽刺作用，如：

他说"very well"二字，声音活像小洋狗在咕噜——"vurry wul"。可惜罗马人无此耳福，否则绝不单说R是鼻音的狗字母。当时张先生跟鸿渐拉手，问他是不是天天"go downtown"。

"Sure！值不少钱呢，Plenty of dough。并且这东西不比书画。买书画买了假的，一文不值，只等于 wastepaper。磁器假的，至少还可以盛饭。我有时请外国 friends 吃饭，就用那个康熙窑'油底蓝五彩'大盘做 salad dish，他们都觉得古色古香，菜的味道也有点 old-time。"

4. 雨果

维克多·雨果（Victor Hugo，1802—1885）是法国浪漫主义文学的领袖，其作品《巴黎圣母院》发表于 1831 年，这个时期雨果还写了《〈克伦威尔〉序言》，已经与古典主义决裂、成为浪漫主义主帅；而《巴黎圣母院》正是雨果将浪漫主义信条应用于文学的产物，是他浪漫主义创作中的杰出代表。我们从书中归纳雨果的浪漫主义言语词汇，大致有以下几类：

（1）表达"美"与"丑"之对立的词汇。

雨果力求使自己的作品既含有"美"的成分，又含有"丑"的成分；而且这两种成分都是经过主观化处理的，作者有意将其夸张到理想化的程度，形成强烈对比和大幅度的落差。

在《巴黎圣母院》中，雨果就设置了至少两种对立：一是女主人公爱斯米拉达（以下简称"爱斯"）与敲钟人卡西莫多在外貌形体上"奇美"与"奇丑"的对立，二是卡西莫多与主教克洛德在心灵品质上"极善"与"极恶"的对立。为了渲染这些对立，雨果在语言上采取了有益的手段：

①选用有强烈感情色彩的形容词和名词。比如：

在形容爱斯之美貌的时候，作者说她是"超自然的生灵"、"天生尤物"、"天堂的生灵"，带有"纯洁的芬芳"、"童贞的魅力"；并且用"纯净"、"悠扬"、"空渺"、"虚飘"、"和谐"等一连串有褒义倾向的修饰词来形容其歌声。

描写卡西莫多形态之丑的时候，作者说他是"可怖的"、"可怜的、拙劣的、笨拙的机体"，"丑得不成形"，"厚厚墩墩的、恶狠狠的、怪异可怖的"。

固然，作者这么说是有事实根据的，爱斯确实有那么美，而卡西莫多也确实有那么丑，但是作者运用这些有强烈感情色彩的词语作评论，无疑会拉大对比的落差，使美与丑的对立更加明显。

②运用极端性的程度副词。比如：

●卡西莫多对于副主教就是最卑顺的奴隶，最听话的仆人，最警觉的猛犬。

●他那宽阔的前额没有了头发，脑袋总是低垂着，胸膛总是因叹息而起伏。

这种夸张性的程度副词显然会使对立的事实得到强化。

③采用内涵反差极大的喻体，比如：

写到爱斯的时候说："这姑娘是人，是仙，还是天使?""这是一个火精，一个山林女仙，一个女神，曼纳路斯山的酒神祭女！"

而夸西莫多则被写成"可怜的小魔鬼"、"天谴的怪物"。

又如："教士凝视着，目光像鸷鹰……环绕那麦地里缩成一团的可怜的百灵鸟。"

或许事实上的冲突与对立并没有那么强烈，喻体间的极大反差便造成了作品内在的较大的起伏，甚至会产生夸张的效果。

(2) 丰富多彩的平民语汇。

雨果认为"所有的词语都一律平等"，主张使用丰富多彩的平民语汇，"法文、拉丁文、法律条文、王公贵族的辱骂、民间的俗语、喜剧、悲剧、笑、眼泪、散文和诗，把这一切都传达给观众"。

可以说，《巴黎圣母院》这本书中遍布着形形色色的平民语汇，这是当时其他很多作家的很多作品都不具备的特点：

①诅咒与谩骂语。

这类语汇是书中最醒目的一道景观了，可以说是俯拾即是。以下是从书中搜集的诅咒与谩骂语：

教皇的肚子！	教皇的肚脐！	上帝的脑袋！	上帝的肚子！
上帝的角！	鬼的指头！	基督的身子！	马洪的肚子！
犹太人的肚子！	牛的角！	肚子和雷！	帕斯克——上帝！
帕斯克——马洪！	基督和撒旦！	地狱里的（知了儿/吉卜赛女人）！	
反基督的丑八怪！	骑扫帚的魔鬼！	鬼把你抓了去！	
当心鬼捶你的门！	下地狱的！	跳蚤、臭虫！	疯狗、魔鬼！

甚至还有连骂七声的情景：

"上帝的血！上帝的肚子！妈的上帝！上帝的身子！别西卜的肚脐！教皇的名字！角和雷！"

（马洪："穆罕默德"的讹称；帕斯克："复活节"的意思；别西卜："撒旦"的别称。）

从以上所述，我们很容易发现：当时法国人往往把"下地狱"、"见魔鬼撒旦"作为最恶毒的诅咒。这些都带有很强的宗教色彩。实际上，这也是西方人诅咒与谩骂的普遍特点。

②隐喻性或象征性的多义词或双关语。

比如：

辣椒→贪污受贿；　　长角的→戴绿帽；

鹅→笨蛋；　　　　　尾巴→随从；

海豚→嗣子；　　　　公山羊→淫猥邪恶；

小苹果→又羞又恼；　猫→诡诈、阴险；

苹果→乳房；　　　　百合花→法国王权

（箭头所指为隐喻义或象征义。）

这些多义词和双关语同它们的含义之间，有的是约定俗成不可论证的。有的则可以从社会文化中推导，比如"公山羊"之所以是"淫猥邪恶"的象征，是因为在圣经故事中，它是撒旦在人世间寄寓的肉身；"小苹果"专指一种半边红半边白的苹果，与人们"又羞又恼"的脸色差不多。

③谚语、俗语。

这些语汇常常是以其他语言出现的，如西班牙语、意大利语、拉丁语、希腊语，也有以法语出现的；而以拉丁语为最多。

比如：

"Besos para golpes."——西班牙语，"以吻换揍"，即别人打了你，你还去吻他的手。

"Spira, spera."——拉丁语，"呼吸着就有希望"。

"Qui non laborat non manducet."——拉丁语，"不劳动者不得食"。

"Lasciate ogni speranza."——意大利语，"要进去的人，先把希望留在门外。"（但丁）

这些谚语、俗语有的类似成语格言，使小说有史诗的意味，不同的语言又使小说富于变化，充满异域色彩。

以上几类言语词汇并不能涵盖雨果在文学创作中的所有言语倾向，但却是比较突出醒目的方面，是雨果浪漫主义言语的很好的体现。

新世纪高等学校教材

4.3.2　新鲜的网络语

无疑，越来越多的人正处于网络文化的新时代当中，一种新的交流方式的产生与一种新的文化体系的建构，必然会带来语言的变革，与特征鲜明的"网络文化"相适应的是同样特征鲜明的"网络语"。我们之所以不叫"网络语言"是因为"语言是音义结合的符号系统"，而"网络语"是人们在网络这一特殊环境中运用语言文字的过程与结果。其主要方式是视觉符号而不是听觉符号。我们所能见到的是由网络产生而带来的言语交流的变革。这些纷繁复杂的甚至抛弃语音的网络言语现象对于传统的语言定义无疑是一种冲击。

词汇是语言中反映社会发展变化最敏感的要素。一种新事物的产生必然会带来与之相适应的各种新词语。历史上，"电"的产生就曾经给人类的语言注入过难以计数的新词语。在今天，网络的产生和发展同样给我们的语言带来了各式各样的新词语，我们把这些由于网络产生而出现或有了新发展的词语，即在网络这一特殊领域的词语汇集称为"网络词汇"。

1．网络词汇的分类

网络和网络文化的特点决定了"网络词汇"不仅包括与网络相关的正常语言词汇，还包括在网络这样一种特殊空间使用的词汇，因而，我们对"网络词汇"作了如下分类：

（1）与网络相关的技术性词汇，如：

> 局域网　服务器　调制解调器　拨号上网　浏览器　搜索引擎
> 连接　链接　友情链接　超级链接　TCP/IP（网络协议）
> 防火墙（网络安全软件）　　网络蚂蚁（下载软件）

（2）与网络相关的非技术性词汇，如：

> 网　网络　网路　互联网　因特网　国际网　网址　网站　网页
> 主页　导航条　公告板（BBS）　论坛　版　帖子　账号　用户　通行
> 字/密码　伊妹儿　电子邮件　E-mail 地址　电子信箱　聊天室　上线
> 下线　离线　在线　掉线　上网　冲浪　访问　浏览　下载　网虫　网友
> 黑客　骇客　网管　版主　系统管理员　版副　乱码　网恋

比起技术性词汇来，这些词汇是网络上使用频率更高的词汇，也是更深入地进入我们的生活的词汇。网络仿佛一个大连环，连接到哪里，哪里便出现与之相适应的新词汇。

（3）在网上通用的特殊词汇。

东东：指东西。　　　　　　菜鸟：指刚刚上网的新手。

大虾：指网络高手。　　　　美眉：指网上的女性（褒义）。

网虫（虫虫）：指酷爱上网的上网者。　　灌水：指在 BBS 上发文章。

其实，我们所提出的所有词汇都是在网上通用的词汇。在这里，"网上通用的特殊词汇"指的是那些由特定的网络环境造就的而不是由网络或网络的子连环直接带来的词汇。这些词汇充满新奇感，通常出现在聊天室的话语中或 BBS 的文章中，在网络这样一个特殊空间中开花结果。由于网络的影响力以及与电脑网络相关刊物的推广作用，这些词汇正步入生活。

2．网络词汇的来源

新事物的出现，新交流空间的界定要求大量新词语出现以满足应用的需要，网络通过各种方式找到了它所需要的词汇：

（1）原有词语产生新义。

网络的产生和发展使得许多传统词汇被赋予了新的意义。如在网络时代的今天，"网"和"网络"无疑已经超越了它们的基本义，获得了词典尚未收录的新义，而且这种新义已经成为其基本义以外最重要的意义。再如，"地址簿""抄送""论坛""浏览""账号""用户""用户名"等都是将其本义置入网络环境，而使之获得了网络词汇中的新义。

（2）新词语产生。

借用原有词汇显然不可能完全满足网络词汇的需要，非传统的新词汇才是网络词汇的主流，而这些词汇的来源极其广泛，主要有以下几方面：

①英文外来词。

电脑和网络本来就是西方国家的发明，技术上的优势造成了语言上的侵入，英文对中国当代的网络词汇有着莫大的影响力，许多网络词汇源于英文，它们的取词方式又各有不同：

a．直接音译　　　　如"E-mail"——"伊妹儿"

b. 半音译半意译　　　如"Internet"——"因特网"

c. 音译兼意译　　　　如"hacker"——"黑客"

d. 音译加表义语素　　如"E-mail 地址"

e. 直接借用英文或英文缩写

如：

"Internet"（因特网）

"Bulletin Board System"（公告板）——"BBS"

"webmaster"——（网主）"WM"

②港台借词。

港台地区技术先进而又与内地处于同一语言体系中，因而许多网络词汇直接借用于港台，如"网路"一词就源于台湾。当然，其中也不排除近年来港台文化对内地影响巨大的因素，如"菜鸟"一词源于香港，本义指"新手"，在网络中，它则被赋予了"网络新手"的特定含义。

③规范造词。

对于一个完整的语言系统来说，按照原有的语法和词汇特点，造出与新事物、新环境相适应的词汇，才是最易融入原有语言体系，也是最易为人理解和接受，这一点已经被历史所证明，网络词汇也同样如此。如：

a. 动宾结构：上网　上线　下线　抓图　灌水

b. 偏正结构：局域网　浏览器　网站　主页　电子邮件　网主

④不规范造词。

网络的自由性决定了网络词汇不可能全部按照既有的规范来创造，这些不规范的网络词汇在网络上颇为引人注目：

●标音词。

构成这类词的汉字起音节作用，我们把这种词称为标音词。如"斑竹"其实是"版主"的谐称，代表与"版主"相近的音节。这样看来"斑竹"一词的形成带有更多的偶然性因素。然而，"美眉"一词的标音却是有意地选择，［mei^{214}mei^{35}］是对"妹妹"的可爱化，来源于台湾，"美丽的眉毛"是女性的一道风景。

●为了戏谑或可爱，如用"版猪"表示"版主"带有戏谑的色彩，而"东东"表示"东西"之义，只是单纯追求可爱，这种词几乎没有什么道理可讲。

3. 网络言语的规范化问题

探索网络言语现象，相应提出的一个问题就是网络言语的规范化问题，要讨论网络言语的规范化，就要先明确网络言语的现状，总的看来，网络语言现状包含以下几个要点：

(1) 自由性、主观性较强。

这一点在网络言语现象的各方面都有所体现，如用于指称网络的词汇有"网络"、"互联网"、"因特网"、"Internet"，这足见这一词汇的随意性和自由性；又如"防火墙"、"蚂蚁"最初都是某种特定软件的名称，然而由于其技术优势的影响，这两个词已成为网络安全措施和下载专用软件的代名词了，可见这两个词的形成有很强的主观性。使用网络的主体是文化教育程度较高的青年群体，网络言语现象的大部分受这些群体的主观性影响，而其中又存在个人或某些集团的主观影响，网络使用主体的求新、求异心理也决定了网络言语的自由化，同时网络空间的充分自由为网络言语的自由提供了现实可能性。

(2) 并没有过分超越大语言环境。

网络交流的主要凭借依然是传统的语言文字体系，而网络言语现象中诸如许多网络词语是合乎传统语言文字规范的，那些不符合传统语言规范的语言现象在网络交流中只是起辅助作用，而没有代替原有的语言文字体系。网络言语是人类正常语言的特殊运用，从其运用的过程和结果来看，它不属于索绪尔所说的语言的语言学而应该属于言语的语言学。就目前来说，新奇的网络言语不可能完全超越原有语言体系，更不可能代替原有语言体系。也有人认为这是一种用视觉符号记录的语言的社会变体。

(3) 存在自身规范。

网络言语尽管比较自由、主观，然而依然有自己的约定俗成和规范。如人们一般会接受和使用"电子信箱"、"电子邮箱"、"E-mail信箱"、"E-mail 地址"，却不会使用和接受"电子地址"、"E-mail 邮箱"，这不能不说是网络用语本身的习惯和规范。这说明网络言语其实存在自己的规则、规律，尽管它们不如传统语言规范那么易于发现、那么明确。

无论如何，网络言语需要一个从言语走向语言的过程。"网络言语词汇"同样需要规范化。对于网络言语的现状而言，其过于自由和主观的一面确实需要适当的引导，然而"语言规范究其实质也是一种社会习惯，它只能通过约定俗成的途径建立，而不能由语言机构或语言学家向壁虚构。""固然不能说全部语言规范都是对约定俗成说法的追认，却可以说大部分是如此。"[1]网络言语既然存在自身既定的一些约定俗成和规范，而且并没有完全超越原有的语言规范体系，对其做过于强制性的规范是没有必要的，也是不恰当的。语言是交际的工具，语言的生命力体现在其交际价值上，既然"网络言语词汇"的使用者乐于使用它们，而且对于这些特定的使用群体，"网络言语词汇"能使他们在一个特定的交流空间中更好地交流，这说明"网络言语词汇"存在着亲和度和生命力。"新词语是新事物新生活的一部分，流行词语与人们的生活言语环境和心理状态密切相关。时间将是流行词语能否最终流行的决定因素"[2]，全新的网络言语现象同样如此，时间是网络言语现象能否继续前进和发展的最终决定因素。

4.4 词汇在运用中发展变化

语言在言语活动中不断发展变化，作为凝聚了语音、语义、语法于一身的词汇当然也不例外，词汇单位的语音形式、语义内容、语法功能都可以发生变化，这些发展变化在有关章节已经或将要有所论述。此外，从系统的角度看，总是有新词产生和旧词消亡，本节主要论述这两个方面的问题。

4.4.1 新词的产生

词汇是语言中反映社会发展变化最敏感的要素。当出现一些新事物、新现象或新观念时，就可能要创造一些新词来标记它们，以满足交际的需要。

新词的产生主要通过以下方式实现：

---

[1] 引自戴昭铭：《规范语言学探索》，第149页，上海三联书店，1998。
[2] 参见戴耀晶：《流行词语漫议》，《文汇报》，1999年12月17日，第三版。

1. 造词

即利用构词法和原有语素构造新词。比如汉语中，利用语法构词中的复合法，可以把语素"汽"、"车"组合在一起构成新词"汽车"；"管"、"家"复合成"管家"；也可以用派生法构成新词，如英语的"subsonic（亚音速的）、subedit（助理编辑）"；还可以用语义构词的方式构成新词，比如汉语的"竟"本义为乐曲终了，后来引申出"边境"的含义，人们又为这个含义新造了字"境"，这样，这个意义便独立为新词。

2. 旧词新用

有的词已经消亡，人们不再使用，但由于交际需要，人们又赋予了它新的意义而重新使用。对于这个词来说，虽然形式未变，但由于有了新的意义，也看作是新词。如汉语的"经济"本来指经国济世，但是随着时代的发展和社会形态的改变，这个词义没有被沿用。到了现代，人们赋予这个词以新的含义："〈1〉以社会生产关系为研究对象的科学；〈2〉有关物质资料的生产管理的事；〈3〉个人生活用途。〈4〉用较少的人力、物力、时间获得较大的成果。其含义完全不同了。从这个角度看，"经济"也是一个新词。

3. 借词

即把外语词的音和义全部照搬的方法。因此，严格地说，只有传统的"音译词"才是借词。对借用者来说，这也是一种新词。借词是语言间相互接触的结果。比如，中国本来没有雷达，随着它传入中国，人们也借来了其名称"radar"，音译成"雷达"。其他如"拷贝（copy）"、"咖啡（coffee）"、"沙龙（salon）"都是从英语中"借"来的。此外，"布尔什维克"、"伏特加"是从俄语中借来的；"香槟"、"蒙太奇"是从法语中借来的；"卡拉OK"中的"卡拉"是从日语中借来的；英语的"tea"（茶）、俄语的"чай"（茶）是从汉语中借去的，随着语言接触的日益扩大，借词成为一种越来越常见的现象。

4.4.2　旧词的消失

社会在不断发展变化，在出现新事物、新现象的同时，旧事物、旧现象也不断消失，旧的生活方式也不断改变，这必然导致旧词的消失。比如汉语的"太尉"、"乡试"等，只保留在古代的文献中。又比如，我国在以畜牧业为主的时代，马和日常生活息息相关，所以古人对马区分非常严格，跟"马"有关的词就有很多：跑得不快的马叫"驽"，跑得快的马叫"骥"，青黑色的马叫"骐"，纯黑色的马叫"骊"，黑嘴的黄马叫"骍"……随着时代的进步，马不再是人们主要的交通工具和运输工具，所以人们不再严格区分这些职能和特性不同的马。因此，其名称大大减少，只剩下"马"这个的类概念词，其他的词大量消失。

4.4.3　词语的替换

词语的替换就是事物名称的改变。这种现象的产生原因比较复杂，有政治、历史、文化等方面的原因。当然，也有语言系统本身的原因。词语替换的例子很多，例如普通话中：

替换词	被替换词
工资	薪水
国务院	政务院
火柴	取灯儿
民主	德谟克拉西

从词汇发展的方向上看，新词的产生要比旧词的消失快得多，数量也大得多，因此，一种语言的词汇量会随着社会的发展而越来越大，词汇因此不断地丰富和发展。

⊙本章小结

作为语言的建筑材料，词汇是一个集合概念，同时，词汇也是一个完整的系统。我们把词汇区别为语言词汇和言语词汇分开进行考察。语言词汇系统具有绝对任意性与相对理据性、普遍性与民族性、变化性与稳定性的特点。我们说，语言词汇的单位包括词和固定词语。从其自身规律来看，要想掌握词这种语言单位，必须区分词和语素、词和词组。根据语素能否独立运用，可以把语素分为成词语素、不成词语素；根据语素在构词中的作用，可以把语素分为词根、词缀、词尾；根据语素在构词中的能力，可以把语素分为自由语素、不自由（黏着）语素；根据语素在构词中的位置，可以把语素分为定位语素、不定位语素。我们把由一个语素构成的词称为单纯词，由两个或两个以上的语素构成的词，称为合成词。词的构成往往通过一定的方法和手段，广义的构词法，从总的来看包括语音构词、语义构词和语法构词三种方法。

从词的形式上来看，根据词的语音形式可以形成单音节词与双音节词、双声词、叠韵词、同音词，根据词的书写形式则可以形成同形词聚；从词的意义上看，可以形成同义词和反义词、单义词与多义词、上义词和下义词、褒义词和贬义词等词聚；从词的社会功能上看，可以形成基本词汇和一般词汇、常用词汇和非常用词汇、专业词汇和非专业词汇、口语词汇和书面语词汇等词聚；从词的来源上来看，可以形成古语词、新词、方言词、外来词、同源词、同根词。同时，一些特殊的词语也构成了一个语汇系统，我们把它们分为成语、惯用语、俗语、谚语、歇后语、格言，这种定性化的了固定词语又叫熟语。

与语言词汇不同的是，言语词汇是指个人运用语言的词汇，它允许存在偏离语言规范。我们在这一章涉及了名家名著词汇、网络语两类言语词汇。

从历时的角度来看，词汇系统总不断地会有新词产生、旧词消亡，词汇也因此不断地丰富和发展。

□思考与练习□

一、名词解释

词汇　言语词汇　词　固定词组　语素　词根　词缀　词尾　单纯词　合成词　复合词　派生词　联绵词　叠音词　重叠词　同形词　同音词　同源词　同根词　古语词　新词　方言词　外来词　基本词汇　一般词汇　熟语　成语　惯用语　谚语　俗语　歇后语　格言

二、填空

1. 语法构词有复合法、派生法、_____、_____。

2. 熟语包括成语、惯用语、_____、俗语、歇后语、_____。

3. 构词法的主要类型有_____、_____、_____三种，其中，语法构词的方法有_____、_____、_____。

4. 词汇单位有两种：一种是_____，另一种是_____，它是_____。

5. 词汇是一个_____概念，不能指_____。

6. 根据语素在构词中的作用，可以把语素分为_____、_____、_____。

7. 根据词结构类型，可以把词分为_____、合成词。其中，合成词又包括_____、_____、_____。

8. 固定短语的特点是_____和_____。

9. 基本词汇的特点是_____、_____、_____。

10. 古语词包括_____、_____。

三、选择

1. "白纸"是（　　）

A. 词根

B. 语素

C. 词

D. 词组

2. "绿化、超导电性"属于（　　）

A. 单纯词

B. 复合词

C. 派生词

D. 缩略成词

3. "民"、"辉"、"原"是（　　）

A. 词根

B. 词缀

C. 词尾

D. 词干

4. "黑格尔"是（　　）

A. 一个词根和一个后缀组成的词

B. 两个词根组成的词

C. 三个词根组成的词

D. 一个三音节的词

5. 区分词和语素要看（　　）

A. 能否独立运用

B. 是不是音义结合体

C. 有无意义

D. 能不能用扩展法

6. "人民、机械、学校"用的构词法是（　　）

A. 转化法

B. 缩略法

C. 复合法

D. 派生法

7. "公式、攻势、宫室"是（　　）

A. 同形词

B. 同音词

C. 同义词

D. 同根词

8. "沙发、镭射、卡拉 OK" 属于（　　）

A. 新造词

B. 古语词

C. 行业术语

D. 外来词

9. "大众化" 和 "四化" 所用的构词法是（　　）

A. 语音造词

B. 语义造词

C. 语法造词

D. 旧词新用

10. "积极性、年轻化" 属于（　　）

A. 单纯词

B. 复合词

C. 派生词

D. 缩略词

四、简答

1. 举例说明语言词汇的特点。

2. 举例说明如何区分词和词组。

3. 从词的来源上看，可以形成哪些词聚？

4. 举例说明语法构词的类型。

5. 分析古今中外你最喜爱的一个作家或一部巨著的言语词汇特色。

6. 你是如何看待网络言语现象的，应该如何对其进行规范？

7. 试分析 "狂人"、"聋哑人" 等不同群体的言语特点。

五、运用

1. 根据在构词中的作用指出下列各词中的语素类型

　　呆子　瓜子　鱼子　百事可乐　木头　舌头

2. 分析下列各词所用的构词法

　　海啸　现代化　锁　反作用　watches　radar

3. 指出下列词的结构类型

　　a. 性急、初一、建设、徘徊、回顾、改良、老鼠、刺耳、原

则性、可口可乐

    b. books　care　careful　blackboard　unkindness　worked
reading　teacher

4．指出下列单位哪些是词，哪些是词组，并说明其区分方法

    歌、唱歌、水、喝水、头发、理发、白菜、白纸、写信、
看见、改良、准备好

▷阅读与参考◁

1．孙维张、刘富华：《语言学概论》，吉林大学出版社，1991年

2．刘伶、黄智显、陈秀珠主编：《语言学概要》，岑麒祥审定，北京师范大学
出版社，1984年

3．符淮青：《现代汉语词汇》，北京大学出版社，1985年

4．刘叔新：《词汇学与词典研究》，商务印书馆，1984年

5．张志毅、张庆云：《词汇语义学》，商务印书馆，2001年

6．岑运强主编：《语言学概论》，中国人民大学出版社，2003年

5. 语 法

依照传统的方式，大多数语言的语法都在句法（syntax）和词法（morphology）两个标题下进行讨论……关于这种分界的用途以及关于这两个标题的范围，曾有过很多的争论。

——布龙菲尔德

5.1 语法的性质及其单位

5.1.1 语法的性质

1. 两种不同的语法

说话是否有规则？对这一问题，有些人可能会不以为然。试想如果一个讲汉语普通话的人说"我先走了。"没有人觉着奇怪。如果你说成"我走先了。"大家一定会说你错了。可是这句话换成是广东人说，却又是正常的句子。为什么？这是因为说话是有规则的，这规则就是我们所说的语法，而不同的语言或方言则有不同的语法规则。由于语言学家对语言的认识以及研究语言的方法或目的的不同，又形成了不同的语法观念，不同的语法体系。但其共同目的都是为了揭示语言的内在规律。语法因此也具有了两个含义：

客观语法——自然语言规则，即语言自身的语法结构。

语法学——研究语法结构的学问和体系。

2. 语法的性质

什么是语法（grammar）？语法是干什么的？这是几千年前古希腊哲学家亚里士多德就开始涉及的一个论题。

人们对语言的研究由于兴趣的不同、目的的不同和方法的不同，因此对语法的认识也不同。按最狭义的理解，也就是语言学的传统含义和通行理解，语法是组词造句规则的总和，它是语言的一个层面，独立于音系学和语义学之外。它包括词法（morphology）和句法（syntax）两大部分。转换生成学派则认为，语法是一套生成机制，是生成一种语言所有句子的有限说明。语法能够界定说话人掌握的全部语言的规则。这一观念下的语法乃是指语言整个系统，不仅包含句法、词法，还包括传统的语义学和音系学研究的范围。但不管什么流派如何看待语法，语法首先存在于自然语言之中，同时存在于人的大脑之中。语法是语言的一个重要系统。它贯穿于词、句子和句子以上的各个语言层次之中。

5.1.2 语法单位

语法规则是从具体话语中归纳出来的，它存在于语言各个层次的语法单位之间的相互关系之中。所以认识语法规则首先需要明确有哪些语法单位。这些单位不是孤立地预先存在的，而是从话语中、从线性排列的言语中切分出来的。语法单位是在话语组合中的某一个位置被替换下来的有意义的语言片断。这些被替换或切分下来的语法单位从小到大有：语素、词、短语和句子。一般语法流派通常把句子看成是最大的语法单位，语素是最小的语法单位。现代语言学的发展，使人们意识到语篇（text）中存在一些大于句子的语法规则，这一般称之为篇章语法（这将在下面专门进行论述）。这些语法单位在语言里所处的层次不同，所起的作用也有很大差异，而且在不同的语言中这些语法单位所起的作用也可以有差异。词和语素不仅是语法单位，也是词汇单位，这在词汇一章已经讲过，这里只讲短语和句子。

1. 短语

短语是指两个或两个以上的词按照一定规则组织起来的结构成分，故也称之为词组。除了那些与词具有相同功能的固定短语，如成语、熟语外，短语基本上是语言应用过程中临时组合的单位，从意义看往往是可预测的。这与词是很不一样的。

（1）短语的结构分类。

从结构上看短语可分析为一些基本的类型。由于人类语言具有一些共性，自然会有一些结构关系相同或相似的短语。如很多语言都有主谓短语、述宾短语、偏正短语。

当然也有些语言的一些短语与其他语言的结构类型不同。如现代汉语普通话的定语都在中心语的前面；而有的语言的定语在中心语的后面；有的语言部分定语在中心语前面，部分定语在中心语的后面。所以有的语言就有"正偏短语"，即修饰语在中心语后面的短语。又如有的语言宾语在动词的前面，构成的是"宾述短语"。

就汉语而言，有六种基本短语：主谓短语、述宾短语、偏正短语、并列短语、述补短语和同位短语。例如：

主谓： 我走　　　　他跑

述宾： 吃饭　　　　写信

并列： 我和他　　　吃喝玩乐

偏正： 我的书包　　慢慢走

述补： 看清楚　　　写得很明白

同位： 他自己　　　春城昆明

（2）短语的功能分类。

短语同词一样，它们在句中的作用和分布也有一定的规律，根据短语与某些词的功能和分布的共同点和不同点，对短语做出的分类叫做短语的功能分类。主要有以下几种基本的短语功能范畴：

名　称	符号	例		
名词短语	NP	木头房子	我的书包	他的出现
动词短语	VP	快走	走得很慢	孩子去
形容词短语	AP	很漂亮	漂亮得很	艰苦朴素
介词短语	PP	从早晨	根据规定	比我们
	NP	the tall runner（高个奔跑者）		the guy with earring（带着耳环的家伙）
	VP	run away（跑开）		win the race（赢得比赛）
	AP	very important（非常重要）		old and boring（又老又令人厌烦的）
	PP	in the morning（在早上）		under the bridge（在桥下）

不同的语言在短语的结构类型和功能类型上会有自身的特点，如汉语的"的"字短语、"所"字短语、比况短语等。

2. 句子

语言交际的目的是为了传达信息。句子是能够表达一个相对完整意思，具有一个特定语调，末尾有一个比较大的停顿的语法单位。句子是比短语高一级的语法单位。例如：

①我知道你和李云昨天去故宫了。

②今天的这场雪可真大！

③谁吃苹果？

④我。

⑤走开！

⑥Everyone in our company knows that John likes Mary. （我们公司的每个人都知道约翰喜欢玛丽。）

⑦It is so beautiful! （太美了！）

⑧What's that, Mama? （妈妈，那是什么？）

⑨A zebra. （一匹斑马。）

⑩Go! （走吧！）

以上都是句子。例①⑥告诉别人一个事实。例②⑦表达自己的一个感慨。例③⑧询问别人一个问题。例④⑨回答别人的问题。例⑤⑩则是对别人行使一个命令。无论是汉语还是英语，句子可以很长，由很多个词构成（理论上可以是无限）。句子也可以很短，如例④⑩只一个词。因此，句子的特征在于它能够表达一个完整的意义，伴有一个特定的语调，末尾有一个比较大的停顿，而不在于它的长短。

（1）汉语句子的结构分类。

例句：

主谓句
- 动词谓语句　　他走了。
- 形容词谓语句　这个演员太漂亮了！
- 名词谓语句　　那个架子三条腿。
- 主谓谓语句　　他肚子疼。

非主谓句
- 动词谓语句　　出太阳了。
- 形容词谓语句　太好了！
- 名词谓语句　　好球！

（2）句子的功能分类。

句子按照其表达功能，可以分陈述句（declarative sentences）、祈使句（imperative sentences）、疑问句（interrogative sentences）、感叹句（exclamative sentences），也就是一般所说的句类。

所谓陈述句是指对事件进行客观地叙述的句子。祈使句是表示命令、请求、劝告、禁止和敦促的句子。感叹句表达说话人的强烈感情。疑问句是向受话人获取信息，一般要求受话人回答的句子。这些不同的句类在形式上会有一定的差别，但不同的语言所采取的形式是不一样的。对比汉语和英语的句类，我们会发现，汉语的陈述句与疑问句语序基本一样，疑问句用疑问语调，或者疑问语气词、疑问代词来表示疑问。英语一般疑问句与陈述句的语序不同。例如：

①a. 他是学生。

　b. 他是学生？（用升调表疑问）

　c. 他是学生吗？（用语气词表疑问）

　d. 谁是学生？（用疑问词表疑问）

②a. He is a student.（他是一个学生。）

　b. Is he a student?（他是学生吗？）（用调整语序的手段表疑问）

　c. Who is student?（谁是学生？）（主要用疑问词表疑问）

③a. He made a phone call.（他打了一个电话）

　b. Did he make a phone call?（他打电话了吗？）（在句首加助动词）

④What do you do?（你做什么？）（疑问词置于句首，并在主语前加助动词）

5.2　语法的特点

5.2.1　抽象性

语言中具体的词的数量是很大的，具体的短语和句子的数量是无限的。语法是存在于这些数量巨大的词和数量无限的短语和句子中的有限的抽象的结构规则。这些抽象的语法规则存在于人们所说所写的具体的话语中，内化于熟练地掌握该语言的人们的头脑中。研究语法的人从大量的具体语言材料中可以把这些抽象的语法规则抽象概括出来。例如人们从汉语的"他坐汽车"、"我吃面条"、"他装电话"等许多这类句子中抽象概括出汉语这一类句子的结构规则是"主＋动＋宾"。语法研究不管具体的句子的意义，语法研究具体的词、短语，句子表示各种语义关系的各种不同的结构模式、结构关系。从语法上来看，"他坐汽车"、"我吃面条"、"他装电话"都有相同的主动宾结构。因此语法最重要的一个特点是抽象性。

5.2.2　层次性

短语或句子，从表面上看，好像是一个词跟着一个词，用文字把它们记录下来好像都处于一个平面，实际上短语、句子的内部组织结构是有层次的，不是都处于同一个平面上，复杂的短语、句子是一层一层套起来组合成的。主谓、述宾、偏正、述补这四种短语由两部分组成，联合短语由两个或更多的部分组成。词与词在一个层面结合成一个简单的短语，这个简单短语又可以和另外的词或者短语在另一个层面组合。层次性是语法结构固有的特点，所以，分析句法结构时运用层次分析法就能显示出句法结构固有的层次性。例如："改革开放的中国需要各种专门人才。"按照层次分析法可以分析为：

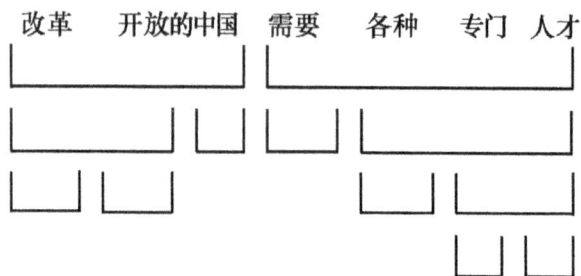

从以上分析可以看出，这个句子共有七个小的词，它们是在四个层面上组合起来的。

5.2.3　递归性

语法的递归性指的是反复地使用构成句法关系的有限的几种句法规则，不断地进行同功能替换，以构成复杂的短语或句子。例如"书"与"新"这两个词，可以运用偏正短语定中短语"定语＋中心语"的组合规则，组合为"新书"，然后运用语法的递归性，反复地使用偏正短语中定中短语的这一组合规则进一步扩展出复杂的句法结构：

新书→阅览室的新书→图书馆阅览室的新书→学校图书馆阅览室的新书→单位学校图书馆阅览室的新书→他们单位学校图书馆阅览室的新书。

从理论上讲，结构规则的递归可以无限制地扩展下去，简单的结构可以由此变得复杂起来。又如："他的儿子的儿子的儿子的儿子的儿子的儿子……""他朋友的朋友的朋友的朋友的朋友的朋友……"就是这样的例子。

仔细分析，在句法结构的组合构成中，递归性的运用可以分为两种。第一种是从最初的简单的结构开始到最后，始终反复地使用同一句法组合的规则。例如上述例子从"新书"到"他们单位学校图书馆阅览室的新书"等就是反复地运用偏正短语中定中短语的组合规则扩展组合出来的复杂短语。第二种是同一条语法规则在一个句法结构中间隔地反复使用。例如"我们听过他创作的曲子"其结构关系为：

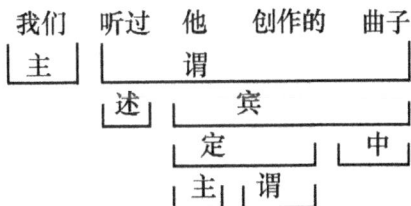

```
我们   听过   他   创作的   曲子
|主 |   |        谓        |
        |述|   |      宾        |
               |   定   |  中  |
               |主| 谓 |
```

这个短语中的第一层运用了"主语＋谓语"这一主谓结构的规则，构成了"我们听过他创作的曲子"这个主谓短语，其中的第四层也用了一次"主语＋谓语"的结构规则，构成"他创作"这一个主谓短语，让这一主谓短语充当宾语中心语"曲子"的定语。

5.2.4 生成性

语法的生成性是指掌握了有限的语法规则可以生成出无限多的句子。生成句子一是根据句法结构的模式通过替换来生成无限多的句子。例如"主语＋动词＋宾语"是汉语句子的最基本模式之一，根据这一模式可以生成出"他写诗"、"他们打网球"、"老张开汽车"。当然要生成出正确的句子还得遵守复杂的语义制约规则。另外可以根据语法的递归性生成出无限多的句子，或者是把替换和递归两种手段结合起来生成出无限多的句子。

一个正常的人，在幼年语言能力发展的关键时期，只要在一个有人说话的生活环境中，就可以自然地习得自己的母语。人们习得语言并不是一句一句的学，不是学一句只会一句。人们能够运用自己掌握的语法规则运用他所掌握的词汇，生成出自己从来没有听过、说过、写过、看过的句子。成人学习自己母语以外的其他外语也是这样。

5.2.5 稳固性

在历史的长河中，语言同其他事物一样会发生变化，在语言的三大要素：语音、词汇和语法中，语法变化最缓慢，语法是语言中最稳固的部分。现代汉语最基本的语序"主语＋动词＋宾语"这一排列顺序早在三千多年前的甲骨文中就已存在了。当然，语法不是一成不变的，它也会发展变化，只是一种新的语法形式的出现一般说来比新词和新的语音形式的出现要慢得多。

5.2.6 民族性和地域性

不同的民族语言在语法上会有一些差别。有些民族语言之间差别比较大，有些差别比较小。例如，现代汉语普通话的定语不论有多长、有多少个都放在中心语之前，而英语的定语有的在前，有的在后面，例如动词不定式、小句等词语充当定语时就放在中心语之后。

语法的地域性表现在两方面。一方面，不同的语言由于处于同一区域，由于长期存在接触关系，原来某些语法上的不同点会趋于相似或者相同，出现一些区域共同特征。另一方面，同一语言的不同方言，由于相距较远、处于不同的地域，或者是由于各自某些语法特征历时演变的速度不一样，或者有的方言受到其他民族语言语法的影响，语法上会有一些差别。例如，汉语方言中多数方言的正反问句是"VP 不 VP"型的，而少数方言是"可 VP"型的。例如，普通话中汉语现代绝大多数地区说"我先走"，但是在粤方言中却说"我行先"。

任何语言都有语法。汉语语法有其特殊性，与其他语言也有共同性。例如汉语与中国南方属于汉藏语系的语言就有很多共同性。有些与汉语没有系属关系的语言在语法上也与汉语有一些共同点。如越南语（中国国内的京语）就和汉语有一些共同点。学习语法有必要了解与自己母语不同的语言的一些语法特点，这样才有利于认识自己母语的语法特点。

5.3　词　法

5.3.1　词类

1. 词的确定

通常把词定义为最小的能够自由运用的语言单位。词也是操本族语者凭直觉普遍承认的一种语言单位，无论是口语还是书面语。

但是同描写语言的其他范畴相比，或对不同结构类型的语言进行比较时，要对词这个概念取得一致认识却有很大困难。这些困难主要与如何给词下定义、如何识别词，以及如何确定词的地位等诸方面的问题有关。比方说英语的 washing machine（洗衣机），这个单位是一个词还是两个词？汉语的"吃饭、敬礼"是一个词还是两个词？靠什么来判断这些单位？又如，英语的定冠词 the 是否与 book 作为一个词的含义相同。语言学家提出了一些有一定区别的词的含义。比如说，有的认为词是物理上可定义的单位，即一段书写上有空格做边界或口语中有停顿的单位。这种含义的词称为正字法的词（orthographic word）。有的语言学家为词建立了一个抽象的词位，就像为音素确定一个音位一样。如 walk 就是一个词位，它包含 walk, walks, walking, walked 多个不同的变体。

为了识别语言里的词，语言学家提出几种标准，影响较大的有三种。第一种标准认为，词是各种语言单位中最稳定的单位；从其内部结构而言一个复杂词的组构成分没有多少重新配列的可能性，而句子和其他语法结构的组构成分则相对具有位置可移性。第二种标准是词的相对不间断性或粘聚性，即正常语言中词的内部一般不能插入新成分（包括停顿），而在词的边界总是有潜在的停顿。第三种标准就是布龙菲尔德在《语言论》中提出的词是最小的自由形式。

2. 词类及其划分标准

语言中词的数目是很庞大的。语言中不是所有的词的功能都是一样的，不同的词在语言中所起的作用是大不一样的，这就像社会中人们的分工有区别一样。为了研究语法、讲清楚语法，首先要研究词这一级语言单位的语法特性，要解决词类的划分问题。词类指的是词的语法分类，也就是说，把具有相同语法特征的词进行划分就得出词的语法分类。

由于不同的语言在词类所反映的特性不一样，因此用什么标准来划分词类成为语言学一个老大难问题，这一问题至今仍未得到很好的解决。

基于词的语法特性，语言学界提出多种不同的分法，如区分变形词和不变形词，区别词汇词和语法词（功能词），区分封闭性类的词和开放类的词，区分实词和虚词。从人类语言共性来看，实词和虚词的概念更为普遍。二者的区分更具有涵盖性。一般来说，实词在有形态的语言里往往有词形变化，虚词则一般没有词形变化；实词都有明晰的词汇意义，虚词意义比较空灵；实词主要充当一般性的句法成分（如主语、谓语、宾语、定语等），虚词主要充当辅助性的句法成分，主要起语法功能的作用，表示语法意义；实词往往是开放性的，即能产性很强，虚词则是较为封闭性的，一般不具有能产性。但是在分析词类时，需要有一个较为具体的层面，可通过分析一种语言中词所显示的各种语法语义和音系特征来建立词类，并根据形式相似（如屈折形式和分布）标准来对词进行归类。

就目前来看，划分词类的标准主要有三个：形态标准、功能分布、意义。

印欧语系语言中的综合语言，即形态发达的语言，如古拉丁语、希腊语、现代俄语、德语等语言，不同的词类往往有不同的形态变化。例如，名词、代词往往有性、数、格的词形变化；动词都存在时、体、态的形式变化；形容词则有级的形态变化。因而根据这些外在的形式也就可以分辨不同的词类范畴。

但是世界上除了存在拉丁语、俄语这类形态发达的语言外，还有大量类似汉语这样的分析性语言。显然，形态标准不具有普遍性，它只能用来分析形态发达的语言。

意义标准是从词汇意义的角度对词进行分类。如名词是表示事物名称的词，具有指称的性质；动词是表示行为变化的词，具有陈述功能的价值；形容词是表示事物属性的词，具有描述的作用。意义标准可以对属于某一词类的典型成员进行划分，但是每一种语言中都有一些词不具有语义上的典型特征，所以仅从意义上比较难以把握其意义特征，另外意义标准本身缺少严密的科学性，缺乏可实证性，所以一般只能作为参考。

功能标准是指词与词的结合能力和分布条件。比方说，英语的名词前可以出现冠词（包括定冠词 the 和不定冠词 a），一般在句子中充当主语或宾语；动词前可以有 will，shall，can 之类的词，在句中做谓语；形容词可以受 very，too 修饰，在句子里做定语或表语。再如汉语，名词一般能够受名量短语修饰；形容词一般能够受程度副词"很"等的修饰；而动词一般可以跟动态助词"着、了、过"（有的能分别与这三个词组合，有的只能与两个组合，有的只能与一个组合），部分动词可以以一定的形式重叠等。

应该说，功能标准更具有涵盖力。因为不同的词类在句法中具有不同的位置和功能，它们之间又存在着依存关系，表面上看，有形态的语言是根据形态确定词类，但这些形态变化不过是反映特定位置（分布）和特定语法功能（主谓语）的形式标签。所以从本质上讲，也是按照句法功能来给词分类。

不同的语言既有基本相同的词类范畴，如名词、动词和形容词，也可能有不同的词类。如汉藏语系诸语言有成系统的量词，除了度量衡的量词外在印欧语中是没有的；日语中的形动词是其他语言中不多见的；德语、英语等语言中的冠词也是汉语这样的语言所没有的。

5.3.2 语法意义和语法范畴

1. 语法意义

语法意义是指通过一定语法手段表现出来的关系意义、范畴意义或功能意义。语言中的实词除了实在的词汇意义之外，还有一定的语法意义。如："学习努力"和"努力学习"这两个短语具有相同的词汇，他们的词汇意义在这两个结构里都是一样的，但是两个结构表示的语法意义不一样，一个表示主谓关系，一个表示偏正关系。主谓和偏正关系都是语法意义，这种语法意义是通过词序来表示的。英语第一人称单数的代词，出现在主语位置上是 I，第一人称单数代词出现在宾语的位置上是 me，出现在定语位置上是 my。英语的第一人称单数的这三个不同的形式，分别表示主格形式、宾格形式和所有格形式。主格、宾格、属格就是其语法意义。又如英语的"写"有五个不同的形式：write/writes/wrote/written/writing，根据支配进行行为的人称的不同，这一动作发生的时间和说这一句话的时间的不同，以及进行的状态的不同等选择不同的形式。这些不同的形式表示的"时"、"态"、"体"、"数"的意义就是语法意义。

虚词的主要功能是表示语法意义。如汉语"我们的祖国"中的"的"是一个虚词，它表示领属关系，领属关系就是"的"的一种语法意义。

2. 语法范畴

把不同的形式所表示的同一类语法意义进行归类所得出的类，就是语法范畴（grammar tical category）。例如有的语言通过不同的语法形式表示单数、复数的语法意义，由此就归纳出"数"的语法范畴。语法范畴从狭义上讲只指形态范畴，从广义上也包含词类（word class）范畴。形态范畴指词法范围内的语法范畴。对形态有不同的理解。狭义的形态指构形形态，即用一个词的词形变化表示不同的语法意义，一般不改变词汇意义；广义的形态不但指构形形态，而且兼指狭义的构词形态，即在词根的基础上按照一定的规则创造新词的方法。以上两种形态都有附加法这种语法手段，而且在词的内部进行变化，所以也叫内部形态。有人把词序、语调、虚词等词外的语法形式叫外部形态。我们这里讲的形态是狭义的形态。

形态范畴（morphological category）：是指通过一定词形变化而表示的语法范畴，一般包括性（gender）、数（number）、格（case）、时（tense）、体（aspect）、态（voice）、级（degree）、人称（person）、式（modal）。从这个角度来讲，汉语属于形态范畴不发达的语言，即很少依靠形态变化表达语法意义的孤立语言（isolated language）。

（1）性（gender）：指通过一定语法形式所表示出来语词的性属范畴，一般包括阴性、阳性和中性。在有性范畴的语言里，性是一种语法范畴，它和生物学上自然的性不一定一致。如：德语和俄语都有"阴性、中性、阳性"三种性范畴，但对同一个客观事物的性的归属却不同。例如：

语言类别	"太阳"	"月亮"	"妇女"
德语	阴性	阳性	中性
俄语	中性	阴性	阴性
法语	阳性	阴性	阴性

当然在有性的范畴的语言里，一般语法的性范畴与自然的属性往往具有一致性。印欧语系许多语言都有性的范畴，有的有三种性，如德语、俄语，有的只有两种性，如威尔士语、西班牙语。例如：

语言类别	阳　性	阴　性	中　性
德语	der Sohn（儿子） der Baum（树）	die Uhr（钟表） die Last（负担）	das Jahr（年） das Boot（船）
俄语	стол（桌子） студент（男大学生）	книга（书） студентка（女大学生）	окно（窗子） письмо（信）
西班牙语	el gallino（小公鸡） el libro（书）	la mujer（妇女） la mesa（桌子）	
威尔士语	dur（水） gwint（风）	nos（夜晚） teisen（蛋糕）	

性范畴主要涉及的是名词，在有的语言里形容词、代词或冠词也有性范畴。例如德语、法语和西班牙语名词前的冠词有性的差异。俄语和威尔士语的形容词随着它所修饰的名词的性的属性而使形容词具有相应的性范畴。例如：

性范畴	形容词	名词
阳性	красивый（美丽的）	дом（房子）
中性	красивое（美丽的）	село（乡村）
阴性	красивая（美丽的）	родина（祖国）

	性	名词	形容词
威尔士语	阳性	dur（水）	klir（清澈的）
	阴性	nos（夜晚）	glir（凉爽的）

（注：威尔士语修饰成分在名词之后）

（2）数（number）：靠词形变化来表示事物或现象的量的特征，一般分单数和复数，有的语言还有双数，甚至三数。如古希腊和梵语有三个数，单数、双数和复数，斐济语则有四个数：单数、双数、三数和复数。数的范畴涉及名词、代词、动词和形容词。如：

语言类别	例词	单数	复数
英语	书	book	books
	牙齿	tooth	teeth
	孩子	child	children
德语	帽子	(der) Hut	(der) Hüte
	船	(das) Boot	(das) Boote
	钟表	(die) Uhr	(die) Uhren

（3）格（case）：格是用词形变化表示的名词、代词与句子里其他成分的关系。世界上有许多语言有格范畴，但格的数目和名目都不尽相同。英语的有生命的名词只有两个格，领属格和非领属格，领属格用 's 表示；代词有三个格：主格、宾格和属格。如第一人称单数代词的三个形式是：I，me，my。俄语有六个格，德语有四个格。例如：

	主 格	宾 格	属 格	与 格	工具格	前置词格
俄语	стол	стол	стола	столу	столом	на столе（桌子）
德语	der	den	des	dem	（单数阳性定冠词）	
	die	die	der	der	（单数阴性）	
	das	das	des	dem	（单数中性）	

汉藏语系的大部分语言都没有格范畴，少数有，如羌语代词有三个格。

人　称	主　格	宾　格	属　格
第一人称	ηa^{55}	qa^{55}	$qa^{55}/q0^{55}$
第二人称	no^{55}	$kuə^{55}$	ko^{55}

（4）时（tense）：动词的范畴，指谈话时谈到的动作行为发生的时间与说话时间的相互关系。

一般是以说话者说话的时间为参照点，也可以以另一个事件为参照点。

语言类别	现在时	过去时	将来时
英语	am/are	was/were	will be
	begin	began	will begin
俄语	читаю（我读）	читал	буду читать
	решаю（我决定）	решал	буду решать
斯瓦西里语	Ni-na-soma（我读）	Ni-li-soma	Ni-ta-soma

汉语没有时的范畴，表示时间的概念通常采用词汇手段，如：昨天，过去；将来，以后等，而动词本身不改变任何形式。

（5）体（aspect）：体是指动作行为进行的状态，是动词所特有的范畴。常见的体包括普通体、进行体、完成体、经历体。有体范畴的语言其所包含的内容也不尽相同。例如英语：

体	英 语 例 句
普通体	I read the book.
进行体	I am reading a book.
	I was reading the book when you called me.
完成体	I have read this book.
	I had finished my writing.

体	俄 语 例 句
未完成体	Я читаю эту книгу.
	（我正在读这本书。）
完成体	Я прочитал эту книгу.
	（我已经读完了这本书。）

学术界一般认为汉语有体范畴，把"着、了、过"看作是表示体的语法标记，分别表示进行体、完成体和经历体。如：

他正吃着饭呢。

我吃了饭就去。

我看过这部电影。

（6）态（voice）：表示动作和主体的关系。最常见的态有主动态、被动态。

语言类别	主 动 态	被 动 态
英语	He wrote a letter.	A letter was written by him.
德语	Ich schreibe den Brief.	Der Brief wird von mir geschrieben.
	（我 写 信。）	
法语	Mes amis aiment ma mere.	Ma mere est aimée de mes amis.
	（我的 朋友们 爱 我的 妈妈。）	

有的语言还有自动态、使动态等。自动是动作没有外力的涉入，是行为主体自动发生的；而使动则是由外力引起的。如普米语（云南少数民族语言）：

自 动	使 动
bie（垮）	pʰie（使垮）
ga（脱落）	qʰa（使脱落）
gui（穿）	gu（使穿）

上古汉语也有自动和使动的区别，靠清音浊音来区别。如：败，一个是自动词，表示失败，另一个是他动词，表示使……败。现代汉语已经丧失了这些区别。

（7）人称（person）：人称范畴是指动词根据人称性质的不同而产生不同的词形变化，从而反映动作者的不同人称。通常用动词和相关代词的关系来表现人称的不同。

语言类别	第一人称	第二人称	第三人称
英语	I read the book.	You read the book.	He reads the book.
俄语	я читаю（我读）	ты читаешь（你读）	он читает（他读）

（8）级（degree）：形容词和副词的性质、状态的不同程度的差比。

语言类别	原 型	比较级	最高级
英语	strong	stronger	the strongest
	good	better	the best
俄语	высокий（高）	выше	высочайший
	тихий（安静）	тише	тишайший
德语	schnell（快）	schneller	schnellst
	langsam（慢，长）	langsamer	die langsamst

（9）式（modal）：通过动词词形变化和相关范畴表示出来的说话人的态度。常见的有陈述式、虚拟式、祈使式等。例如俄语：

式	例 句
陈述式	Ты читаешь 你读。
虚拟式	Ты читал бы 假如你读。
祈使式	читай（你）读！

5.3.3 语法形式和语法手段

1. 语法形式

语法形式是表示语法意义的各种形式，是语法意义的依托形式。语言中具体的语法形式是多种多样的，如英语里表示过去时的形式，work*ed* 中的-ed 是语法形式，went 是 go 的过去时的形式，began 是 begin 的过去时形式。shall go 是 go 将来时的语法形式。这些形式可以是综合性质的，综合手段是指词形变化，即形态变化，是以词形变化来表示语法意义的手段，由于这种手段涉及的是词形的内部变化，因而是一种综合手段；可以是分析性质的，没有形态变化或缺少形态变化的语言是以实词的外部形式，如虚词、语序、语调等来表示语法意义，这种手段也称为句法手段；也有两者兼而有之的。有的语言处于从综合到分析的发展过程中。如英语从古到今丧失了很多形态变化，在很多方面都采用分析手段。当然每一种语言都是采取多种手段来表示语法意义，只是以某一种手段为主罢了。

2. 语法手段

一种语言的语法形式是多种多样的，但构成这些语法形式的手段是有限的，对语法形式的归纳、概括就是语法手段。

常见的语法形态手段有以下几种：

（1）内部屈折，也叫做形态交替（alternation），是依靠词根内部的语音形式变化来表示同一个词的不同语法意义的词性变化手段。例如：

新世纪高等学校教材

英语	单　数	复　数	
	foot [fut]	feet [fi :t]	（元音）
	man [mæn]	men [mən]	（元音）
	wife [waif]	wives [waivz]	（辅音）
德语	Hut [hut]	Hüte [hyt] （帽子）	（元音）

英语	现在时	过去时	过去分词
	begin [bigin]	began [bigæn]	begun [bi'gʌn] （元音）
	drink [driŋk]	drank [dræŋk]	drunk [drʌŋk] （元音）
	send [send]	sent [sent]	sent [sent] （辅音）

有的语言还使用声调交替来表示不同的语法意义，如藏语的拉萨语的自动和使动就是靠声调的改变来实现的。

拉萨语	自　动	使　动
	laŋ¹³ （起来）	laŋ⁵⁵ （使起来）
	lo¹³² （回，返）	lo⁵⁵ （使回去）

（2）附加（affix）：在词根上附着表示不同语法意义的词缀或词尾。这是最为普遍的一种构形手段。如英语中表示数、时、级最常用的手段就是附加。

单数	复数	原级	比较级	最高级	原型	过去时	现在分词
book	book*s*	fast	fast*er*	fast*est*	look	look*ed*	look*ing*
dog	dog*s*	long	long*er*	long*est*	work	work*ed*	work*ing*

有的语言只使用后缀来构形，如英语和维吾尔语。有的语言只使用前缀，如斯瓦希里语（Swahili）和 Ganda（乌干达人说的一种语言）。

Ganda 例子	单　数	复　数
医生	omusawo	abasawo
妇女	omukazi	abakazi
女孩	omuwala	abawala
继承人	omusika	abasika

（3）异根（suppletion）：又称为错根或增补。它是用不同的词根表示不同的语法意义。这种方法不是一种很活跃的构形手段，在英语里只有很少的词采用这种方法。如：

主格	宾格
I	me
she	her
we	us

原型	过去
go	went
am	was

原级	比较级
bad	worse
good	better

（4）重叠（reduplication）：重叠是汉藏语系以及东南亚一带语言普遍使用的语法手段，除了广泛用于构词法，也用于构形法。重叠可以是重叠词的全部，也可以是重叠词的部分。有的语言用重叠表示复数，有的语言用重叠表示体的语法范畴。例如：

语言类别	单　数	复　数
印度尼西亚	（房子）rumah	rumahrumah
	（母亲）ibu	ibuibu
	（苍蝇）lalat	lalatlalat
日语	（山）やま	やまやま
藏语	（谁）su^{55}	su^{55}su^{55}
Ilocano	（头）ulo	ululo
（菲律宾语族	（道路）dalan	daldalan
的一种语言）	（生活）biag	bibiag

有的学者认为汉语的重叠也表示语法意义。例如，动词的重叠表示短暂、尝试的语法意义，如"看看、走走、说说"；形容词的重叠表示程度的增加或强调，如"红红的、大大的"。量词重叠表示遍指、逐一的语法意义，如"天天、件件"等。

（5）重音（stress）：改变词的重音位置表达不同的语法意义。如俄语、英语等语言中有：

语言类别	重　音	重音变化
俄语	окнá（窗户）单数第二格	óкна 复数第一格
英语	ˈimport（进口）名词	imˈport 动词

（6）零形式（zero form）：不改变词的语音形式，但却表示不同的语法意义。在有形态的语言里，这只有零星的词是采用这种形式。如英语的有的单复数、过去时采用零形式。

单　数	复　数
sheep	sheep
fish	fish

现在时	过去时
beat	beat

以上的语法手段一般被称为综合手段。

5.4　句　法

5.4.1　句法的性质

句法主要是组词造句的规则，包括短语规则和句子规则。

众所周知，人类所使用的短语和句子都是无限的。人们不禁要问：这些无限的短语和句子有规则吗？人们是怎样运用这些规则的？通过学习语法的特点，我们知道语言具有递归性和生成性。这在句子平面特别突出，同一个语法规则在一个复杂的句法结构中可以重复地使用，另外，语言就是运用有限的规则生成无限的句子结构。句法研究就是研究这些有限的规则是怎样实现的。

5.4.2　句法关系

1．一致关系（agreement）

句中词与词、成分与成分之间在性、数、格等方面存在的相互协和的关系。最常见的是主谓一致。例如俄语主谓一致的情况：

主　语	谓　语
я	читаю（我读）
ты	читаешь（你读）
он /она	читает（他/她读）
мы	читаем（我们读）
вы	читаете（你们读）
они	читают（他们读）

新世纪高等学校教材

除了主谓结构在性、数、格等方面存在一致关系外，有的语言还要求形容词与其所修饰的名词有一致关系。如俄语：

形 容 词	被修饰的名词
хорошая	тарелка 一个好盘子（阴性）
хорошее	дерево 一棵好树（中性）
хороший	стол 一张好桌子（阳性）

有的语言在对冠词与名词在性数格方面要一致。如西班牙语、德语和法语都是如此。下面是西班牙语的例词，阴性名词词尾是"-a"，阳性名词词尾为"-o"，冠词 la 和 el 分别与阴性和阳性名词搭配。

la hija（女儿）

el hijo（儿子）

2．支配关系（governess）

一个词（或词类）要求另一个词（或词类）选取某一特定的形式，特别是要求动词和介词与其所支配的名词性成分之间要有形式依存关系。如英语的动词和介词支配宾格代词。德语的及物动词支配宾格名词宾语，不及物动词支配与格名词宾语，介词有的支配宾格，有的支配与格，有的支配所有格。例如英语：

I hate *him*（宾格）.

Please give a pen to *me*（宾格）.

再如德语：

Ich gehe *in* den park.（in 支配宾格）

我 去 公园。

Er kommt *aus* den USA.（aus 支配与格）

他 来 自 美国。

Wir haben ein Haus *auf* dem Lande.（auf 支配属格）

我们 有 一所 房子 在 乡下。

此外，还有绪论中说过的组合关系与聚合关系。

5.4.3 表达句法结构的语法手段

1. 词序

不同的词序可以表达不同句法关系。例如：

鸟飞——飞鸟　　慢点走——走慢点　　吃饭了——饭吃了
主谓　　偏正　　偏正　　　动补　　述宾　　　主谓

2. 虚词（如下黑体字）

汉语

我**和**爸爸　　　　（虚词表示并列）

我**的**爸爸　　　　（虚词表示所属）

我**被**爸爸打　　　（虚词表示被动）

吃**了**　　　　　　（虚词表示完成）

吃**过**　　　　　　（虚词表示经历）

日语

はたし　**の**　ほん（虚词表示所属）

（我）　（的）　（书）

はたし　**て**　あなた（虚词表示并列）

（我）　（和）　（你）

英语

my friend **and** I　　　（虚词表示并列）

in the park　　　　　（虚词表示方位）

3. 语调（停顿、重音等）

我　和哥哥的朋友　对比：我和哥哥的　　朋友

咬死了　猎人的狗　对比：咬死了猎人的　　狗

　　词序、虚词和语调属于语法手段的分析手段，与词法的综合手段一样都是语法手段。

5.4.4　句法分析

1. 句法结构的分析

（1）直接成分分析法。

　　直接成分分析法（Immediate constituent analysis），一般又称为"层次分析法"。美国描写语言学家布龙菲尔德（L. Bloomfied）运用这一方法来分析语言，后来由哈里斯（N. Harris）等对其从理论上和系统性方面进行了提升。层次分析法的目的是揭示句法结构隐藏在线性组合背后的层次结构关系，其方法是采用逐层依次找出各层次的直接成分。

它在分析时尽量地对一个语言结构进行二分，因此又称为"二分法"。美国描写语言学运用这一分析主要是分析英语，所以他们对句法结构只进行切分，不说明句法关系。中国学者引进这一方法，根据汉语只是切分不能说明汉语句子的结构的特点，对这一方法进行了改造。用文字注明两个直接成分之间的句法结构关系，并且对连动短语、联合短语在一个层面进行了多分，另外针对汉语兼语式的特点，进行了符合其结构构造过程的分析。这种方法自 20 世纪 60 年代以来，在汉语语法学界一直被广泛使用。

以往我们所熟悉的直接成分分析法有由小到大和由大到小两种标示方式。

由小到大的层次分析法：

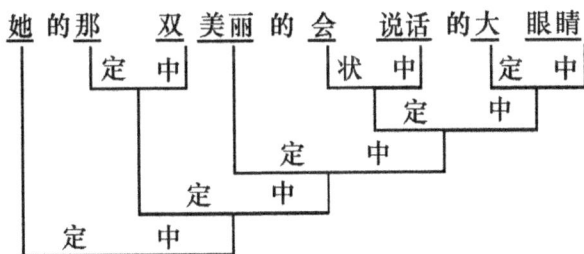

由大到小的层次分析法：

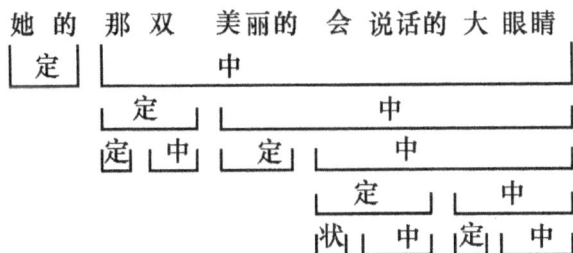

美国语言学界还通行一种树形图（tree diagram）标示法。这种方法国际上近几十年以来比较流行。

树形图的分枝处叫做节点，每个节点都对应于一个范畴符号。一直分析到词，如果大于词的结构，而又没有必要进行分析的，就用一个三角图形表示。例如：

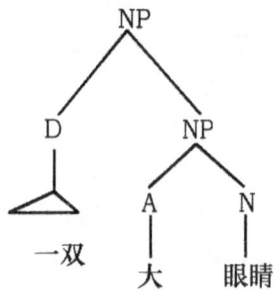

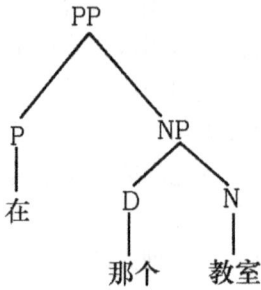

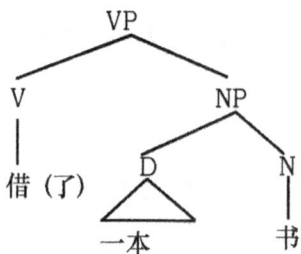

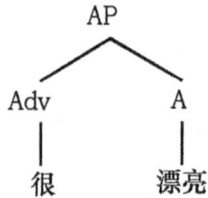

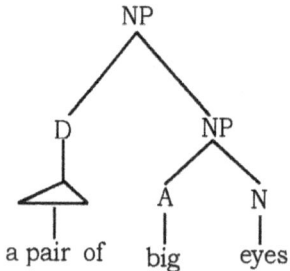

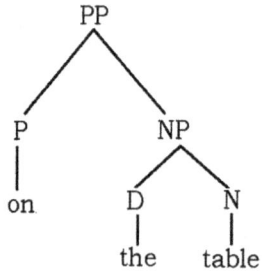

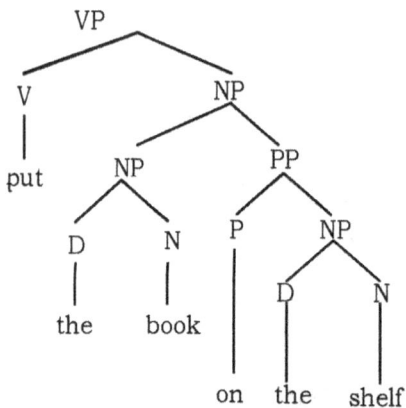

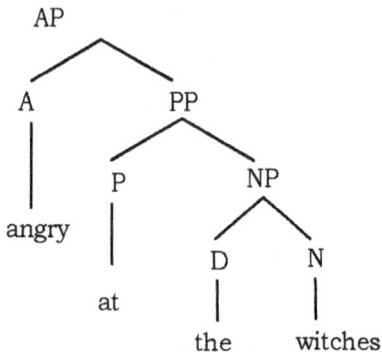

（2）句子成分分析法。

句子成分分析法又称"中心词分析法"，它是传统语法学使用的句子分析方法。中国学者黎锦熙先生（北京师范大学中文系教授）是最早引进这一方法对汉语进行分析的学者之一，早在 20 世纪 20 年代就引进了这一方法。句子成分分析法的基本原则是用六种句子成分来分析句子结构，认为词与句子成分之间存在对应关系；主语和谓语是主要成分，宾语和补语是次要成分，定语和状语是附加成分。句子成分分析法主要有两种标示法。一种是图解法，一种是简易加线法。黎锦熙先生引进并对这一方法进行了一些改造。

一般用 ＝ 表示主语，‖ 表示它的前后分别是主语部分和谓语部分，一表示谓语，（ ）表示定语，〈 〉表示补语，[ ] 表示状语，﹏﹏ 表示宾语。中学教学语法体系多使用这种方法。例如：

（他们）厂‖[最近]研制〈出〉（一种）（治疗冠心病的）（新）药

（3）转换分析法（transformational analysis）。

自然语言中的语句是无限的，但是语句和语句之间往往存在着各种各样的关系，或是同构关系，或是同义关系，或是歧义关系。要揭示这些关系，层次分析法有时无法胜任。转换分析法则能够比较好地揭示各类句式之间的依存关系。汉语语法学界用"变换"和"转换"分别指称两种不同但又相关的转换分析法。前者指同义句之间的变换，后者指同一个句子的生成转写过程，即从深层结构向表层结构的转换。

转换手段包括：移位、删除、增加、复写。

所谓移位是指从一个位置移到另一个位置的过程。譬如说：A＋B → B＋A

删除是指把原有的语词去除的过程。即：A＋B→A/B

增加指插入语词的过程。A＋B→A＋C＋B，C＋A＋B，A＋B＋C

复写是重复某些语言形式的过程。A＋B→A＋B＋A

如：我送了他一本书。

深层结构：[我送了他（一本书送他）]

　　　　　　　　　　　↓（删除）

转换↓　　　[我送了他一本书]

表层结构　　我送了他一本书。

又如：A snake was killed by John.

深层结构：

John killed a snake. → 表层结构：A snake was killed by John.

　　　　　　　　　　　　　　　（移位）（增加）（增加）（移位）

You are a student. → you are a student, aren't you?

　　　　　　　　　　　　　（复写）　　　　　　（复写）

5.4.5　句法结构的意义和形式关系

语言中具体的语言形式总是有限的，而这些语言形式所表达的意义却是无限的。因此在各种语言中都会形成各种各样的关系，倘若用相同的形式表达了不同的意义，就形成了歧义句。如果用不同的形式表达了相同的意义，就形成了同义句。

　　　　　　相同　不同

意义　　　+　　　→同义结构

形式　　　　　+

意义　　　　　+→歧义结构

形式　　　+

1. 同义结构

例如：

猎人打死了那只狗熊　　　N1＋V＋A＋N2

那只狗熊被猎人打死了　　N2＋被＋N1 ＋V＋V

猎人把那只狗熊打死了　　N1＋把＋N2＋V＋V

那只狗熊打死了　　　　　N2＋V＋A

2. 歧义结构

语句产生歧义有多种不同的原因，有的是词汇本身有歧义，因而造成句子结构有歧义。如"关门"有"晚上关门停止营业"和"倒闭"两个意思，结果造成"小店关门了"也有两种含义。这属于词汇的歧义。这里所讲的歧义结构只指句法歧义。

（1）层次关系不同。

访问了美国的小朋友

a. 述宾结构：对美国的小朋友进行了访问

b. 偏正结构：这些小朋友是访问美国的小朋友

我和哥哥的同学

a. 我和哥哥共有的同学

b. 我和哥哥的同学，这同学是哥哥的

He sold the car to his brother in New York.

a. It was his brother in New York that he sold the car.

b. It was in New York that he sold the car to his brother.

（2）结构关系不同。

出租汽车

a. 述宾：对汽车进行出租

b. 偏正：用于出租的汽车

我想起来了

a. 状中：我想起床了（"想"是助动词）

b. 述补：我记起来了（"想"是心理动词）

Flying plane is dangerous.

a. 正在飞行的飞机很危险

b. 驾驶飞机很危险

（3）语义关系不同。

鸡不吃了

a. 鸡不吃（食）了（"鸡"是施事）

b. （某人）不吃鸡了（"鸡"是受事）

山上架着炮

a. 山上正在进行架炮（动态）

b. 有很多炮架在山上（静态）

5.5　语言结构分类

据初步统计，世界上有五千多种语言，这些语言可以根据不同目的，采用不同的标准进行分类。我们这里介绍两种分类。

5.5.1　形态分类

如果根据词是否有形态变化来分类，可以分为分析语（analytic languages）、综合语（synthetic languages）和多式综合语（polysynthetic languages）。分析语是靠词与词之间的外在关系来表现语法意义及语法关系，最为极端的分析语就是孤立语（isolaed languages）。综合语包括屈折语（inflective languages），黏着语（agglutinative languages）和融合语（fusional languages）。斯瓦希里语是多式综合语的代表。

1. 孤立语的语言特征

孤立语的主要特点是缺乏词形变化，语序和虚词作为主要的语法手段，所以语序一般比较固定，改变语序往往会改变语法关系。汉语、越南语是孤立语的典型代表。如"我打了他"和"他打了我"，语序改变，词与词之间的语法关系也改变了，"我"在前一个句子里是主语，而在后一个句子里则是宾语。而词形却不因不同的语法关系而改变，现代北京话的"我"不论充当主语、还是充当宾语，或者是充当定语都是［wo²¹⁴］这个语音形式。越南语也是这样，词形总是保持一种形式。

2. 屈折语的语言特点

屈折语的"屈折"就是指词的内部语音形式的变化。屈折语的特点在于它有丰富的词形变化，词与词之间的语法关系主要是通过词形变化来体现。拉丁语和梵语是屈折语的典型代表。在这些语言里，由于词形变化本身就能体现语法关系，所以语序相对比较灵活。如拉丁语的"我爱你"可以有六种语序。屈折语中的一个构形语素往往可以表示多种语法意义，如俄语的книга（书）中的 a 同时可以表示阴性、单数和主格 3 种语法意义，而且相同的语法意义也可以用不同的形式来表示。例如俄语的 поле（田地）、знамя（旗帜）中的 - e 和 - мя，虽然词形不一样，但都表示中性、单数和主格或宾格的语法意义。另外，屈折语的词根和词尾结合紧密，脱离词尾这类变型语素，词根一般不能独立存在。如拉丁语的词根hipp - （马）是不能单独成立的，必须加上各种各样的词尾。

3. 黏着语的语言特点

黏着语的特点是没有内部屈折，每一个语素只表示一种语法意义，每一种语法意义也只用一个语素形式来表示。因此一个词如果包含三个语法意义，就需要用三个语素表示。黏着语的词根和词尾之间显然不像屈折语那样结合紧密，词根和词尾都有很大的独立性，词尾只是黏着在词根上似的。土耳其语是黏着语的代表。此外，日语、维吾尔语、哈萨克语也属于黏着语。如哈萨克语：

bir- le- s- thir- il- di- kh
- 构成 相互态 强制态 被动态 过去时 第一人称

这个语言片断是由词根"bir -"加上表示各类语法意义的词尾后

缀构成的一句话，整个意思是"我们被互相连在一起了"。

屈折语和黏着语不同的是，屈折语主要采用内部屈折，另外也用一些附加法表示多种不同的语法意义，而且词干和词尾结合紧密。黏着语主要用附加法，而且一种语法意义只用一种附加语素表示，每个附加语素也只表示一种语法意义，词干和词缀比较松散。

4. 多式综合语的语言特点

多式综合语是一种特殊的黏着语，它以句子为基本单位，离开句子无所谓词，难以分清句子和词。它以一个词根为中心，在其前后加上各种表示词汇意义或语法意义的成分，构成一个整体，有些语素甚至还不到一个音节。由于这种语言的一个句子往往由多个语素编插黏合而成，故又叫编插语。这种类型多见于美洲印第安语。如契努语的 inialudam，意思是"我来把这个交给她"。其中－i－表示"最近"，－n－是"我"，－i－代表直接宾语"它"，－a－宾语"她"，－l－是指它前面的代词为间接宾语，－u－则表示动作离开说话者，－d－是"给"，－am－表示动作的位置。有的语言学家把这种语言看成是黏着语和屈折语的复合。

有必要指出的是，世界上的语言没有绝对属于哪个类型的，每一种语言只是采用其中的某种语法手段作为主要手段罢了。如英语既有一些综合手段，又有不少分析手段。

语言的类型并不是一成不变的，有的语言经历了语言类型的转变。有的学者就认为，英语正在向分析语转变。

5.5.2 语序类型学分类

语言也可以从句法的角度进行分类。其中影响最大的是美国语言学家格林伯格（Joseph H. Greenberg）提出的语序类型学分类。这一分类从语言类型学的角度，根据语言中主语（S）、动词（V）、宾语（O）在某一种语言中的基本语序，对语言进行分类。语言中基本语序之间的差别是比较大的，从理论上讲，按基本语序类型，可以把语言分为六种，即 $3 \times (3-1) = 6$。

1. SVO 型语言

即基本语序为：主语＋动词＋宾语。英语、汉语、法语、苗语、瑶语等语言的基本语序是 SVO。

2. SOV 型语言

即基本语序为：主语＋宾语＋动词。藏语、傈僳语、赫哲语、怒语、日语、蒙语等语言的基本语序为 SOV。

3．VSO 型语言

即基本语序是动词＋主语＋宾语。高山语、爱尔兰语、凯尔特语、古诺尔多语、古阿拉伯语等语言的基本语序是 VSO。

4．VOS 型语言

即基本语序是：动词＋宾语＋主语。

马尔加什语（Malagasy）的基本语序是 VOS。

5．OVS 型语言

基本语序是：宾语＋动词＋主语。

赫克斯卡里亚纳语的基本语序是 OVS。

基本语序为前三种语序的语言最多。基本语序为后两种的语言较少。

当然有的语言基本语序很难确定，语序自由度比较大。语序也不是一成不变的，有的学者就认为汉语是 OSV 的语言，有的学者指出汉语是摇摆不定的 SVO 型语言。

当然除了这两种分类方法，还有从不同的角度对语言进行分类的其他方法。

5.6　篇章语法

篇章语法，一般也称为篇章分析，是语言学研究领域中一个比较新的领域。"篇章分析"这个术语是从英文"discourse analysis"译过来的。篇章分析研究的对象是篇章现象，篇章现象指的是语言实际运用中跨越句子的语言现象。

结构主义语言学和形式语言学主要研究句子以下的语言结构，属于语言的语言学。篇章语法超出了句子的范畴，属于言语语法，自然属于言语的语言学。关于篇章的概念，语言学家有不同的理解。本书认为，篇章既可以指书面语言又可以指口头语言。篇章研究的是比句子大的语言整体，但不能说凡是句子的排列就是篇章。例如：

A. 他是大学生。这是我的书。我们去图书馆。

B. 他是大学生。我是研究生。但我们经常一起去图书馆。

A 不是篇章，B 才是篇章，因为篇章与非篇章的重要区别就在于语言形式上有无粘连性，在语义、逻辑上有无连贯性。篇章可以是一次对话，也可以是一部著作。如果是著作，则有可能具备篇（卷）—章→节—段→句组→句子等层次，如果是单句语篇或块式语言，则没有这样的层次。

关于篇章语法的研究大致可以从两个方面入手：篇章连贯的研究和篇章结构的研究。下面，我们就从这两个方面来简要谈一下篇章语法的主要内容。

5.6.1 篇章连贯

1. 篇章的粘连性

粘连也叫衔接，它体现在篇章的表层结构上。具体表现为照应、替代、省略、连接、词汇手段等。

（1）照应。

指用人称代词、指示代词以及与其他事物相比较的词表示语义关系。用人称代词表示语义关系的叫人称照应。如"我"、"你"、"他"、"我们"、"你们"、"他们"等，以及"我的"、"你的"、"他的"……例如，"我和我的朋友第一次到北京，我们都感到很兴奋。""我们"就是指代"我和我的朋友"的。用指示代词表示语义关系的叫指示照应。如英语的 this, that, these, those, the, here, there……汉语的"这"、"那"、"这些"、"那些"……例如，"昨天我们去了颐和园，这真是一个好地方！""这"就是"颐和园"的指代。一般说来，英语 that 的绝对使用频率要大于 this；汉语"这"的绝对使用频率要大于"那"。

用跟其他事物相比较的词表示语义关系叫比较照应。如英语中 such, similar, differently, other 等汉语的"同样"、"相反"等。如，"赛场上，甲方的队员斗志旺盛；相反，乙方队员显得无精打采。"

（2）替代。

指用替代的语法手段去替代在上下文中出现的词语。英语中常用 one, the same 等替代词替代名词，如：Jim needs a new bicycle. He Has decided to buy one. 再如，

A. I would have a cup of black coffee with sugar, please.

B. Give me the same, please.

英语常用 do 替代动词。如回答问题时常用"Yes, I do."常用 so 替代分句，如"I think so."

（3）省略。

也叫零替代，即用省略的语法手段粘连上下文。被省略的部分一般可以在语境中找到。省略可分为名词性省略、动词性省略、分句性省略。如：

a.“你买了那本新书了吗?”

b.“买了。”（省略了“我”和“那本新书”。）

如：

a.“你去滑冰吗?”

b.“去!”（省略了“我”和“滑冰”。）

再如：

a.“你昨天是不是进城买东西去了?”

b.“是的。”（省略了“我”和“进城买东西”。）

替代和省略常常是为了避免重复，突出重点。

（4）连接。

指通过使用各种连接词，将句与句之间的语言形式粘连在一起。如汉语中的“不但……而且”、“虽然……但是”、“因为……所以”等；英语的 and，not only…but also，however 等。

（5）词汇手段。

指通过词的重复、同义、反义、上下义等关系粘连上下文。

“马路的这边是一片麦地；马路的那边是一片果园。”重复使用“马路”以及使用“这边”和“那边”进行粘连。

重复某一结构也可进行粘连（许多诗歌常采用这种方式），美国著名黑人宗教领袖马丁·路德·金的著名演说“我有一个梦（I Have a Dream）”就是反复重复这一主题句来展开的。

“圣诞节时他得到不少礼物，所有的礼品都用礼品纸包着。”句中的“礼物”、“礼品”是同义词。

Jane is a good teacher, but she is a bad wife. 句中的 good 和 bad 是一对反义词。

“昨天的赛马真是热闹，这些四条腿的动物简直成了赛场上的英雄。”“动物”是“马”的上义词。

“他昨天借了几本书，《复活》是他最爱看的一本。”句中的《复活》是书的下义词。

2. 篇章的连贯性

连贯性指篇章的语义关联，它存在于篇章的底层，是一种语义逻辑的联系。分析篇章的连贯性可以研究篇章中所表达的各种概念或论点之间的关系。篇章中的概念和论点可以分为两大类：一类是基本概念，中心论点；另一类是次要概念，非中心论点。前者是篇章的组织核心，后者是进一步发展与说明必须有连贯性地展开。请看梁启超写的《论毅力》：

天下古今成败之林，若是其莽然不一途也。要其何以成，何以败？曰：有毅力者成，反是者败。盖人生历程，大抵逆境居十六七，顺境亦居十三四，而顺逆两境又常相间以迭乘。无论事之大小，必有数次乃至十数次之阻力，其阻力虽或大或小，而要之必无可逃避者也。其在志力薄弱之士，始固曰吾欲云云，吾欲云云，其意以为天下事固易易也，及骤尝焉而阻力猝来，颓然丧矣；其次弱者，乘一时之意气，透过此第一关，遇再挫而退；稍强者，遇三四挫而退，更稍强者，遇五六挫而退；其事愈大者，其遇挫愈多，其不退也愈难，非至强之人，未有能善于其终者也。夫苟其挫而不退矣，则小逆之后，必有小顺，大逆之后，必有大顺。盘根错节之既经，而随有迎刃而解之一日。旁观者徒艳羡其功之成，以为是殆幸运儿，而天下有以宠彼也，又以为我蹇于遭逢，故所就不彼若也。庸讵知所谓蹇焉、幸焉者，皆彼与我之相同，而其能征服此蹇焉，利用此幸焉与否，即彼成我败所由判也。更譬诸操舟，如以兼旬之期，行千里之地者，期间风潮之或顺或逆，常相参伍。彼以坚苦忍耐之力，冒其逆而突过之，而后得从容以进度其顺。我则或一日而返焉，或二三日而返焉，或五六日而返焉，故彼岸终不可达也。

孔子曰："譬如为山，未成一篑，止，吾止也，譬如平地，虽复一篑，进，吾往也。"孟子曰："有为者，譬如掘井，掘井九仞，而不及泉，犹为弃井也。"成败之数，视此而已。

通过阅读此文，我们不但可以进一步了解篇章的粘连性，而且可以了解篇章的连贯性。本文的基本概念是"毅力"，中心论点是"有毅力者成"。文章开头从"成败"说起，直接引出中心论点，然后分三层进行论述：人生必遇顺逆两境，只有毅力至强的人才能获得成功；顺逆可以转化，有毅力才能变逆为顺；利用孔孟名言说明成败的关键在于有无毅力，与开头相呼应。全文语义连贯，一气呵成。"毅力"是篇章的组织核心，其他一些概念从属于这个概念。在展开论述时严格按照一定的逻辑排列句子。例如，对待顺逆两境，不同的人有不同的表现，作者按照"志力薄弱之士"、"其次弱者"、"稍强者"、"至强之人"进行阐述。谈到挫折时有"一挫"、"再挫"、"三四挫"、"五六挫"；谈到遇逆而返的人时有"一日而返"、"二三日而返"、"五六日而返"。极强的语义连贯性在文章中得到最充分的体现。

当然，篇章的语义关联和语境有密切关系，有些篇章对话离开了语境似乎是不连贯的，但在一定的语境中是连贯的，如：

A．门铃在响。

B．我在练气功。

C．好。

表面、孤立地看，以上的对话是不连贯的，但在一定的语境中，例如一对夫妻在家，忽然有人来访，妻子叫丈夫开门，丈夫在练气功，于是有了这样的对话，那么语义是连贯的。还有一些文学作品，如马致远的《秋思》"枯藤　老树　昏鸦，小桥　流水　人家。古道　西风　瘦马，夕阳西下，断肠人在天涯。"看起来似乎没有什么逻辑联系，篇章的连贯性要依靠读者的想象和联想才能体会。

5.6.2　篇章结构的语法研究——主位推进模式

1. 定义及类型

语篇分析家把句子划分为主位和述位，以此来探讨句法结构和语言功能的关系以及语篇的信息分布规律。所谓主位，是句子的第一个成分，是整个句子信息的起点和中心议题。主位之后的成分称为述位。主位在线性排列之前，述位居后。

例如：That question I can not answer.

这个句子中的 that question 就是一个主位，其后部分是述位。

每个句子都有自己的主位结构。当某个句子单独存在时，其主位和述位是确定不变的。但是，绝大多数语篇都由两个或两个以上的句子构成。这时，前后句子的主位和述位、述位和述位之间就会发生某种联系和变化，这种变化就叫主位推进。随着各句主位的向前推进，整个语篇逐步展开。

现在，根据汉语的特点，中国学者大致概括了下面 4 种主位推进模式：

    （1）平行性发展：（主位相同，述位不同）

$$A\to B$$
$$A\to C$$
$$A\to D$$
$$A\to\cdots$$

    （2）延续性发展：（前一句的述位或述位的一部分为后一句的主位）

$$A\to B$$
$$B\to C$$
$$C\to D$$
$$D\to\cdots$$

    （3）集中性发展：（主位不同，述位相同）

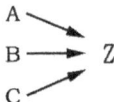

    （4）交叉性发展：（前一句的主位是后一句的述位）

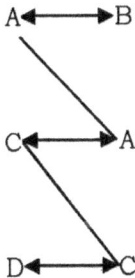

    2. 在篇章分析中的运用

    目前，运用主位推进模式进行语篇分析的论著很多。概括起来主要有 3 大类：单个语篇的分析，同一类型语篇的分析，不同类型的语篇对比分析。在《主位推进模式与篇章分析》一文中，作者户进菊对单个语篇进行了分析，本书在此作一个简要的介绍。（以下分析中，T 表示主位）

    我们（T1）//过了江，进了车站。我（T2）//买票，他忙着照看行李。行李（T3）//太多了，得向脚夫行些小费，才可过去。他（T4）//便又忙着和他们讲价钱。我（T5）//那时真是聪明过分，总觉他说话不大漂亮，非自己插嘴不可。但他（T6）//终于讲定了价钱；就送我上车。他（T7）//给我拣定了靠车门的一张椅子；我将他给我做的紫毛大衣铺好座位。他（T8）//嘱我路上小心，夜里警醒些，不要受凉。（他）（T9）//又嘱托茶房好好照应我。我（T10）//心里暗笑他的迂；他们只认得钱，托他们简直是白托！而且我（T11）//这样大年纪的人，难道还不能料理自己么？唉，我（T12）//现在想想，那时真是太聪明了！（朱自清《背影》）

这个语篇共由 12 个句子组成。除第 3 句的主位是"行李"外，其余 11 个句子都是围绕着主位"我们"，即"我"和"他"展开记叙的。这种主位推进模式属于平行性主位推进模式。这种模式有助于对人物或事物进行详尽的叙述，在记叙文体中很常见。

5.7　语法的演变

5.7.1　语法演变的特点

在语言的语音、词汇和语法各个系统中，语法是最为稳定的。语法在历史的长河中也在不断地发生变化。如果我们对比一下现代汉语和古代汉语，就会发现无论是在词类，还是语序，以及一些组合关系方面都发生了一些变化。可以说，世界上每一种语言也都经历一些语法的变迁，有的甚至发生过语言类型的变化。但是语法的变化一般说来是比较缓慢的。以汉语的判断句为例，先秦判断句没有判断动词"是"，"是"是代词，仅有少数"是"用作判断动词的萌芽，学者研究发现在先秦的 7 部典籍中找到 11 例；在汉代的《史记》出现了 9 例判断动词"是"的句子；东汉的《论衡》出现了 23 例把"是"用作判断动词的句子，占全书 635 个"是"字的3.6%；南朝的《世说新语》166 例，占全书 255 个"是"字的65.1%。这说明南朝判断动词"是"基本成熟了。但南朝没有否定的判断句"不是"，只有"非是"，说明带"是"的判断句还没有完全成熟，到唐代才大量出现"不是"的否定判断句。汉语判断句从先秦萌芽到唐代最终成熟，其旧的形式演变为新的形式，整个过程经历了上千年的时间跨度。

5.7.2 语法现象的消长

1. 词法的变化

很多语言在词法方面都发生过各种各样的变化，或是消失了某些范畴，或是增加了新的范畴。古代英语词形变化十分发达，现代英语丧失了大量形态，只残留了少量的形态。名词的性已经完全消失；格只有代词有格，而且只有主格和宾格，名词已不再有格的区分。例如：

古 英 语	阳 性	阴 性	中 性
单数	fox	lore	animal
主格	fox	lār	dēor
宾格	fox	lār－e	dēor
属格	fox－es	lār－e	dēor－es
与格	fox－e	lār－e	dēor－e
复数			
主格/宾格	fox－as	lār－a	dēor
属格	fox－a	lār－a	dēor－a
与格	fox－um	lār－um	dēor－um

现代英语 fox，lore，deer 没有任何性的差异，也没有格的区别，只剩下单数与复数的区分。

再如汉语在长期发展中产生了量词、助词和介词等虚词。量词主要来自名词。如：条，个，块等；介词来自动词，如：把，向。至今现代汉语的一些词仍然具有动词和介词两种用法。如"把"，在"把门"中是动词，在"把门关上"中则是介词。"比"在"比一下身高"中是动词，在"他比我高"中是介词。

现代汉语的动态助词"着、了、过"等都源自动词。如：《广雅·释诂四》"了，讫也"，即"完毕"的意思；而在现代汉语中"了"处于动词常常表示完成体的语法意义。当然"了"至今也还保留了动词的用法，如"了了这一桩心愿"，前一个"了"是动词"了却"的含义，后一个"了"是动态助词。

语言中的虚词多是由原来的实词在特定的句法环境中逐渐虚化而来

新世纪高等学校教材

的，换言之，虚词是后产生的现象。如英语的定冠词 the 来自指示代词 this，表示完成体的 have 也是从动词虚化而来的。

2. 句法的变化

句法很重要的变化是各种成分排列顺序的变化。一般每一种语言都有一种出现频率比较高的基本语序，比如现代汉语、英语、法语等语言的基本语序都是 SVO，日语、藏语等语言的基本语序是 SOV 语序。语言的语序并不是一成不变的，有的是历史发展的结果。例如古代汉语基本语序是 SVO，但疑问代词做宾语和否定句代词做宾语则是放在动词之前，构成了 SOV 语序。

例如：

古代汉语　　　　现代汉语

沛公安在?　　　沛公在哪里（安）?

何罪之有?　　　有什么罪?

寡人未之敢忘。　我不敢忘记这个。

另外，古今汉语的比较句在词序上也发生了很大的变化。

古代汉语是：比较主体＋结果＋比较词＋基准

例如：霜叶红于二月花。

现代汉语则是：比较主体＋比较词＋基准＋结果

　　　　　霜叶比二月花红。

世界上很多语言都有类似的词序变化。如从大概在公元前十几世纪已经形成古代印度诗歌集《梨俱吠陀》可以看出古印度的语言的基本语序是 SOV，与此相关的是词语做修饰语在中心语之前，从句做修饰语也在中心语之前。随着语言的发展，印欧语系的很多语言的基本语序变为了 SVO 语序，从句也放在了中心语之后，有的词语做修饰语也可以放在中心语之后。英语修饰语的位置至今还有两种语序。例如：the taecher's house 和 the house of the teacher。

5.7.3　语法演变的机制

1. 重新分析（reanalysis）

有些语法结构从表面形式来看并没有发生变化，但成分之间的语法关系发生了变化，这种变化就是重新分析。即 A（BC）发展为（AB）C。重新分析是语法现象变化的重要力量之一。如古代汉语并没有判断动词"是"，判断动词"是"是由古代汉语的指示代词"是"经过重新分析而产生的结果。当时的判断句并不需要系动词。如"王严，智者也。"而"千里而见王，是吾所欲也。"此句中的"是"是指示代词，整个句子是主题句。后来这种结构中的"是"不再作指示代词用了。这样原来的"X 是 Y"重新分析为：X 是 Y。

现代汉语的"把字句"也可以说是重新分析的结果。最初的"把"是动词，处于"把＋名词＋及物动词"构成的是连动结构。例如：

莫愁寒族无人荐，但愿春官　把卷　看。（杜荀鹤诗）

S　　VP　　VP

这里的"看"是看别的东西，而不是看"卷"。

后来，逐渐地发展为"把"后的宾语，就是后一个动词的宾语，"把"虚化为介词。整个结构从连动重新分析为状中结构。

2. 类推

语法规则是语言中的一般规则，但实际上任何规则都不能概括一切语法现象，都会出现一些例外现象，存在着多数形式和少数形式的差异。在语言发展中有的规则在使用范围上逐渐扩大，这种扩大往往是靠类推的作用实现的。如英语的复数形式一般是加 s，但也有不加 s 的，在发展中原来不是加 s 的复数，由于类推的作用而变为加 s 的复数形式。如：

book，bec（book 原来的复数形式）

cow，kine（cow 原来的复数形式）

hand，hands（hand 的复数形式）

根据 hands 等其他复数的规则，book 的复数类推为 books，cow 的复数类推为 cows。

⊙本章小结

何谓语法？按最狭义的理解，语法是组词造句规则的总和，它是语言的一个层面，独立于音系学和语义学之外。转换生成学派则认为，语法是一套生成机制，是生成一种语言所有句子的有限说明。这一观念下的语法乃是指语言整个系统，不仅包含句法、词法，还包括传统的语义学和音系学研究的范围。

语法单位是在话语组合中的某一个位置被替换下来的有意义的语言片断。这些被替换或切分下来的语法单位从小到大有：语素、词、短语和句子。通常把句子看成是最大的语法单位，语素是最小的语法单位。

新世纪高等学校教材

现代语言学的发展，使人们意识到语篇中存在一些大于句子的语法规则，这一般称之为篇章语法。

语法具有抽象性、层次性、递归性、生成性、稳固性、民族性和地域性几个特点。它包括词法和句法两大部分。

词法包含各种语法意义和语法范畴、语法形式和语法手段等内容。语法意义是指通过一定语法手段表现出来的关系意义、范畴意义或功能意义。语言中实词除了实在的词汇意义之外，还有一定的语法意义。虚词主要的功能就是表示语法意义。把不同的形式所表示的同一类语法意义进行归类所得出的类，就是语法范畴。语法形式是表示语法意义的各种形式，是语法意义的依托形式。一种语言的语法形式是多种多样的，但构成这些语法形式的手段是有限的，对语法形式的归纳、概括就是语法手段。

句法主要是组词造句的规则，包括短语规则和句子规则。同一个语法规则在一个复杂的句法结构中可以重复地使用，语言就是运用有限的规则而生成无限的句子结构。句法研究就是研究这些有限的规则是怎样实现的。

世界上有五千多种语言，这些语言可以根据不同目的，采用不同的标准进行分类。如果根据词是否有形态变化来分类，可以分为分析语（analytic）、综合语（synthetic）和多式综合语（polysynthetic language）。在 20 世纪中期，又提出了新的语序类型分类。

现代科技的发展，特别是计算机科学的发展，使语法学显得越来越重要。语法学已经成为人机对话、计算机语言识别、机器翻译、人工合成语言的一个瓶颈。科学的发展、第二语言教学规模的迅速扩大，一方面需要更加精细的、更加抽象化的语法学，另一方面也需要更能揭示语言特点的、解释力强的语法学。所以语法学在这几十年一直是语言学的一个最热门的方面，今后相当长一段时间也仍将是这样。

□思考与练习□

一、名词解释

语法　语法学　词　词组　句子　层次性　递归性　语法范畴　语法形式　语法意义　语法手段　词法　句法　实词　虚词　形态　直接成分分析法　孤立语　屈折语　黏着语　多式综合语　语序类型学分类　篇章语法　篇章的粘连性　篇章的连贯性　类推　重新分析　转换分

析法　主位　主位推进模式

二、填空

（1）从言语线条里切分出来的语法单位从小到大有_____、_____、_____、_____。

（2）从结构类型说，汉语短语可以分为_____、_____、_____、_____、_____几种主要类型。从功能类型说，汉语短语可以分为_____、_____、_____、_____。

（3）划分词类的标准大致可以分为_____、_____、_____，从本质上讲是按照_____来给词分类的。

（4）通过一定词形变化而表示的语法范畴，一般包括_____、_____、_____、_____、_____、_____、_____。

（5）英语中"foot"的复数形式变为"feet"，这是_____语法手段，"book"的复数形式变为"books"，这是_____语法手段。

（6）孤立语的主要特点是缺乏词形变化，_____和_____作为主要的语法手段，_____是典型的孤立语。屈折语有丰富的词形变化，_____是典型的屈折语。

（7）常用的转换手段有_____、_____、_____、_____。

（8）造成"出租汽车"歧义的原因是_____，造成"鸡不吃了"歧义的原因是_____。

三、选择

（1）在一种语言中能够自由运用的最小的语法单位是（　　）

A. 语素

B. 词

C. 短语

D. 句子

（2）按形态变化分类可把语言分为（　　）

A. 汉藏语、印欧语、闪含语

B. 综合语、分析语、多式综合语

C. 孤立语、屈折语、黏着语

（3）"bad"的比较级变为"worse"，最高级变为"worst"，采用的语法手段是（　）

A. 内部屈折

B. 黏着

C. 异根

D. 重叠

（4）下列句子中没有歧义的是（　）

A. 我想起来了

B. 他连我都不相信

C. 新学生宿舍已经修好了

D. 热爱人民的周总理离开我们了

（5）下面短语中与其他几个结构类型不同的是（　）

A. 获得丰收

B. 觉得好累

C. 笑得好看

D. 取得成绩

（6）下面句子中属于主谓谓语句的是（　）

A. 他儿子很能干

B. 王老师身体健康

C. 鲁迅绍兴人

D. 我骑车去买菜

四、分析

1. 下面材料来自墨西哥所说的一种语言 Isthmus Zapotec，仔细分析后回答如下问题。

[palu] stick	[spalube] his stick	[spalulu] your stick
[ku:ba] dough	[skuba:be] his dough	[skuba:lu] your dough
[geta] tortilla	[sgetabe] his tortilla	[sketalu] your tortilla
[bere] chicken	[sberebe] his chicken	[sperelu] your chicken
[doʔo] rope	[sdoʔobe] his rope	[stoʔolu] your rope

指出相应的语素形式

_____所属格形式

_____第三人称单数形式

_____第二人称复数形式

2. 以下是一些语言的语料，请在空格地方填写出适当的形式，并指出这些语言的复数语素各是什么？汉语的"们"也是表示复数概念的形式，请分析"们"是否与这些语言的复数范畴形式一样，为什么？

	单　数	复　数	
土耳其语	at	atlar	（马）
	oda	odalar	（房间）
	kitap	____	（书）
	____	adamlar	（男人）
	elma		（苹果）
		masalar	（桌子）
	复数形式_____		
波斯语	zæn	zænan	（妇女）
		mærdan	（男人）
	____	bæradæran	（哥，弟）
	pesær	____	（男孩）
	xatær	____	（姐，妹）
	复数形式____		

3. 对比分析下列所提供的语料，判断分析加线的语言片断哪些属于词汇手段，哪些属于形态手段？它们都属于什么样的语法手段，为什么？

a. 在 我 的 房间 里

in my room

b. 我 吃 过 早点 了。

I have had my breakfast.

c. 她 不 喜欢 他。

She don't like him.

4. 在波利尼西亚 Tuvaluan 语的 Niutao 方言，有一些动词和形容词随主语单复数的不同而有不同形式，请分析这些动词和形容词的单复数是怎样构成的？其语法形式是什么？

单　数	复　数	
kai	kakai	（吃）
apulu	apupulu	（倾覆）
maasi	maasesei	（坏）
fepaki	fepapaki	（碰撞）
mafuli	mafufuli	（转动）
nofo	nonofo	（逗留）
takato	takakato	（躺下）
valea	valelea	（愚蠢）

5. 用树形图分析下列短语或句子。

古代中国瓷器

他慢慢地倒在地上

打碎了一个酒杯

in the dark night

borrowed the book that the linguistics teacher recommended

I know he is gone

6. 分析下列句子是否存在歧义，如果有，请分析造成歧义的原因。

a. 发现了敌军的哨兵

b. 在房顶上击毙了敌人

c. 亚洲语言研究状况

d. 他谁都知道

e. 看了三天的小说

f. 小李通知了

7. 运用转换分析法分析下列结构。

a. 我叫他叔叔

b. 花瓶打碎了

c. 他被老师批评了一顿

d. The window was broken by a student

e. What is your name

f. Wash yourself

8. 请运用主位推进模式理论，找出以下语篇的主位，并说明它属于四种"主位推进模式类型"中的哪一种。

我受不了那个热，又用力推他，他才很不好意思地弯下腰，穿过荷西盖上的天棚，慢慢走下石阶来，我关上了天台的门，也快步下来了。哑奴，站在我厨房外面的天棚下，手里拿着一个硬得好似石头似的干面包。我认出来，那是沙哈拉威人，去军营里要来的旧面包，平日磨碎了给山羊吃的。现在这个租哑奴来做工的邻居，就给他吃这个东西维持生命。

哑奴很紧张，站在那儿动也不敢动。天棚下仍是很热，我叫他进客厅去，他死也不肯，指指自己，又指指自己的肤色，一定不肯跨进去。我再打手势："你，我，都是一样的，请进去。"（选自三毛《哑奴》）

五、简答

1. 从生活中的语言实际出发，谈谈你对语法的一些看法。

2. 谈谈你对形态的认识，你认为汉语是否存在语法范畴？与英语等语言相比，语法范畴有什么不同？

3. 转换方法与传统的层次分析有什么不同？它的优点是什么？

4. 语法的主要特点有哪些？

5. 说汉语是纯粹的孤立语对不对？为什么？

6. 有人说汉语没有语法。你认为这种说法对不对，为什么？

7. 中国学者对层次分析法主要进行了哪些改造？

8. 举例说明组合关系和聚合关系在句法中的作用。

9. 用篇章语法分析几篇经典文章。

◁**阅读与参考**▷

1. 布龙菲尔德：《语言论》，第10章、第11章、第12章，商务印书馆，1980年

2. 赵元任：《语言问题》，商务印书馆，1980年

3. 高名凯：《语法理论》，商务印书馆，1960年

4. 岑麒祥：《语法理论基本知识》，见《语言学学习与研究》，中州出版社，1983年

5. 吕叔湘：《汉语语法分析问题》，商务印书馆，1970年

6. 朱德熙：《语法问答》，商务印书馆，1985年

7. 马学良、瞿霭堂主编：《普通语言学》，中央民族大学出版社，1997年

8. 叶蜚声、徐通锵：《语言学纲要》，北京大学出版社，1981年

9. 伍铁平主编：《普通语言学概要》，高等教育出版社，1993年

新世纪高等学校教材

10. 刘伶、黄智显、陈秀珠主编，岑麒祥审订：《语言学概要》，北京师范大学出版社，1984 年

11. George Yule, *The Study of Language*, Second edition（语言研究），外语教学与研究出版社，剑桥大学出版社，2000 年

12. 伍铁平：《二分法和直接成分学说》，载《现代英语研究》，1981 年 N.1－2 连载

13. 丁崇明：《〈世说新语〉的"是"字研究——兼论判断动词"是"的产生及发展》，《山东大学学报》，1992 年增刊

14. 丁崇明：《语言演变的过程模式》，载《北京师范大学学报》，2001 年，第 6 期

15. 唐钰明：《上古判断句变换考察》，载《中国语文》，1991 年，第 5 期

16. 刘丹青：《语序类型学与介词理论》，43 页，商务印书馆，2003 年

17. 胡壮麟：《功能语法纵横谈》，外语教学与研究出版社，2000 年

18. 朱永生：《系统功能语言学多维思考》，上海外语教学出版社，2001 年

19. 胡壮麟：《语言系统与功能》，北京大学出版社，1990 年

20. 朱永生：《语言·语境·语篇》，清华大学出版社，1993 年

21. 黄国文：《语篇分析的理论与实践》，上海教育出版社，2001 年

22. 户进菊：《主位推进模式与篇章分析》，《商丘师范学院学报》，2003 年，第 2 期，第 146 页

23. 龚金莲：《主位推进和语篇分析》，《苏州铁道师范学院学报》，2001 年，第 4 期，第 106 页

6. 文 字

盖文字者，经艺之本，王政之始，前人所以垂后，后人所以识古。

——许慎

文字是文字学的专门研究对象，由于文字同语言的关系十分密切，并且在完善语言的交际功能方面起着特殊的作用，因此，文字也是语言研究应该涉及的问题。用区分语言和言语的方式比喻，文字系统好比是语言，是一种相对静态的书写工具，我们运用文字系统书写的过程和结果就像是言语。对文字的运用必须要遵循文字系统的规范，不能随心所欲地胡乱使用。文字的应用是动态的，具有很强的时代特点和个人色彩。书法艺术、字谜、字联等，都是基于文字系统之上的对文字的灵活运用。

6.1 文字的性质

6.1.1 文字是标记语言的书写符号系统

世界上有众多的文字，不管以何种形式出现，都是用来标记语言的。存在没有文字的语言，但不存在不标记任何语言的文字。文字是一种标记语言的书写符号系统。它是通过视觉感知的形式来标记语言的。用区分语言和言语的方式比喻，文字系统好比是语言，是一种相对静态的书写工具，我们运用文字系统书写的过程和结果就像是言语。文字的书写方式可以是多种多样的，如刻锲、雕琢、笔写、打印等，都能造成视觉效果。盲文是靠触觉来"认字"的，是一种触觉符号，可以看作是一种文字的变体。文字是书写符号，但书写符号并不一定就是文字。我们在日常生活中所见到的许多指示性标记，不管它们是否具有标准化的形体符号，都只表达某种意义，或作为商品包装物上的指示标记，或作为交通标记。而文字则标记具体的语言单位，是标记语言的书写符号系统，这是一般书写符号不能比拟的。

语言是音义结合的统一体，这样，用来标记语言的文字也就相应地有了语音和语义。此外，文字还具有语言所没有的形体。文字正是通过线条组成的形体把语言由听觉符号变成视觉符号的。这样，文字就有了形、音、义三个要素。文字标记语言，一般是标记语言中的词和语素。以汉语为例，古代汉语单音节词占绝对优势，原则上是一个字标记一个词；现代汉语有不少词是双音节甚至是多音节的，需要用两个或两个以上的字标记一个词，在这种情况下，一个字就只标记一个语素了。另外，汉语有的词虽然有两个以上的音节，却只有一个语素，即所谓的联绵词，例如"葡萄"、"玻璃"、"芙蓉"等，其中单个的字只有字形、字音而没有字义，在这种情况下，一个汉字就仅仅代表一个音节。由此可见，只有当一个汉字标记一个词或一个语素时才同时具有文字的三要素。现在世界上多数文字（拼音文字）同时具有形、音、义三个要素。例如，在英语中，"I"这个形体的读音为［ai］，意义是"单数第一人称代词"；俄语中表示相同意义的词的书写形式为"я"，读音为［ja］，如此等。文字的形、音、义三者基本是统一的，但其间的关系错综复杂，这种统一并不排除一形多音、一形多义或者一音多形的现象。

6.1.2　文字是完善和扩大语言交际功能的书写符号系统

语言是一种符号体系，语言符号的物质形式就是语音。语音同其他音响形式一样，延续的时间是短暂的。当我们说完一句话，语音一落，这句话随即就消失了。当然，我们可以把某个人说过的话储存在记忆里，但人的记忆力是有一定限度的，也不能做到像录音机那样准确无误。要把某人说过的一大段话毫无差错地记住，是非常困难的；即使暂时记住了，过一段时间也会忘记。有时很简单的一句话，过后要复述时也往往走样。在文字诞生以前，人们主要依靠语言来一代一代传递过去的历史、文化遗产和劳动经验等。这种口耳相传的方式显然有很大的时间上和空间上的局限性。

文字的发明，打破了语言的时空界限性。利用文字标记语言，可以使语言在另一种形式中得到保存，从而完善和扩大语言的交际功能。需要指出的是，即使在现代，文字仍有着重要作用。电讯传话固然可以在较长的距离之间进行语言信息的传递，人为地缩小交际空间，但它的作用远不能和文字相比，它的使用不如文字那样广泛、频繁，而且它无法满足特殊的交际需要。此外，现代的录音设备尽管可以把语言录制下来，但在现在以及将来很长时期内都难以完全取代文字。

文字是人类所发明的最重要的符号系统。文字的产生，标志着人类告别了原始的蛮荒时代而进入文明时代。有了文字，人类得以更好地总结生产经验、发展科学技术、扩大生产规模、创造文化艺术。也正是有了文字，才使得后人能直接从前人那里继承生产经验、文化艺术而不必再从头开始摸索。也只有在这样的历史条件下，才可能建立具有高度文化的奴隶制国家、封建制国家、资本主义国家……才可能一步步向更高级的社会演变。文字为人类社会的文明与进步做出了巨大贡献，这些可以通过分析那些没有文字的民族的状况得到反证。世界上一些地方的居民由于没有文字，仍然过着原始的、落后的生活。当然，造成这种状况还有其他方面的原因，但总的说来，文明社会没有语言是不可思议的。

文字和语言不同，语言是第一性的，文字是第二性的。文字是在语言的基础上产生的，是标记语言这一符号系统的符号系统，语言对文字有决定性作用。另一方面，文字对语言又有很大影响，文字不是消极地适应它所记录的语言。文字把语言记录下来，形成书面语使之向横的方向和纵的方向传播，这也使人们有可能对语言进行加工和锤炼，使之愈来愈丰富，愈来愈精密细致，进而形成书面语言。此外，语言中有的词语是在文字基础上创造出来的，如汉语的"丁字尺"、"八字脚"、"十字街"等。

6.2　文字系统

6.2.1　文字的类型

文字的类型可以根据几种不完全相同的标准来进行分类。

1. 表意文字和表音文字

第一种标准，按照字符跟语言单位的语义还是语音相联系来分类，各种文字可以分为"表意文字"和"表音文字"。

文字从产生起到现在，经历了一个漫长的发展过程。世界上的文字大致可以分为两大类，一类是表意文字，一类是表音文字。

最早的表意文字是象形文字。象形文字利用字形来描绘或揭示它所记录的词所代表的事物，是记事图画简化的结果，因而带有明显的图形特征。但它已成为标记语言的书写符号，是人类最初的文字系统。象形文字由于脱胎于记事图画，所以在字形上仍保留着对事物的直观描摹的特点。但是，可以进行直观描摹的事物总是有限的，而语言要表达的内容是无限的，有不少抽象的概念是无形可循的。这也正是象形文字的局限所在。古埃及文字和我国的殷商时代的甲骨文中的不少汉字都属于象形文字。

表意文字是通过象征性的符号的组合来表达词或语素的意义，而不是标记它们声音的一种文字体系。其特点是字量大、笔画复杂、字形有表示意义的结构成分。汉字随着字体的演变虽然失去了象形的特征，从字形上已看不出它所代表的事物是什么，但它仍然同整个词发生关系，因此也就间接地和词所代表的事物或代表的概念相联系。这样，它仍然是表达意义的书写符号。汉字中存在大量的形声字，一般认为形声字既有表意成分（形符），又有表音成分（声符），有的书中把汉字叫做"意音文字"，这有一定的道理，但是有些形声字就其起源而言仍然没有完全摆脱表意的框架，同拼音文字的功能是不能相比的。形声字的出现反映了我们的祖先已认识到文字和语音的关系以及用文字来标记语音的愿望，已显露出向表音文字发展的趋势，但它毕竟同作为表音符号的文字还有一定距离。

除汉字外，比较古老的表意文字还有古埃及的圣体字、古美索不达米亚苏美尔楔形文字、古代克里特文字和中美洲的古玛雅文字。但这些古老的表意文字有的已经失传，有的已成为历史的陈迹，唯独许多汉字直到现在仍保持表意文字的特征。汉字是世界上目前唯一使用的表意文字。

表意文字能使人产生对于客观事物及其性质、状态等的联想，历史上许多民族在创立文字的过程中都广泛借用了表意文字，如日本、朝鲜、越南都曾经借用过汉字。历史上还产生过一些以汉字为基础的、类似汉字的文字，如契丹文、西夏文、女真文等。

表音文字是世界上的另一种文字，它是标记语言声音的。表音文字是利用一套字母来拼写语言中的语词，因此也叫拼音文字。表音文字是标记语言中的音位或音节的文字体系，它分为音节文字和音位文字两种。

音位文字以音位为书写单位，一个符号表示一个音位。英、法、德、意、西班牙、俄、阿拉伯等文字都是音位文字。

音节文字以音节为最小的书写单位，一个符号表示一个音节。日语的大多数字母（假名）是表音节的，是典型的音节文字。

表音文字的书写符号是字母，字母的起源和演变问题比较复杂。一般认为最早的拼音文字是公元前1000多年居住在地中海东岸的北方闪米特人创造的。在闪米特人创造的字母中，腓尼基字母最有代表性。腓尼基人居住的地方相当于今天的叙利亚一带。文字后来传到北非（现在的突尼斯）。现在世界上的表音文字几乎都发源于腓尼基文字，许多民族都是以腓尼基字母为基础建立本民族字母的。

2. 表单位文字

第二种标准，按照文字系统中的字符跟何种语言单位相联系来分类，在理论上各种文字可以分为"词语文字"、"语素文字"、"音节文字"、"音位文字"，其中"音位文字"又可以分为"辅音音位文字"和"全音位文字"。全部或绝大多数字符都只跟语言中的词语相联系的文字是词语文字。全部或绝大多数字符都只跟语言中的语素相联系的文字是语素文字。全部或绝大多数字符都只跟语言单位中的音节相联系的文字是音节文字。全部字符只跟辅音音位相联系的文字是辅音音位文字，平时就称为辅音文字；既有代表辅音音位的字符，也有代表元音音位的字符的文字是全音位文字。日文的假名是典型的音节文字，每一个字符代表一个确定的日语中的音节，而且同一个音节只由一个假名符号来表示。阿拉伯文字的字符表示阿拉伯的辅音音位，没有表示元音的字符，因此是一种辅音文字，尽管后世增加了一些附加符号来表示元音读音，但是整个文字体系仍然可以认为是一种辅音文字。希腊文既有表示辅音的字符，又有表示元音的字符，也就是所有的音位都有相应的字符，是一种全音位文字。此外，英、法、德、意、俄、西班牙等文字都是音位文字。

但是要注意，在这几种文字当中，语素文字也只是理论上的类别。全部字符都只代表语素，而任何一部分语素都不表示词语的文字并没有发现过。

新世纪高等学校教材

3. 自源文字和借源文字

第三种标准，按照形体来源来分类，文字可分为自源文字和借源文字。自源文字指独立发展起来的文字，文字的形体、体系都是自己独创的。汉字、埃及象形文字、楔形文字都是自源文字。借源文字指借用或参照其他文字的形体、体系建立起来的文字。现今世界上文字大多是借源文字，文字的借用是非常普遍的现象。

6.2.2　字母

世界字母的源头是腓尼基字母，它共有 22 个字母，其书写顺序是由右向左。

现今世界上用得较多的字母是希腊字母、拉丁字母、斯拉夫字母和阿拉伯字母。

希腊字母是历史上非常重要的字母。希腊人在腓尼基字母的基础上，增添了元音字母，使希腊字母成为世界上第一个具有元音的字母，成为较为完善的表音位字母。希腊人把腓尼基字母的外形改造成为形体简单、确定、均匀的字母，并将从右到左书写改为从左到右书写。直到今天，希腊人还在使用这种字母。希腊字母如下：

ΑΒΓΔΕΖΗΘΙΚΛΜΝΞΟΠΡΣΤΥΦΧΨΩ

拉丁字母又称罗马字母，是公元前 7 世纪拉丁人在希腊字母的基础上创造的。拉丁字母最初只有 21 个，未能完全适应拉丁语的特点。到了公元前 2 世纪，又把废除的 Y、Z 两个字母重新加入字母表。到了中世纪，又增加了 J、U、W 三个字母。这样形成了现在通用的 26 个字母：

ABCDEFGHIJKLMNOPQRSTUVWXYZ

拉丁字母继承并发展了希腊字母的优点。早期的拉丁字母只通行于罗马及其附近地区。随着罗马帝国的建立和不断强盛，拉丁字母传播的范围越来越广。罗马的官吏、士兵、商人把拉丁字母带到欧、亚、非三大洲受罗马统治的地区。基督教成为罗马"国教"后，欧洲的许多民族都信奉基督教，拉丁文是那时唯一被允许书写基督教典籍的文字。政治、经济、宗教、文化等诸方面的影响，使拉丁字母自中世纪以来成为国际化的字母。现在，世界上使用拉丁字母的人口占世界人口的 30%到 35%，它所标记的语言，涉及世界语言中的六大语系。从发展趋势来看，使用拉丁字母的区域、民族和人口将不是减少而是增加。解放后我国为一些少数民族创制文字，大多以拉丁字母为基础，制定《汉语拼音方案》也采用了拉丁字母。此外，在世界范围内，人们在自然科学领域中广泛地使用拉丁字母。

斯拉夫字母是 9 世纪希腊正教的传教士基利尔等根据希腊字母创造的，又名基利尔字母。最初这种字母只在保加利亚一带流行，10 世纪末，东斯拉夫各部落正式信奉基督教以后，这种字母开始向周围地区流传。斯拉夫字母体系有很大的独创性，它充分适应了它所标记的语言的语音特点。斯拉夫字母共 43 个，有 19 个字母是希腊字母没有的。今天使用斯拉夫字母的有俄罗斯、保加利亚、原南斯拉夫和蒙古等。俄文字母经过多次修改，现在共有 32 个字母：

А Б В Г Д Е Ж З И Й К Л М Н О П Р С Т У Ф Х Ц Ч Ш Щ Ъ Ь Ы Э Ю Я

阿拉伯字母属于形成于公元前 8 世纪的阿拉米亚字母系统。阿拉伯字母共有 28 个符号。只有表示辅音的字母，元音有的用附加符号，有的用一定字母加附加符号表示。词典、小学教科书及《古兰经》上的文字都加元音符号，一般书报则不加元音符号，很容易读错。另外，阿拉伯字母的形体差别不够明显，附加符号多，一个字母在不同的位置就有不同的写法，书写或印刷时自右向左。目前使用阿拉伯字母的有埃及、叙利亚、伊拉克、黎巴嫩、沙特阿拉伯、也门、约旦、阿尔及利亚、阿富汗、伊朗等。我国的维吾尔文也使用阿拉伯字母。阿拉伯字母如下页（从右到左）：

ا ب ت ث ج ح خ

د ذ ر ز س ش ص

ض ط ظ ع غ ف ق

ك ل م ن ه و ي

另外，还有两种比较特殊的字母，一种是朝鲜的谚文字母，一种是日本的假名。起初，朝鲜没有自己的文字，政府发布文告、文人著书立说全使用汉字。15 世纪中叶，出现了汉字笔画式的谚文字母。1948 年，朝鲜民主主义共和国才开始全部废除汉字。日本的假名是在汉字的基础上创造的。每个假名有两种字体，一种是楷体，叫"片假名"，一种是草体，叫"平假名"。日语五十音图如下：

段　字　行　体	あ段 平假名 片假名 罗马字	い段 平假名 片假名 罗马字	う段 平假名 片假名 罗马字	え段 平假名 片假名 罗马字	お段 平假名 片假名 罗马字
あ行	あ ア a	い イ i	う ウ u	え エ e	お オ o
か行	か カ ka	き キ ki	く ク ku	け ケ ke	こ コ ko
さ行	さ サ sa	し シ shi	す ス su	せ セ se	そ ソ so
そ行	た タ ta	ち チ chi	つ ツ tsu	て テ te	と ト to
な行	な ナ na	に ニ ni	ぬ ヌ nu	ね ネ ne	の ノ no
は行	は ハ ha	ひ ヒ hi	ふ フ fu	へ ヘ he	ほ ホ ho
ま行	ま マ ma	み ミ mi	む ム mu	め メ me	も モ mo
ね行	や ヤ ya	（い イ）i	ゆ ユ yu	（え エ）e	よ ヨ yo
ら行	ら ラ ra	り リ ri	る ル ru	れ レ re	ろ ロ ro
わ行	わ ワ wa	（い イ）i	（う ウ）u	（え エ）e	を ヲ o
ん ン n						

6.3　文字的应用

　　作为交际的最重要的辅助工具，文字发挥着巨大的作用。它是与文明社会密不可分的。政治、军事、法律、经济、文化等各个领域都离不开文字。尤其重要的是，文字还是人们积累知识、传播科学的重要媒介。人们总是在继承历史的和外来的文化科学知识的条件下不断推动社会向前发展的，文字在这方面有着难以替代的承前启后的作用。前人在生产、生活各方面的创造性成果大都以文献资料的形式传给了我们，我们在这些成果基础上的新的突破同样也要借助于文字传给后代。国家与国家、地区与地区、民族与民族之间的科学技术和经济文化的合作与交流也必须有文字参与。所有这些都要求文字必须充分、有效地发挥作用。

6.3.1　文字规范化

文字规范化是根据文字发展规律，为文字的应用确定各方面的标准。使文字充分、有效地发挥作用，最重要的一点是我们必须正确地、规范地使用文字。

文字规范化的目的在于把那些符合文字发展规律的新成分、新用法固定下来，加以推广；把那些不符合文字发展规律的和没有必要存在的歧异成分及用法，加以处理，使文字更好地为交际服务。

文字规范化的内容包括字形规范、字表规范、字音规范、标点符号规范、字组合规范和版面组合规范等。

拼音文字，通常落后于其所标记的语言的发展变化，于是出现了一些词的拼写形式与它们的实际读音不相符的现象。如英语的 light、right、sight 等词中的-gh-在古代是发舌根擦音的，现在已经不再发音了，可这些词在拼写时，中间的-gh-仍然不能少；英语的 often 也存在类似情况，它中间的 t 一般也不再发音了，但在拼写中不能少了它，否则就错了。当然，也存在读音不变，拼写形式发生变更或简化的现象。如美国英语对英国英语的拼写形式作了很多改动：colour、gaol、realise、centre 等分别被改作 color、jail、realize、center。北欧的一些国家不惜动用官方的力量对它们各自语言中词语的拼写形式进行调整，并加以规范。其中瑞典政府差不多每过一代就要做一次这样的工作。可以看出，无论保持还是改动，都是围绕着规范这一中心进行的。中国的汉字属于意音文字，它在历史上的发展变化是非常大的，最为突出的一点就是汉字的简化，目前，汉字的简化工作已基本就绪，汉字在相当长的时间内估计不会作进一步的简化了。汉字的规范化是现在语言文字工作者的中心议题。针对社会用字的混乱情况，近年来国家语言文字工作委员会与其他有关部委联合发布了一系列规定，主要有：《关于地名用字的若干规定》、《关于广播、电影、电视正确使用语言文字的若干规定》、《关于企业、商店的牌匾、商品包装、广告等正确使用汉字和汉语拼音的若干规定》、《关于出版物汉字使用管理规定》等。这些规定发布后收到了良好的社会效果。

6.3.2　纠正错别字

1. 错别字现象

纠正错别字是文字规范化中的一个重要内容。通常讲的错别字现

新世纪高等学校教材

217

象，包括写错别字和读错别字两种情况。其中，写错别字又有写错字、写别字的区别。写错字，指写得不成字；写别字，指把甲字写成乙字。

错别字现象是一种"发病率"极高的语言现象，上至历代帝王将相、文人骚客，下至普通百姓，许多人都闹过错别字的笑话。

"曲院风荷"原是康熙笔误

杭州西湖是著名的风景胜地，而西湖十景又为西湖风景之最。然而十景中"曲院风荷"的"曲"字，竟是由皇帝写的别字，相沿至今。

明代田汝成的《西湖游览记》说："麯院，宋时取金砂硐之水造麯，以酿官酒。其地多荷花，世称'麯院风荷'是也。"既称"麯院"，说明这里是酿酒之地，酒香夹着荷花的香气，别有佳趣。清人许承祖有诗赞咏道："绿盖红妆锦绣乡，虚亭面面纳湖光。白云一片忽酿雨，泻入波心水亦香。"然而写成"曲院风荷"，一字之误，意趣尽失。

这个别字是谁写的呢？是清代的康熙皇帝。他题写的"曲院风荷"，刻碑立字，此碑至今仍保存完好。

"庚黄"了不得

我国的古代小说家，像罗贯中、曹雪芹等都是运用汉字的专家，在他们的小说中，经常会出现有关汉字的趣话。例如，在《红楼梦》第26回有"薛蟠读画"一段：

薛蟠说："你明儿来拜寿，打算送什么新鲜物儿？"宝玉说："我没有什么送的……唯有写一张字，画一张画，这才是我的！"薛蟠笑道："你提画，我才想起来了。昨儿我看见人家一本春宫儿，画得很好。上头还有许多的字，我也没有细看，只看落的款，原来是什么'庚黄'的，真好得了不得！"宝玉听后说："古今字画也都见过些，哪里有个'庚黄'……"想了半天，不禁笑将起来。命人拿过笔来在手心里写了两个字，又问薛蟠道："你看真了是庚黄吗？"薛蟠道："怎么没有看真？"宝玉将手一撒给他看道："可是这两个字吧！"……众人都看时原来是"唐寅"两个字，都笑道："想必是这两个字，大爷一时眼花了，也未可知。"薛蟠自觉没趣，笑道："谁知他是'糖银'是'果银'的。"

2. 如何纠正错别字

(1) 注意字形。

有的形似字是形声字，声符相同，形符不同。对这类字要注意辨析形符的意义。如，"咯、胳、铬"这三个字声符相同，形符不同。"咯"的形符是口，用口作形符的字，原义一般同吃或声音有联系，"咯"表示的就是嘴吐东西的动作。"胳"形符是月,原义同肉体有联系,表示胳膊。"铬"的形符是金,用金作形符的字,与金属有关,铬是一种金属元素。了解这几个字形符的意义,它们的意义和用法就不会弄错了。

(2) 注意字义。

汉语的词是用汉字记录的。大部分汉字是记录语素,在词内是有意义的。因此,了解字义对纠正错别字很有好处。如"创伤"的"创"有人误写作"疮"。"创"是形声字,从刀仓声,原意是伤,"刀创、予以重创"都是用"创"的原意。"疮"也是形声字,从疒仓声,是一种皮肤上的溃疡病。"创伤"指身体受伤的地方,或指外伤,因此用"创"不用"疮"。

有的词语,通用的是引申义,原义一般人不清楚。必须了解它的原义,才能正确运用。如"提纲",有人误作"题纲"。"纲"是渔网的总绳,引申指事物的关键部分或文章的主要精神。"提纲"的原意是提着网的总绳子,引申作要点、要领讲。了解这个道理,就不会误写成"题纲"了。又如"针砭",有人误写成"针贬"。"砭"的原意是古代用石针扎皮肉治病。"针砭"是联合式结构的合成词,原意是扎针治病,引申作指出错误,以求改正讲,如"痛下针砭"、"针砭社会"。了解这个道理,就不会写成"针贬"了。

有些成语,来自古代的历史故事或寓言,不了解它们的来历,也容易写错。

(3) 注意形声字的声符。

由于古今语音的演变,形声字的声符表音准确的大约有1/4。不少读错的字,是受了声符的影响。

大部分形声字按声符读是错误的。如"澄清"的"澄"不念 dèng,"轮廓"的"廓"不念 guō。

(4) 掌握多音多义字。

一个字的读音不同,字义也不同,这叫多音多义字。如"炮",读 páo,当烧讲,"炮烙",古代一种酷刑;炮制,制造中药的一种方法。读 pāo,炮干、炮羊肉,是一种烹调方法。读 pào,大炮,一种重型武器。

多音多义字,有一大批是因为词性不同而读音不同。如背 bèi,脊背、背部,是名词或名词性词素;读 bēi,背着东西、背包,是动词或动词性词素。能够记住不同词性的不同读音,有利于掌握这类多音多义字。

有些多音多义字,除通常读音外,还有作姓氏、地名、外来语等用时的特殊读音。如堡，一般读 bǎo，如城堡、堡垒等；作地名用读 bǔ，如吴堡（在陕西）、柴沟堡（在河北），或读 pù，五里堡、十里堡等。华，一般读 huá，如"中华、精华、升华"等；作地名或姓用读 huà，如"华山、姓华"等。记住这些特殊的情况，有利于掌握这类多音多义字。

有些多音多义字词性相同或交错，几种用法都相当通行，应分别记住它们的意义。如"调"，"调皮、调和、调节、协调"，读 tiáo；"调查、调度、强调、声调"，读 diào。

有些字，用在不同的词里字音不同，但字义相同，这叫多音同义字。如"剥"，单用读 bāo，剥花生；在复合词里读 bō，剥削、剥夺。这类字比较少，但容易读错。

6.3.3　文字创制

文字创制是指在现代社会里为没有文字的语言创制文字，特别是政府或语言学家为还没有文字的民族创制文字，不涉及历史上各种民族语言的文字的创制过程，它是特定历史条件下的一种现象。

新中国建立后，为了扫除文盲，提高各族人民的文化水平，国家选派专家学者为那些没有文字但要求创制文字的民族创制了文字。仅1958 年，这些专家学者就为壮、布依、苗、彝、侗、哈尼、傈僳、佤、纳西、黎十个民族设计了拉丁字母文字方案。

但是新的文字方案没有得到很好的推行，一部分民族的文字问题并没有真正解决。

6.3.4　特殊的文字——女书

女书，也称女字，在我国湘南江永县潇水流域已经流传很久了，是当地妇女专用的文字符号（她们称汉字为男书），这种文字传女不传男，男人不学也不用，女书存在至少有几百年之久了。

女书是当地乡村妇女，特别是中老年妇女的文化工具、精神伴侣。女书具有独特的社会功能。这种妇女专用文字基本用于创作女书作品、记录女歌，一般为七言（也有五言、四言、三言的）诗体唱本。每篇长的可达四五千字，短的只有几十个字。女书作品一般书写在精制手写本、扇面、布帕、纸片上。

女书是一种由单音节符号构成的音节文字，其字形是右高左低的长菱形，属于广义汉字式的文字的类型。在 600 多个通用女书的符号中，和汉字的形体、意义明显相关的有 140 多个，约占全部女书的 1/4，有的完全相同，有的稍作更改。女书有五种基本笔画：点、斜、竖、弧、圈。笔画组成的"结构体"大约有 20 多个，少的一画，多的十一画。"结构体"有的自成独体字，有的相互结合成合体字。结合的方式和表意无关。风格上女书和篆书更接近；但是从数量看，女书和楷书渊源密切。专家认为：女书脱胎于方块汉字，是它的变异。即女书是借源于方块汉字的一种系统的再生文字。

据文字学家目前收集到的几十万字女书原件资料来看，女书基本单字共有 1 000 多个，其中每个人常用字有 700 多个左右，基本上能比较完整地记录当地方言。

关于女书的起源，至今还不十分清楚，根据现有的材料，有的专家作了这样的设想：在我国古代的某个时期，比如唐、宋时期，或明、清时期，江永一带的某个或某些有一定汉文基础的妇女，为了能有一个机会和场合倾诉自己由于社会地位低下、生活寂寞而造成的苦闷，而她们又不愿意男子知晓，便根据汉字创造了只在妇女当中使用的秘密文字。为了用有限的字记录更多的词，多采用同音、近音假借方法，所以女书很接近音节文字。由于同音假借、近音相借，甚至近形相借比较普遍，因此，女书就显得不那么"科学"和"准确"。这是这种文字的特殊性决定的。这种文字的总体形象为菱形斜体，这可能是由于不少字和汉字相同，为了不让男子看懂，就使用了只有妇女才熟悉的纺织和女红中常见的菱形图案体，又由于她们所识汉字有限，不得不创造一些新字，如某些与某些古汉字或刻画符号相近的文字。

6.3.5　计算机文字信息处理

文字的处理是计算机信息处理的一个重要内容。它包括文字信息的输入、存储、变换、加工、传输、输出等。它既涉及书面形式，如打字、排版印刷，也涉及语音形式，如：电脑语音识别、人机对话。

20 世纪 60~70 年代，英文信息处理取得了巨大的成功，对发达国家的生产、科技和文化形成了强大的推动。之后，很多发展中国家也开始重视计算机文字处理，例如，计算机系统和软件的"汉化"就是这一大潮中的一部分。20 世纪 80 年代初期以来，国际标准化组织（ISO）着手制定面向世界范围各民族文字的统一通用编码（Universal Character

Set，即 UCS），美国数十家大公司联合起来开展类似的工作（指跨国集团 Unicode Consortium 推出的 Unicode）。这更在空前广泛的视野上推进了对各种不同类型文字的综合比较研究。

实践已经显示出电脑在处理语言文字信息方面有巨大的能力，语言文字学方面提出大量问题需要依赖计算机处理，并且在某些方面已经开始取得重要成果，这从另一方面推动了电脑专家与某些语言文字学专家的联合。

6.3.6　书法

书法是由文字生发出来的，又以文字为表现形式的特殊的造型艺术。文字是书法艺术赖以存在和显现的本体要素，而书法的发展又可推动文字的发展，二者具有不可分离的密切关系。

书法属于"言语"的范畴，因为书法是对文字的一种运用，研究的是"写"和"所写"。作为一种审美艺术，它具有很强的时代性和个人特点，不同时代有不同的书法，不同书法家有不同的墨宝。甚至每个人写出来的笔迹都有自己的风格与特点，所谓"字如其人"。

汉字甲骨文的书写方法是契刻，这就决定了书法的创造必定会受到限制。因此，甲骨文的字形大多瘦硬挺拔，缺乏弹性，笔画形态大多呈方折，呈现出朴实无华的自然形态。金文由于是范铸的，对方折笔画的表现有很大的难度。因此，金文书法主要在笔画形态上下工夫。其书体呈现出以下特点：笔画圆匀丰润，起笔、收笔、转换都多用圆笔。小篆书法的线条修长圆转，结构疏密匀称，体现出刻板而又温文尔雅的书法风格。汉隶讲究笔画蚕头燕尾，讲究体势上的左右开张。在用笔上，笔画正式形成，点画间出现了明显的变化和差别，在笔画特征上显示出空前的丰富多彩。

另一方面，不同书法家的书法也有很强的个人色彩。魏晋时期的王羲之的书法以当时流行的行、草书为表现形式，在实用的基础上加以去粗取精的艺术提炼和加工。他观摩前代书迹，又不离开现实今体去复古，从而达到了那个时期行、草书法的最高峰。而王羲之的儿子——王献之，其书法面貌却有别于其父。他结合自己的心得、根据自己的审美情趣对当时古朴的书风进行了大胆的革新，开创出一种既美俊豪迈、饶有气势，又潇洒多姿、婉转妍媚的新风格。历经陈、隋、唐三代的欧阳询，初学"二王"，后又广泛学习北碑，进而形成了自己的独特风格，其书法刚健、法度谨严，能于平正之中见险绝，世称"率更体"或"欧体"。

唐代的张旭性情狂放，他创造了晋唐以来前所未有的草书风格，其书法萦回连绵、气势激越、汪洋恣肆。同为以草书见长的书法家，宋代米芾的书法又有别于前人。其笔调倜傥纵横，但又不妄作狂怪；体势雄浑、跌宕多姿，而又自然天成。字中牵丝不多，字字独立，但又气势通贯，韵调和谐。

外国的文字虽然没有汉字这样辉煌的艺术地位，但也同样具备自己的文字系统（相当于语言），同样有个人运用的过程与结果（相当于言语）。

由此我们可以看出，书法一方面要遵循文字规范，但它同时又是一门对文字加以运用的艺术，有鲜明的时代烙印和个人性。

6.4 文字的起源和发展

6.4.1 萌发文字的因素

文字是人类社会发展到一定阶段，由于交际的需要而产生的。社会的需要是文字产生的前提。

人类在发明文字之前，普遍经历了用实物和图画来记事和传递信息的阶段。

实物记事的方法有结绳、结珠和锲木等。结绳使用得较普遍。我国《易经》上说："上古结绳而治，后世圣人易之以书锲"。《周易集解》引《九家易》也说："古者无文字，其有约誓之事，事大，大其绳，事小，小其绳。结之多少，随物众寡，各执以相考，亦足以相治也"。古时候，秘鲁人在一根主绳上系上各种颜色的绳子，用来代表各种不同的事件。如红色代表战争和兵卒，黄色代表黄金，白色代表白银与和平，绿色代表禾谷。还在绳上打结代表数字，每个单节表示"十"，每个双节表示"一百"等。每个市镇还设有结绳官，专管结绳、解绳之类的事务。琉球人也使用过结绳的方法。结珠是用绳子把贝壳串起来，以不同颜色的贝壳来代表和区别不同的事物。北美印第安人、伊洛卡诺人都常用这种记事方法。锲木是在木棒或木板上刻出各种花纹、符号或插进各种东西，用来记事记数、传达命令、表示权力、证明盟约等。实物记事，方法笨拙，用起来很不方便，这种方式对文字的产生没有直接作用。

图画记事，作为辅助性的交际手段，比实物记事大大前进了一步。人们利用各种线条和图形，可以对各种事物进行描摹，因而比实物记事简单、形象、明了。近代一些落后的民族也曾用图画来记事和表达某些抽象的概念和思想。

实物记事和图画记事都是传递信息的方法，图画记事已经具有书写的性质和图形的特征，可以说已经有了萌发文字的因素。

图画记事虽然能记述和传达事情的大意，但是由于各人的生活习惯和生活经历不同，同样一张图画并非人人都看得懂；同时，图画所表达的意义是不确定的，同一幅图画可以有多种解释。所以，图画终究不是记录事意的理想方法。随着社会生活的日益复杂，人们需要记录和传达的信息越来越多，为了便于区别和记忆，要求记下来的内容更加具体和确定。于是，人们通过长期的摸索，终于找到了一种办法，那就是在记事图画的基础上，简化图形，用经过简化的图形作为符号来代表语言中的词，这样就产生了人类最早的文字——象形文字，应该注意的是，图画和文字有着本质的区别，这是因为：〈1〉文字是约定俗成的符号，而图画可以随意拟画，没有定规；〈2〉文字一般代表的是语言中的词，图画却不是，往往需要许多句子以上的话语来描述；〈3〉文字有一定的读音，图画则只能意会，不能诵读。

6.4.2　文字的产生和传播

在公元前 4000 多年前，现在属于伊拉克的地方有一个苏美尔民族，他们发明了一种实用的文字，用象形的图形记录表示实物的词语，如"牛"、"驴"、"谷穗"等，用假借的形声字记录多音节的人名的读音，用刻画表示数字。这种文字就是高度象形的古苏美尔文字。后来他们开始用芦管在泥板上"压印"文字。因为压印出来的字的笔道像一个个楔子，所以后人给这种文字取了一个名称，叫"楔形文字"。后来的阿迦德人、巴比伦王朝的阿莫里特人、亚述帝国的亚述人都继承了这种楔形文字。从公元前 3500 年左右到公元前 2000 年左右，楔形文字向周围扩散传播。在传播过程中，使用不同语言的别的民族采用同音假借的办法来改变原有字符的性质，这样基本字符的总数就越来越少。到了公元前 2000 年以后，由于不断的外族入侵，两河流域的古文明就逐渐消亡了，楔形文字也随之而消失了。直至 18 世纪和 19 世纪，才有一批考古学家和语言学家经过不断探索才解决了楔形文字的释读难题。

古埃及的文字由于使用场合的不同，分化出了不同的字体。圣体字用于特别庄重的场合，刻在雕像座上，庙宇和金字塔墓室的石头和祭器上。这是一种象形程度很高的文字符号，但是已经是可以用来书写古埃及语的成熟的文字。这种文字大概在距今 5500 年前就存在了，跟圣体字并行的还有一种，称为"僧侣体"，它是僧侣阶层平时使用的已经线条化的近乎草书的文字。公元前 7 世纪还出现了一种在僧侣体基础上简化而成的字体，称为"平民体"，因为这是老百姓使用的字体。圣体字、僧侣体、平民体仅仅是在字体上存在差别，文字的性质和功能并没有什么不同的地方。

关于汉字的起源，目前还是一个没有完全弄清楚的问题。今天能看到的最可靠最早的汉字资料是公元前 14 世纪到前 11 世纪的商代后期的甲骨文和金文。汉字从甲骨文、金文到现代汉字，在字形方面发生了重大变化，这是字体的演变。汉字大致经历了甲骨文和金文、小篆、隶书、楷书这么几个不同字体的阶段。汉字是除了苏美尔楔形文字和古埃及文字以外影响最大，并且直到今天还在使用的自源文字。三千多年以来，汉字的字体虽然发生了很大的变化，但是汉字的性质并没有发生根本性的变化，现在仍然是一种表意文字。

文字的另外一个发展方向——表音文字则源于腓尼基人的创造。公元前 2000 年初期，在现在的黎巴嫩和叙利亚沿地中海一带生活着一支腓尼基人。大约在公元前 13 世纪，他们在借用古埃及文字来书写自己的语言的过程中，第一次只采用表音符号而放弃了表意符号，这样就出现了不同于以往意音文字的辅音文字，也就是只写辅音音位不写元音音位的拼音文字。不过，辅音文字只表示辅音音位，没表示元音音位，还不是一种全音位文字，所以传统上就把它叫作辅音文字。但是辅音文字也好，辅音加元音的全音位文字也好，都是音位文字。

腓尼基人创造了辅音文字以后，这种文字就很快地向周围扩散传播。腓尼基字母的传播分为东西两大分支。东支包括阿拉米亚字母（阿拉伯字母、亚美尼亚字母、格鲁吉亚字母、犹太字母、叙利亚字母、维吾尔字母、古蒙古字母、满语字母，等等）；西支有东希腊字母（古典希腊字母——拜占庭字母——斯拉夫字母、古希腊字母——拉丁字母）。其中，当希腊人借用这种文字来书写希腊语时，因为希腊语跟腓尼基语不同，词根中的辅音和元音都区别意义，不写出元音就无法区分不同的词语，因此就增添了元音字母。这样，字符代表语言中全部音位的音位文字就诞生了。

6.4.3　文字改革

　　文字改革指对原有的文字体系进行调整和改革，使它更加有效地为社会语言生活服务。文字改革是一种比较常见的现象，现在世界上的文字大都进行过不同程度的改革。一般说来，文字改革主要有以下三种情况：一种是文字体系内部的改动或调整；一种是整个文字体系的改变；另一种是文字制度的彻底改革。

　　文字改革常常受到语言系统的面貌、文化传统、民族意愿以及国家的政治态度等各种因素的影响。

　　法文原先只用拉丁字母中的 22 个，1762 年经过改革，增加了 I、k、v、w 四个字母。英国也有人尝试对英文的拼写法进行改革。如前所说，英语的 light、right、sight 现在的实际发音是［lait］、［rait］、［sait］，可以看出，这几个词中的-gh-是不发音的，可书写中还保留了它们。这样，文字的拼写与实际发音不符，造成学习和使用上的很多不便。英国著名作家萧伯纳曾留下遗嘱，让把他的财产的一部分作为奖金，奖给英语拼写法最好的改革方案的设计者，并用这种方案的拼法刊印他的一部分没有发表的作品。

　　历史上有很多改革整个文字体系的实例。古英语用的是鲁纳字母，基督教传入英国后，英语便改用拉丁字母。土耳其从 1928 年起放弃使用了一千多年的阿拉伯字母而改用拉丁字母。蒙古人民共和国 1930 年废除了原先的蒙古文字而改用拉丁字母，1940 年又改用斯拉夫字母。印度尼西亚在历史上曾先后使用过天城体字母和阿拉伯字母，到 15 世纪末，又改用拉丁字母。如此等。

　　历史上也有文字彻底改革的实例。古埃及文字是表意文字，而现在埃及使用表音文字。

　　汉字的改革是件比较复杂的事情。我国的汉字改革运动已经有近百年的历史了。辛亥革命前后就有许多仁人志士提倡文字改革，创制了各种各样的拼音方案。1913 年，"读音统一会"制定了"注音字母"，将"反切法"变为"拼音法"。1926 年，钱玄同、黎锦熙、赵元任等制定了"国语罗马字"，首次用罗马字母（即拉丁字母）拼写汉语。1956年，中国文字改革委员会发表了《汉语拼音方案（草案）》，国务院公布了《汉字简化方案》。1958 年，周恩来在《当前文字改革的任务》的报告中明确指出了有关文字改革的三项任务，即简化汉字、推广普通话、制定和推行汉语拼音方案。1985 年 12 月 16 日，国务院决定将中国文字改革委员会改名为国家语言文字工作委员会，以加强新时期的语言文字工作。1986 年 1 月 6 日至 18 日，国家教育委员会和国家语言文字工作委员会在北京召开会议，制定了我国语言文字工作的方针和任务。新时期语言文字工作的方针是：贯彻执行国家关于语言文字工作的政策和法令，促进语言文字规范化、标准化，继续推动文字改革工作，使语言文字在社会主义现代化建设中更好地发挥作用。当前语言文字工作的主要任务是：做好现代汉语规范化工作，大力推广和普及普通话；研究和整理现行汉字，制定各项有关标准；进一步推广汉语拼音方案，研究并解决实际使用中的有关问题，研究汉语、汉字信息处理问题，参与鉴定有关成果；加强语言文字的基础和应用研究，做好社会调查和社会咨询、服务工作。2000 年 10 月 31 日第九届全国人民代表大会常务委员会第十八次会议通过江泽民主席签署的《中华人民共和国通用语言文字法》，共四章二十八条。全方位规定了推广普通话，推行规范汉字，以《汉语拼音方案》作为拼写和注音工具的各项政策。总而言之，汉字的改革是一项长期而艰巨的任务，我们现在要做的是正确执行新时期语言文字工作的任务，不必花费过多精力去论辩汉字将来如何发展，即走不走拉丁化的道路这样的问题。

6.4.4 汉字的拼音化问题

由上可知，目前世界文字的发展是两个方向并行：一个是表意文字；一个是表音文字。有的学者认为，表音文字上是目前世界上最优越的文字类型，是世界文字发展的最终归宿，并由此认为汉字是落后的文字，它仍处在文字发展的初级阶段，因而必须改革，走世界文字的"共同道路"——拼音化。我们认为，这种观点下得过于武断。

汉字是记录汉语的，它的完善与否，改革与否，以及如何改革，都取决于它记录汉语的准确程度，即它能否满足记录汉语的需要。如果能，说明它仍具有生命力，如果不能，就必须对它进行改革。

与拼音文字相比，除其构形理据之外，汉字还有许多特殊的地方。就其记录汉语的单位而言，在今天的一般情况下，一个汉字记录一个音节，而一个音节往往代表一个语素。这与英文一个字母代表一个音位，几个字母组成一个词的记录方法迥然不同。

就形体特点而言，汉字是在一个两维度的空间上来构形的，这种构字方式与表音文字的字母线性排列方式也是很不一样的。

汉字的这些特点是在意音文字的基础上形成的。它之所以能形成和保持这些特点，是因为这些特点与汉语是相适应的。因此，汉字长期保持这些特点，不是偶然的，而是汉字自然发展趋势和汉语的特点决定的。这也说明，起码在目前看来，作为记录汉语的工具，汉字依然是合格的。2000 年 10 月 31 日颁布的《中华人民共和国国家通用语言文字法》第十八条规定：国家通用文字以《汉语拼音方案》作为拼写和注音工具。它是中国人名、地名和中文文献罗马字母拼写法的统一规范，并用于汉字不便或不能使用的领域。初等教育应用进行汉语拼音教学。至于汉语拼音能否成为拼音文字，还要长期实验与探索。

⊙本章小结

文字是一种标记语言的书写符号系统。它是通过视觉感知的形式来标记语言的。文字具有了形、音、义三个要素。文字的形、音、义三者基本是统一的，但其间的关系是错综复杂的，这种统一并不排除一形多音、一形多义或者一音多形的现象。文字也是完善和扩大语言交际功能的书写符号系统。文字的发明，打破了语言的时空界限性。利用文字标记语言，使语言在另一种形式中得到保存，从而完善和扩大语言的交际功能。文字和语言不同，语言是第一性的，文字是第二性的。文字是在语言的基础上产生的，是标记语言这一符号系统的符号系统，语言对文字有决定性作用。另一方面，文字对语言又有很大影响。

文字的类型根据三种不完全相同的标准来分类：根据字符跟语言单位的语义还是语音相联系的标准来分类，各种文字可以分为"表意文字"和"表音文字"；根据字符跟何种语言单位相联系，可分为词语文字、语素文字、音节文字、音位文字；根据字源来分，文字又可分成自源文字和借源文字。汉字应该是表意文字和自源文字。世界字母的源头是腓尼基字母，现今世界上用得较多的是希腊字母、拉丁字母、斯拉夫字母和阿拉伯字母。除此之外，我们还应该从历时的角度来掌握文字的问题，如文字的产生、发展、传播以及文字的改革和创新。

用区分语言和言语的方式比喻，文字系统好比是语言，是一种相对静态的书写工具，我们运用文字系统书写的过程和结果就像是言语。文字规范化问题之所以提出，主要就是为了强调对文字的运用必须要遵循文字系统的规范。同时，由于文字的应用是动态的，具有很强的时代色彩和个人特点。因此，在现实生活中，我们得以看到多姿多彩的文字现象，例如，女书、计算机中的文字处理、书法艺术及各种各样的文字游戏，都是以文字系统的规范为基础的、对文字的灵活运用。

□思考与练习□

一、名词解释

文字　表意文字　表音文字　字母　自源文字　借源文字

二、填空

1.任何文字都有＿＿＿＿、＿＿＿＿、＿＿＿＿三要素，其中＿＿＿＿为文字独有，其他两方面则与语言的＿＿＿＿和＿＿＿＿相对应。

2.人类在发明文字之前，普遍经历了用＿＿＿＿和＿＿＿＿来记事和传递信息的阶段。

3.人类历史上最早的字母是＿＿＿＿＿＿＿，现在所使用的各种表音字母大多数由它分化、派生而来。

4.表音文字又可分为＿＿＿＿和＿＿＿＿两种。

5.现今世界上用得较多的＿＿字母、＿＿字母、＿＿字母和＿＿字母。

三、选择

1.以下文字属于自源文字的是（　　）。

A.日文　B.朝鲜文　C.阿拉伯文字　D.苏美尔文字

2.日文的片假名以（　　）为基础。

A.汉字　B.英文　C.腓尼基字母　D.楔形文字

3.楔形文字是由（　　）发明的。

A.阿拉伯人　B.汉人　C.苏美尔人　D.埃及人

四、简答

(1) 文字和一般符号有什么不同？

(2) 简述表意文字和表音文字的区别。

(3) 举例说明如何纠正错别字。

(4) 文字改革主要有哪几种情况，试举例说明。

(5) 试联系你的生活实际，简要分析三种文字运用的情况。

(6) 你是如何看待"汉字拼音化道路"这个问题的？

(7) 指出下列语言的文字采用的是哪种字母：

英语　俄语　法语　德语　日语　朝鲜语　保加利亚语　波兰语
罗马尼亚语　意大利语　阿拉伯语　西班牙语　维吾尔语

◁阅读与参考▷

1. 岑运强主编：《语言学基础理论》，北京师范大学出版社，1994 年

2. 秦永龙主编：《汉字书法通解》，文物出版社，1997 年

3. 王宁，邹晓丽主编：《汉字应用通则》，春风文艺出版社，1999 年

4. 许寿椿主编：《文字比较研究——电脑时代的新观察》，中央民族学院出版社，1993 年

5. 林成滔：《字里乾坤》，中国档案出版社，1998 年

7. 交叉语言学

当今世界交叉科学正面临着一场突破，预计到本世纪末还将产生一系列新的边缘学科、交叉学科。从某种意义上说，从本世纪到下世纪将是交叉科学的时代。

——钱三强

7.1 功能语言学

"功能语言学"（functional linguistics）一般是跟"形式语言学"（formal linguistics）相对而言的，一般人也是在这个意义上理解功能语言学的。实际上，随着语言研究的深入和多元化，"功能语言学"的外延和内涵也在不断变化。这一章就来介绍一下"功能语言学"。

功能语言学有狭义与广义之分。最初，功能语言学仅指布拉格学派（Prague School）语言学，这是狭义的功能语言学。在当代语言学流派中，"功能语言学"已成为跟"形式语言学"鼎足而立的派别。[1]在这个意义上，"功能语言学"的外延是很宽泛的。其基本观点是：反对主张语言学的中心任务是研究语言成分之间的形式关系，而无须涉及这些成分的语义性质和语用性质。这是"功能语言学"的广义内涵。下面，

---

〔1〕在当代语言学流派如何划分问题上，有不同的看法，有人将"认知语言学"独立，跟"形式语言学"、"功能语言学"并立，有人将"认知语言学"归入"功能语言学"。不管怎样划分，"功能语言学"作为一个主要流派是不可否认的事实。

新世纪高等学校教材

我们先介绍狭义的功能语言学的基本情况[1]，再谈谈广义的功能语言学及其基本理论主张，并对比形式主义语言学与功能主义语言学的差别所在。最后介绍当代最有影响的功能语言学派别——韩礼德（M. A. K. Halliday）的系统功能语言学。

7.1.1 布拉格学派的功能语言学

布拉格学派跟哥本哈根学派（Copenhagen School）和美国描写语言学派（American Descriptive School）或美国结构主义学派（American Structuralist School）并举，三者都是受索绪尔（F. de Saussure）语言学理论影响而出现的结构主义语言学流派。跟其他两派相比，布拉格学派主张将语言的结构与功能结合起来研究，认为语言的基本功能是做交际工具，语言是一个由多种表达手段构成的、为特定目的服务的功能系统。所以有学者称这一派的语言学为"结构功能语言学"（钱军，1998）。

布拉格学派的创始人是查理大学教授马泰休斯（V. Mathesius），一般认为，马泰休斯、特鲁别茨科伊（N. Trubetzkoy）和 R. 雅柯布逊（R. Jakobson）是这一学派的代表人物。该派的鼎盛时期在 20 世纪 20 年代末和 30 年代，其活动中心是布拉格语言学会。该学会的大多数成员是斯拉夫语、英语专家，某种程度上也是罗曼语专家，所以该学派的研究带有人文主义的而不是人类学的特色。在语言学史上，布拉格语言学会享有很高的声誉，像美国语言学家鲍林杰（D. Bolinger）所说的那样，"欧洲任何其他语言学团体都没有像布拉格语言学会产生如此巨大的影响。布拉格语言学会的成员从来不打算圈定语言学的界限——从他们的深思熟虑中也没有产生形式演绎系统——但是他们提出了一套原则，得到了该学会成员的普遍同意，在其他地方也被人广泛采纳。"[2]

据钱军（1998）的研究，布拉格学派在理论研究方面的贡献可以概括为如下几点：

---

〔1〕本章关于"布拉格学派"的介绍主要参考了《中国大百科全书·语言文字》（中国大百科全书出版社，1988）和《结构功能语言学》（钱军，1998，吉林教育出版社）。

〔2〕参见 D. Bolinger: *Aspects of Language* 中译本，方立等译（1993）第十五章。又见《语言学各主要流派简述》，林书武等译，载《语言学译丛》（第一辑），中国社会科学出版社，1979。

新世纪高等学校教材

1. 共时与历时

一般认为，将"共时研究"（synchronic study）与"历时研究"（diachronic study）分开，并强调将语言研究由过去的历时研究转向共时研究的开创者是索绪尔。实际上，早在 1911 年，在彼此并无联系的情况下，捷克的马泰休斯、美国的博厄斯（F. Boas）跟索绪尔同时提出了语言研究应以共时系统为对象。

马泰休斯在比较历史语言学与功能语言学两种语言观的基础上，对共时研究与历时研究采取辩证的态度：一方面主张从共时到历时的研究方法是最可靠的方法；另一方面又强调要用历时的方法对共时研究所揭示的问题做进一步研究。之所以强调共时研究的重要性，马氏给出的理由是：〈1〉语言的表达功能与交际功能不可能仅凭历史的方法来研究；〈2〉一些基本的语法功能（比如主语的功能、词的功能、句子的实质）的详尽分析只能借助于共时的方法；〈3〉对意义的细微分析只能依靠共时的方法；〈4〉对两个或数个共存的现象之间的相互关系的研究只能靠共时的方法；〈5〉在对两种表达方式进行选择时，选择的结果呈现出一种可能性的趋势，结果是选择其中一种表达方式而放弃另一种表达方式，只有在共时平面上才能理解这一点；〈6〉语言特征学（linguistic characterology）只能以共时的方法为基础。

2. 系统与结构

语言是一个系统的思想是索绪尔最先提出来的。与系统相关的是结构，系统与结构是结构主义的两个重要概念。"结构主义"（structuralism）这一术语最先就是布拉格学派的代表人物之一 R. 雅柯布逊（R. Jakobson）提出来的。布拉格学派在系统研究方面提出了"系统的核心与边缘"、"系统的系统"与"系统的层次"。其中，"系统的核心与边缘"是其主要学术贡献。这里简要介绍"系统的核心与边缘"思想。

在亚里士多德古典范畴理论那里，范畴之间的界限是鲜明的，某一范畴要么具有某个特征，要么不具有某个特征，不存在跨界现象。布拉格学派认为，语言系统中的范畴之间的界限并非断然划界，严格分开。每一范畴除了具有一个坚实的中心之外，还有一个松散的边缘，该边缘又渗透到下一个范畴的边缘区域。（转引自钱军，1998）

达奈什（F. Daneš）（1966）指出，英语中有些词组（word groups）既可以看作单独的词的组合，也可以看作单一的合成词，如 air-ship, lifeboat, school inspector 之类。因此，国外有人认为，试图严格区分复合词与词组有悖于语言事实的本质。

在句法方面也存在类似情况，比方说，马泰休斯认为，句子的主位（theme）可由多个成分构成。如果主位含有多个成分，主位性较强的成分是主位的核心，其余主位成分是伴随成分。同样，述位（rheme）也分为核心述位与伴随性成分述位。

核心是相对稳定、系统性较强的部分，边缘是相对不稳定、系统性较弱的部分。在某范畴中处于核心地位的成分的属性断定起来比较容易，但那些远离核心的边缘成分的属性却不大好断定。关于如何确定边缘成分，布拉格学派提出了三个标准：第一，边缘成分在整个语言系统中的整合性（integration）较弱；第二，边缘成分的功能负荷量（functional load）较低；第三，边缘成分的使用频率较低。当然，这三条标准究竟哪一条最终起主导作用，取决于具体的语言情况。

3. 功能与形式

布拉格学派内部对于语言功能的看法并不一致。马泰休斯认为，语言的基本功能是交际功能（communicative function），其次是表现功能（expressive function）。德国心理学家、语言学家比勒（K. Bühler）提出"三功能说"，他认为，一个语言行为除作为交际工具的符号系统之外，还要涉及三个因素：说话人、听话人、所谈论的事情。比勒对这三个因素分别赋予表现功能（expressive）、呼吁功能（conative）和描述功能（representative）。雅柯布逊对比勒的模式的最大发展是，提出"六功能说"，如下所示：

语境（指称功能 referential）

内容（诗歌功能 poetic）

说话人（表情功能 emotive）……听话人（呼吁功能 conative）

接触（寒暄功能 phatic）

代码（元语功能 metalingual）

雅氏模式的基本框架是对比勒的发展。有关布拉格学派对语言功能的详细论述，可参阅钱军（1998）第四章。

概括起来，布拉格学派功能主义的基本含义是：语言参与人类有目的的活动，语言分析应该尊重功能的观点。从功能的观点看，语言是一个由有目的的表现手段构成的系统。从表达的需要出发，研究相应的表达手段。

有关布拉格学派功能语言学的近期发展，可登录网站 www. phil. muni.cz/angl/，这里不再作进一步介绍。

7.1.2 功能主义语言学的基本主张

功能主义语言学跟形式主义语言学并举，是当今语言学界的两大主流[1]。功能主义语言学跟形式主义语言学的基本分歧在于：形式主义者认为语言学的基本任务是研究语法成分之间的形式关系，不需要涉及这些成分之间的语义性质和语用性质；功能主义者反对这种观点，认为形式要受到意义影响，二者无法分开。

不像形式派那样内部有一个公认的领袖人物乔姆斯基（N. Chomsky），功能主义语言学内部难以推举一个乔姆斯基式的人物。功能主义学派虽有共同主张，但其内部是分歧的，正像国外有学者所说的那样，功能主义好比基督教，是一群互相征战的教派，其共同之处是大家都反对教宗。

功能语言学派的主要分歧体现在对句法自主性的认识上。W. Croft（1995）将句法自主性分为三个不同内涵：任意性（arbitrariness）、系统性（systemacity）、自足性（self-containedness），也就是：

a. 至少某些句法成分是任意性的；

b. 任意性成分形成系统；

c. 该系统是一个自足的系统。

从上述三方面来衡量，可将功能主义学派分为：自主派功能主义（autonomist functionalism）、混合功能主义（mixed functionalism）、类型学功能主义（typological functionalism）和极端功能主义（extreme functionalism）。

自主派全盘接受句法自主性，如久野暲（Susumu Kuno）、Ellen Prince等；极端派完全否认句法自主性，持论者甚少；混合功能主义可

---

[1] 广义而言，"认知"也是一种功能，不妨将"认知语言学"归入"功能语言学"，Langacker（1987）就持这种观点。当然，也有人将功能语言学看成认知语言学的一个分支，如 Lakoff（1991）。当然，也有人主张将二者分立，成为三足鼎立。这里关于功能主义的分类及其相关主张的介绍参引徐烈炯（2004）。

以 S. C. Levinson 为代表，他主张兼用语法原则和语用原则来处理乔姆斯基纯粹用语法原则来处理的代名词与照应语问题。类型学功能主义认为功能分析与形式分析虽然都需要，但二者有主次之分：功能性是语言的普遍现象，任意性是个别语言中的特殊现象，W. Croft 就属于这一派。

此外，还有所谓语法自主性问题。F. J. Newmeyer（1998）指出，语言学理论方面讨论得最热烈的也许是语言是否能够并且应该描写成一个自主的"自足系统"（self-contained system）。他认为，语言学家的论争中实际上存在三种不同的一定程度上相互独立的自主性假设，可分别称为 autosyn（句法自主）、autoknow（知识自主）、autogram（语法自主）。"语法自主"主张，人类的认知系统中有一个自主的语法系统，系统的基本元素是语言专用的结构成分，成分的组合原则不涉及系统以外的因素。

以语法的自主性为参照，功能主义还有另一种分类：外部功能主义（external functionalism）与一体化功能主义（integrative functionalism）。Newmeyer 和 Croft 将既承认语法任意性和系统性又承认语法自主性的功能主义称为外部功能主义，如 Van Valin 的角色与所指语法、Dik 的功能语法、韩礼德的系统功能语法。该派将语法看成一个共时的符号系统，系统中的句法成分和语义成分、语用成分之间有着密切的联系，比如韩礼德（1985/1994）就指出，"语义和语法没有什么明显的界线"。这一派与形式主义比较相容，但不赞成普遍语法的观点。另外，Langacker 与 Lakoff 的认知语言学也可归入外部功能主义。只承认语法的任意性和系统性而不承认语法自足性的功能主义称为一体化功能主义，该派不赞成索绪尔的语言和言语二分法，不同意区分语法和语言运用，这一派的代表有 Talmy Givon、John Bybee、Paul Hopper 以及 Sandra Thompson 等。

就我国而言，功能语言学的主力在外语界。从主流来看，功能主义语言学主要是韩礼德的系统功能语法。朱永生（1993）和胡壮麟、方琰（1997）集中体现了国内功能主义语言研究的卓著成果。

7.1.3 韩礼德的系统功能语法

韩礼德是弗斯（J. R. Firth）之后伦敦学派的重要人物，又是"新弗斯派"的领袖。1925 年 4 月生于利兹。曾在伦敦大学学习中国语言文学，获学士学位；后在北京大学和剑桥大学进修，获博士学位。

1963 年任伦敦大学语言学教授，1973—1974 年在斯坦福大学当研究员，1974—1975 年任英国埃克塞斯大学教授，1976 年起任澳大利亚悉尼大学教授。

韩礼德的语言学理论受到多方面的影响，20 世纪五六十年代深受弗斯和马林诺夫斯基（B. K. Malinowski）影响，60 年代后期又接受了布拉格学派"功能句子观"和美国 S. 兰姆（Lamb）的"语言层次和体现"的理论，后来又受了英国波恩斯坦社会学理论的启发。除此之外，像韩礼德自己所说的那样，他的许多思想还受到索绪尔和哥本哈根学派的叶尔姆斯列夫（Hjelmslev）以及美国的 F. 博阿士、萨丕尔（E. Sapir）与沃尔夫（B. L. Whorf）的影响，拉波夫（W. Labov）的语言学理论对韩礼德也产生过影响。

韩礼德的语言学理论大致可分为如下三个阶段：

1. 阶与范畴（Scale and Category Grammar）

1961 年韩礼德在 Word（Vol.17，No.3）发表 Categories of the Theory of Grammar[1] 一文，一般称这篇文章所代表的理论为"阶与范畴语法"。在这篇文章里，韩礼德提出了四个语法范畴：一是单位（unit），如语素、词、词组、分句、句子是由小到大的单位；二是类别（class），如名词、动词、名词词组、动词词组各是一个类别；三是结构（structure），如"好"跟"书"这两个单位合在一起就是一个结构，"快"跟"跑"合在一起也是一个结构，Halliday 的"结构"大致相当于索绪尔的"组合关系"（syntagmatic relation）；四是"系统"（system），如"好"、"新"、"旧"这三个单位都可以跟"书"各自形成一个结构，这三个单位在一起就构成一个系统，Halliday 的"系统"大致相当于索绪尔的"聚合关系"（paradigmatic relation）。

跟四个语法范畴相连的是三个"阶"：一是"级阶"（rank），如句子高于分句，分句高于词组，词组高于词，即句子＞分句＞词组＞词；二是精密度阶（delicacy），如"书"精密度低，"好书"精密度较高，"一本好书"精密度更高，即书＜好书＜一本好书；三是"说明阶"（exponence）[2]，也就是将抽象度最高的理论范畴跟材料联系起来的

〔1〕中译文载于《语言学译丛》，第二辑，第 118~176 页。

〔2〕Exponence 有不同的译法，叶蜚声先生译作"幂"，《中国大百科全书·语言文字》译作"标示"。

阶，如"书"是名词的说明，"好书"是名词性词组的说明。

2. 系统语法（systemic grammar）

在"阶与范畴语法"阶段，"系统"只是作为一个范畴，地位并不特别重要。1966年，韩礼德在 Journal of Linguistics（No.2）发表 Some Notes on "Deep" Grammar（"深层"语法札记），这篇论文表明"系统语法"的诞生。从此，"系统"被提到中心地位。"系统语法"的"系统"有其特殊含义。按照韩礼德的看法，整个语言体系是由许多"小系统"组成的"大系统"，其基本特点是选择。一个"系统"有许多可供选择的项目，这些项目构成子系统，做了选择之后，人们才可以说出话来。举例说，"人称系统"之下包括"言语角色"系统和"数"系统，"言语角色"子系统之下又包括"第一人称"、"第二人称"、"第三人称"，"第一、二人称"之下又有"一般"与"谦称/尊称"之分，"第三人称"之下又有性别之分，"数"之下有"单/复数"的分别。所有这些构成一个"系统网络"（systemic network），说话人在进行相关言语表达时就在整个系统网络进行选择。图示如下（胡壮麟等，1997）：

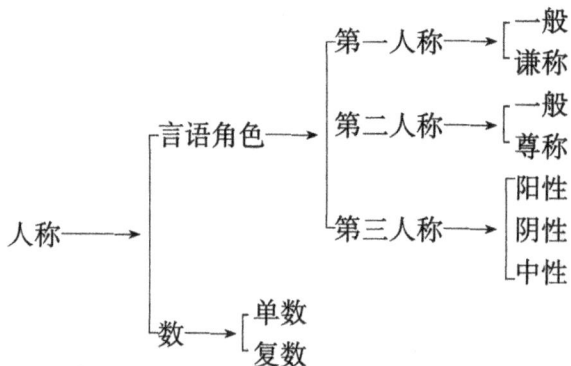

3. 功能语法（functional grammar）

20世纪60年代末到70年代初，韩礼德开始"功能语法"的研究。起初，Halliday提出系统语法中有四大功能：经验功能（experiential function）、逻辑功能（logic function）、话语功能、人际功能（interpersonal function）。后来，将经验功能与逻辑功能合并，称为概念功能（ideational function），将话语功能改称语篇功能（textual function），加上原来的人际功能，被称为功能语法的三大"元功能"或"纯理功能"（metafunction）。1985年，韩礼德出版 An Introduction to Functional Grammar 一书，标志着功能语法进入成熟阶段。该书对三大"元功能"

进行了全面论述，简单地讲，概念功能主要包括"及物性"（transitivity）、"语态"（voice）、"极性"（polarity）、"作格性"（ergativity）；人际功能主要包括言语"角色"（role）、"语气"（mood）、"情态"（modality）、"语调"（key）等；语篇功能主要包括主位结构（thematic structure）、信息结构（information structure）、衔接（cohesion）等。有关功能语法的详细介绍，可阅读韩礼德（1985/1994）和胡壮麟等有关专著（1989/1997）。

7.2　模糊语言学

7.2.1　综述

　　模糊性是自然语言的一种本质属性。早在古代希腊哲学中，模糊现象就引起了人们的注意。对于"什么是模糊性"，不同语言学家有不同的理解，具有代表性的是扎德的模糊理论，他的定义是："模糊集合是其成员隶属度构成一个连续集的所有成员组成的一个类。"

　　模糊语言学是模糊集合论与现代语言学相结合形成的一门新学科，它运用模糊集合论与现代语言的基本原理来分析语言的模糊性。人类语言在其诸层次及诸方面上都存在一些与模糊性相关的问题，这就要求我们用模糊集合论去对之进行比较科学和充分的解释，人类语言的语音、语义、词汇、句法、语用以及与之紧密联系的一些方面都成为模糊语言学的研究内容。

　　模糊语言学的研究始于三十多年前，迄今为止已取得颇为可观的成果，它的研究方法主要受美国扎德的模糊集论（Fuzzy Set Theory，1965）的影响。模糊集论的主要思想是集合的界限具有伸缩性，元素对集合的归属性并非一刀切。换言之，元素对集合的隶属度除了用传统方法中的 0，1 两个真值来表示以外，还可以取两值之间的任意实数来表示。

　　在我国，北京师范大学文学院的伍铁平先生是最早引进并研究模糊语言理论的学者。

7.2.2　语言的模糊性

　　如前所述，语言是由语音、语义、词汇、语法四大因素组成的系统，每一个因素各有自己的小系统。每一个小系统都具有自己的模糊性。下面即从语音、语义、词汇、语法这四个方面探讨语言的模糊性。

1．语音的模糊性

所谓语音的模糊性就是指绝对正确语音标准附近的语音系统及其变化规律。对语言中模糊语音的论述我们将分两个部分进行。首先是关于元音和辅音系统，其次则是关于音位的系统。在论述中，除了对一般的模糊性进行论述外，我们还将用模糊隶属度进行模糊分析。

从生理学角度，音素可分为元音音素和辅音音素两大类。其实，元音和辅音并不是两个普通的集合，而是两个模糊的集合。若用模糊集合的观点来处理元音和辅音，将会非常自然。如果我们把最小的语音单位音素作为元素，把人类所能发出的全部音素看作全域 Q，那么"元音"和"辅音"就是定义在 Q 上的两个模糊子集，现记为 Y 和 F。接着根据发音器官气流产生阻碍的状况，可以用实验语音学的方法，给 Q 中的每个元素 q 确定一个对于 Y 的隶属程度 u。例如，[a]、[A] 等的 u=1；[i]、[u] 等的 u=0.6；[j]、[w] 等的 u=0.5；[z]、[v] 等浊擦音的 u=0.2；塞音的 u=0（以上只是用模糊集合论的思想和方法处理元音和辅音，隶属程度的取值可进一步研究）。而各音素对集合 F 的隶属程度，因为 F 和 Y 互为补集，所以 u（辅）＝1－u（元）。所以对于集合 F 下的隶属程度，[a]、[A] 等的是 0；[i]、[u] 等的是 0.4；[j]、[w] 等的是 0.5；[z]、[v] 等浊擦音是 0.8；而塞音的则为 1。现在，我们定一个置信水平 a，就可把"元音"和"辅音"变成两个普通集合。例如：设 a=0.7，则 [A]、[a] 等归入元音，[j]、[w] 等归入辅音。如设 a=0.4，则 [j]、[w] 也归入元音了。（以上隶属程度取值见参考 21）

下面我们再看看音位。模糊集合的理论可以很合理地解释音位的概念。若将所有音素看为一个无限元素集 Q，那么根据确定某种语言的音位的标准（如区别意义、互补原则、相似原则等），音位就是定义在该无限元素集 Q 上的有限个模糊子集。典型的音位，隶属程度为 1；其余的各变体视具体情况分别有不同的隶属程度，不属于某音位的音素，隶属程度为 0。某种语言，音位的划分与归并，比起上面元音和辅音的划分要复杂得多。我们可以采用模糊隶属度这一工具，任意给定一个音素，它应当归入哪一个音位，可以根据该音素对于哪一个音位的隶属程度较大来确定。以汉语的北京语音系统为例，[A]、[ɔ] 是两个音位，元音音素 [a]、[ɔ]，前者对于 [A] 的隶属度最大，后者对于 [o] 的隶属程度最大，所以前者应归入［A］音位，后者则应归入［o］音位。

2. 语义的模糊性

模糊语义是指语言单位的意义所指对象的范围不易确定，对其所指对象的关照上有朦胧不清的地方。模糊语义是主客观共同的产物，是主观见之于客观的现象。

语言的模糊语义最重要的是模糊词义，因此下面主要谈谈语义系统中词义的模糊性。所谓模糊词义就是指有些词的意义所概括的范围没有明确的界限。例如，"高"所概括的范围没有明确的界限。

（1）模糊词义的类型。

从意义角度，模糊词可分为名词性模糊词、形容词性模糊词、副词性模糊词等。名词性模糊词，如英文的"morning"是表示时间的名词，它和名词"night"之间在边缘地带词义上没有一个严格的界限。又如：颜色词"red"、方位词"北方"、"亚热带"等，它们在边缘地带的具体界限都是不存在的。

形容词性模糊词，例如"长"和"短"，"深"和"浅"，"高尚"和"卑鄙"等，它们的精确程度都很难确定。

副词性模糊词，例如"很"、"最"、"非常"、"稍微"等，它们的确切的界线无法确定。"正在"、"目前"、"现在"、"过去"，它们的确切时间界限也不能确定。

代词性模糊，例如"那里"和"这里"二词，它们分别在什么样的确切距离下采用，我们无法确定。

（2）模糊词的结构分类。

模糊词的外延分为上、下两限，据此我们可把模糊词分为三类：第一，外延的下限无明确界标，上界则有一定限度的模糊词。例如，"高个子"的上限可以是世界上最高的成年人，而其下限则不能确定，这是因为它的下限处于与"中等个"相交的"模糊区间"之中。第二，外延的上限无明确界标，下限却有一定限度的模糊词。例如"冷水"的外延下限可以定为最低的水温，而其上限处于与"温水"外延相交的"模糊区间"。第三，外延的上限和下限均无明确界标的模糊词。例如，"中年"一词，因为它的上下限都处于"模糊区间"内，所以都没有明确的界限。

3. 词汇的模糊性

对语言中的模糊词汇，我们主要谈谈词和"非词"之间界线的模糊性问题。

其实"词"和"非词"（即语素和词组）是两个模糊集合，它们之间确切的界线是不存在的。如果把某种语言（比如现代汉语）里的每个语素看作元素，全部语素看作全域 U，那么"词"（能独立使用的语素）就是定义在 U 上的一个模糊子集。对于这个模糊子集来说，每个语素，根据一定的语法关系及其他条件，都有一个隶属程度 u。以名词性的语素为例，名词性的语素可以根据〈1〉能否放进"数—量—名"结构；〈2〉能否单独做主语；〈3〉能否单独回答问题这三种语法关系和其他特殊条件，逐个确定名词性的语素对于"独立语素"（即词）这一模糊集合的隶属程度。比如：

"人"、"笔"这类语素完全符合上述三个条件，其隶属程度定为 1；

"夏"、"氧"这类语素在书面语里（"氧"在科技文章里）可以单独做主语，不符合条件〈1〉〈3〉，其隶属程度应低于 1，可定为 0.8；

"民"、"言"这类语素也不符合上述三个条件，而只能在某些固定词组（成语、谚语）中相对独立使用，如"劳民伤财"、"三言两语"等，与上面的词比较，范围更窄、限制更严了，故其隶属程度可定为 0.5；

"劳模"的"模"，"公厕"的"厕"，这类语素只能在简称、略语中相对独立使用，其隶属程度更小，可定为 0.2；

"蝴蝶"的"蝴"，"骆驼"的"骆"可以看作是没有独立性的例子，隶属程度定为 0。

从以上的讨论我们可以清楚地看到，"词"与"非词"之间并不存在一条"一刀切"的明确界线，而是处于渐变的状态，换句话也可以说："词"与"非词"的界限是模糊的。

4．语法的模糊性

语法的模糊现象其实并不罕见，关于模糊语法的讨论开始于 20 世纪 70 年代。运用模糊理论可以解释语法中的模糊现象。例如，康姆里（B. Comrie）讨论了主语、名词和形容词范畴的模糊性。而迈耶（C. Meyer）指出同位式的范畴也是模糊的，因为同位式、补足式以及并列式之间的界限是模糊的。罗斯（J. R. Ross）对模糊语法研究的贡献很突出，他认为名词性词组的界限是模糊的。此外，拉波夫对模糊语法的研究也有一定的代表性，他把模糊集理论应用于语法范畴界限的研究。

以上是对模糊语法的简单综述，下面我们将从词法、句法等层面进行具体论述。

（1）词法中的模糊现象。

词法的主要研究对象是词的语法范畴和语法形式，形态问题是其中心问题。下面我们将主要就词类的模糊性展开论述。长期以来，词类的划分一直是语法研究的中心问题，争论很多，其中的原因之一就是各词类之间存在模糊现象。下面以名词动词间的模糊为例加以论述。

请看下面的例句：

① We found some paintings.（我们发现了一些画。）

② Brown's deft painting of his daughter is a delight to watch.（当布朗以娴熟的技巧画他女儿时，在旁观看是一件乐事。）

③ Brown's deftly painting his daughter is a delight to watch.〔同②〕

④ Painting his daughter, Brown noticed that his hand was shaking.（当他作画时，他注意到他的手在抖。）

⑤ Brown is painting his daughter.（布朗正在画他的女儿。）

显然，①句中的 painting 可以用"pictures"或者"photos"来代替，因此它是十分典型的具体的可数名词，它们与动词"paint"的关系只是构词上的关系。

在②中的 painting，还是名词，因为它不仅有所属格，还有形容词 deft，但是它不能用"picture"或者"photo"代替，只能用抽象不可数名词来代替。因此该句中的 painting 是抽象不可数名词，它们是这样形成的：在名词短语前在动词后加－ing，插入 of，该名词短语可以被看作是逻辑主语或逻辑宾语。

因此，该 painting 可以称为动词性名词。

在③句中，使用了所属格 Brown's。但是没有使用③中形容词 deft，使用的是副词 deftly，从而增加了 painting 的动词色彩，用名词短语 his daughter 取代了 of 短语，显然是做 painting 的逻辑宾语，但由于仍有所属格 Brown's，painting 仍具有名词的特性，因此该句中的 painting 是动词和名词特性的混合物，我们可称之为动名词。在④句中，painting 已经完全是现在分词了，动名词的痕迹不见了，但 painting 并没有用作主要动词。而⑤中的 painting 已变成主要动词，与 is 一起构成句子的谓语。

总的看来，从①至⑤，painting 的名词性由强变弱，动词性由弱变强，中间逐渐过渡，意义比较模糊，其模糊程度取决于 painting 对名词或动词的隶属程度。

以上以 painting 为例说明了英语中名词和动词之间存在模糊区域，其实在汉语中这类现象也很多，例如"建设"一词，即可以做名词，也可以做动词。

（2）句法的模糊性。

①宾语和状语之间的模糊性。

在句子：They walked fifty miles that day. The box weighs eighty pounds. The book only cost me thirty cents. 中，一般认为谓语后面的名词是状语而不是宾语，原因有两个：〈1〉这些程度和量度名词短语出现在量度动词后面，所以都不能用于被动句中；〈2〉对这两种短语都能用 how far 或 how much 提问。但实际上，这些表示程度的短语有时也可以在类属句中做被动句的主语，例如：A mile can't be run in two minutes. 而且对量度短语也可以用 what 来提问，如：What does it cost? 可见它们既不单纯是状语，也不是单纯的宾语，而是处于状语和宾语这两种语法范畴之间的过渡，可见状语和宾语之间界限不是清晰的。

②主句与状语分句间的区别也不是一刀切的。

我们认为主句与状语分句间的区别是模糊的，如转述分句，由于它们可以用 what 提问、并引出直接引语作为其回答、如无直接引语作宾语、句子结构就不完整等原因可被分析为主句；但同时，转述分句也可被分析为状语分句，这是因为像大多数状语一样，转述分句可放在各种位置上。可见，转述分句既有主句特点又有状语分句特点，而这一现象证明了：与状语分句之间存在亦此亦彼的现象，即模糊现象。

在此，我们主要以英语为例讨论了语法的模糊现象，由于能力及篇幅有限只能略举几个例子，但这并不意味所得结论不具有普遍意义。比如，汉语语法也同样存有模糊性，例如：汉语中的实词与虚词以及名与动、名与形、形与动等各词类之间的分类大都是模糊的。另外，词素与词、词与词组、词组与句子之间等，也都存在模糊现象。

7.2.3　言语的模糊性

以上讨论了语言范畴中的模糊现象，以下我们将具体分析存在于言语范畴中的模糊现象。

1. 言语的模糊语音

言语的交际过程实际就是发音器官播出信息和听觉器官接收信息的

过程。一般来说，这个过程是通过语音完成的。但是在实际交际过程中，完成播出信息任务的发音器官有时很难甚至不可能将信息准确无误地传递给接收信息的听觉器官，同样，听觉器官也很难甚至不可能完完全全地接收播出的信息，因此，便有了言语中的模糊语音。如：汉语中的"埋"、"麻"、"忙"这三个字，用国际音标来记写它们的舌面元音，其音素是不同的："埋（mai）"中是前元音，记写为［a］；"麻（ma）"中是中元音，用［A］来记写；而"忙（mang）"中则是后元音，应用［ɑ］来描写。可是在实际的交际过程中，发音器官和听觉器官很难甚至不能完全将它们分辨出来，可见在交际过程中的语音常常是模糊的，但是必须指出的是，这种模糊并没有妨碍信息的正常传递，更没有影响我们日常的交际。

前面我们已谈过元音音素和辅音音素具有各自不同的共性，但在实际发音中，元音与辅音的区分界限不是清楚的。从生理上看，它们的区别主要是看有无阻碍，而有无阻碍在发音时是很难掌握的，半元音正是既有元音的特点又有辅音的特点；从物理上看，区别主要为有无噪音，而噪音和乐音的界限也不是绝对的。此外，在元音中，我们不难看出，一个元音的音质是由舌面或舌尖的高—低、前—后、圆唇—不圆唇决定的，但我们在言语的具体发音时很难做到精确。例如：高到什么程度算高、低到什么程度算低、前到什么程度算前、后到什么程度算后、圆到什么程度算圆都不是非常清楚的，因为它们本身就是模糊的。同样，在发辅音时决定因素是发音部位和发音方法。发音部位中，形成阻碍的所谓舌面前、中、后，舌尖前、中、后，发音方法的清与浊、塞与塞擦、送气与不送气之间等都很难划出一条绝对的界线。我们在发各种音素时，都不能做到绝对精确。即使发同一个音素，两次发音都只是相似，而不能绝对。布拉格学派把音素归入言语，这并非没有道理。音素是无穷的，每次发音都是一个音素。当然我们用来标记音素的有限的国际音标符号可以认为是属于语言的，这些符号只是一些模式，代表一个范围的音素。这些范围之间大都很难划出清晰的界线。因此，在记录具体发音时，我们常常添加一些严式符号来增加清晰度、减少模糊度。

言语的模糊语音在语流音变上也有明显的表现。如前所述，所谓语流音变，就是语言单位的读音进入言语之后，其中一个音由于受到前后音或者各种因素的影响而在发音上产生某种变化。常见的语流音变现象有：同化、异化、弱化、脱落、增音等。由于语流音变而产生的语音模糊现象是常见的，例如：英语的"I have been"，在交际中，常常说成"I've been"，显然它的音素有了变化。语流中的音变现象免不了会产生模糊现象，但是由于这种音变处在连续的语流中，因此它也就被前后语境制约着，所以它本身有确切的含义，不会影响交际。

还有一点要指出的是：在说话时，发音的标准和不标准之间也没有绝对的界线，比如在普通话测试中，即使根据"三级六等"的标准，有时不同的老师对同一个学生也会给出不同的评定（当然，"三级六等"本身的界线也不是很清楚的）；又如，生活中有些人的发音说合乎规范吧，与标准音不同，说它错误吧，又能为听话人理解。总而言之，言语中模糊语音现象很普遍。

2. 言语的模糊语义

在这部分中，我们将从言语的模糊句义和言语的模糊词义这两个方面展开描述。

首先，我们要谈的是言语的模糊句义。

含模糊词句子的句义常常是模糊的，例如："他是一个高个子"，因为"高个子"一词词义具有模糊性，从而使整个句义也带有了模糊性，也就是说句子并未能说清他到底有多高。上文已详细讨论了模糊词，这里不再重复。

其次，我们来看言语的模糊词义。

这里所说的言语的模糊词义是与语言的模糊词义对应存在的。前面就概念义讨论了语言的模糊词义。以下，主要将结合感情义、风格义、搭配义具体阐述言语的模糊词义。

所谓感情义是附着于理性意义之上的人们对客观事物的主观评价和态度，主要包括喜爱、憎恶等。每种语言都有褒义词和贬义词，比如汉语中的"雄心"和"野心"，它们的理性意义基本相同，只是前者是褒义的，内含说话者的喜爱、赞许，而后者则是贬义的，反映了说话人的厌恶与不屑。但是同时，感情义也是不确定的，即褒与贬之间不能一刀切。再以上面的两个词为例，它们在英文中都用 ambition 表示，ambition 是褒是贬，要看它所描述的人。但是由于主观认识和评价的不定性，在很多场合中这个词并不明显地带有褒或贬的感情色彩。换句话说，在贬与褒之间，这个词有一个模糊的变化区域。如褒义词 generous可以表示不同程度的慷慨大方，它与不慷慨的界限不能确定，其决定因素常常是说话人的主观评价或判断。比如有这样一种情况：一个吝啬鬼因为偶尔施舍一个乞丐几次而被这个乞丐认为是 generous。可见，generous 与 stingy 的感情义是模糊的。

所谓风格义就是词的风格色彩或语体色彩，根据交际环境的不同，我们可将语言分为正式、非正式、亲昵等。以英语的"horse"和"steed"为例，它们都表示"马"，不过前者是一般用语，而后者主要用于诗歌文体。它们的区别只在于它们的风格意义。可是这种区别也不是可以一刀切的。语言中的大多数词既可以出现在正式文体中，也可以出现在非正式文体中。在正式和非正式之间存在着一个渐进的、模糊的中间阶段，因而，许多词的文体意义是模糊的。之所以如此的原因在于这些词没有可以明确确定的文体意义。

搭配义是指，在语言单位的使用中，由固定的组合关系而产生的意义，如"姿势"和"姿态"，理性意义大致相同，但搭配意义不同，前者强调的是静态，后者强调的是动态。

但是，在许多情况下搭配义的区别不是绝对的，而是模糊的。例如，都可以表示"漂亮"的 pretty 和 handsome，它们搭配义的区别是：pretty 经常与 girl, woman , flower 等连用，而"handsome"则常与 boy，man，car 等连用，但二者之间区别不是绝对的，例如我们可以称"仪态端正的女人"为"a handsome woman"。

最后，我们再看看语义演变中的模糊现象。

语义的演变就是指语义在不同历史时期所发生的变化，在语义演变中，由于各种原因，如社会原因、历史原因等，有可能使精确词变为模糊词，使模糊性较少的术语变为模糊性较多的术语。由此可见，在语义演变中，模糊现象并不少见。比如汉语中的"叔叔"一词，原本指有血缘关系、与父亲同辈但年纪较轻的男子。可是看看现在的"叔叔"一词，例如"张叔叔"、"王叔叔"、"解放军叔叔"等，显然已经失去了血缘关系和年龄的限制，含义已十分模糊了，也正是因此，所以在日常交际中，我们很难决定对某人是应该称叔叔，还是称呼哥哥。

3. 言语中语法的模糊性

如前所述，许多语法范畴的含义有模糊性。其实在言语交际中，语法同样存在模糊现象。这是因为语法范畴的存在必然要求我们在交际中遣词造句要合乎语法。可是，合乎语法与不合乎语法之间并无截然分明的界线。例如"专家所到之处，受到群众欢迎"一句，说它的句法规范吧，与标准句法并不相同；说它错误吧，它又能传递信息，为别人所理解，这说明它在句法上并不是完全错误的。此外，复句、句组、句段、篇章这些言语语法的范畴之间的界线也是很不清楚的。以篇章为例，一般来说比句子大的结构只要具有粘连性、连贯性都被看成是篇章，但是它与句组之间的界限不能一刀切，何况粘连与不粘连、连贯与不连贯之间也很难划出一条精确的界线。

4. 言语交际中，模糊语言的运用

以上我们谈的是言语范畴中存在模糊现象，以下我们看看，在言语交际中，人们对模糊语言的运用。

当然在言语交际中，语言的精确性是必不可少的，但是有些情况下，也需要模糊。例如：请别人帮忙找一个他不认识的人时，如果你准确地说出被找的人的身高 1.70 米，腰围 90 厘米，鼻高 3 厘米……那么这个人恐怕不能找到要找的人，相反如果你使用"高个儿、胖子、高鼻子、大耳朵"等模糊词，结果可能就不同了。

其实，在言语表达中模糊语言有精确词语难以企及的魅力。

利用模糊语言的例子在文学作品中其实不胜枚举，而且有时运用模糊语言的效果要比用精确词语好得多。譬如，脍炙人口的美丽诗句："从别后，忆相逢，几回魂梦与君同。"如果改用精确词语："从别后，忆相逢，十一回魂梦与君同。"这不就有点杀风景了吗？又如苏轼的名句："我欲乘风归去，又恐琼楼玉宇，高处不胜寒"一句，也是运用了模糊词语，如果改用精确词："我欲乘风归去，又恐琼楼玉宇，十楼不胜寒"不就味同嚼蜡了吗！

7.2.4 结语

恩格斯说过："一切对立都经过中间环节而互相过渡"，[1]列宁也说过："一切都是经过中介连成一体"，[2]这些马列主义经典作家都告诉我们：既要承认非此即彼、也要承认亦此亦彼，应该在对立中注意模糊的中介。事实也证明，事物在发展过程中，存在大量的中间状态，从而形成了模糊地带，我们既要重视处于对立两端的事物，更要重视由一方向

---

〔1〕恩格斯：《自然辩证法》，190 页，人民出版社，1991 年。

〔2〕列宁：《哲学笔记》，103 页，人民出版社，1974 年。

另一方过渡时出现的中间状态。

扎德提出的模糊理论引起了人们思维上一次巨大的变革。我们在语言和言语中、语言系统的各个子系统中都看到了大量的模糊中介地带，本节主要从言语范畴（动态）和语言范畴（静态）两个角度，对语言学的模糊性进行了探讨，从而得出语言和言语具有模糊性特点、模糊理论在语言研究中具有普遍意义的结论。在讨论过程中，只是作了很粗浅的分析，很多内容限于篇幅没有展开详细的讨论。

但是毋庸讳言，模糊语言学这一课题的研究正方兴未艾，我们相信，模糊性无论对于语言还是言语都具有重大的价值，随着研究工作的深入，模糊语言学将取得更多的成果。

7.3 认知语言学

7.3.1 什么是认知语言学

认知语言学（Cognitive Linguistics）是现代认知科学与语言学研究相结合发展而成的一个新的语言学分支，也是从认知的角度来研究语言现象的一种研究方法（approach），它既可以运用认知科学的理论来解释语言现象，又可以通过研究语言现象发现语言中有关人类认知的规律性的东西，进一步揭示认知和语言之间的关系。

1987 年，兰埃克（R. W. Langacker）出版了《认知语法基础》（*Foundations of Cognitive Linguistics*）第一卷，雷考夫（G. Lackoff）出版了《女人，火，危险》（*Women，Fire，and Dangerous Things*：*What Categories Reveal About the Mind*）一书，约翰逊（M. Johnson）出版了《心中之身》（*The Body in the Mind*：*The Bodily Basis of Meaning，Imagination，and Reason*）一书，这三部书确立了认知语言学的学科地位。1989 年在德国杜伊斯堡举行的第一次国际认知语言学会议标志着认知语言学的初步成熟。1990 年《认知语言学》杂志创刊，国际认知语言学学会（International Cognitive Linguistics Association）成立，认知语言学渐成规模。

7.3.2 认知语言学的理论基础

1. 认知是解释语言现象的基础

新世纪高等学校教材

有人把现代语言学研究分为两类：一类是描写性的（descriptive）；一类是解释性的（interpretive）。其中解释性的语言学研究又大致分成两条路子：以生成语法为代表的形式主义学派强调语言是一个自足的系统，试图从语言结构内部寻找解释；而功能主义学派着眼于语言的功能，试图从语言结构的外部去寻找解释。形式主义学派认为，语言结构受一定的规则控制，这些规则是人类语言能力的体现；而人类的语言能力是天赋的，独立于人类的其他认知能力。功能主义学派认为，语言的功能主要是交流信息，语言的结构是语言为了达到信息交流的目的而自我调适的结果，因此语言本身不是一个封闭的、自足的系统，语言结构要受到信息交流过程中语义、语用、认知等方面的影响。认知语言学就是要从人类认知的角度对语言现象进行解释。

认知是指人们认识客观事物、获得知识的过程，本是心理学研究的重要领域之一。现代认知心理学的研究表明，人的一切行为都受到人的认知过程的制约，我们可以通过研究认知活动的过程和结构来揭示人们的认知与其他行为之间的联系。随着语言学和认知心理学研究的深入发展，人们逐渐认识到语言和认知之间的复杂关系：语言不仅是人们认知的工具，而且语言本身也是人们认知的成果，是认知的重要组成部分；人的语言能力并不是独立的，而是与人类的一般认知能力紧密相连的；在语言和客观世界之间存在一个中间层次——认知，认知在语言和客观世界之间不是客观被动的角色，而是对语言和人类所认识的客观世界有积极的能动的影响，语言本身的结构和特点深深受到人们认知的影响。基于上述认识，认知语言学认为，认知是解释语言现象的基础和关键。例如，当描述一个女子漂亮时我们常说"她有一张漂亮的脸蛋"，一般不会说"她有一对漂亮的胳膊"或"她有一个漂亮的后背"。这是因为我们要认识一个人的长相总是先观察他的脸（脸在人体的最高部位的前面，居凸显位置）而不是其他部位。可见"她有一张漂亮的脸蛋"这样的说法不只是修辞现象，而是跟人的一般认知方式密切相关。语言结构与人对客观世界的认识之间也有很大的关系，语法结构在很大程度上是人的经验结构（人认识客观世界而在头脑中形成的概念结构）的模型。例如，语言类型学的研究发现，在 S（主语）、V（动词）、O（宾语）的 6 种相对可能语序中，以 SVO、SOV 和 VSO 三种最占优势，我们如何解释这个现象呢？这应该与人类认知客观世界的模式和人们对语言中 S、V 和 O 的认知定位有关。从此我们可以看出，从认知方面可以对语言现象作出最基本的解释，认知是解释语言现象的基础。

2．经验主义（Experimentalism）认知观

认知语言学是在反对以生成语法理论为代表的形式主义语言学派的基础上发展起来的，其基本的理论基础同生成语法理论的基本工作假设有很大的差异。一般认为，生成语法的哲学基础可以追溯到笛卡儿的唯理论。认知语言学是以身体经验为基础来研究人类的心智和认知，既具有经验主义的成分，又具有理性主义的成分。许多学者在论述认知语言学的哲学基础时，说法不一，有的强调其经验性，有的注重其理性因素。美国著名认知语言学家兰埃克自认为是经验主义者（empiricist），而雷考夫则认为认知语言学的哲学基础既非经验主义，亦非理性主义，而是一种全新的哲学理论——体验哲学（Embodied Philosophy）（王寅，2002）。无论经验主义、经验现实主义，还是体验哲学，都只是术语和译名的不同，我们暂且称之为经验主义。总的来说，认知语言学的经验主义认知观主要体现在以下几个方面：

（1）思维是不能脱离形体的（embodied），即用来连接概念系统的结构来自于身体经验，并依据身体经验而有意义；

（2）思维是想象的（imaginative），因为那些不是直接来源于经验的概念是运用隐喻、转喻和心理意象的结果，这种想象力是不能脱离形体的，因为隐喻、转喻和意象都是以经验为基础的；

（3）思维具有完形特征（Gestalt properties），因此不是原子的。

在对语言的根本看法上，认知语言学持有与生成语法针锋相对的工作假设：

（1）语言能力是人的一般认知能力的一部分，因此语言不是一个自足的系统，其描写必须参照认知过程；

（2）语言结构与人类的概念知识、身体经验以及话语的功能有关，并以它们为理据；

（3）句法不是一个自足的组成部分，它与语义、词汇密不可分，即词汇、形态和句法形成一个符号单位的连续统，这个连续统只是任意地被分成了单独的成分；

（4）语义不只是客观的真值条件，还与人的主观认识以及无限的知识系统密切相关。

我们可以看出，认知语言学十分强调"经验"在人的认知和语言中的重要性。这种"经验"是指人类在认识自然界（包括自身）和人类社

新世纪高等学校教材

251

会过程中获得的一种普遍性的经验，它是以人类自身为基础逐渐向外扩展的，因为大脑的思维开始于大脑所存在的、与外部世界发生作用的自身。人类在其与自然界的经验中形成基本范畴和动觉图式，这些基本范畴和动觉图式又成为人类认知的最基本的要素，它们可以被直接认知，而其他一些概念和范畴则要通过隐喻、转喻等认知模式而被间接认知。因此，在概念形成和推理过程中，人的生理构造、身体经验以及人的心理意象、隐喻和转喻认知方式扮演了重要角色。可以这样认为，认知语言学最根本的宗旨，是以我们关于世界的经验以及我们感知世界并将它概念化的方式为基础来研究语言的。

3. 认知过程中的三个认知倾向

昂格雷尔（F. Ungerer）和施密特（H. J. Schmid）认为，当今的认知语言学认知观是以人们认知过程中的三个认知倾向为主要表征的：即经验观（experiential view）、凸显观（prominence view）和注意观（attentional view）。经验观认为，语言使用者对事物、情景或关系的描述不会局限于客观的描写，还会对它们提供更丰富、更自然的描写。例如，对一辆小汽车的描写，人们不但会说小汽车的形状像一个盒子，有车轮、车门、车窗、方向盘、加速器、座位等，还可能会提到小汽车坐起来舒服，跑得快，是社会地位的象征，有的人甚至还把小汽车与初恋、车祸等联系起来。后面的这些特征显然是个人所经历的部分，远远超出了客观描写。凸显观认为，语言结构中的信息的选择与安排是由信息的凸显度决定的。例如，要描写一辆车撞在一棵树上的情景，句子"The car crashed into the tree."就比"The tree was hit by the car."更自然，因为在整个情景中，运动着的汽车是最凸显的部分，因此我们倾向于把车放在句首。注意观认为，我们用语言所表达的实际上只反映了事件中引起我们注意的那些部分，而对事件过程中的一些其他细节在语言中却得不到体现。例如句子"The car crashed into the tree."只是描写了整个车祸中引起我们注意的一部分，而其他部分，如汽车或制动失灵或突然转向、冲出马路等却未表达出来，尽管这些部分发生在撞树之前。

由于认知表现出以上三个倾向，作为认知重要成果的语言会在不同层面上不同程度地反映出来，这也成为语言学的认知解释中的三个基础。

7.3.3 认知语言学研究的几个重要领域

1. 范畴化和典型理论（Categorization and Prototype Theory）

简单地说，范畴化（categorization）是指人们在认识世界过程中对事物进行分类的认知过程。我们知道，分类是人类认知活动中最基本、最重要的能力之一，如果没有这一能力，人类还将处于混沌状态之中。人类能将自身与其他动物区别开来，这本身便表明人类的分类能力高于其他动物。在语言研究中，范畴化直接与语义和概念的形成相连，概念的形成就是人们对世界万物范畴化的结果。范畴化理论之所以在认知语言学中占有重要地位，是因为认知语言学提出了与古典范畴理论完全不同的观点。

古典范畴理论认为：〈1〉范畴由各范畴成员的若干充分必要特征来界定；〈2〉不同范畴之间是离散的，存在明晰的界线，一个物体如果具备某范畴成员的充分必要特征，那么它就属于该范畴，否则就不属于该范畴；〈3〉同一范畴中的各成员之间的关系是平等的，不存在典型成员和非典型成员之间的差别；〈4〉范畴化是客观世界的差别在大脑中的机械反映，与进行范畴化的主体的认知无关。

随着人们对世界认识的深入，尤其是词义研究的发展，人们越来越发现古典范畴理论存在严重的缺陷。哲学家维特根斯坦（L. Wittgenstein）发现"游戏"范畴不符合传统的范畴模式。有的游戏只是为了娱乐，没有输赢（如跷跷板）；有的游戏需要运气（如掷骰子），有的需要技巧（如划船），而有的则两者都需要（如桥牌）。这样，游戏范畴成员之间没有什么充分必要的共同特征，而只有多种方式的相似性——家族相似性（family resemblance），即一个范畴的内部成员之间并没有什么共同特征，就好像同一家族的各成员之间没有共同特征而只有相似性。同时，他还发现范畴没有固定的明晰的界限，随着新事物的出现，范畴可以扩大，如20世纪70年代出现的"电子游戏"便是游戏范畴的新成员，游戏范畴的边界扩大了，而"电子游戏"与原来游戏成员之间只有部分共同的特征。而且，范畴成员也不像传统的理论认为的那样具有同等的地位，而是存在着中心成员与非中心成员的不同。在对古典范畴理论的深刻反思的基础上，认知语言学提出了自己的范畴化理论构想：〈1〉同一范畴中，各成员不存在所谓的充分必要特征，只有各种形式的家族相似性；〈2〉范畴的边界往往是很模糊的，相邻范畴有时无法严格区分，范畴的边缘成员很容易被归入其他范畴。拉波夫曾用实验证明英语中"cup"、"bowl"和"vase"之间的界限是很模糊的；〈3〉同一范畴的各成员的地位是不平等的，有些成员比某些成员更加属于某一范畴。如芹菜可能要比洋葱、土豆等更属于蔬菜的范畴，我们可以说芹菜是属于更典型的蔬菜；〈4〉范畴化并不是对客观世界的的机械反映，而是范畴化主体对事物进行能动处理的结果，范畴化与人的认知不可分离。

在人们认识世界的过程中，会形成各种各样的范畴，且各范畴并不是处于同一层次上的，例如在"马"、"牛"、"羊"等范畴之上会有"家畜"、"动物"、"生物"等更高层次的范畴，也有"蒙古马"、"普氏野马"、"牦牛"、"黄牛"、"绵羊"、"山羊"等低层次的范畴。所以，范畴的层次问题也是范畴化理论十分关注的内容。研究发现，人们的认知是建立在"基本层次范畴"（basic level category）之上的。

在范畴化理论的基础上，认知语言学又进一步提出了"典型理论"（Prototype Theory）。即在一个范畴中，有的成员是典型成员，而有的成员属于边缘成员；典型成员比边缘成员具有更多的范畴成员的家族相似性特征。

最初，范畴化和典型理论被用来研究词义，是认知语义学的重要内容。目前，该理论已成为认知语言学的一个重要支柱，被广泛应用于语音、语义、句法、语用、语言习得等诸多领域，取得了可喜的成就。

2. 隐喻和转喻（Metaphor and Metonymy）

传统上，隐喻和转喻被看做是修辞方式，研究它是文学家和修辞学家的事。但认知语言学却把隐喻和转喻看成是语言得以有效运转的机制，是人们对抽象概念认识和表达的强有力的认知工具。我们的日常语言中充满了隐喻和转喻；假如一种语言没有隐喻和转喻，那简直是不可想象的，要么这种语言只能表达直观、具体的概念和现象，要么该语言的词汇量大得惊人，人类将很难掌握。

按照认知语言学的解释，隐喻是从一个概念域向另一个概念域的结构映射，通常是从一个已知的、具体的概念向未知的、较抽象的概念的映射。例如，在"他是个诸葛亮"这一隐喻中，"诸葛亮"这一概念就是"机智、智谋深广"的代名词，我们可以通过"诸葛亮"在汉语中给人们的印象来了解"他"这个人的一些特征。隐喻的本质特征是基于两种事物之间的某种"相似性"。这种"相似性"不但是基于客观物理特征的相似，更重要的是两事物间某些特征能使人们在认知领域产生相似的联想，这种相似的联想不只是通过视觉，而是通过各种感官的共同作用而产生的一种效果。"建筑是凝固的音乐"，这一隐喻便是融合了听觉、视觉、触觉等感官的感受而在"音乐"和"建筑"之间产生出一种相似联想。

隐喻式的联想对词义的发展和变化产生了重要作用。如，"头"开始可能只是表示人的"脑袋"，通过隐喻，其他动物的"脑袋"也可以称作"头"，如"狗头"，甚至是非生命体也可以有"头"，如"山头"。随着隐喻的进一步作用，"狗头"和"山头"还可以继续引申，如"张三这狗头真可恶"，"他这一山头兵强马壮"。我们可以看出，通过隐喻词语的意义可以像水波纹似地向更深远处引申。如果某隐喻中两个概念不能使人们在心理上产生相似联想，那么这一隐喻是失败的。文学上提倡那种既新颖又能令人在心理上产生共鸣的隐喻，这也是文学所谓的一种"陌生化"。

美国认知语言学家雷考夫和约翰逊在《我们赖以生存的隐喻》一书中对隐喻作了深入系统的研究。他们把隐喻看做是人们思维、行为和表达思想的一种系统方式，即隐喻概念（metaphorical concept or conceptual metaphor）。人的思维过程是隐喻性的，其表现形式——语言中的隐喻来自人的概念体系中的隐喻。雷考夫在其著作中把隐喻分为三类：〈1〉结构隐喻（Structural Metaphor），结构隐喻的基础是两种概念或事件之间结构的相似性。例如，"诸葛亮舌战群儒"一句中，人们可以根据"战争"的结构特点（如，有敌对双方、有进攻、有防御反攻、有败退、有胜负等）来理解诸葛亮与东吴文臣之间的争论状态；〈2〉方位隐喻（Orientational Metaphor）方位隐喻是指建立在人们的空间方位概念基础上的隐喻概念。相对来说，空间概念是人类较早产生的比较直观的概念，因此在世界各语言中，空间方位概念被广泛应用于隐喻中，以帮助人们理解时间、数量、情绪、社会地位等比较抽象的概念。如"上星期五"，"五年后"；"今年旅游人数再高"，"收支持平"；"热情很高"，"情绪处于低谷"；"他正处于事业的巅峰状态"，"在官场上，爬得越高，跌得越重"；〈3〉实体隐喻（Ontological Metaphor），在这类隐喻中，大量抽象的、模糊的概念如思想、感情、心理活动、状态等被看做是具体的明晰的实体。如，"康德的哲学比较难啃"，"爱情就是一团火"，"他心里总有自己的小算盘"，"趟过男人河的女人"等。

转喻与隐喻既有区别又有联系。其区别在于，隐喻是不同认知域之间的映射，而转喻是在同一认知域中进行的映射，是以同一认知域中的一事物来替代另一关联事物的思维和认知方式。传统的观点认为，转喻是一种词语的借代关系，如用"华盛顿"代替"美国政府"，用"letter"代表"article"。但认知语言学认为，转喻同样是人们认识事物的一种重要认知方式。一件事物、一个事件、一个概念总会有很多特征，而众多特征中居于凸显位置的特征最容易留存在人的认知过程中，这种认知上的凸显观表现在语言上就是用事物的最凸显特征来转喻整个事物。这样我们就用"tongue"来表示"language"，用"念书"来表示"上学"。转喻与隐喻之间也是紧密联系着的，这在人的情感领域表现的尤为明显。如"青筋暴跳"一语中，转喻和隐喻是共同作用的。昂格雷尔和施密特（2001）认为，"愤怒"、"害怕"等情感范畴的许多方面都反映在隐喻和转喻中。在这些范畴中，隐喻和转喻相互作用，有时很难把隐喻和转喻区分开来。因此，有些著作也把转喻归属为广义的"隐喻"。

3. 相关理论（Relevance Theory）

1986 年，斯珀博（Dan Sperber）和威尔森（Deirdre Wilson）出版了《相关性：交际与认知》（*Relevance：Communication and Cognition*）一书，提出了语用学上的相关理论，他们试图将语用学的理论重点转移到认知的一般理论上来。从此以后，认知科学成为语用学研究的重点之一，相应的也出现了"认知语用学"的提法。

相关理论是语用学研究中出现的一个新理论，它不仅试图回答有关交际的哲学问题，而且还要对听话人理解过程的心理问题进行解释。相关理论认为，人类的认知活动有一个目标，即在认知过程中力图以最小的投入获得最大的认知效果。为了达到这个目标，人们必须把注意力集中于最为"相关"的信息。相关理论以两条原则为基础：认知原则——人类的认知倾向于同最大限度的相关性相吻合；交际原则——每一话语都应具备最佳的相关性。在交际过程中，处理某一输入内容所取得的认知效果越大，相关性就越大；加工处理输入内容时付出的努力越少，相关性就越强。例如，彼得早晨感觉不舒服，于是就去看医生。当医生对他做了检查后可能会说下列任何一句话：

（1）You are ill.（你病了。）

（2）You have flu.（你得了流感。）

（3）You have flu or 29 is the square root of 841.（你得了流感，29 是841 的平方根。）

以上三句话都可能与 Peter 有关。然而，（2）却比（1）更相关，因为它能产生较多的认知效果：Peter 可以根据（2）推导出（1）。而且（2）也比（3）更相关，因为（2）只需付出较少的努力。虽然（2）和（3）两者都可以推导出相同的结论，但从（2）比从（3）更容易推导出来，因为（理解）（3）要进行某些逻辑与数学的推理。可见，（2）是最具相关性的话语，因为它只需付出较少的努力就能获得最大的效果。

相关理论从语言哲学、认知心理学、交际学等多学科的角度对语言交际做出解释，它将认知与语用研究结合起来，将语用学的研究重点从话语的产生转移到话语的理解，指出语言交际是一个认知—推理的互明过程，对话语的理解就是一种认知活动。相关理论的最大贡献在于，它在对话语理解与人类认知的相关性进行认真研究的基础上，指出语言交际的实质在于推理思维。相关理论提出 15 年来，实践已经证明它具有强大的生命力。相关理论在语法、语篇、影视传媒、文学、翻译、幽默等方面的分析与理解中具有广泛的应用空间。

4. 拟象性（Iconicity）研究

在范畴化理论中，我们讲到"家族相似性"；在隐喻理论中，我们认为隐喻的认知基础是两个事物之间的"相似性"，这些都属于"拟象性"。在认知语言学中，拟象性包括的范围更广，是一种更抽象意义上的"相似"。例如，我们认为语言结构（特别是语法结构）跟人对客观世界的认识有着相当程度的对应，在语言形式和意义上总体对称，我们可以说语法结构和人的认知之间存在一定的拟象性。通常，语法上的"拟象性"包括两个方面：一是"成分拟象"，即语言结构的单位跟概念结构的单位一一对应；一是"关系拟象"，即语言结构单位之间的关系跟概念结构单位之间的关系一一对应。英语"book"和"books"，概念上数量的多少跟词语成素的多少相对应，这是成分数量的拟象；"在马背上跳"是先在马背上后跳，"跳在马背上"是先跳后在马背上，在人的认知过程中事件发生的先后顺序跟语序相对应，这是顺序关系上的拟象。

不同语言的语法拟象性的程度是有差异的。戴浩一发现汉语中一大批过去认为不相干的语序现象可以用一条时间顺序的拟象性原则来作出统一的解释，即语序的先后直接反映事件发生的先后，他拿汉语跟英语做比较：

他在马背上跳。He is jumping on a horse's back.

他跳在马背上。He jumped on a horse's back.

他坐公共汽车来这儿。He came here by bus.

他来这儿坐公共汽车。He came here to take a bus.

汉语的语序跟事件实际发生的顺序相一致，而英语则用同一种语序表达实际发生的两种不同的时间顺序。因此戴浩一认为汉语的语法拟象性程度要高于英语。但从成分拟象性来看，英语要比汉语更具拟象性。例如，汉语中作主语和作宾语的"他"用同一形式，而英语中却分别作"he"和"him"。

拟象性是语言的根本性质之一，是与任意性相为表里的。有些人用语言的拟象性来否定语言中的任意性，这是没有根据的。任意性是语言最原始的特征，有人称其为语言原生阶段的特征，而拟象性的应用要晚于任意性，是语言派生孳乳阶段的一个特征。从理论上说，最初的语言都应该是有理据的，但由于时间过于久远，一些最初的理据已经无可稽考，我们姑且认为是任意的，因为没有更合理的解释，这是一种无奈的选择。即使每一种最初的语言都能找到理据，但每一种语言可能都有其各自的理据，从普通语言学的角度来看，不同语言之间理据的差异也只能用任意性来解释，因此在证明语言一源论（若人类起于一源，则语言一源论也是有理由的。有人在寻找这方面的证据）之前，我们就没有理由废止语言的任意性。就目前的研究来看，拟象性可以解释部分语言现象，但并非对所有语言现象都有解释力，对拟象性无法解释的语言现象我们可以归之于任意性。

5. 语法化（Grammaticalization）研究

语法化通常是指语言中意义比较实在的词逐渐转化为意义虚灵的表示语法功能的语法成分的过程或现象。因为一般总是从实词向语法词变化，故名语法化。中国传统的语言学早就注意到语言中的这一现象，一般称为"实词虚化"。现在的语法化研究已经发展成为解释语言演变的一种学说，其范围不仅包括实词虚化研究，还包括语法结构和语法范畴的形成等的研究。

语法化理论认为，语法化主要是通过"重新分析"（reanalysis）和"类推"（analogy）来实现的。重新分析时，一个词语或一类词语表层结构没有明显的变化而内部结构关系却发生了变化。如英语［（back）of the barn］重新分析为［back of（the barn）］，前者是由中心名词 back 加从属名词 the barn 的结构，后者是复合介词 back of 加中心名词 the barn

结构。汉语中判断词"是"的形成也是重新分析的结果，是从复指代词重新分析为判断动词（如"臣闻七十里为政于天下者，汤是也"）。而类推改变的是表层形式，不造成规则的改变，只是同规则的扩散有关。英语中大多数动词的过去式和过去分词是"V-ed"形式，由于类推的作用，一些不规则变化的动词的过去式和过去分词也变成了"V-ed"形式，如"showed"现在逐渐成为动词"show"的过去分词的主要形式；在咿呀学语的孩子口中，我们能听到"goed"的表达法，是孩子们对"go"的过去式类推的结果。

语法化表现为重新分析和类推，而重新分析和类推的最根本动因与人的认知（语用推理）有关，这也是认知语言学与语法化相互联系的原因。

7.3.4 认知语言学的分支和路向

认知语言学是语言学和现代认知科学的交叉学科，有些人把它称为一个语言学流派，它更是一种研究方法。从认知的角度研究语法、语义和语用就形成了认知语法学、认知语义学和认知语用学，这是目前认知语言学的三个主要分支。认知语法学主要探讨语法规则背后的认知理据；认知语义学研究语义结构和语义变化的认知背景，其基本理论有范畴化理论和原型理论，一般认为认知语义学是认知语言学的核心；认知语用学主要有相关理论（Theory of Relevance）。另外，认知语言学中有关隐喻和拟象性的研究是关于语言基本运行机制的，在普通语言学上具有极其重要的意义。

认知语言学从认知的角度来解决语言问题，可以使我们认识到人的认知在语言形式形成过程中的重要作用，因此在解释上更符合人的心理直觉，更具说服力，但从认知方面所做的解释很难形式化、严密化，这需要认知语言学在以后的发展中不断完善。

7.4 语言类型学

语言类型学（linguistic typology），又称类型语言学（typological linguistics），其方法是通过跨语言比较（cross-linguistic comparison），找出所比较语言之间的共性和差异，在此基础上，研究各种语言的特征并进行分类。

7.4.1 语言的共性

尽管自然语言表面上复杂多样，但在这表面的差异下还有一些基本的一致性。不论是非洲的祖鲁语还是亚洲的印地语，它们都具有人类语言所共有的某些核心特征，这些特征通常称作语言共性（language universals）。例如，所有语言都有辅音和元音；所有语言都有词类的分别；如果一种语言的名词有性的范畴，就必有数的范畴。

1. 共性的研究方法

当今语言学的各种流派中，对语言共性的研究主要有两种方法：一种是以对某一语言的深入研究为基础，探索人类语言的深层结构；一种是以广泛的语言为研究对象，比较这些语言的表层结构。前者以乔姆斯基（Norm Chomsky）为代表，后者以格林伯格（Joseph H. Greenberg）为代表。

（1）抽象演绎的方法

乔姆斯基学派采用的是以演绎为主的方法，又可以叫做"深度研究法"（in-depth research）。这种方法至少可以分解为两个方面：第一方面可以称为"由点及面法"，即深入细致地研究个别语言，抽象出其中不需要学习即可掌握的规律作为普遍语法（universal grammar）的内容，然后把结论放在其他语言中进行验证，使之逐步覆盖所有的语言；第二方面可以叫做"比较兼顾法"，即把一种语言中不需学习即可掌握的规律与另一种语言中相同的同样不需学习即可以掌握的规律进行比较，从而得出普遍语法的表现形式，并使对一种语言的解释同时符合对其他语言的解释。

（2）归纳的方法

格林伯格学派的研究方法主要是归纳式的，又可以叫做"宽度研究法"（in-width research）。它的研究策略是选择几个分析项目，例如研究语言中的基本语序，然后对语言进行广泛选样调查，以找出普遍的特征。这是一项技术性很强的工作。因为对所有的语言进行调查既不现实，也不可能，所以如何确保选样的合理性就成了关键的一环。因此，为了获得一个大致符合世界语言实际情况的样本，现代类型学者必须使得研究对象中包括各种语系、地域和类型的语言。这项工作有一定的复杂性，因为符合这些条件的语言中有一些目前还没有得到很好的研究，有的甚至连书面语都没有。

2. 共性的分类

语言的共性根据其内容和表现形式，可以从不同的角度分类。一般而言，我们可以把共性分为如下三种：

（1）形式共性（formal universals）和实质共性（substantive universals）

⊙ 形式共性

形式共性指语言的表现形式及其规则方面的共性。

语音规则的形式共性可以归纳为如下几点：〈1〉任何语言都有一个独立的语音系统，系统内部有一定数量的元音和辅音；世界上没有只有元音而没有辅音的语言，也没有只有辅音而没有元音的语言。〈2〉语言的声音有别于动物的呼叫声，它是意义的载体，因此任何语言都是一个由有限的相互有区别的音位配列构成的、传递意义的信号系统。〈3〉一切按照时间顺序配列的语音，都可以分解成有声学特征的最小语音单位——音素；音素的声学特征是人类感知语言的主要依据，但是操不同语言的人对音素的感知能力是不同的，例如，一部分以英语为母语的人在学习汉语的时候，对汉语中的送气与不送气辅音的差别几乎感觉不出来，而以汉语为母语的人对英语中的清、浊音的分辨也很困难。

语法方面的形式共性指的是所有语言的语法都必须满足一些抽象的条件和要求。例如，在所有的语言中，句法操作都是以结构关系为基础的〔或者称作"结构依存的"（structure-dependent）〕，而不是以线性关系为基础的。因此没有哪种语言的疑问句倒装（inversion）规则可以陈述为"把句中的第二个（或第三个）词移至句首"。

⊙ 实质共性

实质共性是指语言作为物质形态存在的广义范畴，这些范畴是一切语言都必须有的。例如任何语言都有"词"，"词"可以归并出一定的"类"；任何语言都有独立运用的、表达完整意义的"句子"，"句子"有一定的语气，而且按一定的结构组织起来。

（2）蕴涵共性（implicational universals）和非蕴涵共性（non-implicational universals）。

⊙ 蕴涵共性

蕴涵共性指某一语言现象的存在蕴涵着另一种语言现象的存在。例如：在世界语言范围内，颜色词等级系列之间存在着一种蕴涵共性：所有的语言都有"黑"和"白"两个中心颜色；如果一种语言有三个基本颜色词，那么第三个中心色就是"红"；如果一种语言有四个或五个基本颜色词，那么增加的中心色可以是"绿"可以是"黄"，或者有"绿"也有"黄"；如果一种语言有六个基本颜色词，那么第六个中心色一定是"蓝"；如果一种语言有七个基本颜色词，则增加的一定是"褐"。用图表示为：

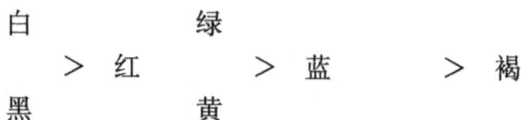

```
白              绿
    >  红          >  蓝       >  褐
黑              黄
```

由此得出一个蕴涵共性：如果一种语言中有一个中心色为 X 的基本颜色词，那么该语言必定有图表中 X 左侧各中心色的颜色词。

⊙ 非蕴涵共性

非蕴涵共性指某一语言共性独立存在，不是由蕴涵关系建立的，也就是说语言的某些特征并不需要参照该语言的其他任何特征，就可以判断该特征是否存在。例如，所有的语言都有口腔元音。

（3）绝对共性（absolute universals）和倾向性（tendency）

⊙ 绝对共性

绝对共性指所有语言共有的、没有例外的共性。例如在音位研究上，特鲁别茨科依认为世界上每一种语言里都有舌面音、齿音、唇音，没有齿音的语言是根本不存在的。

⊙ 倾向性

倾向性是指出现频率很高的、具有优势倾向的、仍有例外的语言现象。例如，同样是在语音研究上，特鲁别茨科依认为世界上的很多语言具有下列元音三角体系：

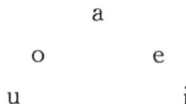

```
             a
         o       e
        u         i
```

3. 对共性的解释

虽然语言学家都承认语言间存在着共性，但是不同的语言学派对语言间共性的成因却有着不同的解释，这种分歧源于不同学派研究的哲学基础和研究方法上的差异。

（1）天赋说

乔姆斯基学派认为语言共性源自天赋，这主要是从儿童习得语言中得到的启示。儿童在现实生活中学习语言的时候，只获得周围成人使用的语言材料，儿童不可能从这些零星的语言材料中推导出那些抽象的语法规则。如果儿童在语言方面是一张白纸，没有任何内在的语言形式系统和分析语言数据的天资，儿童在如此短的时间内（2～5 岁）习得第一语言，是不可想象的。儿童之所以能不费力气地习得第一语言，是因为每个人的大脑里都存在着一个生成和过滤句子的装置，这个装置就是语法，它的核心部分是人类共有的，包含了所有人类语言共同的普遍特征，这个语法就是"普遍语法"，它是一个由某些抽象的规则和原则构成的有限系统。由于不同语言之间的有着众多显著的相似性，更由于任何一个智力正常的幼儿都能在有限的时间内，未经系统的学习而轻而易举地习得母语，因此头脑里的这部语法不可能是后天学来的，而是与生俱来的，正如人生来就有的走路能力是由生物遗传基因决定的一样。

乔姆斯基的语言共性是建立在对语言现象的抽象分析之上的，目前人们尚无法证明其真伪。由于对同样的语言现象不同的人经常做出不同的抽象分析，到底哪一种抽象分析符合心理事实，能够反映语言共性，目前尚无定论。

（2）功能说

同乔姆斯基等人相反，另一派的语言学家试图从语言如何使用的角度来解释语言的共性。确切地说，所有的人类语言都能用来执行下述功能：提问，责备别人，问候，做比较，陈述事实，编造谎言等等。因此，说/写话人必然要发展出能执行这些功能的最有效率的语法，因此，由于相同的交际任务的动因，自然在语言间表现出一些相似性。在这种语言功能说的视角下，语言共性来源于它们在使用方式上的一致性。与此紧密相关的观点是，人类共有的经验也是造成语言之间存在许多共性的重要原因。

这种对语言共性的解释主要是从语言的交际功能和人的认知能力两方面进行的。从功能上说，有些语言共性是为了便于语言信息的处理、增强语言的交际功能而产生的。从语用上来说，有些语言共性源于语言的运用，例如语言中的第一和第二人称是建立在面对面的交谈之上的。科姆里认为，在目前的条件下，有些共性还没有可以验证的解释，但是有一部分共性却可以从认知、功能和语用等方面来给予解释。

那么上述两种解释哪种是正确的？到目前为止，我们还不能给出一个明确的答案。语言之间的一致性或者是共性很可能有多方面的原因：有先天的因素，也有功能的动因，还有一些认知上的原因，还可能有一些社会或历史方面的原因。

7.4.2　语言类型

1. 语言类型同语言共性的关系

语言类型同语言共性研究的紧密关系可以很清楚地从语言类型与蕴涵共性之间的密切关系看出来。蕴涵共性是建立在语言类型上的，更具体地说，蕴涵共性是建立在逻辑上可能存在、但在实际上并不存在的类型，或是类型的分布极端不平衡上的。举例来说，"如果一种语言的名词位于指代词之前，那么名词也位于关系小句之前"：即"名词位于指代词之前蕴涵名词位于关系小句之前"。这个蕴涵式在四种逻辑上可能的顺序中肯定了三种，即〈1〉"名词—关系小句"且"名词—指示代词"，如桑海语（Songhai，西非的一种语言）；〈2〉"名词—关系小句"且"指示代词—名词"，如英语、芬兰语、印地语；〈3〉"关系小句—名词"且"指示代词—名词"，如汉语、日语；排除了第〈4〉种"关系小句—名词"且"名词—指示代词"。这就对可能有的语言类型做出了限制，这种限制就是一种语言共性。

共性指导语言的类型研究，类型研究导致语言共性的确立。当我们确认所有的语言都有元音这个共性时，我们就必然得出没有无元音的语言类型。

2. 语言类型参项

共性和类型并行不悖，还有另外一层意思。为了做语言类型研究，必须确定某些参项（parameter），根据这些参项给世界语言划分类型。任何一个参项的选择如果要适用于跨语言的类型比较，必须假定这个参项适合任何一种语言的分析。

语言类型的参项是多种多样的，人们无法事先知道哪些比较重要。比较重要的类型参项是在逻辑上彼此独立、但有对应关系并能揭示有关语言的结构和语言类型的那些参项。根据目前所看到的类型参项之间的关系，要建立类似生物分类的语言整体类型（holistic typology）是不现实的。

7.4.3　语言类型学的历史

在语言类型学研究方面有较大贡献的是德国的 W.von 洪堡特（1767—1835），美国的 E. 萨丕尔（1884—1939）、R. 雅柯布逊（俄裔）（1896—1982）和 J.H. 格林伯格（1915—2001），英国的 S. 乌尔曼（1914—1976）等。

1. 形态类型学

远在 19 世纪初期，德国语言学家 F.von 施列格尔（1772—1829）就把世界诸语言分为三大类型，即孤立语（isolating languages）、黏着语（agglutinating languages）和屈折语（inflectional languages）。后来洪堡特又增加了多式综合语（polysynthetic languages）。

孤立语包括汉语、越南语、萨摩语等等，其主要特征有两个：〈1〉实词通常不带语法标志，如汉语单词"信"不分单复数，可以指一封信也可以指几封信；〈2〉句法关系主要语序靠表明，如"我写信"不能改为"我信写"或"信写我"。黏着语包括蒙古语、日语、芬兰语、匈牙利语、土耳其语等等，其特征是一个词根（或词干）前面，尤其是后面有一串表示语法关系的词缀，每一个词缀只表示一种语法意义，每种语法意义也只用一个词缀表示，词缀同词缀之间在语音上界限分明，不融合在一起。如土耳其语 odalarimdan［从我的（一些）房间里］是一个词，其中词根 oda（房间）后面有后缀－lar（表示复数），－im（表示第一人称单数的领属关系，相当于汉语"我的"），－dan（表示离格）等。屈折语包括拉丁语、希腊语、俄语、阿拉伯语等等，其特征是用词形的变化（即屈折）表示语法关系，而且往往一个词尾表示几个语法意义，如拉丁语 am－o（我爱）中词尾－o 同时表示现在时、主动态、第一人称、单数、陈述语气等 5 种语法意义。多式综合语又称"编插语"，包括爱斯基摩语、莫霍克语（美洲的一种土著语言）、澳大利亚的一些土著语言等。其特点是词形长且复杂，多种形素结合在单一词形里，一个复杂形式的"词"相当于其他语言中的一个句子。比如澳大利亚一种土著语言 Tiwi 中，ngirruunthingapukani（我曾不停地吃），这个"词"可以分析为：

Ngi——rru——　　　unthing——　apu——kani

我——过去时标志—某段时间——吃——反复地

不过，有些语言学家认为这类语言是一种兼有黏着和屈折特征的语言，因而不列为一种独立的类型。

上述语言类型的三分或四分有一定的道理，因为它能指出语言的一些基本特征。但这只是大体的分类，并不是十分严密和准确的。没有任何一种语言完全属于上述三种或四种语言类型中的一种。例如英语从语言谱系分类的角度看是印欧语系日耳曼语族的一种语言，但是从形态类型的角度看，现代英语更像汉语，而不像与其有一定亲缘关系的拉丁语：英语只有很少的屈折词尾，语序对于确定语法关系有十分重要的作用。上面所谈到的三种类型特点，在英语种皆有体现：

孤立型：The boy will ask the girl.（那男孩将邀请那女孩。）The girl will ask the boy.（那女孩将邀请那男孩。）

屈折型：The biggest boys have been asking[1].（最大的男孩子们一直在询问。）

黏着型：anti-dis-establish-ment-arian-ism〔（一种）反对主张国家与教会分离的主张〕

反—分离—建立—名词后缀—形容词后缀—名词后缀

后来，萨丕尔通过对众多语言的仔细分析提出了一个变定性为定量、从单一参项到多重参项的分类方案。一种语言可以根据一种参项归入某种类型，根据另一参项归入另一种类型。许多语言都是多种类型属性的综合体，但各种属性的比重不同。（E.Sapir, 1921）虽然他的方案操作起来比较麻烦，但确实更加精致地反映了不同语言在形态方面的复杂表现，而其多参项的思路更是可以给后世的类型学发展提供很大的启发。

2. 关于语序和句法的类型学

格林伯格 1966 年发表的《某些主要跟有意义的成分的顺序有关的语法普遍现象》（Some universals of grammar with particular reference to the order of meaningful elements），开启了当代类型学研究的新篇章。同形态类型学相比，当代类型学有如下特征：

第一，有更加明确的研究目的：类型学不再满足于给人类的语言分类，其目标已提升为通过跨语言比较探求人类语言的共性。

第二，拓展了类型学的研究范围：虽然形态仍在关注范围之内，但研究的兴趣中心已经转移到句法，尤其关注语序。

---

〔1〕boy 后面的 s 表示一种语法意义（复数），这是黏着语的特征。（编者注）

第三，更加完善的研究规范和方法：格林伯格以抽样验证统计为方法，以蕴涵性命题、四分表为表述的做法，已经成为类型学的经典样板，而抽样、统计、推导、建立等级序列等具体方法还一直得到不断的改进和精密化，这些方法和技术使类型学根植于更坚实的经验基础和逻辑基础之上。

第四，从描写发展到解释：当代类型学家在建立共性和划分语言类型的基础上还不断寻求对共性的解释，并以自己特有的跨语言研究的材料和方法优势，审视形式语言学和功能语言学的理论成果，使类型学成为推动当代语言学发展的重要力量。

（1）格林伯格的语序类型研究

语言学家都知道，任何语言都有相对稳定的语序。某些语言倾向于把修饰成分或限定成分放在被修饰或被限定成分之前，把动词的宾语放在动词之前，还倾向于使用后置词，如阿尔泰语；而另外一些语言则相反，如傣语。大多数语言在这方面的特征不那么明显，例如汉语像傣语一样，使用前置词，没有特殊的语用意义时名词宾语在动词的后面；另一方面，汉语又像阿尔泰语，形容词在名词之前，而且宾语也可以在动词之前，并且一部分方位词具有类似于后置词的作用。

但是更仔细地观察，不难发现某些因素之间是密切联系的，而另外一些因素则相对独立。绝大多数语言有几种语序变体，但总有一种基本语序类型。格林伯格在考察了五大洲 30 种语言的语序后确定了四组参项：

A. 使用前置词还是使用后置词；

B. 陈述句中主语、动词、宾语（下文简作主、动、宾）的相对顺序；

C. 表示性质的形容词与名词的相对位置；

D. 所有格的位置；

陈述句中主、动、宾有六种可能出现的语序：〈1〉主＋宾＋动；〈2〉主＋动＋宾；〈3〉动＋主＋宾；〈4〉动＋宾＋主；〈5〉宾＋动＋主；〈6〉宾＋主＋动。然而这六种语序之中，通常只有前三种作为优势语序出现，另外三种"动＋宾＋主"／"宾＋主＋动"／"宾＋动＋主"则根本不出现或极少见。格林伯格分别以四组标准加以鉴别，得出了 45 条关于语言普遍规则的结论。这些结论反映的是语言的蕴涵共性，而不是绝对共性。

在45条结论中，关于语言基本语序的普遍规则有7条：

a. 带有名词性主宾的陈述句中，优势语序总是主语在宾语前。

b. 使用前置词的语言中，所有格几乎总是后置于中心名词，而使用后置词的语言中，所有格前置于中心词。

c. 优势语序为"动＋主＋宾"的语言总是使用前置词。

d. "主＋宾＋动"为基本语序的语言使用后置词的超过半数。

e. "主＋宾＋动"为基本语序的语言，如果所有格后置于名词，那么形容词也在名词后。

f. "动＋宾＋主"为基本语序的语言，都可以把"主＋动＋宾"作为可能的或唯一的替换性基本语序。

g. "主＋宾＋动"为基本语序的语言，若无或仅有"宾＋动＋主"为其替换语序，那么所有状语都在动词前。

（2）主语和话题的类型研究

李讷（Charles N. Li）和汤姆森（Sandra A. Thompson）在20世纪70年代提出一种新的语言类型学，即主语/话题类型学（subject-topic typology）。他们根据语言中主语与话题的凸显程度，把语言分成四种类型：

〈1〉主语突出型（subject-prominent）；〈2〉话题突出型（topic-prominent）；〈3〉主语—话题并重型（subject-prominent and topic-prominent）；〈4〉主语和话题都不突出型（neither subject-prominent nor topic-prominent）。其分布大致如下：

〈1〉主语突出型	〈2〉话题突出型语言
印欧语	汉语
尼日尔—刚果语	拉祜语
芬兰—乌戈尔语	傈僳语
闪米特语	
达依巴尔语（Dyirbal）（澳大利亚的一种语言）	
马达加斯加语	
〈3〉主语—话题并重型	〈4〉主语和话题都不注重型
日语	他加禄语
韩语	

主语/话题的特征是否明显以及如何表现这些特征是区分上述四种类型的关键：在〈1〉型语言的句子中，主语在语法关系中占有重要的

地位，而在〈2〉型语言中，话题占有更重要的地位。在〈3〉型语言中，主语和话题同等重要，并都有一定的外在标志，而在〈4〉型语言中，主语和话题融合在一起，主语实际上是语法了的话题。下面，我们简要介绍一下主语突出型语言和话题突出型语言的特征。

（1）主语突出型语言

主语和话题之间有一些区别，这主要表现在以下几个方面：〈1〉主语所指的事物不必是有定的，而话题所指必须是有定的；〈2〉主语总是同句中的某个谓语有选择关系，而话题同动词没有选择关系；〈3〉在功能上，主语总是动词在句法上必须带有的一个成分，而话题则是"注意的中心"，是预告话语的中心；〈4〉话题总是位于句首，而主语并不限定于句首位置。例如：

A. A couple of people have arrived.（几个人已经到了。）

B. As for education, John prefers Bertrand Russell's idea.（至于教育，约翰更喜欢罗素的观点。）

英语是典型的主语突出型语言。在上面两句话中，A 句中的"a couple of people（几个人）"是句子的主语，其所指是无定的，B 句中的 as for education（至于教育）是有标记的话题性成分，在实际的语境中，"education（教育）"一定是上文已经提到过的，因此是有定的，它的作用在于确定一个谈论的对象；A 句中的主语同谓语 have arrived（已经到达）有选择性关系，而 B 句中的话题则与谓语 prefers（更喜欢）没有选择关系；A 句中的主语是谓语动词必须带有的一个成分，而 B 句中的话题则是确定一个谈话的出发点，并不是谓语动词的必带成分；从位置上来看，主语由于跟谓语关系更密切，因此在位置上更靠近谓语，而话题性成分一般居于句首位置。

主语突出型语言必须有主语，不管它在语义上是否起作用。在主语突出型语言里，主语—谓语是基本的句式。

（2）话题突出型语言

话题突出型语言有如下特征：

A. 在话题突出型语言中，话题有形式标志，例如汉语的话题总是位于句首，日语的话题带有形态标志"は（wa）"。但是主语在这些语言中却没有形式标志。

B. 在话题突出型语言中，被动化或者完全没有（如拉祜语、傈僳语），或者在口语里几乎不用（如汉语），或者包含特殊的意义（如日语和汉语的被动式往往表示"逆境"或"遭遇")。

C. 话题突出型语言中,任何名词短语都可以成为句子的话题,而不必给动词带上任何标志;同时,话题可以跟主语同时出现于句首,构成所谓"双主语句"的结构。例如:

汉语　那棵树（话题）叶子（主语）大。

日语　Sakana　　wa　　　　iwasii　　　ga　　　　oisii

　　　鱼　　　　话题标记　　沙丁鱼　　主语标记　　好吃

　　　就鱼而言,沙丁鱼好吃。

当代语言学的各个分支无不以探索语言的共性为己任,类型学的研究无疑是众多研究中最有价值的一种。但是,有一点需要注意,语言类型学和历史比较语言学虽然都使用比较的方法,但二者并不相同。历史比较语言学研究的目标在于追溯语言的历史渊源,而类型学通过跨语言比较寻求或验证语言共性,再以语言共性为背景更透彻地揭示具体语言的特点并据此将众多语言归为若干类型,最终目标在于揭示人类语言的特点。

7.5　社会语言学

7.5.1　什么是社会语言学

社会语言学（Sociolinguistics）,简言之,就是研究语言和社会之间关系的一门学科。语言研究可以从不同的角度进行,索绪尔把语言看做是"一种表达概念的符号系统",倡导语言的本体研究,他的《普通语言学教程》的最后写道,"语言学唯一的、真正的研究对象是语言本身";语言还是一种复杂的社会现象,社会的各种因素（如职业、年龄、性别、文化程度、阶层、语境等）会对语言的形成、发展及变化产生深刻的影响,同时,语言作为社会成员之间的信息交流工具,也会对社会产生一定的影响,从社会角度观察语言,可以发现语言因受不同社会因素影响而表现出多种不同的变异,从语言上也能观察到社会的某些特点和变化,所以社会语言学就是研究语言要素和社会各要素之间相互影响、彼此引发变化等各种复杂关系的学科。

7.5.2　社会语言学的兴起

社会语言学是在 20 世纪五六十年代在美国首先兴起的一门边缘学科，其产生有深刻的内部原因和外部原因。

从语言学的内部来看，自索绪尔以来的结构主义语言学，其研究的对象一直是语言系统本身。虽然索绪尔早就提出内部语言学和外部语言学的划分，但他只强调对语言系统本身进行共时的研究。20 世纪 60 年代以后，生成语法逐渐成为语言学的主流，乔姆斯基认为，"语言学理论主要关心的是完全统一的言语社团内理想说话者和听话者"，他把语言共性和普遍性的研究看成是语言研究的目标，甚至把语义也排除在语言研究之外。结构主义语言学者在建立不同的理论和描写体系的同时，都注意确定其科学的界线，并谨慎地将一切不属于他们自己确定的研究对象的抽象的东西排除在外。可以说，结构主义语言学是建立在不考虑语言的社会性的基础之上的。这样，许多学者对只研究语言系统本身的结构主义语言学提出了质疑。索绪尔的《普通语言学教程》刚一出版，法国语言学家梅耶就与索绪尔保持了一定的距离，他在对《普通语言学教程》所作的书评中指出，"在把语言变化同它所依附的外部条件分割开来的同时，费迪南·德·索绪尔使它失去了实在性；使它成为一种必然无法解释的抽象物"。许多语言学者继承了梅耶的"语言是社会行为"的观点，他们越来越明确地认识到，像结构主义语言学派那样所进行的"纯"语言研究是有缺陷的，语言研究不仅要阐明语言内部结构，还应该说明语言结构和语言使用同外部社会条件之间具有什么样的关系，把语言放在社会之中加以研究，努力探讨语言与社会之间的复杂关系。除了语言学家之外，许多社会学家、文化人类学家、社会心理学家、社会教育学家也都在他们各自的领域对同语言有关的社会文化甚至是社会心理问题进行了有益的探讨。例如，美国人类语言学家甘柏兹（John Gumperz）曾在 20 世纪 50 年代中期，与社会科学工作者一道在印度北部进行了两年的实地调查，发表了一系列论述社会分层与语言差异的文章，指出语言的运用与社会行为规范和社会结构之间存在着有规律的联系。1964 年 5 月，第一次社会语言学会议在美国洛杉矶加利福尼亚大学召开，具有不同理论背景的学者坐到了一起，会议上谈到了各种各样有关语言和社会的问题，如语言演变人种学、语言演变因素的多余校正、语言规划、作为媒介的语言、各国社会语言学形势的平衡问题等。

新世纪高等学校教材

这次会议标志着社会语言学初步成熟。

促使社会语言学产生的外部原因是社会历史方面的。20 世纪上半叶，世界发生了巨大的变化，旧殖民地人民的民族独立运动空前高涨，在亚洲、非洲等地出现了许多新兴的国家。有些国家曾长期采用殖民统治者的语言作为官方语言，独立之后，面临着选择一种通用的交际语、实施民族语言规范化、处理民族语言与共同语的关系、制定合理有效的语言政策、确定语言教育方针等一系列现实问题。例如，1945 年印度尼西亚独立后，便面临着选择国家语言的问题，当时的语言环境十分复杂，有殖民者的语言荷兰语，有马来语，有爪哇语，还有 200 种左右的方言。再如，经过一场非宗教的民族主义运动，土耳其取得了独立，1923 年实行了"语言革命"，如用拉丁字母代替阿拉伯字母、限制阿拉伯语和波斯语的使用等，目的就是使土耳其语现代化并消除伊斯兰教和奥斯曼帝国的影响。在一系列的语言实践中，人们感觉到语言越来越成为一个民族或国家的代表。有时一种语言的确立是基于与民族和国家等有关的社会问题，而与"纯"语言的问题无关。许多社会问题也都与语言问题有关，或在诸多问题中，有很大一部分原因关涉语言，这便促使人们重新审视我们已习以为常的语言问题。这样的问题不只出现在新兴的国家，而且在欧洲和北美地区也同样存在。在欧洲和北美地区，由于移民或其他历史原因所造成的双语、多语混杂状况是困扰政府的一个麻烦问题。例如，20 世纪初的挪威，经过三个世纪的丹麦统治（1523—1814），之后又受到瑞典的管辖，其语言环境很是复杂，在学校里教授的是文学语言丹麦语，城市中各种方言并存，这样，如何创造一种真正的挪威语成为当务之急。美国是一个移民大国，民族构成十分复杂，存在大量的种族、文化和语言差异。20 世纪 60 年代初美国的民权运动高涨，斗争的目标之一就是要求消除对黑人及其他有色人种在文化教育上的歧视。长期以来，黑人英语曾被视为劣等语言，黑人文化得不到应有的尊重，致使许多黑人青少年留级、退学，造成严重的社会危机。所有这一切社会性的语言问题引起了许多国家语言学家、社会学家、人类学家、社会心理学家、教育学家的关注，他们进行实地调查，搜集第一手资料，写出了许多有关的论文和报告，为社会语言学打下了坚实的基础。

7.5.3　社会语言学的研究对象和范围

社会语言学的研究范围极广，为了方便，有人又把它细分为宏观社会语言学和微观社会语言学。在社会语言学刚刚产生的时候，学者们对该学科的研究对象和研究范围还不是很明确，社会语言学者内部存在许多不同意见。有的学者认为只有宏观社会语言学才是社会语言学，主要研究国家或地区语言状况及其与社会环境发展之间的关系，如语言规划、语言政策、语言改革、双语教育、语言接触等；而有些学者则认为，只有社会因素与语言变异之间关系的研究才是真正的社会语言学，如美国社会语言学家布赖特（W. Bright）认为，社会语言学是"揭示语言结构变异和社会结构变异之间的系统对应关系，也许是揭示一方面对另一方面的因果关系"。拉波夫（Labov）认为，"我们的研究对象是由语言集团构成的社会环境内的语言结构和语言的演变"。因此，有时候我们便把两者都包括的社会语言学称为广义的社会语言学，而把仅仅研究语言变异和社会变异之间关系的社会语言学称为狭义的社会语言学。

随着社会语言学研究的深入发展，人们对社会语言学的研究对象和范围越来越取得共识，这归纳起来可以分为五个方面：

（1）一个国家或地区的语言状况（如双言制、双语、多语或多方言等）及其与社会构成之间的关系，按种族、民族、阶级、阶层、性别、年龄、职业、文化程度等社会属性划分的各类言语共同体使用语言的状况和特征；

（2）各种语言变体包括地域方言和社会方言、标准语和土语、正式语体和非正式语体等构造特点及其社会功能；

（3）交谈的情景（包括对话人之间的角色关系、话题、场合、说话人动机等）与选择语码之间的关系以及语码选择与人际关系的相互作用；

（4）社会以及不同的集团对各种语言或语言变体的评价和态度以及由此产生的社会效应；

（5）由于社会的、文化的、经济的、政治的种种原因以及语言接触所引起的语言变化的方式和规律，等等。

大致说来，在社会语言学的初期，从宏观方面的研究多一些。弗格森的《双言》（*Diglossia*）是这方面的一个代表。弗格森发现，在一些国家并存两种功能迥然不同的语言变体（variety），即方言之外还有一种上置变体（Superposed variety），他称前者是低级变体，后者是高级变体。人人都会说低级变体，但必须通过正规教育才能学会高级变体。

双言现象会成为一种持续稳定的状态，要改变这种状态需要社会变革和政治斗争等。例如，中国在"五四新文化运动"前长期存在着言文的巨大区别，平时讲话是一种低级变体，而读书作文、政府公告、写信等则一般用文言文，即高级变体。这便是口语和书面语长期分离的双言现象。新文化运动之后，由于学者们大力提倡"言文一致"，两种变体之间的差距大大缩小。

共通语的问题也是宏观社会语言学密切关注的。从语言史来看，一国的共通语往往是在其政治、经济、文化中心的方言的基础上发展而来的，某个地域的方言一旦被确定为共通语，那么其他的方言便处于从属地位。世界各地的许多实例表明，语法结构相似的变体由于处于不同的国家而被命名为不同的语言，相反，互不相通的语言变体在同一国家里却被命名为不同方言。所以，语言和方言地位的确定是由历史、政治、社会等因素决定的，语言地位的高低全是外加的。另外，宏观社会语言学的研究还包括移民集团的语言维持、对少数民族的语言政策、语言更换、语言规划、语言的扩散、融合和消亡等。

1966 年拉波夫发表了一项关于 /r/ 音位在纽约市大商店里的社会分布的研究，从此，有关语言变异的研究蓬勃发展，逐渐成为现代社会语言学研究的主体。

语言变异研究的基本观点如下：现实生活中的语言表现多种多样，没有人总是用单一的语体说话，任何活生生的语言都有变异形式，然而变异不是不受约束的，它受到复杂社会因素的制约；尽管个人之间的变异表现有所不同，但作为总体语言特征的变异特征总有一定的模式。由于拉波夫有关语言变异的研究被公认是社会语言学的变异研究样板，我们大致介绍一下拉波夫的研究，或许可以使我们能粗略了解一下社会语言学中有关语言变异研究的情况。

拉波夫认为，语言变异可以分为社会变异和语体变异两方面。社会变异是指语言随使用者的社会属性而变，语体变异是指语言随语境而变。说话人使用某一用法而不用另一些用法跟说话人的社会背景和说话时的语境有关。在拉波夫之前，研究纽约市英语的学者就已经注意到当地人说 car、cart、four 等词语时有时发 /r/ 的音，有时则不发，什么时候是否发 /r/ 音似乎没有一定规律。但拉波夫觉得事情远非如此简单。经过初步调查，他认为这种表面上看来杂乱无章的现象实际上具有很强的规律性，在纽约人的心目中元音后的辅音 "r" 是一个异常敏感的语言变项，它有两种变异形式：发"r"音的是标准体，不发"r"音的是非标准体，标准体与非标准体的区别与讲话人的社会阶层归属和讲话的风格有关。进而他提出了一个总假设：若纽约市本地人中有两个集团在社会分层的阶梯上处于高低不同的地位，那么他们在发"r"音上也会表现出相应的体现声望高低的差异。用什么作标志去体现社会层次的高低呢？他选择了高档、中档、低档的三家百货公司作为不同的层次的代表。考虑到百货公司里售货员为了使顾客满意，在语言上会力求达到顾客的标准，他又提出了一个具体的假设：高档百货公司售货员的话语中表现出"r"变量的最高值，中档百货公司售货员的话语中表现出"r"变量的中等值，低档百货公司售货员的话语中表现出"r"变量的最低值。通过交谈、观察、录音等调查方法，拉波夫获得了大量的第一手语料，再经过一系列的精确分析拉波夫得到了肯定的结果：社会经济地位越高的阶层，讲话中发卷舌音的比率就越高，同时，无论任何社会阶层的人，在越是正式的场合、越是在意自己的言语的时候，讲话时卷舌音出现的频率就越高。

在拉波夫开创性的研究的启发下，变异研究成果累累。语言变项从语音扩展到语法、词汇、惯用语、语体等，研究对象也从最初偏重于劳工阶层和少数民族发展到现在的社会各阶层，语言变异研究发展成了现在的城市方言调查，性别之间的语言差异也是目前社会语言学变异研究的热点。

7.5.4　社会语言学的研究方法

社会语言学不仅拓展了语言学的研究范围，使人们开始重视语言与社会各种因素之间共变关系的研究，还给语言学引进了全新的研究方法。社会语言学超出了纯语言结构分析的范围，广泛借鉴其他社会科学的一些研究方法（如随机抽样、定量分析等），把语言学的研究方法同社会学、民族学、心理学的研究方法结合在一起。通常所说的社会语言学中定量研究方法就是：量化语言变项和社会变项，通过定量分析发现两者之间的相关性，即当社会变项的值发生变化时，语言变项也按一定的趋势发生变化。一般来说，社会语言学的研究大致可以分成以下几个步骤。

（1）确定研究题目：题目的选择是进行研究的基础，可以从自身体验中选择值得研究的对象，也可以从自己感兴趣的话题中进行筛选，还可以在前人研究的基础上寻找切入点。需要注意的是，并非所有的语言差异都具有社会意义。拉波夫认为有三种类型的差异应当加以区分。一种是不带社会意义的差异，如 cot 和 caught 两词中的元音，有的美国人区别，有的不加区别，这类差异只起指示作用不随语境变化。另一种是具有社会意义的差异，如 car 和 cart 两词中的"r"音，在纽约市是否发卷舌音体现说话人的社会身份，人们对此很敏感，这类差异起标志作用，而且随语境的变化而变化。还有一种差异已经定型，具有一成不变的评估标准，如纽约市布鲁克林区的居民把 thirty-third 说成 toity-toid，这种说法被识为粗俗形式。那语言便宜研究的目标来衡量，第一种和第三种差异的研究价值不大，而第二种类型的差异随着说话人的社会属性及说话时的语境变化，具有较大的研究价值。

（2）设计调查变项：明确了题目后，就要设计调查过程和调查变项。在我们的现实生活中，能引发语言变异的因素很多，实验调查之前就要明确哪些因素是我们要研究的，哪些因素是我们的研究范围之外的。对我们研究范围之外的因素，在调查中就应该努力减少这些因素的干扰，以便能更清晰地观察到我们研究视野之内的因素的影响。

（3）收集语料：在调查变项确定后，就要收集可靠的语料。语料可以通过普遍调查和抽样调查来收集。如果被调查对象的范围不是很大，普遍调查是可以的，但如果被调查的对象范围特别巨大，我们可以通过抽样调查的方式来完成。最常用的方式是抽样调查法。具体的采集语料的方法有访谈法、观察法、问卷法和实验法等。访谈法就是调查人员和被调查对象进行面对面谈话，可以通过朗读、提问、测验等手段。观察法是指研究人员通过直接观察研究对象的言语行为而获取语料，一般有隐蔽观察法、快速隐匿观察法、参与观察法。问卷法是用书面答卷的形式进行的，在调查前要事先根据调查内容精心设计好问卷，要注意多从回答问卷者的角度考虑尽量使回答简易可行。实验法是研究人员有计划地运用一定的物质手段去干预、控制或模拟语言现象，以取得研究语料的方法，主要用于测量人们对语言的态度和反应，是研究社会心理的重要途径。

（4）对收集到的语料进行统计：在调查完毕后，必须对调查得到的语料进行数学统计和数理分析，将结果量化，可以计算出数值，然后制成图表。

（5）对结果进行解释：得到量化的结果并不意味着整个研究的结

束，研究者还必须对一系列的结果给予合理的解释，这在某种程度上也许是最困难的阶段。在这一阶段，研究者不仅要考虑被调查者的个人因素，更主要的还必须充分关注社会历史事件、社会时尚、社会习俗等社会环境。

用社会学方法研究语言变异固然能够比较客观地反映群体的言语特征，然而群体内部存在的语言差异却被使用的平均值给掩盖了。在群体内个人的语言表现与群体的模式之间是有差别的，然而，个人的变异在描写语言变项与社会因素共变时却被排除在外。

7.6 心理语言学

7.6.1 什么是心理语言学

心理语言学（psycholinguistics）是 20 世纪 50 年代兴起的新兴交叉学科，到 60 年代初才真正成为一门独立的学科。简单地说，心理语言学是研究人们学习语言和使用语言的心理过程，用实验的方法来探讨语言行为规律的一门学科；也可以说，心理语言学是研究语言与大脑的关系，即研究语言行为和这种行为发生时可能存在的心理过程的科学。

从名称就可以知道，"心理语言学"是"语言学"，而不是"心理学"。过去称"语言的心理学"，表明要研究的是语言中跟说话人心理过程相关的那一部分，或者从心理学角度来研究语言，突出的是"心理学"而不是"语言学"。现在改称"心理语言学"，一方面是由于心理学界对语言性质认识的主流思想发生了变化：从行为主义独树一帜到唯理主义异军突起，另一方面也表明心理语言学的成熟：语言而不是心理是研究的目标，研究心理的目的是为了揭示语言的奥秘，心理只是研究视角。

7.6.2 心理语言学的发展及其派系

早在古希腊时期，大哲学家亚里士多德（Aristotle）和柏拉图（Plato）就对语言与思维的关系问题进行过讨论。到了近现代，一些欧洲学者也对语言与行为和心理之间的关系做了探讨。比如，英国生物学家达尔文从物种源始观察语言的进化和儿童的语言发展，德国心理学家

W.T. 普雷耶和 W. 斯特恩卡研究过儿童如何学话，法国病理学家 P. 布罗卡和德国的 C. 维尔尼克初步测定大脑左半球主管语言的部位。这些研究为后来的心理语言学的诞生做了准备工作。

1954 年，奥斯古德（C. E. Osgood）和西贝奥克（T. A. Sebeok）将 1953 年在美国印第安纳大学举行的语言问题跨学科讨论会上的论文汇集出版，并将书名定为《心理语言学：理论和研究问题评述》，标志着心理语言学的正式诞生。大致说来，心理语言学的发展经历了三个阶段[1]：

第一阶段是在 20 世纪 50 年代早期，心理语言学家主要在行为主义心理学、结构主义语言学和信息论的影响下进行研究。

第二阶段是在 20 世纪 50 年代中期以后，随着乔姆斯基（N. Chomsky）转换生成语法的兴起，唯理主义或者说心灵主义取代行为主义，语言能力由"天赋"形成的观点占据主流。

第三阶段是在 20 世纪六七十年代以后至今。随着研究的深入，学者们逐渐认识到，心理语言学不能局限于验证某一语法模式是否正确，而应该建立自己独立的学科体系。

如果着眼于不同学者在对第一语言习得问题上的看法分歧，基本上可以将心理语言学分为三大流派：

第一大流派是行为主义者，可以称为行为主义派。代表人物有奥斯古德、B. F. 斯金纳、A. W. 斯塔兹等。该派的基本主张：语言行为是通过后天学习获得的，复杂的语言行为是由许许多多的"刺激－反应"连锁构成。他们不承认语言行为中有心智因素或生物因素，而是强调后天的学习过程。例如，奥斯古德认为，语言能在刺激与反应之间起传递作用。当人们听到"狼来了"这句话时，就会警觉起来。这一派有时也被称为"教养"派（educated school）。

第二大流派是心灵主义者或唯理主义者，可以称为心灵主义或唯理主义学派。代表人物有乔姆斯基、卡茨（Katz）、米勒（Miller）等。该派的基本主张：人类具有与生俱来的"语言习得机制"，这种机制包括一

---

〔1〕这三个阶段的划分在时间上不是前后相继的，而是有交叉的。国内有关心理学发展的详细介绍可参阅桂诗春（1985）。

组形式普遍特征和实体（内容）普遍特征。这些特征是儿童天生具有习得任何自然语言能力的理论依据。有了这种理论，就可以对儿童接触语言现象时所获得的语言输入提出假设，以决定所接触的语言具有什么样的语法结构。由于强调天赋的语言能力的重要性，认为环境因素只起激化"语言习得机制"的作用，这一派有时又被称为"自然"派（natural school）。

第三大流派是折中派，试图在行为主义与心灵主义之间进行协调，不妨称之为中间派。他们既承认语言的生物基础，又强调环境的重要性。该派的基本主张：要想充分解释语言行为，必须承认与生俱来的能力是存在的，比如推理能力；同时，必须承认后天学习的至关重要性。跟行为主义者相比，他们承认"天赋"能力的存在，跟心灵主义者相比，他们又给予环境以重要地位。这一派的代表人物有：比维（T. G. Bever）、福德（J. A. Fodor）、列尼伯格（E. H. Lenneberg）、斯洛宾（D. I. Slobin）、皮亚杰（J. Piaget）等。

总体上说，上述三大流派讨论的基本问题包括：语言到底有没有生物基础？如果有，这种基础具体到什么程度？语言行为是否为人类所特有？儿童如何习得语言？学习语言的具体过程有何特点？产生与理解语言的心理过程怎样？等等。

7.6.3　心理语言学的研究方法与研究对象、内容

我们知道，一门学科之所以称其为科学，或者说一种研究要想成为科学，需要具备两个最起码的条件：一是明确的研究对象，一是独立的研究方法。语言学作为一门独立的学科登上历史舞台是 20 世纪初的事，此前，无论在西方还是在中国，只有作为经学附庸的语文学（Philology），而没有现代意义上的语言学（Linguistics）。人们研究语文学的目的是为了读经解经（如《诗经》、《吠陀经》、《圣经》），而不是研究语言本身。到了 19 世纪末 20 世纪初，人们开始关注语言之间渊源关系的研究，并采用比较的手段作为研究方法，历史（比较）语言学兴起，语言学在人类科学史上占有了一席之地。

心理语言学的研究方法与研究对象是什么呢？

先说研究对象。不言而喻，心理语言学的研究对象是语言。从名称上看，心理语言学应该跟历史（比较）语言学、结构语言学、形式语言

新世纪高等学校教材

学、功能语言学等一样，研究的是语言。所不同的是，心理语言学跟这些正统语言学的研究视角不同，它是从人类的心理的角度来研究语言的。

再谈研究内容，或者说心理语言学关注的问题。大致说来，心理语言学研究的问题包括以下几方面[1]：

（1）语言习得。我们已经看到，不同的流派在对第一语言习得问题上的看法各不相同。行为主义者的"环境决定"论和心灵主义者的"天赋"论各有偏颇。有关语言习得机制问题，20世纪70年代曾有过一场有名的论战，就是瑞士著名的心理学家皮亚杰跟美国著名语言学家乔姆斯基在巴黎就"天赋"论和"环境"论在语言习得中的作用问题展开辩论。皮亚杰认为，与生俱来的不是语言能力，而是更广泛的认知能力。认知能力使儿童从客观世界中获得各种概念，再将这些概念组成若干系列，便成为语言能力。皮氏提出，语言能力是逐渐养成的，而不是与生俱来的。

（2）语言和思维的关系问题。这个问题早在古希腊时期就被哲学家们讨论过，语言学史上对这一问题讨论的一个经典例子是"萨丕尔－沃尔夫"假说（Sapir-Whorf Hypothesis）。按照这一假说，语言决定人的思维，进而决定人的世界观。这种观点受到大多数学者的批判，皮亚杰认为，思维先于语言，但是儿童的认知能力的发展对言语的发展有制约作用。前苏联学者卢利亚和列昂耶夫主张，意识活动（即思维）虽然离不开语言，但是产生意识的根源是人和客观世界的相互作用，而不是语言。

（3）言语的辨识与言语的发生。人们在使用语言时如何理解对方的话，即言语的"辨识"或"听辨"；人们是如何说出话来的，即言语的"发生"。关于第一方面，国外已有学者进行心理学实验，比较有名的是"咔哒研究法"，就是在一句话中不应该停顿的地方插入"咔哒"声，看听话人的反应。下文将要提到的关于"深层结构"的验证也是这类实验。关于第二方面，历来争论很多。这涉及人脑如何产生意念、如何将意念转变为词语、如何将词语通过发音器官说出来等一系列复杂过程。有关言语的发生与辨识方面的问题，读者可参阅桂诗春（1985）第四章。

---

〔1〕这里介绍的内容参引《中国大百科全书·语言文字》，中国大百科全书出版社，1988年。

（4）语言的生物基础。下文将专门讨论这个问题。

此外，第二语言的学习、失语症、动物语言等也都在心理语言学的研究范围之列。

最后谈谈研究方法。心理语言学既是一门实验科学，其方法自然离不开实验（experiment）。心理语言学使用的实验跟自然科学使用的实验有所不同，主要依靠观察。观察有两种：一是有控制的、有系统的观察，这是一种科学实验；一是自然观察，这种方法的随意性较大。当然，这两种方法可以相辅相成，自然观察可用于考察现象，发现问题；科学实验则对所发现的问题进行系统研究。

7.6.4 语言的生物基础问题及大脑控制语言的实验

心理语言学家经常关注的一个问题是语言的生物基础问题，也就是说，语言这种现象是否因人类具有特殊的生理基础而为人类所独有，动物是否也具有这种能力？

美国心理语言学家列尼伯格对语言生物基础的深刻研究使大部分人接受了如下观点：语言是有生物基础的。下面简单介绍一下列尼伯格关于语言生物基础的基本内容。

列尼伯格对行为的生物条件以及生物条件对行为的控制都有兴趣。比方说，他认为，人的口腔、咽喉和肺部构造都很适合讲话，牙齿整齐适合发/s/、/f/、/v/等音，唇部的肌肉比长臂猿的要发达，口部可以迅速张合，发/p/、/b/之类的音就很容易，如此等等。此外，人脑较大，结构特别，使许多语言功能都有自己的脑区。

列尼伯格给出了判断一种行为是否具有生物基础的几条标准，或者说具有生物基础的行为一般具有如下特点：

a. 存在先于需要，即还不需要某种行为时，这种行为就已经出现；

b. 出现条件的特殊性，也就是这种行为的出现既不是意识决定的，也不是某种外部客观事件引起的；

c. 习得这种行为（比方说语言）有一个"关键期"，教授和联系对于习得这种行为效力不大；换句话说，在我们的成熟和发展过程中，有一系列的生物"基石"（milestone）。

列尼伯格指出，按照上述几条标准，可以肯定语言是有其生物基础的。他认为，物种的特殊性可望从其进化过程得到，因此，语言的特殊性不足为奇。他用大量事实证明，语言能力的基础是可以通过基因遗传的。他反对下列观念：人类的说话能力导因于诸如智力增长或者大脑重量的相对增加之类的一般属性。相反，语言似乎应该归因于目前尚不清楚的特殊物种的生物能力。

列尼伯格指出，完全可以设想语言是人类特有的，是以许多天生的机制为基础的。我们的任务就是要进一步发现和描写这些机制。

今天看来，列尼伯格的这些理论主张是很有意义的。语言和人脑之间究竟是一种什么关系，这个问题今天仍吸引着不同领域的学者孜孜追求。有着巨大疑惑力的柏拉图问题（Plato's Problem）至今仍需要人们不断地去探索，去揭秘。下面通过一个大脑控制语言的实验来说明语言的确有其生物基础。

盖斯温特（N. Geschwind）曾做过一项实验，调查一百个成年的失语症患者的大脑结构与失语现象之间的关系。最值得注意的结果之一是发现大脑对待名词和动词是不同的。假如是名词如 knife 或 orange 通过左眼球输送到右半球，病人（失语症患者）指出的事物是正确的。假如对左眼出示一幅有房子的图画，而没有以动词作为伴随的记号，病人就会说他什么也没有看见。但是，假如要求他们用左手捡起一张画有房子的卡片，他们能做到。由此得出的结论是：右半球"懂得"名词的符号，它可以指挥适当的动作，但是它本身不能产生出动词的符号。

上述实验表明，语言是有生物基础的，不是无所寄托的。大脑损伤导致语言能力部分或全部丧失，这是可以理解的。"皮"之不存，"毛"将焉附？

7.6.5　皮亚杰的发生认知论

语言跟心理之间的关系关涉认识的发生问题，认知论领域尤其值得一提的是 J. 皮亚杰的发生认知论。三十多年前，皮亚杰针对乔姆斯基的"天赋"论，针锋相对地指出语言能力不是先天赋予的，而是后天逐渐养成的。他从研究儿童心理入手，建立了发生认知论。

皮亚杰是作为一位动物学家开始他的研究工作的。他认为研究儿童心理的发展有助于弄清成人的思维结构；研究最初级水平的智力活动（儿童的智力活动），可以使我们更好地了解成人的思维结构。其研究的出发点是假设在心理活动开始时，儿童的世界表现为以自己的活动为中心的一套感性材料。由于感知—运动活动的结果，儿童能够协调各种看法，借助这些看法就能确定自己在各种客体之中的地位，他的身体也就成为这些客体的一部分。

皮亚杰发生认识论的基础跟现代实用主义相一致，即：逻辑与数学概念在儿童身上首先是作为外部活动而显示出来的；到了较晚阶段才发生内化（internalize），并具有概念的性质。这些概念可以用内化的活动来表达，其中事物被符号所代替，而活动则被这些符号的运演所代替。当儿童的试误（trial and error）性摸索达到"平衡"时，也就是在思维逆转到一定顺序模式时，理性活动才会出现。

关于符号运演，也就是认识的心理发生，皮亚杰将其分为如下几个阶段：感知运动水平阶段——前运演思维阶段——具体运演阶段——形式运演阶段；前运演阶段、具体运演阶段又各自分出"第一水平"、"第二水平"两个次阶段。皮亚杰将分类、排序等具体运演称为一级运演，将逻辑——数学运演称为二级运演。

皮亚杰指出，只要幼儿的思维是前逻辑的（pre‑logic），它就总是不可逆的。当感知运动水平的幼儿在完成一项任务而出错时，他不知道如何回到原来的起点去，也不能做出假设或者推想出不变原则之类的东西。处于感知运动水平的幼儿基本上是一个习惯性的动物。只有当他能在思维中将事件的时间顺序逆转过来的时候，他才有可能将时间过程分析为它们的组成部分，并构建假设和逻辑的不变性问题。

皮亚杰认为，儿童的逻辑的与数学的运演源于他对物体所做的简单活动，并将这些活动区分为两个方面：一是对物体本身直接进行的活动（如称重量、转动东西等特定活动），一是显示出某些一般的相互协调的活动。这两种活动对儿童来说都还是未分化的，到了一定年龄阶段，他的行为协调的一般活动就转化为心理运演。

需要特别指出，皮亚杰从可观察的儿童行为的事实出发而不是从成人的内省（introspection）出发来建立他的发生认识论，他强调的是外部活动对思维的概念性机构所起的作用。皮亚杰将思维看成先于活动，并且用内省分析法来解释我们是怎样得到抽象概念的，这就忽视了概念性抽象的过程是一种高度发展的活动形式，它是在较晚年龄阶段才出现，并包含复杂的学习过程。

可见，皮亚杰在人的认知活动（包括语言行为活动）跟后天环境关系问题上的看法跟乔姆斯基的"天赋"论是对立的。

7.6.6 语言范畴的心理现实性问题

语言学的不同层面上有不同的单位（unit）或者说不同的范畴（category），如音系学（phonology）中的音位，语义学（semantics）中的义素，语法学中的词、词组、句子等，这些单位或者范畴是语言学家为了研究语言而设立的。不过，语言学家在设定这些单位或范畴的时候绝不是随心所欲的，而是要考虑说话人特别是母语者的语感，也就是要考虑语言范畴的心理现实性问题。

语言范畴从人们对现实的认识中提取出来，并用相应的形式加以固定，即所谓范畴化（categorization）。范畴化是一切更高级认知活动的基础，国外认知语言学界已经有人专门研究范畴化问题，如泰勒（J.R.Taylor）。

语言学家运用他所设定的语法范畴对语言进行描写，比没有经过训练的普通人运用语言进行言语活动似乎要技高一筹，但是，二者应该有共同的心理基础。语言学家的描写一旦缺乏普通人的语感支持，那么这种描写就会有问题。用来说明语言范畴的心理现实性的一个经典例子是关于生成语法中的深层结构（deep structure）的实验。

乔姆斯基在他的标准理论时期指出，下面两个句子的表层结构相同，但在深层结构上并不一样[1]：

（1）I expected John to leave.（我希望约翰离开。）

（2）I persuaded John to leave.（我说服约翰离开。）

上面这两个句子比较简单，容易得出二者结构相同的结论。假如复杂一点，就可以看到二者的结构并不一样。请看（3）、（4）：

（3）I expected a specialist to examine John.（我希望一位专家来对约翰进行检查。）

（4）I persuaded a specialist to examine John.（我说服一位专家来对约翰进行检查。）

如果将上述句子进行下面这样的被动化转换，则（3'）是允许的，而（4'）是不允许的。

（3'）I expected John to be examined by a specialist.

---

[1] 这个例子取自冯志伟的《现代语言学流派》，260页，陕西人民出版社，1999年。

（4'）I persuaded John to be examined by a specialist.

（3'）跟（3）在真值方面保持一致，而（4'）跟（4）在真值方面不同。原因在于："specialist"在（3）和（3'）中都是从属子句的逻辑主语，"John"都是从属子句的逻辑宾语；但是，在（4）中"specialist"是"persuaded"的直接宾语，同时又是从属子句的逻辑主语，相当于汉语界经常说的兼语，"John"是从属子句的直接宾语，在（4'）中，"specialist"是从属子句的逻辑主语，"John"成了"persuaded"的直接宾语。

鉴于以上分析，可以给（3）、（4）设定如下深层结构：

（3）名词短语—动词—句子

（I—expected—a specialist will examine John）

（4）名词短语—动词—名词短语—句子

（I—persuaded—a specialist—a specialist will examine John）

上述从（4）到（4'）的被动转换尽管改变了真值，但被动句本身还是成立的，下面这两个句子及其相应的被动转换为说明上述分析的可靠性提供了有力证据[1]：

（5）Petronella expected Barnabas to sweep the floor.（彼托尼拉希望巴拿勃斯去扫地。）

（5'）Petronella expected the floor to be swept by Barnabas.

（6）Petronella persuaded Barnabas to sweep the floor.（彼托尼拉说服巴拿勃斯去扫地。）

（6'）Petronella persuaded the floor to be swept by Barnabas.

从（5）到（5'）的被动转换能够成立，但（6）的被动转换式（6'）就不能成立，这进一步证明了上述深层结构式的合理性。

这种深层结构是不是语言学家杜撰出来的呢？不是。美国有心理学家用实验的方法证明"深层结构"符合说话人的心理活动过程。实验是这样进行的[2]：受试者被要求戴上耳机，一只耳朵听实验者念（5）、（6）这样的句子，另一只耳朵听出现在"Barnabas"处的咔哒声。受试

---

〔1〕这个例子引自 J. 艾奇逊中译本，《现代语言学导论》，173 页，福建人民出版社，1986 年。

〔2〕有关这种实验的详细介绍可参阅约翰内斯·恩格尔坎普《心理语言学》中译本第二章和 J. B. Best 中译本第七章。

者的反应是：（5）句中咔哒声出现在"Barnabas"这个词的前面，而（6）句中，咔哒声恰好出现在"Barnabas"这个词上。

对"深层结构"的心理学实验表明，语言范畴不是随意的，而是有着心理的现实性。读者完全可以根据自己的语言直觉对这一观点进行直观验证。

7.7 文化语言学

7.7.1 文化语言学的源流和历史

文化语言学（Cultural Linguistics）是语言学和文化学的交叉学科，研究语言现象和同语言相关的文化现象以及语言和文化之间的关系，既可以通过研究语言来揭示语言中所反映的文化现象，又可以通过考察文化来解决语言上的问题。文化语言学是解释性的，正如认知语言学是从认知的角度对语言现象进行解释一样，文化语言学是从文化的角度对语言现象进行解释。

文化语言学之名的正式提出是 20 世纪 80 年代的事。同文化语言学相关的领域的研究还有语言古生物学（Linguistic Paleontology）、语言与文化研究（Language and Culture）、跨文化交际（Cross-cultural Communication）、跨文化交际学（Intercultural Communication）、语言人类学（Linguistic Anthropology）、人类语言学（Anthropological Linguistics）、语言国情学（лингвострановедение，俄罗斯的叫法）等。

虽然人们有意识地研究语言与文化之间的关系的历史并不很长，但实际上，有关语言与文化的研究却有了很长的历史。中国传统的文字学和训诂学，尽管其最初的目的是"通经致用"，但在解析语言的同时都阐释了文化的内容，为语言与文化的研究做了大量的工作。而从现代语言学的观点出发，我国有意识地研究语言与文化之间关系的著作恐怕要首推罗常培先生于 1950 年出版的《语言与文化》一书。这本著作的内容包括"从语词的语源和变迁看过去文化的遗迹"、"从造词心理看民族的文化程度"、"从借字看文化的接触"、"从地名看民族迁徙的踪迹"、"从姓氏和别号看民族来源和宗教信仰"、"从亲属称谓看婚姻制度"等六个专题。罗先生此书的出版绝非偶然，一是由于抗战时期大批学者内迁，使得他有机会接触云南地区少数民族的语言；另一方面是与当时欧美地区的社会学和文化人类学研究的影响分不开的。罗先生在《语言与文化》一书的"引言"中就说，他研究的六个专题"都是社会学和人类学上很要紧的问题"。《语言与文化》出版后的几十年，语言与文化关系的研究趋于沉寂，学者们的主要精力放在了对汉语本体的研究上。在研究中，学者们发现主要从西方借鉴的语言学理论在解释汉语现象时多有难通之处，这便使人们有理由思考西方的语言学理论是否适合于汉语现象的解释，同时也引导人们探索从其他的角度来解释汉语的可能。20世纪80年代的中国出现了一股"文化热"，学者们认为东方文化与西方文化有很大的不同，80年代后期一些学者越来越强调中国历史文化的独特性。在这种背景下，一些语言研究者开始注意这样一个问题：是否可以尝试从文化的角度阐释汉语中的特点。这时，西方语言学和文化人类学研究上的一些语言和文化之间关系的论述也被介绍到中国，这样中国的一些学者便提出了文化语言学的概念，倡导语言的文化属性的研究，尝试从文化的角度对汉语进行研究。

在西方，欧美语言学界有意识地利用语言来研究文化的历史也可追溯到19世纪欧洲的历史比较语言学。历史比较语言学的一个重要任务就是重构原始印欧语，进而回答有关拟想中的"原始印欧人"的一系列问题。因此，一些学者（如 Adolphe Pictet）便尝试利用构拟的原始印欧语词汇来确定"原始印欧人"的故乡。他们从各种印欧语所提供的语言证据中探寻"原始印欧人"的基本文化特征，这便产生了语言古生物学。到20世纪，美国语言学家博厄斯（Franz Boas）等人创立了人类语言学，他们首先学习无文字民族的语言，然后再深入研究这些民族的文化，进一步考察社会文化环境对语言的影响、语言对思维和文化的影响以及语言类型和文化类型的对应关系（邢福义，1990：31）。之后，萨丕尔（Edward Sapir）、沃尔夫（Benjamin Lee Whorf）提出萨丕尔－沃尔夫假说（Sapir-Whorf Hypothesis），认为语言决定一种文化感知世界的方式，甚至能决定人的思维。此后，语言相关性（linguistic relativity）问题一直是文化语言学所关注的问题。俄罗斯的语言国情学是从语言教学的立场和取向建立起来的，对外俄语教学的实际需要是它产生的直接动力。语言国情学的着眼点和立足点并不是单纯的文化本身，而是词语文化以及同语言教学相关的文化背景。同俄罗斯的情况相似，美国和英国也有对外英语教学的需要，因此，在这两个国家，一些学者们也主要是从英语教学的实践出发来研究文化和语言的关系，这样便有了跨文化交际学和跨文化语用方面的研究。现在，随着国际交往的不断加深，外语教学有了更广阔的天地，如何在语言学习中加入文化因素，让学习者在学习语言的同时学习和了解语言所代表的文化已成为外语教学中的共识，因为人们发现，仅仅具备语言知识而缺少所学语言所代表的社会文化的内容还不能达到理想的交际。

　　从以上的简单介绍我们可以看出，西方的语言与文化关系的研究有很大一部分是出于对外语言教学的需要，人类语言学则主要是从人类学研究的实际需要出发的，这都与中国的文化语言学的研究目的大异其趣。我国的文化语言学在很大程度上是受到人类语言学理论的影响，认为文化对语言有一定的影响和制约，语言形式可以反映文化的基本特征，所以我们可以从文化的角度来解释汉语的特性，这样或可避免生搬硬套西方语言学理论给汉语研究带来的窘况。

7.7.2　语言与文化的关系

1. 文化的范围

　　文化的定义可谓五花八门，戚雨村在《语言·文化·对比》一文中称，从不同侧面对文化所下的定义不少于 250 种。英国文化人类学家泰勒（Edward B. Tylor）在其《原始文化》一书中，首次把文化作为一个中心概念提出，他认为"文化是一种复杂的统一体，它包括知识、信仰、艺术、道德、法律、风俗以及其余社会上习得的能力和习惯"。阴法鲁等主编的《中国古代文化史》在"前言"中曾列举了对文化的四种阐释：其一，文化是指人类社会所创造的一切物质财富和精神财富的总和；其二，文化是指除去物质财富的一切精神财富的总和，比如社会意识形态、哲学、科学、文学、艺术等；其三，文化是指文学艺术而言；其四，文化有时用作与政治、经济、军事等对举的东西。有些人还进一步把文化细分为物质文化和精神文化两部分，并在此基础上分出文化的三个层次：物质层次，制度、习俗和组织层次，精神层次。平时我们在使用"文化"一词时也隐含着不同的层次、不同的内容。从地域来分，如齐鲁文化、荆楚文化；中国文化、法国文化；东方文化、西方文化。从时间来分，如史前文化、上古文化、近代文化、现代文化；先秦文化、盛唐文化。从类别分，如农业文化、游牧文化；建筑文化、图腾文化。从其他标准分的如，雅文化、俗文化；主流文化、亚文化；青年文化；黑人文化等。

2. 语言是文化的一部分；语言体现文化

按最广泛的定义，文化是人类社会所创造的所有物质财富和精神财富的总和。语言是人类在生产实践中创造的用于彼此间交际的一套符号系统，当然应当属于文化的一部分。但语言又是文化中比较特殊的。由于文化是非遗传性的，每一个社会成员都必须通过后天的学习才能认同自己所属的文化，因此文化的传承需要语言，语言便又成为文化的负载工具，所以语言中包含着丰富的文化内容。以上所列举的各类各层次的文化中大部需要语言来表达和传承，因此我们可以说语言体现着文化的内容。例如，上古汉语中有丰富的表示雨的词汇，如霏、零、霆、霁、雺、雾、霈、霖、霖、霎、霪、霣等，这表明中国上古社会的农业文化与雨息息相关。中国的亲属称谓中，父系亲属中的父辈男性分长幼，比父亲年长的称伯，若于父亲的称叔，而父系亲属中的父辈女性却不分长幼，统称姑；另外，母系亲属中的父辈男性也不分长幼，统称舅。从汉语中的亲属称谓我们便可了解到中国的传统社会重父系，轻母系，重男性，轻女性。爱斯基摩人的语言中有关雪的词汇很丰富，这表明爱斯基摩人的文化中雪占有重要地位。畜牧文化中对不同毛色和年龄的马牛羊也同样有丰富的词汇。不同语言体现着不同的文化，同一种语言在不同时期和不同的地域形成的变体也同样反映着不同时期和不同地域的亚文化。古汉语中有许多有关车的词汇，如轩、轾、轴、轺、辂、轻、辇、辎、辒、辌、辌等，这表明在古代的中国车是与人们的生活息息相关的，在现代汉语中，以上有关车的词语大多成为历史词，代之而起的是与现代生活相关的出行工具，如汽车、火车、自行车、轿车、电车等。在汉语中有关"车"的词汇的变迁反映着社会文化的变迁。在中古时期，由于佛教传入我国，中古汉语中便猛增了众多的与佛教有关的词汇，如佛、僧、沙门、伽蓝、塔、菩萨、阎罗、魔、夜叉、膜拜、四大、三藏、三宝、三车、二生、两舌、上人、僧统、写经生等。现在，有些佛教词语还保留在汉语中，但很多已经成为历史词汇，毕竟佛教已不再主导人们的生活。不仅在词汇层面，王力先生还发现，隋唐以后汉语的句式逻辑日趋严密是因为受到佛教文化中因明学的影响。语言的不同地域变体也同样体现着不同的地域文化。例如，同是说英语的国家，不同地区有不同的文化，表现在语言上便有英语方言和英语地域变体。英国英语、美国英语、澳大利亚英语、加拿大英语都体现着不同的文化差异。

语言体现着文化，这是从语言研究文化的基础。由于语言与文化的关系至为密切，有些人甚至把语言看成文化的代表，有时推行一种文化往往首先推行代表该文化的语言，我们平时讲"学习一种语言就是学习一种文化"便是这个意思。但语言和文化的关系并非如此简单。

3. 文化不能决定语言；但文化对语言有影响

语言体现文化，即所谓的语言和文化的影像关系不能完全揭示语言与文化的内在联系。文化内容可以反映在语言上，但文化并不能决定语言。特定的语言并非总是和特定的文化相对应，语言和文化之间并没有必然的联系。语言只是文化表述和文化传承的工具，为了更有效地向世界介绍中国文化，我们有时也借助英语这一工具，但由于中国文化与汉语有了最长时间的磨合，汉语在表述和传承中国文化方面有不可替代的优势。在文化与语言的关系问题上，有些人认为，文化是第一性的，语言是第二性的。这是没有根据的。一方面，文化和语言的产生是不分先后的；另一方面，文化不能决定语言。文化是人类社会的特有现象，所以有人也把文化称为"人化"，同样，语言也是人类社会区别于动物世界的一个必要特征，所以，从人类社会刚一开始便有了文化与语言，语言与文化在时间上应不分先后。有时在一种文化中，可同时并存几种语言，有时也可从一种语言转向另一种语言。例如，现在非洲的一些国家或部落都放弃了他们原来的土著语言，而把英语或法语作为官方语言。接受英语或法语可以说明这些非洲国家的文化受到了英国或法国文化的影响，但还没有达到英国或法国文化代替当地文化的程度。

文化虽不能决定语言，但文化在一定层面上会对语言有影响。文化是丰富多彩的，从空间和时间两个方面都能表现出文化的不同形态。不同的文化形态必然会反映到语言上，这就表现为语言的差异。从文化差异去研究语言的差异，对我们客观准确地理解语言间的差异有一定的帮助。文化对语言各层面的影响并不均衡。在词汇层面和语义层面，文化对语言的影响会明显一些。文化对词汇层面的影响最直接最明显，周代的青铜文化和礼文化在古汉语词汇方面的影响便是大量的青铜礼器词汇，如鼎、鬲、甗、簋、豆、簠、尊、卣、爵、斝、盉、匜、盘、钟、镈、等。在语义层面，文化对语言的影响也很明显，例如，汉语中的"个人主义"与英语中的"individualism"是不能画等号的，前者为贬义，后者在英语是值得赞扬的。英语中的"uncle"也绝不等于汉语中的

"叔叔"。有时，语言中的词汇意义也会因为文化的影响而发生变化，如，汉语中的"寺"由于佛教文化的传入而发生了词义转移，由原来表示"政府机关"而转义为"佛教场所"。汉语中的"方"也因为仿译梵语中的"dasa disah"（十方）而扩大了词义，由原来表示"四方"或"八方"进而扩大到可以表示"上方"、"下方"。在语音和语法层面上，文化对语言的影响相对小一些，但也有人试图探讨文化对语音和语法的影响。近二三十年来，英语元音的舌部位置发生了一些变化，一些单元音发生了向舌中位置滑动的变化，其音质也随之变异。徐鹏认为，"英语语音的这些变化及其发音特征的出现当然不是偶然的。语言是人类交际的工具，人们在交际活动中，其生活节奏对语音有较大的影响，生活节奏的快慢与发音时舌部和口腔肌肉的张弛度、开口度以及发音时间的长短密切相关。一味追求物质利益的观点仍然主宰着西方社会。一个不幸的后果是生活的步伐一直在加快着。在这现代商业竞争的世界上，人们疯狂地拼着命工作自然而然地成了目的本身。社会生活的这种现象必然要反映到语言上来。适应快速生活节奏和发音时自然方便已经成了语音发展的一种趋势"。我们认为，生活节奏的快慢与语音上的变异到底有无关系、有多大关系，仍可进行讨论。另外，也有人从文化交流的角度研究文化对语音和语法的影响。不同文化间的交流必然通过语言的媒介，交流过程中一种语言对另一种语言会产生一定的影响。许多语言学家发现现代汉语中有许多句式是明显受到欧洲语言句式影响的结果，称为"欧化句法"。这些都是文化交流中语言对语言的影响。

4. 语言是否反映或影响民族心理和思维方式

文化语言学所关注的一个深层次问题是语言和思维的问题，即语言与语言使用者的心理特征和思维模式是否存在必然的联系。有人认为，语言是人类思维的最重要的工具，当运用不同的语言进行思维的时候，人们的思维必然会受到不同语言的制约，因此语言影响着人们对于世界的认识。其实，早在18世纪欧洲的一些思想家就有类似的观点，德国哲学家赫尔德（Johann Herder, 1744—1803）认为，语言和思维相互依存，民族的思维模式只能通过他们各自的语言才能正确地理解，德国哲学家、语言学家洪堡特（Welhelm von Humboldt, 1762—1835）又把赫尔德的观点继续阐发，认为民族的语言就是民族的精神。他们都认为，不同的民族说话方式不同是因为他们的思维方式各异，而思维方式的不同是因为他们各自的语言表达外部世界的方式不同造成的（有时称语言相关性理论）。主张语言可以反映民族的心理特征的还有石坦达尔（Steinthal）、米斯特里（Misteli）、芬克（Finck）、冯德（Wundt）等人。后来美国人类学家、语言学家博厄斯、萨丕尔等继续阐扬这一观点，最后有了著名的萨丕尔－沃尔夫假说，假说认为"语言结构影响（甚至是决定）着人们的思维和行为方式"。

当然，反对语言反映人的心理特征的人更不在少数，索绪尔主张语言特征并不能提供人们心理素质的确切标志，大多数人还是反对语言相关性理论的。语言和思维分属两个不同领域，有时思维似乎无须借助语言，思维要比语言快捷得多。不同语言的人能进行同样的抽象思维，说明语言不是思维的唯一的必要工具。还有另外一些现象也说明语言和思维不是同步的。有些智力和思维能力略微低下的孩子，其语言能力似乎不受影响；而且，当一个人脑部受伤，失去语言能力的时候，他同样可以进行正常的思维。有时，一个人能同时说多种语言，我们不能说他讲汉语时用汉语思维，说英语时用英语思维，用日语交谈时用日语思维。以上这些问题都值得我们重新审视语言和思维的关系。

当然心理学领域也有一系列的实验有时也证明语言又似乎能影响人的思维。克拉施（Claire Kramsch）讲述了这样一个实验：Navajo人的语言中要根据物体的形状来选择动词，拿像球一样的圆形物体和拿像绳子一样的又长又细且软的物体要用不同的动词。实验者让说英语的小孩和说Navajo语的小孩在蓝绳、黄绳和蓝棍三者中选两个更容易归类在一起的东西，大多数Navajo小孩选择蓝绳和黄绳，而说英语的小孩却选择蓝绳和蓝棍。实验者得出结论，Navajo小孩归类的标准是物体的形状，而英语小孩的归类标准是物体的颜色，这与他们各自语言中意义范畴有关。有人便根据这类实验认为，语言可能在一定程度上影响着人们的思维模式和心理特征。现在，人们对语言和思维之间的关系远没有一致的看法。人们大多认为"语言决定人的心理特征和思维方式"（强式"萨丕尔－沃尔夫假说"）的说法是没有根据的，然而，"语言中的语义范畴会反映或影响人的认知世界的方式"（弱式"萨丕尔－沃尔夫假说"）的论断有不少的支持者。

7.7.3　语言与文化的研究

文化语言学研究语言与文化间的关系，既可以通过语言来研究文化，也可以通过文化来研究语言。但事实上，这两者的研究并不平衡，通过语言探讨文化开展得较早，成果也丰富，而通过考察文化对语言问题的研究相对较少。即使是在前者的研究中，大多也是从词汇、语义和语用层面进行的研究，从语音和语法层面的研究似乎还很薄弱。下面将简单介绍一下文化语言学领域内的研究情况。

汉语在几千年的发展过程中，同其他语言和文化间的接触和交流从未间断过，因此，汉语中的借词（或外来词）一直是文化语言学所关注的对象。罗常培先生的《语言与文化》一书中，"从借字看文化的接触"一节占了六个专题总篇幅的三分之一还多，文化语言学方面的其他著作也大都会提到借词和语言文化交流之间的关系。

在外语教学中，最常见的现象是不同语言间词汇和词义的不对等。英汉两种语言间表示亲属概念的词语是不对等的，而且汉语中"亲戚"一词要比英语中"relative"一词所包括范围要广，这反映了两种不同文化对语言的影响。同样，对词义的理解不同的文化也表现出很大的差异。通常，我们可以把词语的意义分为概念意义（denotative meaning）和伴随意义（connotative meaning）。不同语言中有些词语的概念意义是不同的，如英语中"story"一词在汉语中可表示"故事"和"短篇小说"，而汉语"小说"一词可表示英语中"story"和"novel"两词。再如，对"next Thursday"这一短语，按中国人的一般理解只有一种解释，即"下周星期四"，而按英国人的一般理解则有两种解释：一是"下周星期四"；若说话时在星期日或星期一，则也可指"本周星期四"。有时，不同语言中的某些词虽然概念意义差不多，但其伴随意义却有很大的不同。例如，"红"在汉语中能使人联想到"得势"、"忠义"、"革命"等意义，而英语中"red"却容易使人联想到"危险"、"激进"等意义。美国学者扎雷（Lorand B. Szalay）和费舍（Glen B. Fisher）曾使用语义图对词汇的文化内涵做对比研究。具体做法是让不同文化背景的相当数量的人就同一个词做自由联想，然后将联想的内容归类，按照不同人数计算出每个词义的百分比，再根据不同的百分比绘制语义图。他们的一项研究表明，"家庭"一词中"父母"在美国英语和朝鲜语中所占比重分别为30%和29%，但是"亲戚"在"家庭"的词义中所占比重却很不同，美国英语中"亲戚"只占7%的比重，而在朝鲜语中却占16%，这意味着在朝鲜人的观念中"亲戚"是"家庭"中的重要部分，而对于美国家庭来说"亲戚"显得并不是很重要。不同文化造成的语用方面的差异在语言教学中也经常遇到，如售货员问顾客"您要点什

新世纪高等学校教材

么?"就不能生硬地翻译成"What do you want?"在英语会话中,当听到对方的恭维时,中国的学生也不应该按汉语中的习惯一味地作谦虚的否认。

由于受到了文化人类学的影响,有很多学者也从地名、人名、颜色词、亲属称谓词等方面做了大量的研究工作。由于中国传统的文字学和训诂学的影响,在探讨汉语词源与中国文化关系方面的研究成果也十分丰富。但我们可以看出,研究多集中在词汇领域,文化与语音、语法、语篇等领域的关系的研究还十分薄弱。有人认为,汉语中天地、日月、男女、夫妇、父母、师生、善恶、贵贱等词语的排列方式反映了中国文化中的"先尊后卑"思想,但却无法解释阴阳、雌雄、死活、贫富、输赢等词语的结构;而且,英语中也有类似的表达法,如"man and woman"、"father and mother"、"husband and wife"等,难道"先尊后卑"思想具有普遍性吗?看来,对语言与文化间关系的一些解释要谨慎,有时需要时间来检验。语音或语音结构是否能反映文化间的差别?语法差异是否真的反映了人们思维方式的差异?篇章结构、会话模式、文体风格是否能反映人们的认知方式和思维特征?这些问题都值得做深入研究。

文化语言学同样主张从考察文化入手来解决语言问题。例如,从文化制度方面我们可以解决语言上的一些难题。一些人曾对古籍中"黄肠题凑"一语感到费解,但大葆台汉墓的发掘平息了语言学上的纷争。再如,对《论语·微子》中"耦而耕"的解释也有许多,有人认为是"二人共踏一耜",有人认为是"二人各执一耜合力刺土发土",有人认为是"二人一耕一耰",有人认为是"二人相对一蹠一拉共发一耜",但力学原理和国内外民俗学及民族学的证据表明:耦耕需要二人一组,各执一耜,同步协调插土、起土、翻土。通过文化人类学的方法,从文化结合认知的角度还可解决语言学上的其他一些难题。既然语言是人类文化中的一部分,那么人类文化中的共性因子便决定了语言也有人类共有的东西,从文化研究语言就是研究语言中的共性问题。如果说从语言研究文化是发现各文化间的差异,那么从文化研究语言更多的是寻找语言间的共性。例如,人们曾对汉语中颜色词"青"的造词理据争论不休,有人通过比较世界各语言中颜色词"青",发现各语言中"青"大都表示草木生长的颜色,所以我们似乎可以得出以下结论:汉语中颜色词"青"也应该是表示植物生长的颜色。再有,汉语文字学上对方位词"东"的解释莫衷一是,《汉字源流字典》认为是"灯笼"的初文,音是"灯笼"

的合音;《汉语大字典》认为是"橐"的初文,象"实物橐中,括其两端";有人认为是"日在木中"。通过比较世界上多种语言(如英语、法语、德语、梵语、东巴语、彝语等)中方位词"东"的理据,我们发现,方位词"东"的最基本认知意义表示"日出之方",因此,"东"字在汉语中的词源意义和造字理据的最合理的解释应当为"日在木中"。

相对于从语言方面来研究文化的成绩,从文化方面研究语言似乎做得很不够。研究语言中所反映的文化现象相对来说比较容易,可以就学者自己感兴趣的文化侧面入手,认识深则深讲,认识浅则浅说,没有多少限制;而从文化方面来解决语言问题,有时需要调动各方面的文化知识储备来论证某一语言问题,难度就增大了。随着文化语言学的不断发展,我们希望文化语言学各领域的研究能逐渐平衡起来。

7.7.4　文化语言学与语言教学

文化语言学与语言教学有很深的联系。每一个社会成员习得母语的过程同时又是认同母语所代表的文化的过程,这似乎是自然而然的事。实际上,习得和运用母语时,每个人还通过观察、模仿、体验等多种方式有意无意地接受着自己所属的文化。但当学习一门外语的时候,如果没有外语原生的社会文化环境,就很难增强对这门外语所体现的文化的敏感度。语言虽然能在一定程度上体现某种文化,但仅仅通过语言本身来认识它所"代表"的文化是远远不够的,况且语言所体现的文化不仅存在于语言形式中,也存在于实际的语言使用中。新中国建立以来,"我们对语言的认识深受斯大林工具主义语言观的影响,认为语言是工具、武器,人们利用它来互相交际,交流思想、达到相互了解"。工具主义语言观不但影响人们的思想,而且也影响到了人们的语言学习,人们常常只是学习语言本身,而对语言所蕴涵所折射的文化背景,不愿甚至不敢有所了解,这就造成了这样一种状况:学生自以为掌握了语言这一工具,但在实际的语言交际中,发现这种工具并不是得心应手、运用自如,有时甚至会造成严重的语用文化失误。我们经常看到一些教科书上有这样的对话训练:

What's you name? ——My name is Li Ming.

How old are you? ——I'm 22.

Where are you going? —— I'm going to the library.

如果一个学生按这种方式去跟一个初次见面的英美人谈话,其尴尬之状不言而喻（简直是在审查）。结构主义语言观对语言教学产生过重大影响。索绪尔是现代语言学的鼻祖，他强调对语言本身进行研究，这种语言本体的研究也同样造成了语言与文化研究的脱节。近年来，人们逐渐认识到语言本体研究的局限性，在语言教学中除了传统的语言基本功之外，还加强了文化因素的传授。由于语言与文化密不可分，这就要求在外语教学中既要强调语言形式本身，有须重视语言的文化属性，冲破外语教学中传统的工具主义语言观的藩篱，树立新的文化语言观。科学的文化语言观要求学习者在学习外国语言系统规则的同时，大量接触所学语言代表的文化，培养文化学习意识，在掌握语言能力的同时也提高文化交际能力。这就要求在我们的语言教学中，尤其是外语教学中，文化规范的教学和语言技能的培养同步进行，以发挥语言表达思想、交流感情、传播文化的功能。

7.7.5　文化语言学研究中容易出现的问题

文化语言学是解释性的，因此无论是从语言看文化，还是从文化研究语言，得出的结论总会带有一定的主观性。缺乏客观验证性是文化语言学研究中一大缺点，即便有时有一些验证，但对实验的解释也时常会完全相反。罗常培先生的《语言与文化》的标题几乎清一色为"从……看……"，这样，就会存在仁智互见、瑕瑜丛生的情况。例如，有人认为英语中第一人称单数代词"I"总是大写，这充分表现了英国人"个人主义膨胀"。也有人从汉字、拉丁文字母和阿拉伯字母看中国建筑、西欧建筑和阿拉伯建筑，认为字母形状与建筑外观也存在某种影响关系。有些人虽然说得天花乱坠，但我们还是觉得其中牵强附会的成分太大。在文化语言学的研究中，我们一定要慎之又慎，力戒盲目主观性，努力得出真实可信的结论。

7.7.6　有关文化语言学的争论

作为语言学的一个分支学科，文化语言学的研究显得还很年轻，其研究成果不算很多，这一学科的理论建设也有待完善，因此对文化语言学的地位、属性和研究对象也还有不同的看法，存在一些争论。有人认为文化语言学根本没有独立成为一门学科的必要，它可以归属于人类语言学或社会语言学；而另一种极端的观点认为，语言的根本属性是它的文化性，只有从文化的角度来研究语言才能揭示语言的本质，因此整个语言学都可以包含在文化语言学之内。我们认为，无论人类语言学还是社会语言学都有其既定的研究对象和范围，它们的研究中可能涉及有关语言和文化的问题，但它们的最终目的不是研究语言和文化之间的关系。如果文化语言学的建立能有助于我们更好地理解语言和文化之间的关系，那么文化语言学就应该有其独立的地位，任何一门新兴学科都是在原有的母体学科中逐步成长起来的。但文化语言学毕竟还比较年轻，很多方面还不很完善，理论建设处在草创阶段，不能自视太高，唯我独尊。文化性只是语言的一种属性，语言还有其他很多值得研究的方面。我们可以从语言的符号性、功能、心理、认知等多角度对语言进行全方位的研究，目的就是使我们能更好地认识和理解语言的实质。学科的繁荣要靠各学科互相支持、分工协作。比如，没有语言本体性的研究，恐怕连语言的自身我们都认识不清，那能奢谈语言与其他学科之间的关系；同样，语言与其他学科间关系的研究也能帮助我们更清楚地认识语言本身。除了文化语言学自身还不够完善以外，文化语言学研究中的主观片面性也是给文化语言学招来非议的一个原因。有的学者仅根据语言的表面现象，不做深入客观的分析研究就轻下断语，或者把问题或结论说的玄乎其玄，这些都是不足取的。另外，个别人在研究中缺乏应有的学术规范意识，更给文化语言学研究带来不应有的批评。

7.8　应用语言学

7.8.1　什么是应用语言学

"应用语言学"这个术语，是著名波兰语言学家博杜恩·德·库尔德内（J. Baudouin de Courtenay）于 1870 年提出来的。他首先提出必须区分纯粹语言学和应用语言学，并明确指出：应用语言学是运用纯粹语言学的知识来解决其他科学领域的各种问题。但隔了半个多世纪，到 20 世纪 40 年代，这门科学才真正开始建立。1946 年美国密歇根大学建立了英语学院，在弗里斯（C. Fries）和拉多（R. Lado）等人的领导下，研究教外国人英语的问题，并出版了第一本以"应用语言学"命名的杂志《应用语言学杂志》，这也是第一次用"应用语言学"来指称语言教学。

60 年代以后，应用语言学得到了蓬勃发展。1964 年，在法国南锡召开了第一届国际应用语言学大会，同时成立了"国际应用语言学协会"。同年，韩礼德等人在英国出版了第一本应用语言学教科书《语言科学与语言教学》。从此以后，应用语言学的发展一日千里，出版了很多有关应用语言学的专著、丛书，欧美许多大学开设了应用语言学这门课程，并开始培养应用语言学的硕士、博士研究生。从此，应用语言学成为一门学科。

应用语言学有广义和狭义之分。广义的应用语言学指把语言学知识应用于解决各个领域的实际问题，包括语言教学、词典编纂、文字创制、翻译、言语病理、信息传递和通讯联系、机器翻译和情报自动检索等许多分支。狭义的应用语言学则专指语言学理论在教学中的应用即语言教学，特别是第二语言的教学或外语教学。最早使用狭义的应用语言学这一概念的是弗里斯。从近年来的发展趋势看，广义的应用语言学中的各分支学科差不多都有一个专门的名称，如病理语言学、计算语言学、社会语言学和心理语言学等。而狭义的应用语言学就简称为应用语言学。这也是本节所要论述的主要内容。而且，现在，事实上，人们已经赋予应用语言学以新的内容。它不仅指语言学理论在语言教学中的应用，而且也指语言教学本身的理论与实践。狄东尼（Renzo Titone）："应用语言学不仅指语言学原理在语言教学中的应用，而且也指以语言学、人类学、心理学和科学实验等学科为基础的综合性的语言教学方法论。"他的看法就反映了这种趋势。

7.8.2　狭义应用语言学的特点

1. 独立性

应用语言学是一门独立的学科，具体表现在：

①它有自己的研究对象：语言教学；

②它有实际的需要：在语言教学的发展过程中产生的许多课题需要它回答；

③在利用理论语言学、心理语言学、社会语言学、教育学等学科的成果解决本身问题的基础上形成了自己的理论、方法体系。

2. 应用性

应用语言学是一门应用性的学科，它着眼于实际应用。英国语言学家科德（P. Corder）在他的《应用语言学导论》[1]中强调：应用语言学是一种活动。美国应用语言学家坎波（R. Campbeu）则说：应用语言学是一种解决问题的业务。但这样说并不意味着应用语言学完全排斥理论。它包括三部分：语言理论、语言描写、语言教学。其中，前两部分是第三部分的基础。可以说应用语言学解决的正是语言学理论与语言教学实践的统一问题。

3. 交叉性、开放性

应用语言学是一个由多学科到跨学科的科学体系组成的综合性新兴学科。它由对其他相邻学科的依赖发展到逐渐独立。它有自己的发展规律，但同时又从其他相邻学科中吸取营养，推动本学科的发展。对语言教学理论影响较大的是文化（包括哲学）、语言学、心理学和教育学等。

4. 实验性

应用语言学是一门带有实验性的学科。它不只通过思辨性的探讨，更通过实验性的研究来建立关于语言教学的理论和原则。英国爱丁堡大学编写的四卷本应用语言学教程的第四卷就叫做《测试与实验方法》。实验的方法有两种：一种是自然观察，一种是科学实验。

7.8.3　几种主要外语教学法流派评介

在现代外语教学史上有很多外语教学法流派，具体数目难以精确统计。以下大体上按历史发展顺序简要地评介影响较大的主要流派。

1. 语法—翻译法（Grammar-Translation Method）

语法—翻译法是最古老的外语教学法，已有几百年的历史。它盛行于 18 世纪末，代表人物是奥伦多夫（H. G. Ollendoff）。20 世纪初，这种教学法在许多国家的外语教学中占主导地位。我国解放初期的外语教学，特别是俄语教学，大都采用这种方法。

语法—翻译法的基本特点可以归纳为：

（1）教授语法学家所确定的所谓"规范"的语言，所使用的语言材料多以古老和过时的例句为主。

（2）注重书面语，不太注重口语。

（3）语法的讲解不仅注重规则的现象，而且十分注重不规则的现象。

---

〔1〕［英］S. 皮特·科德：《应用语言学导论》，上海外语教育出版社，1983 年。

（4）课堂教学使用本族语。

（5）教学方法以翻译为主，通过大量笔头翻译和写作练习来检验掌握语法规则的情况。

教学过程一般是：先教字母的发音和书写，然后系统地教语法，最后阅读原文。

近几十年来，人们对语法—翻译法褒贬不一，它有许多长处：

（1）利用本族语，把翻译作为讲解与巩固外语的手段；

（2）主张讲授语法知识，发展学生的智力；

（3）注重阅读，注重学习原文，特别是文学名著；

（4）该法使用方便，不需要专门训练，对口语要求不高，不需要复杂的设备和教具，教学进程易于检查和控制。

该法的主要缺点是：

（1）忽视口语教学；

（2）过分依赖母语；

（3）过分强调语法。

语法—翻译法对 20 世纪初出现的阅读法、30 年代出现的自觉对比法、60 年代出现的双语法和认知法都很有影响。

2．直接法（Direct Method）

直接法是在 19 世纪后半叶作为语法—翻译法的对立物在西欧出现的。主要代表人物是贝力兹（M. D. Berlitz）、艾盖尔特（B. Eggert）和帕默（N. E. Palmer）。所谓直接法，就是直接用外语教外语，不用学生的母语，不用翻译，也不注重语法。它的教学目标不是规范的书面语，而是外语口语。

直接法的主要教学原则包括：

（1）直接联系的原则：直接法中最基本的内容是建立语言与外界经验的直接联系。也就是说，在外语教学中，使每一个词与同它所代表的事物或意义直接联系，不经过母语翻译。这样做，可以使学生直接用外语思维。

（2）以口语为基础的原则：口语教学是入门阶段的主要手段和目的。

（3）句本位原则：教外语从句子入手，以句子为单位，以整句进出。

（4）以模仿为主的原则：通过模仿手段重复所学的句子，养成习惯，达到自动化的地步。

直接法还有其他一些教学原则，如精选语言材料的原则、循序渐进原则、趣味性原则等。

一般学者认为，它有以下优点：

（1）利用各种直观手段进行自然的口语教学，有利于调动学生的学习积极性。

（2）有利于学生外语思维与言语能力的培养。

批评直接法的人认为，它有以下缺点：

（1）儿童学习本族语同成年人学习外语的过程有很大不同，直接法把二者混为一谈，这是很不对的。

（2）直接法重视感觉，但忽视思维、已有经验和理论知识的作用，因而使学生经常产生误解。

直接法是一种很有影响的外语教学法，它来自长期的教学实践，又有一定的理论基础。对后来的听说法、沉浸式教学和功能法影响很大。

3．听说法（Audiolingual Method）

听说法产生于20世纪40年代的美国，当时叫做陆军法或口语法，到了50年代，发展为听说法，又称结构法，在美国外语教学中占支配地位。代表人物有埃比、弗里斯等。听说法吸取了直接法中重视口语的特点，教学目标分听、说、读、写四项技能，但重点放在发展听、说技能上。

听说法主张新课内容以对话形式展示；用模仿、重复和记忆的方式学习，对句型结构进行反复操练，以便养成习惯；用对比的方式安排语言结构顺序；很少或根本没有语法解释，语法教学靠归纳性类推；词汇严格控制，而且通过上下文学习；大量使用录音、语言实验室和视听设备。听说法先听、说，后读、写，重视语音教学，允许教师使用极少量的学生母语。

听说法的语言学基础是结构主义语言学，把语言看成是一个结构系统、一套习惯。它的心理学基础是行为主义心理学。在现代外语教学史上，听说法是一种理论基础雄厚的教学法。

听说法的主要优缺点如下：

（1）跟早期的直接法不同，听说法不完全排斥在教学中使用学生的母语，这在一定程度上克服了直接法的片面性。

（2）听说法偏重于语言的结构形式，在一定程度上忽视意义。过多的脱离语境和内容的结构模式操练，机械单调，引不起学生的兴趣，难以获得交际能力。

（3）听说法强调在对外语和母语进行对比分析的基础上根据学生的难点选择语言项目和安排语言项目的先后次序，这是合乎教学规律的，但对比分析并不能预示学生的全部难点和错误。

（4）听说法把语言技能分为听、说、读、写四个方面，这在语言教学上是一个进步。但它注重听、说（主要是说），忽视读、写。用这种方法培养的学生，口语较好，但阅读和写作能力较差。

4．认知法（Cognitive Approach）

认知法又称认知—符号法（Cognitive-Code Approach），产生于 20 世纪 60 年代的美国，代表人物是卡鲁尔（J. B. Carrol）、布鲁纳（J. S. Bruner）。

认知法主张在外语教学中发挥学生的智力，注重对语言规则的理解和创造性的运用，它的教学目标是全面地掌握语言，不完全侧重听说。它批评听说法的缺点，为语法—翻译法和直接法正名，因而被称为"改进了的现代语法—翻译法"或"改进了的现代直接法"。

认知法主张把培养语言能力放在教学目标的首位。以学生为中心，重视培养学生正确的学习动机、良好的学习习惯和学习毅力，开发学生的智力，激发学生的学习兴趣，充分调动学生的学习积极性和主动性。提倡演绎法的教学原则，在理解和掌握规则的基础上，启发学生发现语言规则。反对机械模仿，提倡有意义的练习。认知法主张听说读写齐头并进，全面发展。语音教学适可而止，重视阅读和词汇量的扩大。允许适当地使用学生的本族语。通过两种语言的对比确定难点和重点。在初级阶段，允许必要的适当的翻译。认知法要求老师正确对待、分析学生出现的各种错误，影响交际的错误要加以纠正，但其他一般性错误不宜进行过多的纠正，更不要指责学生。

认知法根据成年人学习外语与幼儿学习母语的不同，把外语教学过程分为三个阶段：语言的理解（comprehension）、语言能力（competence）、语言运用（performance）。

（1）语言的理解　这一阶段的目的是让学生理解所提供的语言材料和语言规则的意义、构成和用法。使用的方法一般是：以旧带新，如要讲英语动词的过去时，先复习它的现在时；引导学生发现语言规则；简明扼要地讲解。

（2）培养语言能力　这一阶段有两个目的：一是检查学生对所学语言知识的理解情况，二是培养学生运用语言知识的能力。理解性练习可分为：识别性练习（discrimination）、动作反应练习（physical response）、挑选视觉资料练习（selection of visuals）、定义练习（definition)、多项选择练习（multiple choice）、是非练习（true-false）。培养语言能力的练习是多种多样的，又如组句、合成句子、改装句子、扩展句子、造句、背诵、翻译、各种形式的问答、复述课文等。认知法反对无意义的机械练习，主张多作表达思想感情的练习。

（3）语言的运用　这一阶段的教学目的是培养学生运用所学的语言材料进行听、说、读、写的能力，特别是真实的交际能力。这方面的练习主要有多种形式的交谈，就指定的话题进行讨论或座谈，连贯的对话，多种形式的叙述，口头作文或专题发言，各种形式的论述，作文，做外语游戏或扮演角色，翻译等。这一阶段主要是进行交际性的言语活动，以学生为主。此时基本上不用母语。

5. 功能法（Functional Approach）

功能法又叫意念法或交际法，产生于 20 世纪 70 年代初的西欧，创始人是英国语言学家威尔金斯（D. A. Willkins）。它是近年来颇为流行的外语教学法流派之一。功能法从社会语言学、心理语言学、转换生成语言学等相邻学科和学派中吸取其最新成果作为自己的理论基础。功能法的纲领性文件有《入门阶段》（The Threshold Level）、《英语初阶》（Waystage English）和《意念大纲》（Notional Syllabus）等。

欧洲功能派把功能法叫做功能大纲，这就说明它已经不是一般的教学方法，而是指导外语教学的理论体系。功能大纲包括功能、意念（一般意念和特殊意念）、场合、社会地位、性别、身份、心理因素、语体和语域、重音和语调、语法和词汇、辅助语言特征等项。

功能法的基本特征是以功能为纲，有针对性地培养学生的交际能力，教学过程交际化。功能法十分重视语言的交际功能，主张学习语言从功能到形式，从意念到表达法。他们主张以功能为纲，根据教学需要选取真实而实用的语言材料。功能法不是不要语法，而是把语法作为实现功能的手段。他们主张教学过程交际化。创造接近真实交际的语言环境，教学方法多样化，而且多是实用的交际活动，并把单项技能训练与综合性训练相结合。功能法强调表达内容，不过分苛求形式。对待学生的错误，不影响交际的可以容忍，不必过于苛求。主张圆周式地安排语言材料，循序渐进地组织教学。比较普遍的方式是以题材范围或话题安排顺序，把功能与结构统一起来。教学过程一般包括展示、语言要点练习、语境练习、实际运用几个步骤，目的在于提高学生的交际能力。

功能法吸取了直接法、听说法、视听法等的长处，重视学生的交际需要，强调培养学生的交际能力，主张教学过程交际化，对克服以往教学中偏重语言形式，忽视交际功能的倾向起了很重要的作用。实践证明，这是一种很有生命力的教学法流派。功能法目前遇到的最大难题是如何把语言结构与功能结合起来。

7.8.4　外语教学法流派的发展趋势

历史上出现了各种教学法流派，但是一个时期强调这种教学法，一个时期又强调另一种教学法，常常从一个极端走向另一个极端。现在越来越多的人认识到，只靠一种方法不能解决教学中的问题，于是出现了新的趋向：

（1）各教学法流派趋向综合。我们主张用分析、综合的方法对待各种教学法流派，研究教学中的各种问题，具体情况具体分析，不能笼而统之。但要注意的是，分析、综合是一种思想方法，综合出来的结论，还应该反映它本身的特点。

（2）冲破方法流派的束缚，从不同的领域和不同的角度，全面地认识外语教学问题。外语教学是一个非常复杂的过程，牵扯到许多因素，我们至今知之甚少。各种教学法都认识到了外语教学的某些方面，但都不全面。因此，应用语言学家们认识到，需要从语言学、心理学、教育学和文化人类学等各种不同的领域和角度全面地认识外语教学，逐渐深入到外语教学领域内的各个方面。具体表现在：探索外语教学总体设计、大纲制订、课程设计的新路子；探索课堂教学中的人际关系，主要指师生关系和学生之间的关系；探索的重点由"教"转向"学"；探索交际性教学的途径，交际或交际能力在外语教学中是一个核心概念，是教学理论研究的焦点，是各种分支趋向的总趋向。

从 20 世纪的情况看，教学法的理论走向包括四个方面：〈1〉结构；〈2〉认知；〈3〉社会；〈4〉情感。各种教学法都在这些方面表现出其侧重点。在实际教学中，只能根据特定的教学对象、教学任务和目标来吸取各种教学法流派中的合理因素，要争取建立一个具有实用性、明确性、一致性、综合性、简明性的教学理论体系。

7.8.5　第二语言教学中三种语言要素的教学

1. 语音教学

第二语言教学中语音教学一般遵循下列原则：

（1）单音教学与语流教学相结合。

（2）进行对比分析，突出重点、难点。

（3）循序渐进。

（4）理解与发音相结合。

（5）机械性练习与有意义的练习相结合。

语音教学的具体方法包括：演示法、对比法、夸张法、手势法、拖音法、以旧带新法、分辨法、固定法、模仿法、录音法等。

2．语法教学

语法教学的方法很多，但归纳起来，大体上有三种：第一种是归纳法，就是先给一些例子，最后总结语法规则，直接法和听说法一般使用这种方法；第二种是演绎法，就是先给语法规则，再用例子说明，语法—翻译法和认知法一般使用这种方法；第三种是引导性的发现法，就是把前两种方法结合起来使用，通过提问题的方式引导学生进行分析、类推，自己发现语法规则。一般来说，儿童抽象思维能力较弱，常用第一种方法；成年人常用第二种；简单的语法规则可用归纳法，复杂的可用演绎法。

3．词汇教学

在词汇教学中，遇到的首要问题是以什么标准来统计所要教的词汇，常用的标准有：

（1）频率　是指一个词在交际中出现的次数。

（2）范围　指一个词在不同话语范围（篇章和口语）中出现的次数。有的词在多种语体中出现，有的只出现在某种语体中。这实际上是一个语体频率问题。

（3）可用性　这是指一个词在某种情境中出现的频率，即语境频率。

（4）覆盖率　指一个词用来表达多少事情或行为等，表达得越多，覆盖率就越大。覆盖率还指一个词用来表达不同事物时跟其他词结合的能力。

（5）熟悉程度　指操母语的人对自己母语熟悉的程度，以此作为词汇调查的依据。

（6）课堂交际用途　指教师在课堂上向学生做调查，让学生根据所给的不同话题，写下他们想要学习的词语。

（7）可学性　指词汇学习的难易程度，两种语言相近的词语就比较容易学习。

词汇教学要坚持循序渐进，数量与质量相结合，课上、课下结合，高复现率等原则，可使用翻译法、直接法、语素法、语境法、词根法、词源法、搭配法、话语联结法、比较法等具体的方法。

7.8.6 我国的中小学语文教学

母语教育伴随着人类文明的发展走过了一个漫长的历史。古代的母语教育并不是单纯的语言教育，缺乏独立性。像在我国，普通教育课程体系中语文学科的开始设置，不过是 1904 年的事情。语文向来被认为是最主要的学科，是"主科之主科"，"一切学科的根本"。经过百年特别是解放后人们的不懈努力，语文学科取得了长足发展，但问题依然很多，语文教学"少、慢、差、费"，依然不容忽视。下面从两方面做些介绍。

1. 教改实验

长期以来，语文课堂教学以教师为中心，以传授知识为主，课堂成了单纯的讲堂。20 世纪 80 年代以后，越来越多的语文教师认识到，注入式、满堂灌的教学方法是培养学生能力的严重阻碍，于是，以课堂教学结构的改革为突破口，许多语文教师进行了教改实验。有的在实验的基础上逐步总结出自己的教学模式，形成了独特的教学风格。如上海育才中学的"读读、议议、练练、讲讲"八字教学模式；上海钱梦龙的"三主四式"教学模式；辽宁魏书生的三步教学法；武汉黎世法"六课型单元"教学模式；江苏李吉林的"情境教学法"；北京宁鸿彬的"熟读、质疑、解疑、总结、运用"模式；快速阅读、快速写作以及正在探索的研究性教学模式等。这些教学模式各具特色，但也有许多的共性：都把探索教学规律，提高教学效率作为总目标，都坚持教为主导，学为主体，教学有机统一；都力求按照学生的认知特点设计教学程序；都注意整体出发组织教学。教改实验大多取得成效，在局部地区得到推广，对语文教学改革起了积极的推动作用。但由于受制于这样那样的条件，影响还不是全局性的。

识字是阅读写作的前提。识字教学历来是小学语文教育的重点，识字方法研究一向受到人们的重视。解放以来，许多语文教师、教育工作者结合我国传统教育经验创造了各种识字方法，如随文识字、集中识字、注音识字、部首识字、字族文识字、韵语识字、字根识字、多媒体电脑辅助识字等。据不完全统计，有 21 种之多。其中，注音识字，即"注音识字，提前读写"的实验是 80 年代初开始的。儿童先用一个月左右的时间学好拼音，然后利用拼音，从一年级起进行听说读写全面训练，寓识字于读写之中，并且通过生动活泼的语言活动促进儿童语言、思维诸方面和谐发展。这个实验已不只是单纯的识字方法实验，实际上它涉及小学语文教学体系的整体改革。

解放以来，中小学语文教材一直是全国统编，一般采取文选型编排方法。1986 年国家教委公布一纲多本的方针，鼓励有条件的试编实验教材，十几年来各地纷纷组织力量研究、编制，现已出版的教材有 20 多套。教材改革打破了一套教材一统天下的格局。

2. 理论探索

解放后相当长的时间里，在我们的教学中，混淆了语文教育与政治教育的界限，语文课上成了政治课。作为反拨，80 年代以后，工具论被提出，认为语文是人们的交际工具，是学习和工作的基础工具，语文课的任务就是进行语言知识教学，培养学生听、说、读、写能力，而课文只不过是个例子。工具论纠正了语文教育的偏向，一度成了语文课性质的最权威也最流行的界定，但对此语文教学界存在不同的看法。概括起来，大致有三。一是人文论。认为语文是人们思想、情感、社会文化的负载工具。语文课的任务主要是通过语言的学习感悟培养情感，审美情操，弘扬中华民族的人文精神。二是素质论。认为语言是交际工具，也是思维工具，同时又是认识世界、改造世界的工具。语文课要加强语言运用能力的训练，也要把能力训练同对语言所表达思想内容的理解结合起来。认为语文学科不仅有工具性，而且有人文性、实践性、综合性，语文课的任务是培养、提高学生的语文素质。三是语感论。20 世纪 90 年代以来，语感成为语文教学界讨论的一个热点，有人提出培养语感是语文教学的首要任务，语文教学应以语感为支点和中心。这种认识试图扭转语文教学中存在的"肢解性分析"和"坐实的意义讲解"的弊病，但由于理论准备的不足，语感教学实践经验也不够充分，在语感的定义及特点，语感活动的领域及分类，语感的功能及其在语文教学中的地位等问题，可持续研究的天地依然广阔。

学科的性质和任务决定课程的内容。由于对语文学科的性质认识不一，语文课究竟包含哪些内容，如何优化选择，各方的意见也并不一致。如何统一认识，如何避免分析论证的经验主义，是目前亟须研究解决的问题。

在如何处理知识与能力的关系问题上，语文教学在历史上曾出现过两个极端，或忽视语文知识的学习，或把语文知识讲得过多过细。过犹不及，效果都不好。应该看到，知识的学习是为了能力的提高，知识应该精要，好懂，管用，同时也要看到否定语文知识教学的片面性，靠实践经验培养能力，不是绝对不可，只是速度太慢，效率太低。就目前而言，语文知识对能力的培养有用这已毋庸置疑，但语文能力训练究竟需要什么样的语文知识，却需做进一步的探索。

作为母语教育的汉语语文教学是在中国的沃土中土生土长的，不管课程名称是国语，还是语文，现代语文教育总是传统语文教育的继承和发展。重视传统，研究传统，从传统中吸取精华，对于当前语文教学改革与建设不无意义。然而遗憾的是，我国传统语文教育研究一直相对滞后。20与21世纪之交的一场讨论，使我们的语文教学遭遇了前所未有的困窘，面对着"误尽苍生是语文"的诘难，好多人彻夜难眠。语文教学需要突破。而要突破，必须处理好继承、学习与创新的关系，我们应该构建民族化与现代化相结合的语文教学体系。因为只有二者有机结合，才能达到语文教学的高质量，只有二者有机结合，才能达到学以致用的目的。

统观应用语言学的发展历史，我们应该看到，正如历史在前进一样，应用语言学研究也在不断发展，而且发展得越来越快。钱三强同志说："从某种意义上说，从本世纪到下世纪将是交叉科学的时代"，应用语言学的发展印证了钱老的预言。交叉性、边缘性是当今语言学的最大特点。我们应该拓展自己的研究视野，积极地从各个兄弟学科汲取营养。语言学理论的发展促进了应用语言学的发展，应用语言学的发展反过来也丰富了语言学理论。我们有理由相信教育学、心理学、计算机科学、社会学等学科的每一点进步都会对应用语言学的发展产生影响，我们也有理由相信，应用语言学的发展也会对其他学科做出自己的贡献。

综上所述，应用语言学是一种动态的、异质的言语的语言学。

7.9 计算语言学

7.9.1 概述

计算语言学是一门新的交叉语言学科。从名称上就可以知道，其特点在于"计算"。不过，"计算"只是其手段，专业一点说，"计算"是语义知识形式化的需要。

语义是语言这一大系统中一个重要的子系统，又是让语言学家大伤脑筋的一个系统。因为其他两个系统——语音、语法[1]都比较容易进行形式化操作，因为有可以把握的物质载体（如音位形体、语序），而语义往往跟说话人的经验相关，靠人的心理感知去把握，因而在形式化方面一直是个"老大难"问题。

对语义进行形式化计算最早可以追溯到莱布尼兹那里，当莱氏在某个问题上跟人有歧异时，他会拿起笔对你说"让我们计算吧"。计算什么？计算的正是语义。计算语言学的任务之一正在于将语义形式化之后加以计算。

什么是计算语言学？《大不列颠百科全书》的定义：计算语言学是利用电子数字计算机进行的语言分析。虽然许多其他类型的语言分析也可以运用计算机，计算分析最常用于处理基本的语言数据，例如建立语音、词、词元素的搭配以及统计它们的频率。

这个定义关于计算分析所运用的领域的观点显然已经过时。如今，计算语言学的发展早已超越了"建立搭配与统计频率"。

俞士汶等人下的定义是：计算语言学是用计算机研究和处理自然语言的一门新兴的边缘学科，是计算机、语言学、应用数学三门学科交叉而形成的一门新的学科。它通过建立形式化的数学模型，来分析、处理自然语言，并在计算机上用程序来实现分析和处理的过程，从而达到以机器模型来模拟人的全部或部分语言能力的目的。

计算机对自然语言的研究和处理，一般应经过如下四个过程：

（1）从语言学角度提出自然语言处理的问题和理论（linguistic problem）（属语言学）；

（2）将需要研究的问题在语言学上加以形式化（linguistic formalization），使之能以一定的数学形式严密而规整地表示出来（属语言学）；

（3）将这种严密而规整的数学形式表示为算法，使之在计算机上加以形式化（computational formalization）（属应用数学）；

---

[1] 这里采取"三分"法，将语言这个系统分为语音、语义、语法三个系统。也有的将语义细分为词义和句义，这样就是语音、词汇、语义、语法"四分法"。

（4）根据算法编写计算机程序，使之在计算机上实现（computer implementation）（属计算机科学）。

前两个过程属于计算语言学的理论部分，后两个过程属于计算语言学的方法部分，通常也称为自然语言的计算机处理。

计算语言学的理论研究和传统的语言学有一定的区别。计算语言学要求把计算机科学处理问题的一些基本思想、基本方法引到语言学研究中来，从新的角度观察语言学，建立和传统语言学不同的语言学理论，这些语言学理论要精确地描述和解释语言的结构、现象和规律，建立语言的严谨的可计算的形式化模型。

计算语言学研究的主要内容包括：计算语音学、计算词汇学、计算语法学、计算语义学、计算语用学、计算机话语分析、语料库语言学，等等。

7.9.2 计算语言学的历史

17 世纪，一些有识之士提出了采用机器词典来克服语言障碍的想法。笛卡儿和前面提到的莱布尼兹都试图在统一的数字代码的基础上来编写词典。1954 年，美国乔治敦大学用 IBM‑T01 计算机进行世界上第一次机器翻译试验，首次利用计算机把俄语翻译成了英语，并取得了初步成功，这掀起了机器翻译的热潮。但是，机器翻译的问题很复杂，而早期的机器翻译系统都把机器翻译的过程与解读密码的过程相类比，试图通过查阅词典的方法来实现词对词（word for word）的机器翻译。这样，译文的可读性很差，难以付诸实用。1964 年，美国科学院专门成立了一个"自动语言处理咨询委员会"（简称 ALPAC 委员会），调查机器翻译的研究情况。1966 年 11 月，ALPAC 委员会公布了一个题为《语言与机器》的报告，简称 ALPAC 报告，对机器翻译持否定态度。在 ALPAC 报告中，首次出现了"计算语言学"这个术语。据说这个术语的提出者就是 ALPAC 报告的编委之一美国著名语言学家海斯（D. G. Hays）。海斯提出"计算语言学"这个术语，是希望学者们接受早期机器翻译译文质量低劣的教训，花更多的时间和精力去研究自然语言计算机处理的基本理论。计算语言学就是自然语言计算机处理的基本理论和方法的总称。

ALPAC 报告之后，计算语言学研究转向了自然语言理解。自然语言理解（Understanding Natural Language）又叫人机对话（Man‑Ma‑

chine Dialogue），研究如何让计算机理解和运用人类的自然语言。这一时期称为计算语言学的发展期。

自然语言理解系统分为第一代系统和第二代系统两个阶段。第一代系统建立在对词类和词序分析的基础上，分析中经常使用统计方法；第二代系统则开始引进语义甚至语用和语境的因素，几乎抛开了统计技术。

第一代系统主要有：〈1〉特殊格式系统；〈2〉以文本为基础的系统；〈3〉有限逻辑系统；〈4〉一般演绎系统。第二代系统大多是程序演绎系统，大量地进行语义、语境、语用的分析。比较著名的系统有 LU-NAR 系统、SHRDLU 系统等。LUNAR 系统是伍兹（W. A. Woods）于 1972 年设计的一个自然语言情报检索系统。SHRDLU 系统是威诺格拉德（T. Winograd）于 1972 年在美国麻省理工学院建立的一个用自然语言指挥机器人动作的系统。

计算语言学发展的同时，机器翻译也逐渐复苏。这一时期的机器翻译系统几乎都将句法分析放在第一位，把语法与算法分开，而且语义分析在机器翻译中越来越受到重视。这一时期，美国在乔治敦大学开发了大型翻译系统 SYSTRAN，可进行俄英、英俄、德英、汉法、汉英机器翻译，是目前应用最为广泛、所开发的语种最为丰富的一个实用化的机器翻译系统。其他还有日本富士通公司开发的以句法分析为中心的 AT-LAS－Ⅰ，以语义分析为中心的 ATLAS－Ⅱ系统。这一时期机器翻译的研究者们对语法和词典都下了很大工夫，研究的规模也扩充了，翻译时未登录的词减少了，句子分析的成功率提高了，多义词选择的准确性和歧义判别能力也进一步得到了改进。

这一时期，各种计算语言学的理论逐渐成熟，出现了一批理论成果。

现代计算机科学理论的奠基人、英国数学家图灵（A. M. Turning）早在他那篇著名的《机器能思维吗》一文中提出，检验计算机智能高低的最好办法是让计算机来讲英语和理解英语，并天才般地预见到计算机和自然语言将会结下不解之缘。

美国著名语言学家诺姆·乔姆斯基（N. Chomsky）的形式语言理论是影响最大的早期计算语言学的句法理论。乔氏曾给出语言描写的四种文法：0 型文法、1 型文法（又叫上下文有关文法 Context-sensitive grammar）、2 型文法（又叫上下文无关文法 Context-free grammar）、3 型文法（又叫有限状态文法 finite state grammar 或正则文法 regular grammar），在乔氏理论的基础上后来又发展出各种理论模型。

在语义自动分析方面，1966 年菲尔默（C. J. Fillmore）提出了格语法（Case Grammar）。接着，1968 年奎廉（M. R. Quilian）提出了语义网络（Semantic network），威尔克斯（Y. Wilks）1974 年提出了"优选语义学"（Preference semantics），山克（R. Schank）提出了概念依存理论（Conception Dependency Theory）。20 世纪 70 年代初，美国数理逻辑学家蒙塔古（R. Montague）提出蒙塔古语法，用数理逻辑来研究自然语言的句法结构和语义关系。

1989 年以来，计算语言学进入了繁荣时期，即进入大规模真实文本处理的新时期。

7.9.3 计算语言学与传统语言学的区别

计算语言学在研究方法上跟传统语言学有所不同，大致说来有以下几点：

（1）研究对象不同。计算语言学面对的是整个自然语言现象，需研究计算机处理语言的带有普遍性和全局性的一般问题，而传统语言学往往着眼于特殊的语言现象。

（2）研究成果及其检验方法不同。计算语言学的研究结果须通过计算机自然语言处理来检验，其结论要"行"得通，重视理论的实用性。传统语言学的结论要"讲"得通，重视逻辑的完美性。

（3）研究途径不同。计算语言学研究语言时"先分析后理解"，分析之初计算机不可能懂得或理解所分析的语言片段是什么意思，理解是分析的结果。传统语言学研究语言时往往"先理解后分析"，在分析之初，研究者根据自己的语感和内省的经验，已经理解所要分析的语言片段的意思，理解是分析的前提。

（4）对研究者的知识结构要求不同。计算语言学是边缘交叉学科，要求研究者具有语言学、数学与计算机科学的全面知识，并需要不断更新知识储备。传统语言学一般不涉及数学与计算机科学，但须具备语言学与人文科学知识。

7.9.4 分词与词性标注

顾名思义，计算机自动分词是将一串字符串变成词串[1]。拼音文字体系的语言是分词书写的语言，自动分词较汉语相对容易得多。下面，我们以汉语为例，介绍几种分词方法。

1．最大匹配法（Maximum Matching Method）

具体操作程序：首先准备一个分词词表；按自左至右顺序扫描待分词的句子，词长由分词表中的最长词的数目决定；将扫描到的词依次跟词表中的词相匹配，如果不能完全匹配，则将待分词句子的最后一个字符去掉，如此进行下去，直到匹配成功为止。

此法不足之处：〈1〉如果由词典中的最大词长来决定待分词句子的最大词长，会造成无用匹配次数过多，效率不高的问题；〈2〉无法处理歧义切分问题，请看一个例子：

a．有意见分歧

对于 a 这个字符串，采用最大匹配法进行切分得到的结果是"有意/见/分歧"（与语言事实不合）。最大匹配法切分词，机械性较强，不易发现多种切分可能性，掩盖了分词歧义。

2．逆向最大匹配法

最大匹配法切分词采用自左至右的扫描方法，逆向最大匹配法是自右至左扫描。

此法虽然正确率高于最大匹配法，如 a 按照逆向最大匹配法切分的结果"有/意见/分歧"是正确的。

3．基于联想—回溯算法（Association – Backtracking Word Segmentation）

这个系统由知识库和选词控制机制两部分组成。知识库包括三个子库：特征词词库、实词词库、规则库。

特征词泛指那些具有可作为分割标志的某种特征的词或语素，主要包括词缀、虚词、重叠词、联绵词等。

---

[1] 有必要指出，计算语言学中词的概念跟传统语言学中词的概念有所不同。这里不妨举一个例子，"鸡蛋"和"鸭蛋"在传统语言学中是否都是词曾经有过争议，有人认为"鸡蛋"是词，"鸭蛋"不是词。这显然带有主观主义倾向。计算语言学对这类争议不予考虑，将二者同等看待。

实词主要包括名词、动词、形容词、副词等。

规则库中包含专用和通用两类规则，专用规则是通过反复实验从所产生的错误切分结构中抽取整理出来的，通用规则主要是基于汉语言本身的词汇知识和句法知识。

选词控制机制由五大功能模块组成，包括：预处理模块、分割模块、细分模块、规则调用模块、人工干预模块。

词性标注就是判定给定句子中的每个词的语法范畴，确定其词性并加以标志的过程。汉语是孤立语，没有严格意义上的形态变化，单从词形上难以辨别词性，这在处理兼类现象方面最为突出。词性标注方面经常提到的是两种基于统计的自动词性标注算法：一个叫做 CLAWS 算法，全称是 Constituent – Likelihood Automatic Word – tagging System（成分似然性自动词性标注系统），一个叫做 VOLSUNGA 算法。

词性标注之外还有语义标注。计算语言学者针对语义标注提出的方法多种多样，并且往往也很不一样。这里不予介绍，有兴趣的读者可根据书后提供的文献作进一步了解。

7.9.5　形式语言理论和自动机

1. 形式语言理论

形式语言学，也称代数语言学，研究一般的抽象符号系统，运用形式模型对语言（包括自然语言和人工语言）进行理论上的分析和描写。

Chomsky 将形式语言定义为：按一定规律构成的句子或符号串的有限或无限的集合。对形式语言可采取一定的手段加以描写，乔氏给出的语言描写的三种途径是：简单枚举、文法、自动机。文法用于生成语言，自动机用于识别语言，下面就着重介绍这两种途径。

乔姆斯基将文法定义为四元组，即 $G = (V_N, V_T, S, P)$。其中，V_N 是非终极符号的集合，其成员符号用大写拉丁字母表示；V_T 是终极符号的集合，其成员符号用小写拉丁字母表示，这些符号能处于生成的终点；S 是 V_N 中的初始符号，P 是重写规则，其一般形式为：$\varphi \rightarrow \psi \varphi \neq \emptyset$ 即（φ 不能为空）$V = V_N \cup V_T$。

按照一般重写规则构建的文法是 0 型文法，在其重写规则的基础上，逐渐加上限制条件，形成 1 型文法、2 型文法、3 型文法。

下面简要介绍上述四种文法的生成能力。

3 型文法（即有限状态文法）的重写规则为 $A \to \alpha Q$ 或 $A \to \alpha$（$A \to \alpha$ 是 $A \to \alpha Q$ 当 $Q = \varnothing$ 时的一种特殊情况），这种文法犹如一种生成装置（generative device），每次只能够生成一个终极符号，每一个终极符号与一个特定的状态相联系。例如，这种生成装置处于状态q_0，生成终极符号 α 后又回到q_0，则它生成的语言为 α, $\alpha\alpha$, $\alpha\alpha\alpha$, $\alpha\alpha\alpha\alpha$, …可以图示为：

（2）

图（2）是一个最简单的有限状态转移网络（finite state transition network）。有限状态转移网络是一种有限状态机，由若干表示状态的结点和一些标有终结符的弧连结而成的图，每条弧有一个箭头表示转移的方向（参见冯志伟，1999）。

但是，有限状态文法不能生成下列几种语言（Chomsky，1956；1957）：

（i） ab, aabb, aaabbb ……

这种语言的全部句子由若干个 a 后面跟着同样数目的 b 组成，可以表示为 $L_1 = \{a^n b^n\}$。

（ii） aa, bb, abba, baab, aaaa, bbbb, aabbaa, abbbba ……

这种形式语言是镜像（mirror image）结构语言，若用 α 表示集合 $\{a, b\}$ 上的任意非空符号串，用 α^* 表示 α 的镜像，可以表示为 $L_2 = \{\alpha\alpha^*\}$。

（iii） aa, bb, abab, aaaa, bbbb, aabaab, abbabb ……

这种语言的全部句子由若干个 a 或者若干个 b 构成的符号串 α 后面跟着且只跟着完全相同的符号串 α 构成，可以表示为 $L_3 = \{\alpha\alpha\}$。

上述三种语言都不能用有限状态文法生成。除此之外，有限状态文法不适于用来刻画自然语言。我们可以提出一个有限状态文法来生成两个英语句子"the man comes"与"the men come"，用状态图表示为

新世纪高等学校教材

315

（引自冯志伟，1985）：

（3）

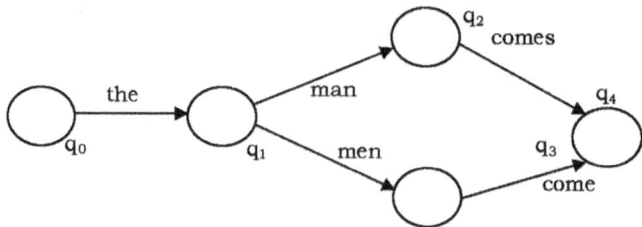

如果在 q_1 处加上一个圈（loop），则状态图（3）成为（4）：

（4）

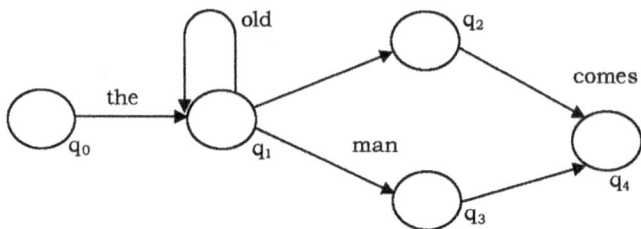

按照（4）这样的状态图，除了可以生成"the man comes"和"the men come"这样合格的句子之外，还会生成"the old old man comes"和"the old old men come"这种不合格的句子。

3 型文法不能生成的语言 L_1 与 L_2 可以用 2 型文法（即上下文无关文法）生成。下面以 L_1 为例，看看它是如何被生成的。给定一个上下文无关文法 G_1：

$G_1 = (V_N, V_T, S, P)$

$V_N = \{S\}$

$V_T = \{a, b\}$

$S = \{S\}$

P：

$S \rightarrow aS$

$S \rightarrow ab$

根据文法给出的重写规则，可得：$S \Rightarrow aSb \Rightarrow aaSbb \Rightarrow aaaSbbb \Rightarrow \cdots \Rightarrow$

$a^{n-1}Sb^{n-1} \Rightarrow a^n b^n$　这就是 L_1。

给定一个上下文无关文法 G_2：

$G_2 = (V_N, V_T, S, P)$

$V_N = \{S\}$

$V_T = \{a, b\}$

$S = \{S\}$

P：

$S \rightarrow aa$

$S \rightarrow bb$

$S \rightarrow aSa$

$S \rightarrow bSb$

利用 G_2 可以生成 $L_2 = \{\alpha\alpha^*\}$，所谓的镜像结构语言。其推导过程请读者自己尝试给出，这里不再列出。

跟 3 型文法一样，2 型文法也有局限性。前面提到，3 型文法不能生成语言 $L_3 = \{\alpha\alpha\}$，2 型文法同样不能生成这种语言。L_3 可以用 1 型文法（即上下文有关文法）生成。给定语法 G_3，用以生成 L_3。

$G_3 = (V_N, V_T, S, P)$

$V_N = \{S\}$

$V_T = \{a, b\}$

$S = \{S\}$

P：

$S \rightarrow aS$ （i）

$S \rightarrow bS$ （ii）

$\alpha S \rightarrow \alpha\alpha$ （iii）

在重写规则（iii）中，α 是集合 $\{a, b\}$ 上的任意非空符号串，由于 αS 的长度不大于 $\alpha\alpha$ 的长度，且 αS 不是单个的非终极符号，而是含有非终极符号 S 的符号串，所以，G_3 不是上下文无关文法，而是上下文有关文法。

用 G_3 就可以生成 L_3。举例说，要生成语言 abbabb，可用如下推导式得到：

S→aS（i）

S→abS（ii）

S→abbS（ii）

S→abbabb（iii）

从上面的论述中可以看出，1型文法（上下文有关文法）的生成能力比2型文法（上下文无关文法）、3型文法（有限状态文法）的生成能力都强。

上文已经指出，0型文法的重写规则是：$\varphi \rightarrow \psi$，除了要求 $\varphi \neq \o$（φ 不能为空串）之外，没有其他限制。因之，其生成能力最强，难以控制，用来描写自然语言颇为困难。上下文有关文法也因类似原因难以用来有效描写自然语言，有限状态文法因其生成能力有限也不是描写自然语言的理想模型。上下文无关文法也有其局限性，例如它不能生成语言 L_3，但由于 Chomsky 范式的提出[1]，提供了有力的层次分析手段，使其既在生成能力方面强于有限状态文法，又在有效性方面优于上下文有关文法和0型文法，所以在自然语言描写方面，一般还是采用上下文无关文法。

2. 自动机及其与文法、语言的关系

什么是自动机呢？跟文法一样，自动机也是一种装置。二者的不同在于：文法是一种生成句子的装置，自动机则是一种识别输入的句子是否合格的装置。

简单地说，如果有一种装置，可以用来对输入其中的符号串进行检验，从而识别该符号串是否是语言中成立的句子：如果是该语言中能够成立的句子，这种装置就接受它；否则，就拒绝它。这样的装置就是自动机（automation），可以看出，自动机就是语言识别机。

文法与自动机都跟语言相关，一个用来生成语言，一个用来识别语言。因此，这二者之间也存在一定的关系。N. Chomsky 和 S. Y. Kuroda 等人将 0～3 型四种文法分别跟图灵机、线性有界自动机、后进先出自动机（也称为下推自动机）与有限自动机这样四类自动机相联系。并且证明，四种文法的生成能力跟四种自动机的识别能力之间具有等价性，表现为：

---

〔1〕Chomsky 范式的基本思想是将任何上下文自由文法的推导树从多叉树简化为二叉树。有关 Chomsky 范式的详细内容可以参阅冯志伟（1985）第二章的相关章节。

（1）若一语言 L 能用图灵机来识别，则这种语言可以用 0 型文法生成；反过来说，若一语言能用 0 型文法生成，则这种语言可以用图灵机来识别。

（2）若一语言 L 能用线性有界自动机来识别，则这种语言可以用 1 型（上下文有关）文法生成；反过来说，若一语言能用 1 型（上下文有关）文法生成，则这种语言可以用线性有界自动机来识别。

（3）若一语言 L 能用后进先出自动机来识别，则这种语言可以用 2 型（上下文无关）文法生成；反过来说，若一语言能用 2 型（上下文无关）文法生成，则这种语言可以用后进先出自动机来识别。

（4）若一语言 L 能用有限自动机来识别，则这种语言可以用 3 型（有限状态）文法生成；反过来说，若一语言能用 3 型（有限状态）文法生成，则这种语言可以用有限自动机来识别。

文法与自动机之间的这种对应关系理论的提出，对编程技术大有益处，在计算机界产生了很大影响。

将文法、自动机、语言三者综合起来，可以清楚地看出它们之间的关系。下面将三者的关系列成图表：

文　　法	自动机	语　　言
无约束短语结构文法（0 型）	图灵机	递归可枚举语言[1]
上下文有关文法（1 型）	线性有界自动机	上下文有关语言
上下文无关文法（2 型）	后进先出自动机	上下文无关语言
有限状态文法（3 型）	有限自动机	正则语言

7.9.6　句法分析

句法分析（parsing）是指通过计算机算法（algorithm）来研究自然语言的句子的句法结构，用来进行句法分析的计算机程序或软件一般称为句法分析器（parser）。句法分析器的主要功能就是判断输入其中的自

---

〔1〕所谓"递归可枚举语言"，是指这样一种语言：一种文法装置经过若干次操作以后，可以确定哪些句子属于这种语言，对于那些不属于这种语言的句子，或加以拒绝，或不断地传递下去，由这样的文法生成的语言就是递归可枚举语言。

然语言句子是否是一个句法上合格的句子，如果是句法上合格的句子，就输出其句法结构。

目前计算语言学界常见的句法分析算法根据分析的方向大致分作两类：一类可以叫做自底向上（bottom-up）算法，一类可以叫做自顶向下（top-down）算法，这两类算法都是在上下文无关（2型）文法的基础上提出来的。下面结合具体例子简单介绍这两种分析算法。

自顶向下算法（以下简称 T-D 算法）这种算法在文法上总是从初始符号（s）开始，逐次运用生成规则（用规则右边的符号串逐次替换规则左边的非终结符），直至推出待分析的句子的结构为止。在构造分析树时，T-D 算法总是从顶部的根结点开始，逐次向下推导，直至呈示自然语言句子的所有叶结点为止。以（5）为例，看看 T-D 算法是如何构造和推导这个句子的（引自冯志伟，2001）：

（5）the boy hits the dog with a rod

针对（5）提出的文法 G 如下：

$G= (V_N, V_T, S, P)$

$V_N= \{S, NP, VP, Det, N, V, Prep\}$

$V_T= \{the, a, boy, rod, dog, hits, with\}$

$S=S$

P：

S→NP VP	(a)
NP→Det N	(b)
VP→V NP	(c)
VP→VP PP	(d)
PP→Prep NP	(e)
Det→［the］	(f)
Det→［a］	(g)
N→［boy］	(h)
N→［dog］	(i)
N→［rod］	(j)
V→［hits］	(k)
Prep→［with］	(l)

运用 T－D 分析法对（5）进行分析如下（这里给出运用文法规则的推导过程，每个步骤所用的规则在其后的括号内标明），有两种分析路径[1]：

（甲）

[1] S

[2] S→NP VP（a）

[3] S→NP VP→Det N VP（b）

[4] S→NP VP→Det N VP→the N VP（f）

[5] S→NP VP→Det N VP→the N VP→the boy VP（h）

[6] S→NP VP→Det N VP→the N VP→the boy VP→the boy V NP（c）

[7] S→NP VP→Det N VP→the N VP→the boy VP→the boy V NP→the boy hits NP（k）

[8] S→NP VP→Det N VP→the N VP→the boy VP→the boy V NP→the boy hits NP→the boy hits Det N（b）

[9] S→NP VP→Det N VP→the N VP→the boy VP→the boy V NP→the boy hits NP→the boy hits Det N→the boy hits the N（f）

[10] S→NP VP→Det N VP→the N VP→the boy VP→the boy V NP→the boy hits NP→the boy hits Det N→the boy hits the N→the boy hits the dog（i）

显然，按照（甲）分析路径，到步骤［10］就会看出，待分析句子中的 PP 成分 "with a rod" 没有进入分析程序。问题出在步骤［6］，不应该将 VP 分析成 V－NP 而应该分析成 VP－PP。下面从步骤［6］开始，重新进行分析为路径（乙），由于篇幅所限，这里从略。

根据 T－D 分析法，可以为［6］构造如下推导树：

---

〔1〕注意，这里给出的是分析路径的全部过程，显得比较烦琐复杂，这样做的目的旨在呈示实际操作程序。读者在阅读时可以简化，只需关注每一步骤最后生成的符号串。

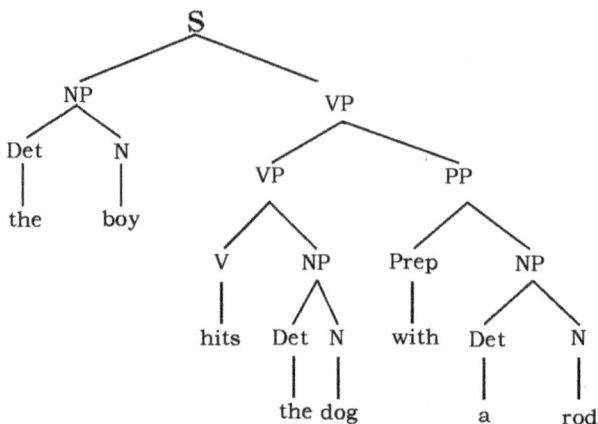

自底向上（bottom‐up）分析法（以下简称 B‐U 法）跟 T‐D 法在方向上正好相反，从文法生成语言的角度上说，这种分析法从输入句子的句首开始顺次取词向前移进（shift），并根据文法的重写规则逐级向上规约（reduce），直至呈示整个句子的规约推导过程。从构造树上看，将上图自下而上来看，就是 B‐U 法对 [6] 的构造过程。有关 B‐U 法的文法规约推导与构造树，这里不赘述，可参阅冯志伟（2001）第三章第二节。

T‐D 法与 B‐U 法都是非常简单粗糙的，在此基础上还有一些其他的分析算法，诸如富田算法、左角分析法、CYK 算法等。这些专业知识本书不打算做深入介绍，读者可以根据文后提供的文献做进一步研究。

7.9.7　计算语言学的句法理论

这里要介绍的是计算语言学所运用的现代句法理论模型，并不打算详细讲解各种模型的内容。

前面已经介绍的上下文无关文法即短语结构文法，是四种文法被计算语言学广泛采用的文法模型，由于 Chomsky 范式提供层次分析的有力手段，使其能够有效区分一些有层次歧义的语符串，如 "old men and women"、"they are flying planes" 就可以用这种分析法做有效区分。但是，短语结构文法有其局限性，生成能力过强，分析能力不高，难以区分大量的不合格句子。对一些有歧义的句子也难以做有效分解，最著名的例子是（7）这样的句子（Chomsky，1956）：

(7) the shooting of the hunters

（7）有两个意思：一个是"猎人的射击"，相当于"the growling of lion"（狮子的吼叫），一个是"射击猎人"，相当于"the raising of flowers"（对花的培养）。这两个语义截然不同，却有着相同的层次，短语结构文法无能为力。

为此，Chomsky 又提出转换生成语法（简称 T－G 语法）来克服短语结构文法的不足。例如，按照 T－G 文法，（7）是从两个不同的结构经过转换派生而来的：前一种语义是从"the hunter shoots"转换而来，后一种语义是从"Someone shoots the hunter"转换而来。然而，由于 T－G文法要涉及若干句子之间的关系，在机器翻译和自然语言处理中使用起来很不方便。与之相反，短语结构文法就一个句子来分析一个句子，其成分结构是单一的，不考虑句子之间在成分上的联系。因此，短语结构文法在机器翻译和自然语言处理方面较 T－G 语法更具优越性。这样，计算语言学者们又将注意力转移到短语结构文法上来，并且为了克服短语结构文法自身的不足，出现了各种增强的短语结构文法。例如，词汇功能语法（lexical functional grammar，简称 LFG）、功能合一语法（function － united grammar，简称 FUG）、广义短语结构语法（generalized phrase structure grammar，简称 GPSG）、中心词驱动的短语结构语法（head driven phrase structure grammar，简称 HPSG）、链语法（link grammar，简称 LG）、依存语法（dependency grammar，简称 DG）、范畴语法（category grammar，简称 CG），等等。有关这些理论模型的详细介绍，读者可以阅读本书提供的相关文献，这里不再详述。

如今，计算语言学研究已获得长足发展。当前的计算语言学研究的主要内容包括：统计学机器翻译（如 IBM 的统计学机器翻译系统）、词义排歧（Word sense Disambiguation）、信息检索（Information Retrieval）、信息抽取（Information Extracting）、自动文摘（Automatic Text Summarization）等。这方面的专门知识及相关介绍，可以通过专业书籍来获得，如翁富良、王野翊的《计算语言学导论》（1998）就是一本很好的读物。

⊙本章小结

在交叉科学日占主流的今天，交叉语言学的出现是必然的。交叉语

新世纪高等学校教材

323

言学的最大特点是语言学与不同的学科交叉。以上介绍的各种语言学科，基本上属于交叉语言学。从分类上看，它们大都属于言语的语言学和外部语言学。从宏观上看，它们具备以下一些特点：其一，侧重动态的研究。语言系统是从言语活动提炼出来的相对静态的交际工具，而交叉语言学中的许多学科大多重视人类运用语言工具活动的过程与结果，如社会语言学必须常常调查社会上不同阶层的人是如何不同地运用语言及不同地区、不同方言的人在具体说话时是如何"转码"的；心理语言学则更是深入研究具体人习得语言和运用语言的全过程，不可能在静态中进行；应用语言学也是如此，狭义的应用语言学指语言教学，必须研究教学双方如何密切配合，通过课堂教学活动进行研究；广义的应用语言学研究语言理论在各个方面的应用，其动态更是千姿百态；文化语言学、认知语言学、功能语言学也要对语言进行动态的研究。其二，侧重异质的研究。语言的语言学是同质的，言语的语言学和外部语言学是异质的。所谓异质就是指不但涉及语言系统本身，而且涉及语言系统之外的不同物质，尤其要涉及运用语言的人。例如社会语言学研究语言与人类社会；文化语言学研究语言与文化；心理语言学研究语言与人类心理；认知语言学和功能语言学都离不开语言与人。此外，交叉语言学还具有侧重语言的变异和联系语境研究等特点。在交叉科学日占主流的今天，交叉语言学必将以更快的速度向前发展。我们要顺应潮流，与时俱进，做出更大的成绩，无愧于时代赋予我们的使命！

◁阅读与参考▷

1. 胡名扬主编：《语言学概论》，语文出版社，2000 年

2. 岑运强主编：《语言学概论》，中国人民大学出版社，2003 年

3. 钱军：《结构功能语言学》，吉林教育出版社，1998 年

4. D. Bolinger, *Aspects of Language*，1975 年，中译本，方立等译，外语教学与研究出版社，1993 年

5. D. Bolinger：《语言学各主要流派简述》，林书武等译，收入《语言学译丛》第一辑，中国社会科学出版社，1979 年

6. 陈平：《描写与解释：论西方现代语言学研究的目的与方法》，《外语教学与研究》，1987 年，第 1 期

7. 胡壮麟等：《系统功能语法概论》，湖南教育出版社，1989/1997 年

8. 胡壮麟、方琰：《功能语言学在中国的进展》，清华大学出版社，1997 年

9. 刘润清等：《现代语言学名著选读》（上下册），测绘出版社，1988 年

10. 徐烈炯：《功能主义与形式主义》，《外国语》，2002 年，第 2 期

11. 朱永生：《语言·语篇·语境》，清华大学出版社，1993 年

12. G. Lakoff, *Cognitive versus generative linguistics*：*How commitments influence results Language and Communication*，11/1991

13. J. Frederick Newmeyer, *Language form and language function*，Cambridge MIT Press, 1998

14. M. A. K. Halliday, *Categories of the Theory of Grammar*，Word Vol 17 No. 3，叶蜚声译，载《语言学译丛》第二辑，中国社会科学出版社，1980 年

15. M. A. K. Halliday, *An Introduction to Functional Grammar*，1985/1994

16. R. W. Langacker, *Foundations of cognitive grammar Theoretical prerequisites*，Stanford University Press, 1987

17. W. Croft, *Autonomy and functional linguistics Language*，Vol 71，1995

18. 伍铁平：《模糊语言学》，上海外语教育出版社，1999 年

19. 岑运强：《趣味实用语言学讲话》，北京师范大学出版社，1998 年

20. 伍谦光：《语义学导论》，湖南教育出版社，1988 年

21. 石安石：《模糊语义及其模糊度》，《中国语文》，1988 年，第 1 期

22. 张黎：《模糊语义刍议》，《北方论丛》，1986 年，第 6 期

23. 尹斌庸：《模糊集合论与语言研究》，《语言论文集》，1985 年

24. 何自然：《英语名词可数性的模糊界限》，《现代英语研究》，1986 年，第 1 期

25. 姚小平：《基本颜色词理论评述》，《外语教学与研究》，1988 年，第 1 期

26. Sperber, D. & Deirdre Wilson, *Relevance*：*Communication and Cognition*，外语教学与研究出版社，2001 年

27. Taylor, J. R., *Linguistic Categorization*：*Prototypes in Linguistic Theory*，外语教学与研究出版社，2001 年

28. Ungerer, F. & H. J. Schmid, *An Introduction to Cognitive Linguistics*，外语教学与研究出版社，2001 年

29. 何自然、冉永平主编：《语用与认知——关联理论研究》，外语教学与研究出版社，2001 年

30. 沈家煊：《不对称和标记论》，江西教育出版社，1999 年

31. 王寅：《认知语言学的哲学基础：体验哲学》，《外语教学与研究》，2002 年，第 2 期

32. 文旭：《认知语言学：诠释与思考》，《外国语》，2001 年，第 2 期

33．熊学亮：《认知语用学概论》，上海外语教育出版社，1999 年

34．赵艳芳：《认知语言学概论》，上海外语教育出版社，2001 年

35．陆丙甫：《核心推导语法》，上海教育出版社，1993 年

36．刘丹青：《语序类型学与介词理论》，商务印书馆，2003 年

37．徐烈炯、刘丹青：《话题的结构与功能》，上海教育出版社，1998 年

38．Allan, Keith, *Hierarchies and the choice of left conjuncts*, Journal of Linguistics 1987 年 23：51 - 77

39．Comrie, B., *Language Universals and Linguistic Typology*, 1987 年，沈家煊译，华夏出版社，1989 年

40．Dryer, Matthew S., *Word Order in Sino - Tibetan Languages from a Typological and Geographical Perspective Draft*, 1999

41．Croft , William, *Typology and Universals*, Cambridge University Press, 1990，外语教学与研究出版社，2000 年

42．Hetzron, Robert, *On the relative order of adjectives*, In Hansjakob Seiler (ed.), *Language Universals*：165 - 184. Tübingen: Gunter Narr Verlag. 1978

43．Shopen, T., ed., *Language Typology and Syntactic Description*, Cambridge University Press, 1985

44．陈原：《语言与社会生活》，三联书店，1980 年

45．陈原：《社会语言学》，商务印书馆，1980 年

46．［法］卡尔韦：《社会语言学》，曹德明译，商务印书馆，2001 年

47．徐大明等：《当代社会语言学》，中国社会科学出版社，2001 年

48．祝畹瑾：《社会语言学概论》，湖南教育出版社，1992 年

49．Wardhaugh, R., *Introduction to Sociolinguistics* , 外语教学与研究出版社，2001 年

50．桂诗春：《心理语言学》，上海外语教育出版社，1985 年

51．［美］J. 艾奇逊：《现代语言学导论》，方文惠、郭古今译注，福建人民出版社，1986 年

52．［美］J. B. Best：《认知心理学》，黄希庭等译，中国轻工业出版社，2000 年

53．［美］W. P. 莱曼：《描写语言学引论》，金兆骧、陈秀珠译，上海外语教育出版社，1986 年

54．［德］约翰内斯·恩格尔坎普：《心理语言学》，陈国鹏译，上海译文出版社，1997 年

55．N. 乔姆斯基：《语言与心理》，牟小华、侯月英译，华夏出版社，1989 年

56. ［瑞士］皮亚杰：《发生认识论原理》，王宪钿等译，商务印书馆，1996 年

57. D. I. Slobin, *Psycholinguistics Glenview Illinois*，1979

58. E. H. Lenneberg, *A Biological Perspective of Language in New Directions in the Study of Language*，edited by E. H. Lenneberg MIT Press Tenth Printing 1964/ 1977

59. John R. Taylor, *Linguistic Categorization：Prototypes in Linguistic Theory* Clarendon Press 1989

60. N. Chomsky, *Aspects of the Theory of Syntax*，MIT Press，1965

61. N. Chomsky, *New Horizons in the Study of Language and Mind*，MIT Press，2000

62. 胡文仲：《文化教学与文化研究》，《外语教学与研究》，1992 年，第 1 期

63. 胡文仲：《试论跨文化交际研究》，《语言文字应用》，1992 年，第 3 期

64. 黄金贵：《古代文化词语考论》，浙江大学出版社，2001 年

65. 林纪诚：《语言与文化综论》，《语言与文化》，上海教育出版社，1990 年

66. 罗常培：《语言与文化》，北京出版社，2004 年

67. 戚雨村：《语言·文化·对比》，《外语研究》，1992 年，第 2 期

68. 索绪尔：《普通语言学教程》，商务印书馆，1980 年

69. 王力：《汉语史稿》，中华书局，1980 年

70. 伍铁平：《论语言的比较和文化的比较》，《东西方文化研究》，第 4 辑

71. 邢福义：《文化语言学》，湖北教育出版社，1990 年

72. 徐鹏：《英语变化与英美社会——现代英语变化原因刍议》，《语言与文化》，上海教育出版社，1990 年

73. 徐通锵：《历史语言学》，商务印书馆，1991 年

74. 俞约法：《语言国情学及其发展》，《文化与交际》，外语教学与研究出版社，1994 年

75. 周振鹤、游汝杰：《方言与中国文化》，上海人民出版社，1986 年

76. Kramsch, Claire, *Language and Culture*，上海教育出版社，2000 年

77. Samovar, L. A., et al., *Communication Between Cultures*，外语教学与研究出版社，2001 年

78. ［英］皮特·科德：《应用语言学导论》，上海外语教育出版社，1983 年

79. 桂诗春：《应用语言学》，湖南教育出版社，1988 年

80. 盛炎：《语言教学原理》，重庆出版社，1989 年

81. 麦基：《语言教学分析》，北京语言学院出版社，1990 年

82. 刘涌泉，乔毅：《应用语言学》，上海外语教育出版社，1991 年

83. 冯志伟：《应用语言学综论》，广东教育出版社，1999 年

84. 陈章太、戴昭铭、佟乐泉等：《世纪之交的中国应用语言学研究》，华语教育出版社，1999 年

85. D. A. Wilkins, *Linguistics in Language Teaching*, Edward Arnold, 1972

86. H. H. Stern, *Fundamental Concepts of Language Teaching*, Oxford University Press, 1983

87. 冯志伟：《数理语言学》，知识出版社，1985 年

88. 冯志伟：《现代语言学流派》（修订本），陕西人民出版社，1999 年

89. 冯志伟：《计算语言学基础》，商务印书馆，2001 年

90. 刘颖：《计算语言学》，清华大学出版社，2002 年

91. 翁富良、王野翊：《计算语言学导论》，中国社会科学出版社，1998 年

92. 俞士汶、常宝宝、詹卫东：《计算语言学概论》，商务印书馆，2002 年

93. M. F. Bott, *Computational Linguistics*, In *New Horizons in Linguistics*, ed. By John Lyons Penguin Books Ltd., 1970

94. N. Chomsky, *Three models for description of Language*, PGIT, 1956 *Syntactic Structures*, Mouton & Co. S-Gravenhage, 1957

附录：世界语言的谱系分类

一、印欧语系

分布在欧洲、亚洲、美洲等地，使用人数约 17 亿，占世界人口的一半，有近百种语言。印欧语系现存的语言分属九个语族：

（一）日耳曼语族：主要分布在北欧、北美、澳大利亚、新西兰等地。下分三个语支：

1. 东部语支：峨特语。峨特语一千多年前已经消亡，现存峨特语最古的文献是 4 世纪所翻译的《圣经》。

2. 西部语支：英语、德语、荷兰语、佛来芒语、阿非利斯堪语、佛里西亚语、依地语等。

3. 北部语支（又称斯堪的纳维亚语支）：冰岛语、挪威语、丹麦语、瑞典语等。

（二）凯尔特语族：主要分布在爱尔兰岛、英国的苏格兰和法国的布列塔尼地区。下分两个语支：

1. 南部语支（又称不列颠语支）：威尔士语、布列塔尼语等。

2. 北部语支（盖德尔语支）：爱尔兰语、苏格兰盖德尔语等。

法国古代的语言高卢语也属于凯尔特语族，现已消亡。

（三）拉丁语族（又称罗曼语族）：拉丁语族的语言都是从古罗马帝国使用的拉丁语分化而来，因此，拉丁语族又称罗曼语族。主要分布在西班牙、葡萄牙、法国、意大利、罗马尼亚以及拉丁美洲。下分为两个语支：

1. 东部语支：意大利语、罗马尼亚语、摩尔达维亚语。

2. 西部语支：由两个语群组成：

（1）伊比利亚－罗曼语群：西班牙语、葡萄牙语、卡达伦语（也称加泰隆语）等。

（2）高卢－罗曼语群：法语、普罗旺斯语、罗曼斯语等。

另外，撒丁语也属于拉丁语族。

（四）波罗的语族：拉脱维亚语、立陶宛语。古普鲁士语也属于波罗的语族，现已消亡。

（五）斯拉夫语族：主要分布在前苏联、东欧和巴尔干半岛。下分三个语支：

1．东部语支：俄语、乌克兰语、白俄罗斯语等。

2．南部语支：保加利亚语、斯洛文尼亚语、塞尔维亚－克罗地亚语、马其顿语等。

3．西部语支：波兰语、捷克语、斯洛伐克语、索尔比亚语（又称鲁萨提亚语）等。

（六）印度－伊朗语族：主要分布在印度、巴基斯坦、孟加拉、斯里兰卡、尼伯尔、伊朗、阿富汗等国境内。下分两个语支：

1．印度语支（又称东部语支）：印地语、乌尔都语、马拉地语、孟加拉语、旁遮普语、尼泊尔语、吉卜赛语等。古代的梵语也属印度语支。

2．伊朗语支（又称西部语支）：普什图语、波斯语、库尔德语、塔吉克语等。

（七）希腊语族：通行于希腊和塞浦路斯的希腊语。

（八）阿尔巴尼亚语族（独立）：阿尔巴尼亚语。

（九）亚美尼亚语族（独立）：亚美尼亚语。

另外，印欧语系的安拉托利亚语族和吐火罗语族两个语族的语言均已消亡。

二、汉藏语系（又称印支语系）

分布在亚洲东南部，使用人口十亿以上，有两百多种语言。汉藏语系诸语言的系属的划分至今还没有一致的意见，国内学者一般认为，汉藏语系包括藏缅、壮侗、苗瑶三个语族和直属语系的汉语。

（一）汉语族（独立）：汉语。中国汉族、回族、满族、畲族等都使用汉语。新加坡、泰国、马来西亚、越南、柬埔寨、印度尼西亚、美国、加拿大等地都有人使用。使用人口在十亿以上。

（二）藏缅语族：主要分布缅甸、尼泊尔境内以及我国西南、西北地区。下分四个语支：

1．藏语支：藏语、嘉戎语、门巴语等。

2．彝语支：彝语、傈僳语、纳西语、哈尼语、拉祜语等。

3．景颇语支：景颇语、拿加语等。

4．缅甸语支：缅甸语、载瓦语、阿昌语等。

分布在国外属于藏缅语族的还有库基－钦、那迦－博多等语支的语言。此外，我国境内独龙语、怒语、普米语、土家语、白语、羌语、珞巴语等藏缅语族的语支还没有确定。

（三）壮侗语族：主要分布在我国的中南、西南地区和越南、老挝、缅甸、泰国境内。下分四个语支：

1．壮傣语支：壮语、傣语、布依语、泰语、老挝语、掸语等。

2．黎语支：黎语（海南岛）。

3．侗水语支：侗语、水语、毛南语、拉珈语。

4．仡佬语支：仡佬语。

（四）苗瑶语族：主要分布在我国西南、中南地区和越南、老挝、泰国境内。下分两个语支：

1．苗语支：苗语、布努语。

2．瑶语支：瑶语（勉话）

属于苗瑶语族的畲语语支未定。

三、乌拉尔语系

分布在从斯堪的纳维亚往东直达亚洲西北部的广阔地带，约有二十种语言，使用人口两千多万。下分两个语族：

（一）芬兰－乌戈尔语族：主要分布在欧洲匈牙利、芬兰、爱沙尼亚和俄罗斯境内。下分两个语支：

1．芬兰语支：芬兰语、科米语、爱沙尼亚语、莫尔多瓦语、拉普兰语等。

2．乌戈尔语支：匈牙利语、奥斯恰克语等。

（二）萨莫耶德语族：主要分布在乌拉尔山周围和西伯利亚地区。有涅涅茨语、塞尔库普语、牙纳桑语等。

四、阿尔泰语系

分布在西起土耳其，经西伯利亚，直达蒙古及中国，东迄太平洋的广阔地带。使用人口九千万左右。有的学者认为朝鲜语和日语属于这一语系，但也有不少的学者反对这种观点。阿尔泰语系到底包括哪些语族和哪些语言至今仍有争议。一般认为它包括三个语族：

（一）突厥语族：突厥语族流行的区域，东自我国新疆维吾尔自治区，中经小亚细亚，西达土耳其和罗马尼亚的多布罗加地区以及西伯利亚部分地区，所占面积很广。下分五个语支：

1．布尔加语支：楚瓦什语等。

2．奥古兹语支：土耳其语、土库曼语、阿塞拜疆语、撒拉语等。

3．克普恰克语支：哈萨克语、塔塔尔语、吉尔吉斯语（柯尔克孜语）、巴什基尔语等。

4．葛逻禄语支：维吾尔语、乌孜别克语。

5．回鹘语支：裕固语、图佤语、雅库特语、哈卡斯语等。古代回鹘语属这个语支。

（二）蒙古语族：主要分布在蒙古人民共和国和我国境内。有蒙古语、布里亚特语、莫戈勒语、达尔干语、东乡语。古代语言契丹语也属这个语族。

（三）通古斯－满洲语族（又称通古斯语族）：主要分布在中西伯利亚、蒙古人民共和国以及我国东北、内蒙、新疆一带。下分两个语支：

1．通古斯语支：埃文基语（鄂温克语）、鄂伦春语、涅基达尔语等。

2．满洲语支：满语、锡伯语等。古代女真语也属于这个语支。

五、高加索语系（又称伊比利亚－高加索语系）

分布在高加索地区，使用人口约五百万，高加索地区语言纷繁，差别很大，该地区语言系属还不很明确。高加索语系至少包括两个语族：

（一）南高加索语族（卡尔特魏耳）：格鲁吉亚语、斯万语、拉色语、美格雷尔语等。

（二）北高加索语族：下分两个语支：

1．西北语支：卡巴尔达语、阿布哈兹语等。

2．东北语支：车臣语、阿瓦尔语、列兹金语等。

六、南印度语系（又称达罗毗荼语系、德拉维达语系）

分布在印度南部和中部，使用人口约一亿五千万，共二十多种语言。它包括三个语族：

（一）南部语族：泰米尔语、坎纳达语、马拉雅拉姆语、图卢语等。

（二）中部语族：泰卢固语、冈迪语等。

（三）北部语族：马尔托语、泰罗古语等。

七、南亚语系（又称澳斯特罗－亚细亚语系）

分布在亚洲东南部（越南、老挝、柬埔寨），使用人口五千万左右，约一百五十种语言。包括三个语族：

（一）扪达语族：分布在印度中部和东北部一些沿海岛屿。有桑塔利语、扪达里语、霍语、库尔库语、喀里亚语等。

（二）孟－高语族：分布在越南、柬埔寨、缅甸以及我国的西南地区，是南亚语系最大的语族。有越南语、柬埔寨语（高棉语）、孟语、佤语、布朗语、崩龙语等。

（三）尼科巴语族：分布在马来西亚以及印度的尼科巴群岛上。有卡尔语、乔拉语、特雷萨语等。

八、南岛语系（又称马来－波利尼西亚语系）

分布在从非洲的马达加斯加到南美的复活节岛、北起夏威夷、南至新西兰的广大地区，使用人口一亿七千万，约有九百种不同的语言。一般分为四个语族：

（一）印度尼西亚语族：印度尼西亚语、马来语、爪哇语、他加禄语、马达加斯加语、高山语。

（二）美拉尼西亚语族：斐济语等。

（三）密克罗尼西亚语族：马绍尔语、昌莫罗语、吉尔伯特语等。

（四）波利尼西亚语族：夏威夷语、汤加语、萨摩亚语、毛利语等。

九、闪－含语系（又称阿非罗－亚细亚语系）

分布在从阿拉伯半岛经北非直到毛里塔里亚，往北远及高加索地区、往南直达赤道的大片地区，使用人口一亿七千五百万左右，约两百五十种语言。包括五个语族：

（一）闪语族：主要分布在马耳他、埃塞俄比亚和阿拉伯国家境内。是闪－含语系中使用人口最多的语族。其中操阿拉伯语的就有一亿一千五百万人。下分三个语支：

1. 东部语支：巴比伦语、亚西利亚语等，已消亡。

2. 南部语支：阿拉伯语、马耳他语、埃塞俄比亚诸语言等。

3. 北部语支：希伯来语。

（二）柏柏尔语族：分布在非洲的阿尔及利亚、摩洛哥、尼日尔境内。有什卢赫语、图阿雷格语、塔马齐格特语、卡布来语、瑞菲安语等。

（三）乍得语族：分布在乍得和尼日利亚。有豪萨语、科托科语等。

（四）库施特语族：分布在苏丹、埃塞俄比亚、肯尼亚和索马里境内。有索马里语、盖拉语、锡达莫语、阿法尔语等。

（五）埃及－科普特语族：科普特语。科普特语现在仅用于礼拜仪式。

十、尼日尔－科尔多瓦语系

分布在从塞内加尔到肯尼亚、往南直达好望角的大片非洲土地，使用人口约一亿八千万，有九百多种语言。它包括两个语族：

（一）科尔多瓦语族：包括分布在苏丹努巴山区的几种使用人数很少的语言，如卡特拉语等。

（二）尼日尔－刚果语族：下分六个语支：

1. 西大西洋语支：弗拉尼语（塞内加尔）、沃洛夫语（几内亚）。

2. 库阿语支：埃维语（加纳和多哥）、特威语（加纳）、伊博语、努普语和约鲁巴语。

3. 阿达马瓦－东部语支：分布于尼日利亚、扎伊尔和中非共和国的桑戈语等。

4.贝努埃－刚果语支：是尼日尔－刚果语族最大的语支，该语支主要由班图语言组成，如斯瓦西里语（坦桑尼亚和肯尼亚）、祖鲁语（南非）、刚达语（乌干达）、肖纳语（津巴布韦）、刚果语（扎伊尔）等。

十一、尼罗－撒哈拉语系

分布于非洲东部和中部偏东地区、使用人口三千万，约一百二十种语言。包括：

（一）沙里－尼罗语族：卢奥语和马萨依语（肯尼亚）等。

（二）撒哈拉语族：卡努里语（尼日利亚）等。

（三）马巴语族：包括一些使用人数很少的语言。

（四）科尔语族：包括一些使用人数很少的语言。

（五）桑海语族：桑海语（尼日尔和马里）。

（六）富尔语族：富尔语。

十二、科依桑语系

分布于南部非洲，约三十种语言，使用人口约二十万。包括五个语族：

（一）北部语族：奥恩语等。

（二）中部语族：霍屯督语等。

（三）南部语族：包括一些使用人数少的语言。

（四）哈扎语族：哈扎语。

（五）桑达韦语族：桑达韦语。

除上面十二大语系外，还有一些群体性的语言和系属还没有定论，如北美、中美、南美诸语言，澳大利亚各部落的语言，以及印度洋－太平洋岛上的诸语言。

后　记

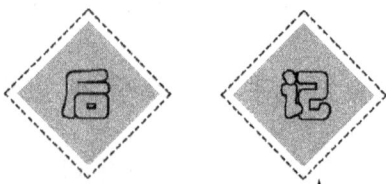

　　由岑运强主编，伍铁平审定的《语言学基础理论》（北京师范大学出版社 1994 年版）已问世十年了。该书以现代语言学之父索绪尔提出的语言的语言学和言语的语言学、共时语言学和历时语言学、内部语言学和外部语言学六种语言学作为全书的框架，特别是对索绪尔提出但没有研究的言语的语言学首次在高校教材中进行较为系统的挖掘，并设"交叉语言学"一章把语言学的新发展分专题进行介绍。该书较好地处理了批判、继承与发展的关系，受到广大读者的欢迎，但由于当时编写的时间比较仓促，内容显得有些单薄。这次修订，我们在原书的基础上增添了不少内容，如语音部分音节的音步概念和非线性语音学；语义部分的句义、语义指向；词汇部分的言语的词汇内容；语法部分语序类型分类、主位推进模式；文字部分的文字运用内容，交叉语言学部分的语言类型学、功能语言学等。本书力争四个结合，即：静态与动态相结合；单一与交叉相结合；理论与运用相结合；历史与现实相结合。

　　本教程仍由岑运强教授主编，具体章节的编写分工如下：

　　绪论由岑运强编写。

　　第一章总论由岑运强编写。

　　第二章语音由岑运强编写。

　　第三章语义由孙炜、岑运强、吴洁编写。

　　第四章词汇由孙炜、毕鹏飞、鲍晓倩、吴洁、杨洁、邓丽君等编写。

第五章语法由荣晶、岑运强、吴洁编写。

第六章文字由吴洁编写。

第七章交叉语言学由张和友（功能语言学、心理语言学、计算语言学）、王庆（社会语言学、认知语言学、文化语言学）、鲍晓倩、周士宏（语言类型学）、伍铁平、岑运强、沈宇（模糊语言学）、毕鹏飞、程玉合（应用语言学）编写。

由于审定原教材的伍铁平先生生病，本教程增加的一些新内容未来得及请他审定，如有错误由我们负责。

本教程参考了国内外不少有关论著，对于一些人所共知的说法和材料没有一一注明出处，特向这些论著的作者表示衷心的感谢。

由于水平所限，本教程一定存在不少缺点，希望广大读者不吝赐教，以便我们再修订。

岑运强

新世纪高等学校教材

.